運動休閒系列

現代體育學原理（下冊）
議題與對策

Contemporary Theories of
Physical Education, Exercise, and Sport (II):
Key Issues and Approaches

許義雄 / 著

序

　　從1971年公費負笈東瀛，師承日本東京教育大學（筑波大學前身）淺田隆夫博士，專攻「體育學原理」以來，到目前，已達四十五年之久。回顧自1958年臺南師範畢業（臺南大學前身），任教小學四年後，再到國立臺灣師範大學體育學系就讀，則是近一甲子的事。

　　這當中，經歷過不同階段的學習，受過不少老師及親朋好友的提攜與指導，得到一些珍貴的經驗，都融入生命中的美好體驗，轉化為寫這本書的重要內容。

　　我1938年出生於臺灣雲林，剛好是盧溝橋事變後的第二年。小時候，躲過盟軍空襲，戰後，受過黨國體制的教育，當過預備軍官。教過小學、初中、高中及大學體育課程，擔任過不同層級學校體育組的行政工作，更主導過民間體育學術團體，以及全國最高體育行政機關的政策研訂與執行。這些過程，就歷練而言，有歷史的機運，有順應社會的變遷，更有力求突破的作為。都是很好的寫作素材，增添不少撰述本書的靈感與動機。

　　寫這本書，重在對過去學習與工作的反省，提出個人在專業領域的心得，供為同道友人分享。期待以本書為平臺，交換彼此觀念，形成更有利於臺灣體育發展的智慧，使臺灣體育有更臻理想的成長。

　　傳統以來，《體育學原理》一直都是體育專業學校的必修學科，並列為升學或國家體育文官考試的科目之一。因此，本書在資料取捨與落筆論述時，不得不有更慎重的考量，以及更細緻的設計。

　　本書的立論基礎，植基於臺灣主體性的思維，從基本概念到議題規劃，無不以追尋臺灣體育的出路為依歸。起心動念間，率皆以探索問題原點開始，認識國際體育的潮流脈動，掌握解決問題的關鍵所

在，藉能導出臺灣體育發展的具體可行方向。

　　本書主要內容，區分基本概念及議題與對策等上下兩冊，共十二章。上冊著重體育用語脈絡的解析，探討近代體育的誕生及其本質；下冊則配合臺灣社會的新興議題，提出因應的策略。各章重點為：

　　第一章〈從勞動到體育〉：由人類謀生的身體勞動，到競技運動的出現，再納為近代學校課程的體育，有一段漫長的過程。此歷程，順著人類的文明進程而發展，以學校為據點，才有今天體育‧運動的百花齊放，眾聲喧譁。

　　第二章〈體育的概念〉：體育的用語，並不統一。理由固在於語言習慣不同，語意的指涉對象，亦非一致。從兵操到遊戲，從體操到體育，華語先天的含混不明，使得體育與運動的概念，糾纏不清，提醒我們用字遣詞，需要更嚴謹的思考。

　　第三章〈體育的目標──基本學力與素養〉：每一個人都需要學力與素養，以能安身立命，俯仰無愧。體育的核心素養，在身體素質的提升，除形體上技能的雕塑外，更要心智上、靈性上的圓滿。身體素養強調身體的探索，以激發潛能，獲得面對壓力的解決能力。

　　第四章〈體育的內容──運動術科〉：體育涵蓋相當廣泛的內容，可以從理論學科分類，更可以從實踐的操作區別。不過，分類縱有不同，體育課程，除運動術科的實踐外，需要更多的認知學習，這是體育發展的必要條件，更是個人成長所不可或缺。

　　第五章〈體育的學術化〉：體育的學術研究，從依附於教育、醫學，到體育本位的研究；從綜合學科到分化的科學；從實踐知識到理論知識的建構，不論體育的人文、社會與自然科學，都有一套嚴謹的方法，呈現體育學術研究的演進與意義。

　　第六章〈體育的主體──身體論〉：從不定型身體的探究出發，釐清身體技術的形成及其屬性，掌握身體作為資本，瞭解其類型與轉化過程，開發更多的身體知覺，累積更多的身體智慧，以回應科技的

千變萬化，解決層出不窮的社會難題。

第七章〈身體運動與健康促進〉：運動有益健康，任人皆知，不過，運動不是健康的唯一條件，也無人不曉。健康可以是一種論述，必須從生活中養成。以運動促進健康，知易行難，運動在日常生活中落實，形成習慣，適足以提升健康體適能。

第八章〈身體運動與政治〉：體育之所以離不開政治，不只因為人是政治的動物，更因為體育是國家施政的重要環節，難免受國家機器意識形態的影響。近代奧運會，是人類大家庭的盛會，作為你爭我奪的競技場域外，更是族群間認同的重要舞臺。

第九章〈身體運動與消費社會〉：運動作為商品，體現運動的使用價值，更揭露運動消費者的社會階層或身分地位。從職業運動的興起，到奧運會的商機，有其正面的效益，更有值得檢討的課題，都亟待更深入的省思，開發更多運動價值，貢獻消費社會。

第十章〈身體運動與性別平等〉：女性主義的興起，為性別多元論述奠下基礎。從「生為女人」到「成為女人」之間，釐清性別角色的扮演，強調性別平等的潮流，銳不可當。體育課程融入性別平等，喚醒身體活動場域，宜更重視身體的自主權力。

第十一章〈身體運動與環境〉：人的生活，離不開環境。身體運動需要環境的支持，卻也因大量興建運動場地，破壞了自然環境。地球資源不再取之不盡，用之不竭，友善運動環境，使能永續發展，應是你我運動時，所不能忽視的重要課題。

第十二章〈運動權利與社區運動發展〉：身體運動是人的基本權利，需要為政者立法保障。運動基本法的必要，在順應國際體育・運動潮流，解決舊有法律之侷限，更補充憲法對體育・運動規定的不足。在社區全民運動，風起雲湧之際，自宜有適當之因應。

本書為便於瞭解設題的意旨，各章均訂有學習目標及學習內容，並在各章之後，提供討論問題，方便在讀完全章之餘，重新思考核心

概念，建構自我的知識體系。

　　寫作過程裡，蘇志榮老師的試讀意見，莊珮琪老師的書稿及文獻整理，以及2017臺北世大運執委會與諸多友朋的圖片提供，費神費事，衷心感謝。付梓之前，內人黃瑩淨教授，詳細校稿，備極辛勞，感激莫名。揚智文化事業股份有限公司葉忠賢總經理慨允出版，總編輯閻富萍及編排人員的辛勞，一併申銘謝忱。惟書中疏漏在所難免，尚祈先進賢達，不吝指正，以匡不逮，是為序。

國立臺灣師範大學名譽教授

私立實踐大學榮譽教授

許義雄　謹識

2017年8月

目　錄

Chapter 7

身體運動與健康促進

➡ 本章學習目標

- · 瞭解健康概念
- · 瞭解生活習慣疾病與運動效果
- · 體適能意義及其內容
- · 瞭解以運動促進健康

➡ 本章學習內容

- · 健康論述的意義
- · 生活習慣病與運動的關係
- · 瞭解體適能之類型
- · 以運動促進健康的國際趨勢

　　運動雖有益身體健康，卻不是健康的唯一條件，應是大家耳熟能詳。尤其是，健康的定義，已非一成不變，運動的健康效果，實有賴更多客觀的科學證明。

　　事實上，自1948年及1999年，世界衛生組織（WHO）先後對健康的定義，有了更寬廣的詮釋，使得國際社會對健康的追求，需要付出更多的努力。一方面是科技文明的進步，仍然無法擺脫疾病對生命的威脅，另一方面是生活獲得改善，生命也逐步延長，快樂幸福的歲月，卻不一定等量增加。所以，健康如果是一種幸福，人類需要努力的課題，可能不是一蹴可幾的事。

　　再說運動對身體的效果，習慣上，常只從生物性的身體觀察。事實上，身體的可塑性，牽涉的層面相當廣泛，這也意味著，身體的健康，除可以從生理、心理與精神的面向思考外，社會面向的關照，更不能忽略，也就有了讓人省思的空間。

　　如眾所周知，運動可以強身建國，體力是國力，有其依附的理由。因此，盱衡國際現勢，運動健身潮流，風起雲湧，銳不可當。小自個人、家庭或學校，大到社區、社會或國家，甚至，聯合國相關組織，爭相呼籲，齊心協力，從節約能源，緩和暖化始，競相布建永續健康環境，以利人類健康幸福生活之永續發展，可說是此起彼落，眾聲喧譁。

　　本文即基此背景，擬分：(1)「健康」概念；(2)生活習慣疾病與運動效果；(3)體適能意義及其內容；(4)以運動促進健康等，略加說明。

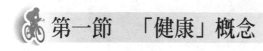

第一節　「健康」概念

一、從健康到幸福

　　談起健康，大家馬上會想到世界衛生組織（WHO）在1948年對健康所下的定義，認為「健康是一個生理、心理和社會完全的良好狀態（well-being），而不僅止於免於疾病或虛弱」。[1]1999年健康再定義的內文，除增加dynamic（動態的）及spiritual（靈性）兩字外，其餘並未更動。這個定義，可說是迄今對於健康最廣泛的概念，顯示人們對於健康已不再侷限於被動的生理上免於疾病，而是積極追求生理、心理、靈性上個人與環境間的平衡及社會性健全的功能運作。[2]不過，這個定義，也受到諸多批評，多數爭論的觀點，在於何謂「完全的良好狀態」？有指其立意過於籠統空泛，不易實現。更有批評，陳義過高，無異海市蜃樓。因為生活不可能完全脫離老死病痛，沒有唯一的健康標準，因此，追求健康的過程，如同一個「漸進線」的概念，隨

---

[1]WHO的定義，先後於1948年及1999年，兩次對健康（Health）作定義。其中，1999年除保留1948年之文字外，另加dynamic與spiritual兩字。1948年原文為：Health is a state of complete physical, mental and social well-being and not merely the absence of disease or infirmity.所謂well-being乙詞，範圍相當廣泛，1999年，健康再定義為：Health is a dynamic state of complete physical, mental, spiritual and social well-being and not merely the absence of disease or infirmity. World Health Organization, http://www.who.int/en/, 2015.5.18.

[2]財團法人國家衛生研究院，《公共衛生教育與人力：現況與展望》（臺北：財團法人國家衛生研究院，2010），17。

身體力行運動健康

時調整朝最適應周邊環境的動態狀態。[3]甚至有認為這個定義，是個中空結構，只是一個抽象的表述，一種形式論述而已，能否完全被瞭解，持保留態度。[4]

　　比如說，「免於疾病」，可說是健康的要件，問題是，現代的醫學，似乎不斷在製造疾病。[5]具體的說，比如，血液檢查或攝影掃瞄，

---

[3]C. M. Wylie, "The Definition and Measurement of Health and Disease," *Public Health Reports, 85*(2) (Bethesda, MA, 1970): 100-104.

[4]佐藤純一等，〈「生活習慣病」の作られ方－健康言説の構築過程〉，《健康論の誘惑》（東京：文化書房，2000），107-108。

[5]佐藤純一，〈健康言説を解体する〉，《現代社会再考－これからを生きるための23の視座》（東京：水曜社，2013），196-197。

發現檢查結果的數字或影像有異常，常認為是健康有問題。相對而言，醫學檢查的結果，不論檢驗項目的多寡，至少都有一定比例之異常現象。即使是年輕人的身體檢查，要說一無異常現象的人，可能百不見一。這當然歸功於精密儀器的開發，使得身體的異常現象，無所遁形。同時，也因為精密檢查，完全沒有異常的人，可能少之又少。這樣一來，豈不表示一無健康的人？或健康的人，所占比率相當低。基此看法，不難想見，平常我們很少作有關「健康」的定義，但在日常生活中，「健康」作為一般用語，仍然不時掛在嘴邊，好像我們都掌握了健康的概念。事實上，並不盡然。

再說well-being乙詞的語意，就華語語系而言，有譯為「良好」、「幸福」、「康寧」或「健全」等，不過，若詳細深入查閱相關字義，well-being，還有善良、厚道、仁慈等道德上的意涵，難怪有學者將其擴大解釋為，世界衛生組織（WHO）的健康定義，係在面對社會變遷的背景下，不只要做到最低限度的生活保障，支援人類富足生活的實現，達成人權保障的多樣化的社會服務；甚至有超越傳統以濟助弱勢族群的仁慈福祉觀念，啟動預防、促進與啟發機制，建構防止問題發生及其深刻化的社會服務。[6]

事實上，well-being乙詞，係源自亞里斯多德《尼各馬科倫理學》中的用語eudaimonia乙詞而來，意指幸福、健康、豐富、繁榮與順心的滿足狀態，英文以happiness相對應，華語譯成「幸福」，語意上雖未盡契合，卻已習以為常。所以，well-being當作「幸福」解釋，算是約定俗成的用語。尤其，近年來，世界相關國家的幸福指數，概以well-being為標題，顯見well-being與幸福劃上等號，也不足為奇。

---

[6]中村讓治等，〈Well-being概念の可視化／言化の試み〉，《日健教誌》，19.4（坂戶，2011）：342-347。

不過，在亞里斯多德的論述中，「幸福」常與「卓越／美德（arête）」連用，認為「幸福是一種靈魂遵循完美德行的實現活動」，並力主人生最終目的即在追求至善（good）。甚至，進一步主張，德行不是情欲，不是官能而是品格。一個好人，便是一個卓越品格的人，一個人追求幸福，便是在追求卓越（美德）。[7]所以，well-being的用法，相當多元，從自足的幸福到卓越的美德，從身體的健康到生活的幸福，從學術界的努力建構具體指標到政治領域的幸福構面的研訂，可說well-being乙詞，一時百家爭鳴，備受重視。

二、well-being的興起背景

健康的概念，很難明確化、具體化，尤其「完全良好狀態」的掌握，需要有更多的論述與研究，比如，或思考將其語言化、概念化的方法，或從概念的釐清到內容構面的研訂，或從指標的落實策略到具體的推展方案，主張因人而異，立論各有不同。不過，對於well-being風氣興起的背景，則較有一致的看法。略述如下，藉供參考：

(一)生活品質的重視

人不分古今，地不論中外，人生在世，祈求幸福生活，延年益壽，無不是人人最大的期望。不過，隨著物質文明的進步，在豐衣足食之餘，發現家庭倫理的崩解，社會規範的淪喪。加以氣候變遷，環境汙染，雖然經濟繁榮，生活已不再匱乏，卻是生活環境遭到破壞，人際關係相對冷漠，個人顯得孤單。生活水準提升了，生活樂趣卻減

---

[7]張勻翔，〈亞里斯多德《尼各馬科倫理學》之幸福觀——由「幸福」與諸概念的關係談起〉（中壢：國立中央大學博士論文，2002），56-57。

小竹竿可當球門柱

少了；馬路拓寬了，活動空間顯得變窄了，人生意義何去何從？生活品質的議題，無不成了亟待解決的重要課題。

(二)優先關照個人的幸福感受

年輕人的口頭禪是「只要我喜歡，有什麼不可以？」，「順著感覺走」似乎是年輕人的生活慣習。凡事從自己出發，自己的感覺，自己的快樂，引領自己，走入世界，不只是秀異，更是唯我獨尊。

具體的說，隨著個人主義的成長，個人的幸福，益形重要。同時，消費社會隱然成形，客製化商品，排山倒海而來，藉廣告、代言及無遠弗屆的傳播媒體，從食、衣、住、行、育、樂，到眼、耳、口、鼻、舌的五感體驗，刺激個人的欲望，迎合個人的喜好，營造快樂的環境，設計幸福的氛圍，誘發個人的忘我感受，不只是對酒當歌的逍遙，更是人生幾何的奔放。

(三)幸福不再是空談

幸福的議題，可說是一個古老的議題。從古希臘時代，經啓蒙運動、工業革命到今天，無時不刻，無人不在關心幸福的人生。從健康就是福，到多子多孫才是福；從坐擁家財萬貫，未必是福，到安貧樂道，快樂似神仙的幸福。幸福的概念，言人人殊，莫衷一是。什麼是幸福？如何獲得幸福？具體的衡量指標？人類竭盡所能，追求文明的進步，也從未放棄尋找幸福的答案。

其實，近代以來，有關幸福的研究，始自1930年創發國民生產毛額（GDP）的概念之後，對人民福祉與國際地位的發展，有了重要的啓發。1960到1980年代後期，社會學與心理學的介入，對幸福感的豐富內涵和表現形式，得到更多的揭露。[8]尤其，1998年正向心理學（Positive Psychology）興起之後，從正向情緒的掌握，探索人生幸福的途徑。從樂趣的生活、良好的生活及意義的生活等三個面向，利用有效與可靠的測驗工具，塑造了幸福理論（Authentic Happiness Theory），並試圖將well-being建構成爲一門嚴謹的學術學科，深入描述幸福的樣態。[9]

可以說，幸福感的高度複雜性，受到許多不同因素的影響，經由

---

[8]2011年聯合國建議會員國「走向全面發展之路」，將「幸福」的概念納入「國家發展指標」考核中。2012年「聯合國幸福研討會」發表「世界幸福報告」（World Happiness Report），並提出國民幸福指標，比較全球一百五十六個國家和地區人民的幸福程度。該報告由聯合國大會委託美國哥倫比亞大學地球研究所撰述。"First World Happiness Report Launched at the United Nations," *The Earth Institute Columbia University*, http://earth.columbia.edu/articles/view/2960, 2014.04.21.

[9]マーティン・セリグマン（Martin E. P. Seligman），《世界でひとつだけの幸せ—ポジティブ心理学が教えてくれる満ち足りた人生》（小林裕子譯）（東京：アスペクト，2011），184-362。

多元學科，從不同的角度揭開幸福的面紗，在調查、詮釋、理論建構及實際驗證之餘，使得幸福感，不論是主觀的判斷，或客觀的證成，幸福不再是空談。

(四)健康是幸福的重要指標

幸福指標係由不丹王國的國王開其端，認為政府應關注人民的幸福，並以實現幸福為目標。強調人生是物質生活與精神生活的平衡，並將「幸福總值」概念量化為指標體系，落實在國家施政重點。[10]

之後，國際諸多國家，如美國、加拿大、澳洲、法國、英國，中國大陸及臺灣等國家，都先後建立了國民幸福指標系統，甚至2011年經濟合作暨發展組織（OECD）發表「美好生活指數」和「OECD幸福指標手冊」，2012年聯合國並公布「世界幸福報告書」。[11]

臺灣政府於2012年第一次公布「國民幸福指數」（The National Well-being Indicators in R.O.C（Taiwan），係參照OECD美好生活指數各領域，再依據我國國情選定三十八項在地指標，以貼近民眾感受。其主要內容包含：居住條件、財富、收入、社群關係、教育、環境、政府治理、健康、生活滿意度、安全、工作與生活平衡等領域。[12]

要而言之，幸福指數不論是主觀指標或客觀指標，除主觀幸福感

---

[10]李元裕、尤善嘉，〈下一站‧幸福：探討追求發展之另類指標〉，《第四屆發展研究年會學術研討會》（臺北：國立臺灣大學，2012），12。

[11] "First World Happiness Report Launched at the United Nations," *The Earth Institute Columbia University*, http://www.earth.columbia.edu/articles/view/2960, 2014.04.21.

[12]我國國民幸福指數統計於2013年8月30日由行政院主計處公布，相較於三十四個OECD會員國，及兩個夥伴國家，我國在三十七個國家中，綜合指數為6.64分，排名十九名，健康狀況十五名，主觀幸福感二十五名。行政院主計總處，〈國民幸福指數統計〉，http://happyindex.dgbas.gov.tw/index.htm?y=201604，2014.04.21檢索。

受外，自評健康狀態，也常列為重要的衡量指標。顯見幸福感受不能沒有健康的基礎。

三、健康定義的結構

基於上面的論述，不難看出well-being所涉及的範圍，可從個人健康的立場看，更可從國家治理的角度觀察，因立足點不同，自有不同的論述方向。僅以健康定義的觀點，試擬其結構如圖7-1。

世界衛生組織所定義的健康，包含下列各面向的理想狀態：

(一)身體的理想狀態（physical well-being）

身心本屬整體，不可分割，身體的理想狀態，當以身體全面的健康為訴求。惟若勉強將其區分，則可從身體的生物性談，也可從身體的文化性談。前者如身體器官、組織與機能，從初生到成熟，隨著身體不同階段的生長發育，適應環境，滿足於日常生活的行動需求，以

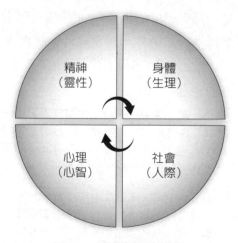

圖7-1　健康定義的結構

及有效的身體操作，促使生命意義的持續發展，都是身體生理理想狀態的具體展現。

　　至於身體的文化性，說明身體的健康，可因不同的文化特性，而有不同的身體理想健康狀態，並不僅止於醫學上的健康論述。比如東方氣功身體的健康狀態，與西方理性的健康觀念截然不同，亞洲與非洲的身體理想狀態，未必一致。

　　具體來說，古希臘認為萬物是由火、空氣、水及土所組成，人體健康與否，則以暖、濕、乾、寒之結合與分離的均衡狀態而定。中國傳統醫學，則以人體陰陽虛盛，作為判斷疾病與健康治理之指標，並有五行之說，將大自然的組成要素——金、木、水、火、土，對應於人體的肝、心、脾、肺、腎等五臟，說明相生相剋，陰陽調和的健康論述。[13]

(二)社會的理想狀態（social well-being）

　　身體的社會健康，可包含身體所處的社會人際關係、社會的支持網絡與社區參與。一般認為，一個理想的社會，是建立在可永續發展的所謂3E的公平基礎上，即經濟理想狀態（economic well-being）、環境理想狀態（environmental well-belling）及公平（equity）。換句話說，一個永續發展的社會，人人有權享有人的基本需求，比如：安全、健康的居住、有尊嚴的工作、充足的食品、教育，以及滿足需求與技能實現的權力，且都能相互尊重。

　　進一步說，在社會的理想狀態中，有成功的社會人際關係，能與他人良好的溝通，透過社區參與，學習衝突的處理，共同承擔責任，以及瞭解和適應所面臨的改變。甚至面對壓力，有正面的自我概念，有能力去關照、愛護或協助他人；同時，能因他人的需要，主動且自

---

[13] 栗山茂九，《身體的語言——從中西文化看身體之謎》（陳信宏譯）（臺北：究竟出版社，2001），21-64。

動的協助解決問題。

(三)精神（靈性）的理想狀態（spiritual well-being）

精神或靈性的理想狀態，常泛指個人的靈性修為，可以是宗教的反應，牽涉到個人的信仰。一般而言，精神修為，可說是個人的涵養，是個人內在的體驗，而其顯現於外的行為，常作為與他人相處融洽與否的指標，甚至是衡量個人面對生活挑戰或改變時，情緒穩定的表現。

靈性修為的取徑，因人而異，且恆受環境的影響，一般有以獨處求得內心的靈靜者，或參與社團、俱樂部、聚會，分享心靈饗宴；或拜訪廟宇、教堂，藉禱告、告解，獲得心靈安頓。甚至有頓入空門，或隱居山林，潛心修練，更有藉閱讀，或融入藝術，或打坐、禪修，都不失為是靈修的不二法門。

靈修之所以值得鼓勵，一方面是現實生活的壓力，需要得到抒解，一方面是人際的積極關係，有待建立，尤其是人類的生活目的與生命意義，都有賴靈性的參透，才能體悟人生，進而正面迎向人生。

(四)心智的理想狀態（mental well-being）

心智的理想狀態，是隨時與周遭的人、事、物，保持友善的關係，比如家人、朋友、同事、鄰居或環境，發展這些關係，善待並珍惜這種關係，從中學習更多有益於心智理想狀態的事。

具體的說，從生活中學習新技能，可以給自己成就感和自信心，一個微笑，善意的感恩，或一句好話，可以縮短彼此間的距離，凝聚解決問題的共識，參與社區志工活動，在分工合作中，不只改善自己的心智狀態，更可以建構新的社會網絡。

特別是，從當前活動的體驗中，經由身體的感受，思考周遭環境

或事物的改變，開啓自我認同的感動，具體享受眞實生活的能力，都是心智成熟的具體表現。

四、健康的前提條件

一般所謂健康之前提條件，係指健康的基礎條件及其影響因素而言。換句話說，身體健康，除了身體的生物素質及其遺傳基因外，下列因素，常被認爲是重要的影響因素，如：

(一)公平的社會

和諧、公平的社會，不只有助於個人健康身心的孕育，尤有利於家庭間的和睦相處，以及社區成員友善關係網絡的形塑。具體而言，公平的社會，在於不分性別、族群、職業、所得、地位、階層、信仰等之差異，而能同享醫療資源，建構個人的健康與健康的社會。

(二)物理環境

物理環境，是健康的重要影響因素。如氣候（風、雨、雪、溫、熱、寒、乾燥、潮濕等）、噪音、空氣、水、土壤、食品汙染以及病蟲害等，造成先天性疾病、呼吸系統、肝臟及腸胃等消化系統的疾病，嚴重影響健康。

(三)教育與生活習慣

廣義的說，生活即教育，教育即生活。一般提及教育，常泛指德、智、體、群、美五育並重。事實上，教育水準的高低，常與社經地位，密切關連，足以影響健康觀念的建立，以及健康行爲的養成，甚至是健康習慣的實踐。日常生活習慣中，如休息、抽菸、喝酒、運

動或飲食等生活習慣，都是影響健康身體的重要因素。

(四)文化

文化是生活的總體表現，生活實踐就是文化的根源。從健康觀念到健康制度，從健康器物到健康價值，都在日常生活中顯露，也在文化中展現。比如，從「不乾不淨，吃了沒病」似是而非的傳統觀念，到「飯前洗手，飯後漱口」的衛生習慣，無一不是生活文化的體現。可以說，食、衣、住、行、育、樂，不只是健康文化的形式，更是健康文化的內容。

(五)食物

食物不只是生命之源，更是維持身體健康的重要因素。一般認為，解決身體的健康問題，吃對食物比吃藥來得有效，正應驗了所謂藥補不如食補的說法。

世界衛生組織（WHO）曾於2004年5月，在非傳染性疾病對策的世界戰略中，特別提出有關食物與健康的勸告，[14]並呼籲各國配合國情，重視食物與健康的密切關係。比如，健康體重的獲得，從脂肪總量限制熱量的攝取，從飽和脂肪轉換為不飽和脂肪，增加蔬果、豆類、穀物及堅果類的攝取，少糖、少鹽等以維護健康。

(六)運動

運動是消耗熱量的重要決定因素，更是體重控制的基本要件。研究結果證明，運動不只有助於心血管疾病與糖尿病的預防，更有利

---

[14] "Global Strategy on Diet, Physical Activity and Health," *World Health Organization*, http://www.who.int/dietphysicalactivity/en/, 2105.4.28.

於肥胖的減緩，血壓及脂蛋白‧膽固醇的改善，以及血糖的有效管理。[15]

總而言之，影響健康的因素相當複雜，其中，不只涉及個人生物性的身體素質及遺傳基因，甚至包含個人的生活習慣及諸多的社會因素，所以，討論身體健康議題，宜有較廣闊的視野，才能免於陷入盲人瞎馬的窘境。

第二節　生活習慣疾病與運動效果

健康是相當概括性的概念，很難一言道盡。同樣道理，疾病的論述，也常言人人殊，莫衷一是。具體來說，以醫學的演進為例，從早期以病菌之有無，推定罹病之原因，[16]到近代文明社會形成之後，生活習慣的改變，致使慢性疾病急速增加，病因的推斷，改採多重致病的可能因素論述，甚至發展至今，生活習慣成為罹病的危險因素加以說明。[17]

再就疾病醫療的效果而言，從原先「不看人，只看病」的特定病因說，[18]到提倡「健康檢查」或「癌症篩選」，落實「早期發現，早期治療」的健康維護論，以及「預防勝於治療」或「從預防到健康促進」的健康訴求。在在說明疾病診治之困難，更強調身體健康在防範

---

[15]Linn Goldberg and Diane L. Elliot, *The Healing Power of Exercise* (New York, John Wiley & Sons Inc., 2000), 3-17.

[16]佐藤純一等，〈「生活習慣病」の作られ方－健康言説の構築過程〉，116-121。

[17]佐藤純一等，〈「生活習慣病」の作られ方－健康言説の構築過程〉，116-121。

[18]源自19世紀末細菌學的研究，認為疾病是實體的存在，特定的細菌即為該病的原因，或稱為細菌學的病因論。小林忠義，《病因論の諸問題－病気を決定するもの》（東京：東海大学出版会，1988），65-97。

疾病於未然，遠勝於疾病治療。[19]

　　進一步說，運動有益健康，常爲人所提及，大概都從疾病的預防效果，探討運動多面向的功能。具體而言，身體違和求診時，醫師常在投藥之外，會鼓勵病人，注意營養飲食，運動與休息，甚至會提醒病患，注意生活習慣、睡眠或工作壓力等，尤其，體適能的推動者，不論是健康體適能、一般運動體適能，或專項運動體適能，莫不以體適能足以影響身體機能的質量、運動能力的高低及作業效率的有無，爲論述重點。

　　一言以蔽之，上述觀點，都有言之成理的根據，也都有一定說服力量，不過，誠如上節所指陳，所謂健康，除了生理的健康外，不能忽略社會、心理與靈性的健康，否則，對健康的意涵，就無法全面掌握。

　　基此背景，本文擬先述生活習慣疾病，以及運動對生活習慣疾病的效果，再論日常生活中運動習慣的養成，分述如下，藉供參考。

一、生活習慣病的概念

(一)生活習慣病的意涵

　　所謂「生活習慣病」，並非臨床醫學的疾病名稱，換句話說，臨床醫學上，並不存在這種病名，而是泛指因不良的生活習慣，所引起疾病的廣泛說法，可說是社會建構的用語。[20]

　　生活習慣病，國人有稱爲慢性病、成人病或富貴病。英國以「生活形態相關疾病」（life-style related disease）或「慢性退化性疾病」

---

[19] 小林忠義，《病因論の諸問題－病気を決定するもの》，1988，129-130。
[20] 小林忠義，《病因論の諸問題－病気を決定するもの》，1988，129。

健身運動貴在持之以恆

（chronic degenerative disease）稱之，美國則稱爲「慢性病」（chronic disease），法國有「生活習慣病」（maladie de comportement）的用法，德國則以「文明病」（Zivilisationskrankheit）稱之，瑞典認爲此類疾病常伴隨富裕的生活所形成，所以稱爲「富貴病或生活習慣病」（välfärdssjukdomar）。[21]

　　日本對此類疾病的用語，最早於1955年代提出，意指「一種成年病，主要爲癌症或惡性腫瘤、腦中風、心臟病等，好發於40歲上下，造成死亡率攀升，且獨占死亡率之前，特別都是正值勞動力旺盛的40-60歲之間」。所以，又稱爲成人病。[22]1978年，醫學者日野原重明

---

[21]厚生省保健医療局疾病対策課，〈生活習慣に着目した疾病対策の基本的方向性について〉，http://www1.mhlw.go.jp/shingi/1217-1.html，2014.04.21檢索。
[22]厚生省保健医療局疾病対策課，〈生活習慣に着目した疾病対策の基本的方向性について〉，http://www1.mhlw.go.jp/shingi/1217-1.html，2014.04.21檢索。

主張將「成人病」改為「習慣病」，[23]1991年川久保清提議改為「生活習慣病」，[24]日本保健福利部於1996年12月18日經公共衛生審議會，確認統一用語為「生活習慣病」。

相關資料顯示，生活習慣病之特性，常經緩慢過程，且發病前，幾無明顯症狀，發病後，短時間內，急速惡化，導致生理機能喪失，終至死亡。當然，這樣的疾病，涵蓋範圍相當廣泛，比如，惡性新生物（癌細胞）、心臟病及腦中風等素為三大成人病。因此，所謂生活習慣疾病，可定義為「因飲食、運動、修養、抽菸、喝酒等生活習慣，所引發、進行的疾病群，即為生活習慣疾病」。[25]

(二)生活習慣病的類型[26]

一般而言，因不良生活習慣形成的疾病，約有下列幾個類型，如：

1. 飲食習慣：糖尿病、肥胖症、高血脂症、高尿酸症、循環系統疾病、大腸癌、牙周病等。
2. 運動習慣：糖尿病、肥胖症、高血脂症、高血壓症等。
3. 抽菸習慣：肺腺癌、循環系統疾病、慢性支氣管炎、肺氣腫、牙周病等。
4. 喝酒習慣：酒精性肝病、肝纖維化、肝硬化、肝癌等等。

不可諱言的是，罹患疾病及其療癒過程，常與遺傳、環境有關，

---

[23] 日野原重明，〈成人病に変わる「習慣病」という言葉の提唱と対策〉，《教育医療》，15.3（日本，1978）：1-3。

[24] 川久保清，〈生活習慣病といわれる成人病〉，《厚生》，45.1（日本，1990）：17-20。

[25] 川久保清，〈生活習慣病といわれる成人病〉，1990，5。

[26] 川久保清，〈生活習慣病といわれる成人病〉，1990，6。

當然，除部分先天因素的疾病外，生活習慣對健康的影響，已如上述，尤其，成年之後的疾病，大半因生活習慣所造成，更是眾所共認的事。

就常理而言，何者為生活習慣病，或何者為非生活習慣病，兩者要作嚴謹區分，實非易事。不過，就生活習慣病而言，若能從改善生活習慣，而獲得身體的健康，則個人的健康，由個人從自身的生活習慣做起，應有其積極的意義。換句話說，健康的生活習慣，取決於個人的生活態度，以及個人的生活行為，因此，個人的身體健康，不能無視於個人主體性的自覺，這也就是個人必須為自己的健康負責，自己要經營自己的健康，乃是天經地義的事，更是個人必須正視的重要課題。

(三)健康的生活習慣

生活習慣足以影響健康的觀念，主要是「治療至上」理念的轉向，過去仗恃著科技醫療，認為只要對症下藥，都可以藥到病除，事實上，諸多疾病，根本無從發現病因，有時更無法治療或治療不好，改走預防疾病發生，以維持或促進身體健康，健康生活習慣之受重視，可說其來有自。

進一步說，早在1965年，布雷司洛（L. Breslow）即曾以美國加州阿拉美達郡的7,000名居民為對象，就：(1)7-8小時睡眠；(2)吃早餐；(3)不吃零食；(4)不抽菸；(5)禁酒或適度酒量；(6)適度體重；(7)規律運動等七個健康習慣，進行調查，且先後追蹤了九年。結果發現，履行健康習慣者的死亡率，明顯較低。從此以後，這七個面向，即成為衡量健康生活的指標，也被稱為健康的生活習慣。[27]

---

[27]N. B. Belloc and L. Breslow, "Relationship of Physical Health Status and Health Practices," *Preventive Med, 1*(Bethesda, MD, 1972): 409-421.

二、規津運動是良藥

健康需要不少前提條件，但規律運動的效果，有助於身體健康，論述者所在多有，更是眾所共認的事。試舉其犖犖大者，略述如下，藉供參考：

(一)運動的自覺效果

運動的目的，可隨運動類別而各異其趣，更可因人、因時、因地而有所不同。不過，在日常生活中，實際從事運動時，卻常有類似的自覺效果，比如，身心愉快、精力充沛、胃口變好、動作輕快、睡眠改善、食慾增加、體重減少、較少感冒、便秘舒緩等，這些運動效果，一如疾病時的良藥，雖無法由客觀數據證明，卻常在日常生活習慣中湧現，應是身體健康的自覺感受。[28]

(二)運動的生理效果

運動的生理效果，主要來自運動時，對身體的生理作用，促使器官或組織的變化，機能效益的提升，增加身體的適應，以及延緩老化速度與防止疾病的侵襲，進而達到壽命的延長。其具體的運動效果，約有：

◆提升心肺機能

一般判斷心肺耐力，常以攝氧量的高低作判準。運動時，對心臟的刺激作用，可發達心肌，並增加心肌的血管，可使每次心輸出量

---

[28]芝山秀太郎、江橋博，《フィットネススポーツの科学》（東京：朝倉書店，1997），8-9。

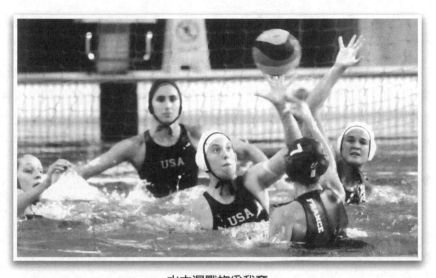

水中混戰妳爭我奪

資料來源：2017臺北世大運執委會提供。

增加。有適當強度的運動習慣，自然可增強心輸出量，應付平常的血液供輸，易如反掌。相對而言，較少運動或未有運動習慣的人，心輸出量一增加，即到頂點，少有緩衝餘地，自難以應付強度運動的需要。[29]

◆血管與血壓的正常化

運動時，因血液循環增加，血壓會暫時升高，不過，輕微的運動時，血液循環並不會有太大變化，血壓也不會突然攀升。持續或長時間規律的運動，可改善血流量，增加心臟工作效能，有促進血壓下降的作用。具體而言，有氧運動時，血液中所含降低血壓效果的牛磺酸（taurine）會增加，發揮預防動脈硬化的效果。[30]

---

[29]Linn Goldberg & Diane L. Elliot, *The Healing Power of Exercise*, 2000, 158-168.
[30]Linn Goldberg and Diane L. Elliot, *The Healing Power of Exercise*, 2000, 139-157.

進一步說，影響動脈硬化的膽固醇，區分兩種，即高密度脂蛋白膽固醇（HDL-C）（好膽固醇）及低密度脂蛋白膽固醇（LDL-C）（壞膽固醇）。運動時，因加強心肌的收縮能力，會增加好膽固醇的濃度，並降低壞膽固醇的濃度，有助於高血壓者降低血壓，減少血管疾病的風險，具有預防心臟疾病和中風的功能。同時，因胰島素的作用，調節糖的代謝，控制血糖的平衡，更可預防糖尿病的發生。[31]

◆改善肥胖與老化

隨著年齡的增長，活動減少，肌肉逐漸衰老，體脂肪相對貯積，體型變胖。規律運動時，一方面脂肪較易燃燒，一方面肌肉運動提高身體消耗熱量（基礎代謝量），使得脂肪較難累積，預防肥胖上身。

另一方面，年齡增多，生長激素減少，老化現象逐步呈現。適當的運動，可促進分泌生長激素，不只外觀肌膚光滑亮麗，內臟老化速度也得以減緩。

同時，研究證明，有氧運動，因流向大腦的血液和氧氣增加，有助於創造新的神經細胞，和促進神經與肌肉接頭（突觸）的可塑性，幫助大腦增加多巴胺、谷氨酸等有益認知能力的化學物質，提高老人的認知功能。[32]

◆強化骨質

規律運動，可以減少骨頭鈣質的流失，穩定骨頭鈣質的數量，活化骨頭的成長。相對而言，不運動時，無法改善鈣質的消化吸收，同時，肌肉運動，對骨頭傳達適當的刺激，不只可防止骨頭鈣質的流失，更可增加骨量，使得支撐骨頭的肌肉更結實，可預防跌倒時骨折。[33]

---

[31]Linn Goldberg and Diane L. Elliot, *The Healing Power of Exercise*, 2000, 99-121.

[32]Linn Goldberg and Diane L. Elliot, *The Healing Power of Exercise*, 2000, 187-202.

[33]Linn Goldberg and Diane L. Elliot, *The Healing Power of Exercise*, 2000, 32-50.

(三)運動的心理效果

在運動經驗裡，常會感受到運動時的樂趣橫生、緊張興奮，運動後的解放、舒暢感，甚至在汗流浹背、聲嘶力竭的捉對廝殺後，無比的愉悅爽快，渾身的滿足感，這些都可說是運動的心理效果。

事實上，文明社會中，因績效主義，競爭激烈，工作壓力倍增，情緒不得抒解，導致精神焦慮、煩躁及憂鬱，甚至崩潰者所在都有。一般認為，規律運動，有助於情緒的調整，精神的穩定及憂鬱的排除，認為運動是憂鬱症的良藥，甚至運動比藥物更有效，當非過言。

當然，運動的心理效果，範圍十分廣泛，比如自我的潛能開發，人格養成以及愉悅開朗，自信與自尊心等，都是大家耳熟能詳，僅列舉下列幾點，藉供參考。

◆運動抒解情緒[34]

運動時，體溫升高，間腦下視丘發揮減低不安情緒的調節作用，促進情緒的淨化效果。其穩定情緒的機轉，一如泡澡後的通體舒爽，有異曲同工之妙。

進一步說，規律運動，內分泌活動增加，類固醇激素增多，有效抑制困擾情緒。當然，運動後，肌電位減低，緊張感解放，在緊張與鬆弛間反復來回的作用裡，情緒得到改善。

再說，心理學上的淨化理論，認為規律運動足以抑制情緒，抒解不平及不安，恢復安定，淨化精神的效果。

同時，運動時，強化腎上腺素（noradrenaline）、五羥色胺（serotonin）、多巴胺等物質的作用，有益神經傳導，促使身體產生亢奮感（runner's high）。更有認為，運動之能消愁解悶，在於運動

---

[34]Linn Goldberg and Diane L. Elliot, *The Healing Power of Exercise*, 2000, 203-215.

時，腦下垂體會分泌一種具鎮痛作用類似嗎啡的物質，引發興奮感。

◆運動的樂趣體驗[35]

運動的心理效果之一，是運動樂趣的體驗，轉化到生活實踐的快樂幸福感受。從簡易的個人健步，到複雜的團體活動，甚或是激烈的競賽，在活動中感受自由自在的身體，在競爭中體驗公平、禮讓與盡其在我的奮進，在勝利之後的謙恭，或者勇於承認失敗的坦然，都是真實生活的生命體現，都需要經過運動實踐的嚴肅洗禮。

運動樂趣，有來自於對運動想像的熱切盼望，更有的是，經過實踐之後的身體經驗。其中，有競爭緊張的樂趣，自我超越的樂趣，更有同甘共苦的樂趣，共享淚流滿面，絕處逢生的樂趣，這些，經過運動的淬鍊，獲得的精神慰藉，都是生活的養分，更是生命的菁華。

◆有益積極正向思考

運動雖然有益健康，並不是說，只有運動就能健康。健康的前提條件不少，運動仍須配合其他健康的必要條件，比如，生理方面的飲食營養、休息睡眠以及精神上的正面情緒等條件。

其實，就心理或精神層面而言，運動的效果，在提供正面的思考，有利積極情緒的發展。所謂人生不如意者十之八九，凡事積極正向的思考，才能正向面對問題、接受問題、處理問題並解決問題。

積極的情緒是一種知足的態度，能自我認識，瞭解自己的長處與缺點，有勇氣克服困難，有信心與人合作，更有寬容的雅量，接納不同的意見，更有利他的行為，以及成功不必在我的修養。[36]

---

[35]許義雄，〈體育正課的「運動樂趣」因素分析〉，《社會變遷與體育發展》（臺北：文景，1988），1-95。
[36]許義雄，〈超越顛峰，突破困境〉，《師大體育》，24（臺北，1990），1。

◆運動是靈性修為

有人說運動類似宗教，是一種信仰，一種無私的奉獻，更是無我的生命驗體。在荒郊野外慢跑，聽潺潺水流在身旁穿梭，蟲鳴鳥叫在耳邊輕撫，看山巒此起彼落，踩著綿延不斷的山路小徑，腳步的節拍與大地的呼吸同在，身體與自然相容，體驗到大地的奧妙，個人生命的渺小，感受到天地與我共生，萬物與我並存的眞諦，領略了「生而不有，爲而不恃」的可貴。[37]

(四)運動的社會效果

運動除了個人項目外，大部分都與人共享運動的樂趣。不論個人與個人、個人與團體或團體與團體，只要有他人存在，運動的效果，都可說是運動的社會效果。

具體而言，經由運動的媒介，不論語言或非語言的溝通，都有助於人際關係的改善。共同進行一項活動，不論個人或團體，都需要規則、禮儀、規範，使彼此在適當的空間中，在有限的時間裡，和睦相處，讓活動和平進行，順利落幕，以能同享活動的樂趣，是起碼的社會互利行爲。其實，不論比賽與否，不計廝殺多慘烈，賽事結束後，無論勝敗如何，「君子無所爭，必也射乎！揖讓而升，下而飮，其爭也君子。」畢竟是千古顛撲不破的道理。

再說，活動中的盡其在我，不到最後關頭，絕不輕言放棄的堅持，是一種角色的扮演，職責的履行，更是作爲社會行爲人應有的態度。除此之外，運動的社會效果，也可從下列適時掌握：

◆是生活教育的重要舞臺

青少年天生好動，運動正好提供一個生活教育的舞臺。特別是少

---

[37] 許義雄，〈應無所住而生其心〉，《師大體育》，40（臺北，1997），1。

年時期，基本上是從遊戲中學習，在活動中學習合作、分工與爲人處事的道理。比如，共同商訂活動的規則，相互尊重與互相學習解決衝突的方法。及長之後，透過球場，抒解好勇鬥狠的習性，由活動賽事，宣洩無處發洩的精力。再說，青澀年華，愛現是本性；英雄本色，可以在運動場域中充分表達，只要合乎約定的規範，人人可以盡情發揮，不只鼓勵自我實現的機會，甚至在合理的範圍，還能得到應有的獎賞。

◆社區營造的動力

社區營造，不只是國家建設的重要環節，更是喚醒社區居民自我認同的重要工作。身體活動不只是維繫社區居民情感的重要憑藉，更是活絡社區居民關係的主要動力，尤其，少子化及人口老化的社會，健康意識抬頭的今天，社區活力的提升，以及凸顯社區再造的動力，亟需藉助身體活動做出必要的貢獻。

換一個角度看，現代社會的功利傾向，使得人際關係日漸淡薄，彼此的互動機會，逐日減弱。透過身體活動，一方面促進社區居民的人際網絡，凝聚社區的團體意識，增進社區的整體發展，一方面，展現社區的特色，促進社區居民的榮譽感，展現社區榮辱與共的尊榮感。

◆有助經濟發展

運動之社會效果，除有助於個人社會行爲之養成外，更有利於整個社會的經濟發展。具體而言，運動產業的擴大及勞動市場人力資源的開發與運用，都可說是運動對社會經濟發展的具體貢獻。

就運動產業而言，隨著運動風氣的興起，不只運動服飾、器材、用具等產業，大發利市，連運動健康相關產業，從運動檢測到健身醫療產業，甚至運動旅遊觀光產業，更不遑多讓。[38]

---

[38] 許義雄，〈臺灣運動休閒產業發展策略與展望〉，《第六屆運動與休閒管理國際學術研討會》（臺北：國立臺灣師範大學，2006），1-25。

友誼之槍一擲定天下

資料來源：中央通訊社提供。

　　就人力資源而言，擁有健康的身體，即是具有生理、心理、社會與精神的理想狀態。自較能堅守崗位，克盡職責，並能和諧合作，犧牲奉獻，熱忱服務，提供優質的工作表現，自不待言。

◆增進國際友好關係

　　運動是世界共同的文化之一，超越不同的語言、政治、宗教、種族及生活習慣，在共同認可的規則下，進行競爭與合作的比賽與文化交流，深化人際間的瞭解與友好行為，並促進國際和平與親善關係，推展人類運動文化的進步與發展。[39]

---

[39] 許義雄，〈海峽兩岸體育交流之展望〉，《兩岸交流簡訊》（臺北：中國時報，1998），2-4。

三、規律運動從日常生活做起

　　身體運動不只是本能，更賴後天學習，尤須建立習慣。根據我國衛生福利部國民健康署的資料，國人不運動的比率，排名在三十四個國家中，名列男性第一，女性排第二。報告中指出，運動不足的成年人口高達1,285萬人，而身體質量指數（BMI）超過27，達到肥胖警戒的成年人口則有378萬人之多。難怪運動少已成為國內三大新興致癌因子。[40]顯見國人運動習慣亟待建立，以能維持起碼的國民健康。當然，國人不喜歡運動，原因固然很多，最重要的關鍵因素，應該是未能將運動落實在日常生活中實踐。換句話說，明知道運動有益身體健康，日常生活行為中，卻未能劍及履及身體踐行。

　　因此，試舉日常生活中的運動實例，只要持續的維持，運動習慣即可養成，不只可預防生活習慣病的侵襲，更可增進身體的健康。

(一)步行：從上學、通勤到購物

　　有句俗話說：「飯後百步走，健康又長壽。」顯見傳統以來，走路有益健康，素為眾所週知。其實，運動的種類很多，從學校體育課程中的田徑、體操、球類、國術、舞蹈等不勝枚舉，甚至養生類的氣功、瑜伽或靜坐等，都可在日常生活中擇一實踐，持續進行，效果都

---

[40] 衛生福利部國民健康署2014年4月15日公布，2011年癌症人數及排名，發現癌症人數增加率，每五分四十秒，即有一人罹癌，與2008年的每八分十五秒相較，足足快了兩分三十五秒，數度驚人。報告中更指出，國人好肉食又缺少運動，使得大腸癌六度蟬聯死亡率第一名，並發現，新興致癌危險因子，為肥胖、不健康飲食及運動不足。衛生福利部國民健康署，〈衛生福利部國民健康署公布2011年新發生癌症人數及排名，小心新興致癌因子！以防癌症悄悄上身〉。http://www.hpa.gov.tw/BHPNet/Web/News/News.aspx?No=201404150002，2014.04.21檢索。

可預期。

　　根據最新有關步行研究資料顯示，[41]即使未能有較長的時間運動，而以10分鐘爲度的多次的短時間運動，每天累積起來的運動時間，也可以得到同樣效果。比如，日常生活中的步行，是最簡單的例子。換句話說，從上學、通勤到購物，都是每天必做的身體活動，以走路完成，不以車代步，既簡單又實際。一般走路與競走略有不同，一般走路，可輕鬆自然，找雙適合步行的鞋子，快樂上路，偶爾加快步伐，享受拂面清風，心不亂，氣不喘，健步如飛的愉悅。

　　以最近的研究爲例，[42]即使是血糖値偏高的糖尿病患者，快速走路的人，死亡率較低，同時，也較少心肌梗塞。高齡者的研究指出，高齡者的走路速度較快的人，不只較長壽，且身體較少受傷或生病。

　　一般而言，適度的走路運動，胰島素分泌較佳，可促進心、肺、血管機能，同時，腳、腰也較結實。平常養成腳程較快的走路習慣，既可維持健康，並可防止老化。

　　當然，走路運動，要有些方法，比如，在意識上，「一、二，一、二」的略帶韻律的步伐，比平常略微加快的速度，走完之後，有些微的出汗又不覺得疲累的感覺爲目標，是最理想的走法，簡單易行，不妨一試。

(二)階梯是有效的運動場所[43]

　　日常生活中，不乏斜坡的運動場所。斜坡運動，是上下臺階或坡道的運動。一般斜坡運動要比平坦路上的運動，要多二到三倍的負荷

[41]川久保清，〈生活習慣病に対するウォーキングの効果〉，《臨床スポーツ医学》，19.4（名古屋，2002）：361-365。
[42]川久保清，〈生活習慣病に対するウォーキングの効果〉，2002，361-365。
[43]山本忠志，〈傾斜角度の異なる歩行運動における呼吸循環機能変化について〉，《兵庫教育大学研究紀要》，23（兵庫，2003.03）：67-70。

量，熱量消耗也較多。可以說是短時間內，有效的運動。

臺階（階梯）到處都有，可說是日常生活中隨時可做的運動。在車站或一般建築物，儘量利用階梯上下，不搭電梯或手扶梯，出差、洽公或訪友，甚至上廁所，都積極步行，上下樓梯。

當然，自己家裡上下樓梯，宜注意放慢速度，免得太快發生危險，且慢慢登階梯，加強腳力的負荷，可以提升運動效率，尤其是高齡者，抓緊扶手，練習上下樓梯，未嘗不是好的日常運動。

事實上，有時在家裡，也可利用第一階與地面的高低差，或將舊雜誌捆起來約10公分高，做上下登階的運動，偶爾配合韻律，以「一二，三四」或「上上，下下」的節奏，做到略感吃力或些微發熱的狀態，不只簡單有趣，既可累積運動量，更能發揮一定的運動效果。惟膝關節有異常情形者應避免此項運動或在醫師指導下實施。

(三)看電視，做運動

看電視可說是日常生活中不可或缺的節目，甚至，不少人的習慣是一面看電視，一面不停的抓零食吃，不知不覺中，吃多零嘴，熱量增加，不胖也難。

其實，看電視時，不妨動動手腳，拉拉筋。比如，坐在沙發上，兩手抓握小瓶礦泉水，可做側平舉或向上伸展等運動；或兩手曲肘，以肩關節為軸心，前後做做繞環運動；或頸部，或上身，前後、左右，做些和緩運動，或採坐姿，做做腰部的伸展運動，都能有效活絡筋骨，增強身體活動效能。

當然，坐在椅子或沙發上，腰部穩定坐深，兩腳前平舉，做做打水或交叉運動，或兩腳掛上適當重量的啞鈴，做做抬腳運動，都有一定效果。

再說，早上電視新聞時間，每天約有5-10分鐘，一面看電視，一

面做簡易運動，成了習慣後，就可以持續進行，不致中斷。一般10分鐘的肌肉運動，約消耗熱量在80-100卡之間，肌肉量增加，會增加基礎代謝量，提高熱量消耗，對身體都有正面效果。[44]

(四)認真做家事，是最好的運動[45]

　　樂於做家事的人，不只協助家人完成家務事，更是身體活動的重要媒介，達到意想不到的運動效果。特別是天氣熱時，幫忙房間大掃除，常是汗流浹背，達到增加消耗熱量的功能。

　　舉例來說，整理房間，操作除塵器15-20分鐘的身體，消耗熱量約50-60卡，相當於走路10-15分鐘的熱量消耗。清掃盥洗室或擦拭門窗玻璃10分鐘，則約消耗40卡的熱量，都是很好的身體運動。其他如整理庭院或社區公共設施，不只是展現利他行為，為社區盡一分心力，更可因身體得以活動，也都有一定程度的運動效果。[46]

　　其實，做家事，形式上，不只是熱量消耗，實際上，只要身體有活動機會，就會燃燒身體的脂肪，使得身體上的脂肪，不易累積，也就是說，身體不常運動的人，相對體溫較低，難免容易發胖。再說，做家事時，常常會運用到身體的不同部位，對日常的身體動作，也較能得心應手，更能提升手腳末梢部分的感覺機能，有益血液供輸及賀爾蒙的分泌，自能改善身體健康。

[44] 滋賀県健康運動カレッジマニャル作成検討委員会，《運動を中心した健康づくり支援の企画・運営マニュアル，〜地域における運動定著化を目指して〜》（滋賀：滋賀県健康運動カレッジマニャル作成検討委員会，2007），1-20。

[45] 長野茂，《日常ながら運動》（東京：カブト電子出版，2003），25-70。

[46] 長野茂，《家事ながらダイエット》（東京：日常ながら運動推進協会，2005），3-28。

第三節　體適能意義及其內容

最近，體適能的議題，不只是政府體育的重要政策，更是學校體育的主要議題。其中，從體適能的概念、體適能的內容以及體適能的實施方法或策略，幾無時不有重要的信息，在學術場域流傳，也在行政機關研議，如作為升學考試的可行性評估，全民體適能檢測、體適能常模的建立，以及體適能網站的構建等，可以說，體適能的推展工作，從理論探討，到實際應用；從基礎資料的掌握，到國際體適能的比較，如火如荼的展開，且鄭重其事的推行。

一、體適能的定義

(一)「體適能」譯自英文

體適能乙詞，係由英語physical fitness翻譯而來，臺灣早期有譯為「健適體能」、「健適」、「身體適應」、「體能」、「體力」及「身體適應能力」等不一而足。[47]其中，有取自英語系統的譯法，探生物性身體的觀點，直譯為「身體適應能力」，簡稱為「體適能」，

---

[47]有關physical fitness譯成中文，有下列幾種：郝更生，〈健適體能〉，《教育與文化》，16.7（臺北，1963）：20-23。陳在頤，《研習通訊：體育專輯》（臺北縣，1964），12-15。朱復昌譯為「身體適應」，朱復昌，〈適應與身體適應〉，《體育研究》，2.2（臺北，1962）：2-3。鄭子甲譯為「身體適應能力」，鄭子甲，《體能運動與測驗》（臺中：臺灣省立體育場，1963），7-9。蕭保源、蔡敏忠譯為「體能適應」，蕭保源、蔡敏忠，〈「體能適應」的命名及其內容〉，《體育研究》，5（臺北，1963）：5-6。劉錫銘譯為「體力」，劉錫銘，〈體力〉，《體育研究》，8（臺北，1968）：2-5。

已被廣為使用。意指「身體不僅能精力充沛、機敏靈活，且毫無倦怠地完成日常工作，還有餘力享受休閒和應付突如其來的緊急狀況，從而達到促進身體健康及防止疾病的目的」。所以，「體適能」最好的解釋是：[48]

1. 靜態或醫學適應（static or medical fitness）：是有關人體組織，如心、肺臟等之健全。
2. 能力或功能適應（dynamic functional fitness）：指在工作情況下，身體有效的操作。
3. 運動能力適應（motor skill fitness）：是有關身體活動時的協調和力量。

表7-1　美國總統體適能、運動與營養審議會的體適能概念結構

生理體適能	健康體適能	競技體適能	運動體適能
・新陳代謝 ・形態 ・骨質密度 ・其他	・身體組成 ・心肺耐力 ・柔軟度 ・肌耐力 ・肌力	・敏捷 ・平衡 ・協調 ・瞬發力 ・速度 ・反應時間 ・其他	・團隊運動 ・個人運動 ・終生運動 ・其他

事實上，fitness乙詞，除有「適應」涵義外，也可說是一種「健康」狀態，所以，一般論述的體適能，可說是身體所有適能的一部分，並未含情緒適能（emotional fitness）、精神適能（mental fitness）及社會適能（social fitness）等面向。[49]美國總統體適能、運動與營養

---

[48]朱復昌，〈適應與身體適應〉，1962，3。

[49]美國生理學家丘立頓（Cureton）、拉遜（Larson）共同認為physical fitness不含知能、性格、意欲、感情和社會等要素，所以，一般所謂體適能測驗，均以生理的身體為主。劉錫銘，〈體力〉，1968，2。

審議會，[50]並不對體適能作定義，而只提出一個體適能的概念結構。[51]

(二)日文的「體力」

至於日文方面，將physical fitness譯成「體力」。認為體力，不只是單純的耐力或肌力，更包含了柔軟性、平衡、敏捷性及防衛能力（即抵抗細菌或環境干擾的能力／免疫力）。[52]

事實上，日本對「體力」乙詞的用法，起源甚早。自1930年代起，為戰爭需要，先後有「體力」檢查、「體力」獎章檢定及「國民體力」管理法。[53]顯見日本早期對「國民體力」，採取國家管理體制。當時（1937），中日戰爭伊始，日本已進入總體備戰狀態，兵力需求日亟，推出國民體力管理制度，其來有自。[54]

有關日本對國民體力的論述，可謂眾聲喧譁，百家爭鳴。其中，或從「人力資源論」，或從「生活態度論」，或從「作業能力論」或從「生活意志」論，或從「文化觀點」論，眾說紛紜，莫衷一是。[55]不過，依日本體力局所界定的說法為：「本案所謂體力，略採廣義的綜合概念，係指形態、精神及機能等三方面的能力。形態方面指肌肉、骨骼，或身高、體重、胸圍等，有如一般所謂的體格；精神方面則泛指智、情、意等的能力；機能方面，是指作業能力或適應能

---

[50] 「美國總統體適能與運動審議會」於1956年由艾森豪總統設立，2010年由歐巴馬總統改名為「美國總統體適能、運動與營養審議會」。

[51] 諏訪伸夫等編，《アメリカのスポーツ政策》（東京：日本評論社，2008），151-161。

[52] 芝山秀太郎、江橋博，《フィットネススポーツの科学》，1997，5-8。

[53] 許義雄，〈醫學管理與國家控制──就學校身體檢查談起〉，《日治時期初等教育國際學術研討會》（臺北：國立臺灣大學東亞文明研究中心，2005），12。

[54] 丸山芳登，〈國民體力法實施と學校の責務〉，《台湾学校衛生》，4.3（1941）：1-5。

[55] 入江克己，《ファシズム下の体育思想》（東京：不昧堂，1986），170-180。

力。」[56]

　　二次大戰後，日本之體力論述，有消極的抵抗疾病及積極的行動能力，至1965年，日本運動生理學家豬飼道夫，提出體力區分行動體力與防衛體力的論述。所謂行動體力，形態上的體格、機能上的肌力、敏捷性、耐力、瞬發力、平衡、柔軟性及協調性等，而防衛體力，則指對物理、化學及生物、生理等干擾的抵抗力而言。其概念結構如圖7-2。[57]

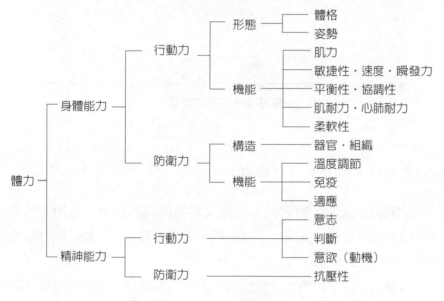

圖7-2　日本之體力結構圖

[56]有關國民體力管理制度，體力局曾根據國民體力管理制度調查會專門委員會報告書，擬具專案，分別就：(1)本制度所謂體力之意義；(2)本制度之目的；(3)管理之對象；(4)體力檢查；(5)體力檢查之實施及處理等加以說明。雜報，〈「國民體力管理制度概要」體力局（案）〉，《台湾学校衛生》，5（1939）：45。
[57]豬飼道夫，《運動生理学入門》（東京：杏林書院，1969），47-50。

單腳跳格子不亦樂乎

(三)華文的「體力」與「國力」

「體力」就是「國力」，是國人耳熟能詳的概念。意指身體強壯，體力充沛，人人健康，不只有利個人事業發展，有助於社會和諧進步，更能促進國家興盛，經濟永續發展。

事實上，清末民初，國勢積弱不振，列強環伺，加以素有東亞病夫之譏，因此，舉國上下的有志之士，莫不以學習船堅砲利為首要，更以效法文明先進國家，鍛鍊強健身體，作為救亡圖存，強國建國的重要手段。[58]

概括的說，華語「體力」乙詞，應為1895年，嚴復於〈原強〉乙

---

[58]許義雄，〈清末民初軍國民教育體育思想〉，《中國近代體育思想》（臺北：國立編譯館，1996），63-64。

文中，最先創用，雖與今日physical fitness之意涵不盡相同，卻是引自英國斯賓賽所提一國盛衰強弱之道的教育論述。認為：「生民之大要有三，而強弱存亡，莫不視此。一曰生氣體力之強，二曰聰明智慮之強，三曰德行仁義之強。」[59]

嚴復認為「鼓民力」之所以重要的理由，約有下列幾點：

1.手足體力為一國富強之基。

2.君子小人勞力之事，非體氣強健不為功。

3.中外古代庠序校塾，不忘武事。

4.近世文明先進國家，以操練形態，防人種之日下。

5.重視飲食養生之事。

6.上列諸端，男女同等重視。

顯見當時的「體力」，不分男女，事涉身體、飲食、操練、人種、教育及富國強兵等重要基礎，與國力等量齊觀，誠非偶然。

及至1949年，國民政府播遷來臺初期，中央諸多施政重點，一者竭盡所能，清除日治時期殘留的痕跡，二者複製大陸時期的典章制度，三者面對瞬息萬變的國際情勢，以及對岸出其不意的挑戰，對國力的需求，可說無時或息，與時俱進。

具體而言，1940年代的臺灣，體能測驗作為師範學校的入學考試制度，應是沿用日治時期的體力檢測，其後，1950年代起至1960年代之間，國際體適能概念興起，國內體力檢定獎章之訂定，入學考試加考體能之設計，[60]以及救國團成立「青少年體能適應研究發展委員會」及「青少年體能檢定委員會」等組織，先後創立，間接引起對體

---

[59]許義雄，〈清末民初軍國民教育體育思想〉，1996，63-64。

[60]民國41年，臺北市教育局試行中學入學體育測驗，效果尚稱圓滿。吳文忠，《中國近代百年體育史》（臺北：商務印書館，1967），13-414。

適能的重視。

事實上，臺灣對體適能用語的關心，應是1960年代初期，國立臺灣師範大學體育學系的《體育研究》及相關刊物之專文論述，其中，如郝更生、楊基榮、陳在頤、朱復昌、鄭子甲、蕭保源、蔡敏忠等人，先後發表相關著作推介，從譯名、概念及其內容與測驗方法，均有所討論，惟因初步引進，仍以美國及日本的詮釋為主，多屬基礎概念之傳播，並未有深入研究或建構創新理論。

同時，隨著政策需要，開始由教育部定期實施學生身高、體重檢測，作為編印中學生體育測驗成績給分標準之參考。[61]其後，盱衡國際趨勢，發現國內青少年體適能水準，無法與先進國家之水準相抗衡，開始大力推展學生體適能之增進，並擴及全民健康體適能之推行。

二、體適能的類型

一般體適能之分類，可依上述體適能之概念結構，區分為四類，即：生理的體適能、健康體適能、競技體適能及一般身體運動體適能，本文僅就國際上常提及的健康體適能、競技體適能及體力的內容等不同類別，略作介紹。

(一)健康體適能

所謂健康體適能，常泛指因缺乏運動所形成的疾病，可藉適當運動緩和或改善身健康狀態之身體適應能力而言。其衡量的內容為：(1)身體質量指數（身體組成）；(2)心肺耐力；(3)肌力與肌耐力；(4)柔軟性等四大要素。

---

[61]吳文忠，《中國近代百年體育史》，1967，414-415。

單槓考驗身體的操作能力

◆身體質量指數（身體組成）

　　身體由水分、蛋白質、脂肪及礦物質等四種主要成分所組成，區分為三個要素：脂肪、骨頭及其他組織等。一般而言，此三要素一旦失去了平衡，則身體會呈現肥胖、浮腫、營養失調或骨質疏鬆等生活習慣或慢性疾病。

　　體重過重或肥胖，是文明社會的普遍現象，原因固然很多，主要在於不良的生活習慣，難辭其咎。比如，缺乏運動、飲食過量或營養過多、生活作息等因素的影響，造成攝取的熱量高於身體消耗的熱量，積累的結果，導致體重逐日增多，心肺功能受到嚴重影響。

　　理想的體重控制，宜有適當的減重知識與方法。比如，身體運動與營養的均衡，宜長期持續進行，不宜半途而廢，反而有害身體。

具體而言，根據研究，[62]體重控制，最難持之以恆，約有90％的人，五年內會恢復身體原狀，而未能竟全功。因此，要預設失敗時的因應對策，如飲食、運動與心理干擾因素的掌握。否則，體重增減起伏過大，不只無益健康，甚至有害身體。一般而言，減重一旦停止，不少個案，體重會在三個月內回升。就動物實驗看，第二次減重，需要加兩倍的時間，才有效果，一旦中斷，會以三倍的速度恢復體重，這不只讓身體狀況更差，甚至會造成厭食症或過食症，得不償失。

◆心肺耐力

係指呼吸系統與循環系統持續供應氧氣作為身體活動之用的能力。一般經由運動中的血壓、心拍數或心電圖等，可客觀觀察心肺耐力的強弱。心血管系統較好的人，即是心臟、肺臟、循環系統的機能較佳，效率較好。相對而言，心肺耐力較差的人，運動時，較容易疲勞，呼吸也較急促。

心肺耐力會隨年齡的增加而降低，平常少運動或不運動的人，降低得更明顯。具體的說，心血管的機能，約在20歲後半段，心臟的血液供輸或氧氣的有效利用，不論是安靜時或運動時，都會降低，同時，血壓會相對升高。

在肺功能方面，隨著年齡的增長，肺臟組織變硬，彈性減弱，機能的效率降低，呼吸次數會相對增加。其實，呼吸系統與身體姿勢密切相關，彎腰駝背（貓背）的人，內臟及胸腔受壓，隔肌活動受限，極大影響呼吸，造成呼吸效率不彰。

要而言之，上了年紀的人，若姿勢不良，又少運動，肺活量會減少，因此，維持良好姿勢，適度的運動習慣，都足以預防肺活量的降低，當然，研究證明，透過合宜的運動訓練方法，有助於心肺功能的

---

[62]芝山秀太郎、江橋博，《フィットネススポーツの科學》，1997，64-95。

提升，已是眾所共認。[63]

◆肌力與肌耐力

　　肌力就是肌肉的力量，是身體活動的原動力。一般是指肌肉收縮時所產生的最大力量，即是肌力。而肌耐力，則是指肌肉反復收縮或持續作用的能力，換句話說，在一定時間下可持續維持最長時間的力量，即是肌耐力。

　　事實上，日常生活中，肌力或肌耐力的強弱，會影響工作效力的高低，比如提重、走路或跑步，都需要相關部位的肌力，始能完成。如果肌力或肌耐力不足，就難以承擔較大的工作負荷，甚至產生肌肉疲勞或出現疼痛的現象，有時還會造成身體傷害。

　　因此，肌力或肌耐力的加強，不只可使身體筋骨活絡，身體強健，更重要的是，使身體的工作效率更提升。舉例而言，可從下列相關肌肉看出在日常生活中所扮演的功能，如**表7-2**。[64]

表7-2　主要肌肉及其功能

肌肉名稱	主要功能
腹肌、背肌	維持姿勢、預防腰痠背痛
大臀肌、中臀肌	維持站立、步行、側面方向的安定性
大腿四頭肌	下階梯或坡道時，安定膝蓋、預防膝關節疼痛
前脛骨肌	預防腳拖曳地面、腳跟著地
下肢三頭肌	步幅、步行速度

---

[63]Linn Goldberg & Diane L. Elliot, *The Healing Power of Exercise*, 2000, 158-168.
[64]宮地元彥，〈生活習慣病予防のための体力〉，《体育の科学》，56（筑波，2006）：608-614。

◆柔軟性

關節可活動的最大範圍，即是柔軟性。柔軟性與骨骼構造、肌肉、肌腱、韌帶及軟骨組織等有密切關係。

一般認為，有好的柔軟度，表示身體運動時，可以自如的彎、屈、扭轉、伸展等動作的表現，也能使肌肉受到較好的保護，而免於受到意外或傷害。相對而言，柔軟度較差，不只身體僵硬，活動範圍受到限制，且可能因為勉強的動作，超出關節可忍受的範圍，造成關節扭傷或肌肉受傷。

所以，加強身體的柔軟性，重在有益運動成績的提升與身體動作表現，預防運動傷害，及日常生活中身體活動的左右逢源。

(二)競技體適能

競技體適能有稱之為與運動技能有關的體適能（sikll related fitness）或與動作表現有關的體適能（motor-performance fitness），係指有助於身體動作成績或技能表現的身體能力，一般包含敏捷性、平衡性、協調性、瞬發力、速度及反應時間的能力，略述如下：[65]

◆敏捷性（agility）

敏捷性係指在不同的身體活動中，能快速且有效改變方向的能力。所有敏捷性的能力，如足球和橄欖球競賽中，快速閃躲對方，或在羽球或網球活動裡，快速移動身體的全部或部分，以達到克服對方的挑戰或攻擊，完成預期目標的能力，都有賴身體的敏捷性。

---

[65]L. A.ラーソン（Leonard August Larson）、H. マイケルマン（Herbert Michelman），《運動処方ガイドブック》（飯塚鉄雄等譯）（東京：大修館書店，1976），13-17。

◆平衡性（balance）

是一種靜止或移動狀態的維持能力，或者是能從不穩定狀態中快速回到穩定的能力。平衡能力與感覺系統、中樞神經系統及肌力系統有關，是競技運動中身體的控制能力，如體操與芭蕾舞中的良好平衡是決定動作表現的重要能力。其他如平衡與敏捷性亦有所關連，因為快速與有效的改變方向，有賴平衡能力達成。尤其，高齡者，日常生活中的站立與走動，都需要有一定的平衡能力，才能輕鬆愉快，順利進行。

◆協調性（coordination）

協調是身體部位與感官的連結，產生平穩的高效率的運動能力。身體的協調性，常表現在動作的時間、韻律和順序的順暢表現。協調性不好的人，動作表達時，不是笨手笨腳，就是左右不分。如踢球是腳眼協調，打棒球揮棒是手眼協調。換句話說，較精緻的動作，如傳、接、擊、投等，都需要有協調能力。

◆瞬發力（power）

瞬發力，又稱爆發力，是力量與速度的乘績，亦即身體在最短時間內完成最大力量的能力。事實上，可依動作使用肌肉群的收縮速度、肌力和協調性，決定瞬發力的大小。如鉛球或標槍的投擲、跳遠的起跳，都是典型瞬發力的表現。

◆速度（speed）

速度是在最短時間內快速移動身體的能力；通常指稱物體運動快慢和方向的物理量。速度常受個人的反應時間和動作時間所左右。一般而言，反應時間常被認為是天生的能力，而動作時間可經由練習改善。如各種不同距離的跑步，經由不斷提供練習機會，都會有一定程

度的改善。

◆反應時間（reaction time）

反應時間，係指快速對刺激的反應與啓動反應的能力。對各類運動而言，反應時間是極為重要的能力。如田徑短跑的起跑，聽鳴槍聲音到快速反應出發，需要相當靈敏的反應，才能搶得先機，獲得勝利。

三、體適能的重要性

體適能既區分健康體適能及競技體適能，基本上，除有益身體健康外，對運動能力表現及其運動競技水準的提升，應都有積極的貢獻。至於其具體的重要性，試列舉數端，約如下列：

(一)增加身體活動能力

跑、跳、擲等運動能力，可說是日常生活中身體所具備的基本能力，從簡單動作的表達，或持續動作的完成，到身體穩定姿勢的保持，或敏捷的動作反應，都需要起碼體適能，才能如實體現。

更具體的說，體適能較佳的人，不只是耐得住身體較長時間的操作，更是身體活動效率的完成。進一步而言，體適能在身體活動的功能，除了增加身體活動能力的多寡與有無外，更是提升身體活動能力高低與強弱的具體展現。

(二)疾病的預防[66]

有較強的體適能，除對環境變化的適應能力較強外，對疾病的侵

---

[66]厚生科學審議會地域保健健康增進栄養部会，《健康日本21（第2次）の推進に関する参考資料（案）》（東京：厚生労働省，2013），18-20。

犯也有較強的抵抗能力，且萬一罹患疾病，也有較佳的復原能力。

　　舉例而言，有了較佳體適能，不只身體組織器官運作較好，行動能力也較強，生理機能，如心、肺循環系統較佳，較少罹患高血壓、糖尿病等生活習慣疾病，另一方面，因有較好的適應能力，抗壓性也較高，不僅能妥善抒解精神困擾，更能超越困難。

(三)身體的均衡發展

　　健康及具魅力的身體，是人人所夢寐以求的理想，不論上山下海，或室內戶外，從事身體活動的人，目的容或不同，試圖經由運動形塑健康的身體，應無二致。再說，體適能的最大作用，除強調身體的行動及防衛能力外，更重要的是身體的均衡發展。換句話說，體適能不只是追求身體形態上的成長，更不忽略精神上的發展，也只有身體的均衡發展，才能夠說是達到了體適能的理想。

(四)體適能是生命品質的重要指標[67]

　　概略而言，人類最大的欲求，無不在追求生命的安全與長壽。亦即，沒有一個人，不想過得安寧舒適，而長命百歲。

　　事實上，長命百歲不一定能擁有安寧舒適的生活。比如，社會進步，生育率降低，經濟條件改善，醫療科技的日新月異，使得少子化、老人化社會隱然成形，致使快樂老人相對減少，體弱多病的孤單老人，明顯增多，顯見沒有起碼體適能的老人，不只老後的生活品質堪憂，生命品質更值得重視。進一步說，體適能是生命品質的重要指標，當不過言。

---

[67]許義雄，〈學校體育應以養成身體適能為首重〉，《學校體育》，1.6（臺北，1991）：3-4。

(五)體適能是國家重要資本

此可從健康角度看，也可從勞動生產力看。就健康角度說，體適能也可說是健康的具體展現，人人健康，就積極面而言，可以增進社會活力，提升正面的力量，形成社會進步的動力；就消極面而言，人人健康，可以減少醫療的支出，增加更多的社會福利或經濟建設。

再就勞動生產力而言，健康的身體，有較好的體適能，自有較好的體力，發揮工作效率，產出更多的產能。尤其就競技體適能而言，競賽場合上的卓越表現，所取得的象徵意義，累積的政治、社會及經濟效益，無庸贅言。說體適能是國家重要資本，或說體力是國力，自是不言可喻。

四、體適能與運動訓練

運動訓練之必要，一方面是基於身體的可塑性，試圖經由不同的方法，達到身體改變的目的。換句話說，不論是生理上的身體組織或機能，以及思想或心理上的身體行為，可依不同的目標，施予不同的方法，達成既定的目標。[68]一方面是身體的極限性，使得身體在成長與發展過程中，經由細胞的新陳代謝，終致機能衰敗，導致死亡。因此，基於用進廢退原理，藉助方法促進其組織機能的效率，延遲身體的老化，並增進其生命的延長，也就成為人類全力以赴，運用醫學科技，企圖完成的重要使命。體適能之藉由身體運動訓練，期待提升體適能，以能抵抗疾病，增進身體健康，延後老化，並延長生命。

不過，體適能並非單一的能力，而是多種能力錯綜複雜的系統，

---

[68]許義雄，〈體育是身體的改造工程〉，《體育思想專題研究》（臺北：國立臺灣師範大學，2010）。

且是相互影響所組合而成的有機結構。國際上，將如此複雜且難以簡化的思想或行為，藉以促進或提升體適能之行動作業程序，即為一般的所謂運動訓練。

具體來說，因體適能的複雜性及其有機性，實難以單一的方法就能竟全功，同時，也因個別的能力屬性不同，更難以相同的方法達到目的。因此，本文僅就運動的訓練原理及其原則，[69]簡要說明如下：

(一)運動訓練是理論的驗證過程

運動訓練是以人為對象，以身體運動為媒介，經長時間的操練後，驗證其訓練的效果。其中因牽涉到不同的個人，不同的項目，不同的時空背景，加以是長時間的過程，所以效果的掌握，必須要有相當周延的計畫。特別是人的身體，是活生生的個體，即使再嚴密的控制，都難以一成不變的順利進行，比如人的七情六欲，情緒的高低起伏，都足以左右或改變訓練的內容或方法。因此，將運動訓練過程說成是一組不斷嘗試錯誤，藉以達到預期目標的過程（**圖7-3**），[70]自是不言可喻。

1.設定目標：目標係訓練績效預期的到達點。設目標，旨在說明訓練工作必有一具體方向，而非無的放矢，且有其預期之終點。因此，宜考慮下列幾點：
   (1)實現的可能性。
   (2)時間資源。
   (3)個別性與專門性。
   (4)掌握對象的成長與發展階段。

---

[69]村木征人，《トレーニング理論とその方法》（東京：日本体育協会，2005），102-111。

[70]村木征人，《トレーニング理論とその方法》，2005，104。

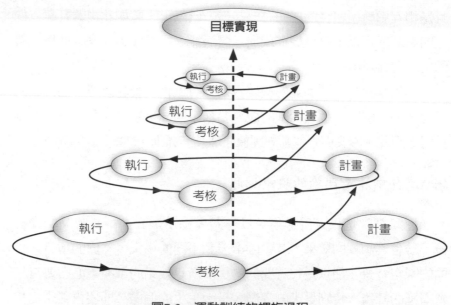

圖7-3 運動訓練的螺旋過程

(5)預測可能到達點。

2.選擇方法與手段：訓練課題確定後，即應思考手段和方法的選擇。置言之，遇到當前方法無法奏效時，則需果斷創新或改變新方法。甚至單一方法無法解決問題時，更換或採取數種並用的手段或方法，應為最好的對策。

3.研訂計畫：確立訓練目標與方法之後，即可著手研訂運動訓練計畫。首先當然以時間資源之長短，而有長、中、短程計畫。以競技運動員為例，可長至生涯的訓練計畫，或短至一般運動健康族群的每天運動健身計畫。當然，計畫研訂也可依目的，或依運動類別，甚至依個人興趣而有不同的訓練計畫。換句話說，計畫因依據的基礎不同，計畫的內容，自難求同。

4.檢核與應用：任何計畫，經實施後，均需經由檢核過程，以確認訓練效果之有無，並作為研擬下一步驟之重要依據。

實際上，對體適能的運動訓練，是一連串的實際印證理論的過程，亦即，經由身體運動，證明促進身體健康的事實，展現運動對身體成長與發展的具體效益；抑或是提出經由運動訓練，提升有利身體競技能力的證明，以達成運動訓練的具體目標。

(二)運動訓練原理[71]

運動訓練因係以身體為對象，自應考慮身體的特性及其限制，否則，未能達到訓練效果事小，造成身體傷害，終非是福。

1. 超載（overload）：係指運動訓練量，未超過所能承載之負荷量，則難以達到運動訓練效果。其基本要素，應考慮運動強度、持續時間、每週頻率。

2. 可逆性（reversibility）：係指運動訓練所獲得的效果，停止訓練後，即會流失。

3. 特殊性（specificity）：不同的訓練目的，有其各異其趣的訓練方法，亦即，不同的運動種類，其運動訓練的負荷量、強度、頻度等均有所差異。

(三)運動訓練的原則

1. 全面性原則：身體鍛鍊，貴在全面均衡發展，片面或單一能力的訓練，容易造成傷害或有礙技術水準的提升。

2. 自覺性原則：運動訓練時，自覺或意識的訓練效果，比被動或無意識的訓練效果好。亦即，充分瞭解訓練的目的、內容及其意義時，效果較佳。

---

[71]L. A.ラーソン（Leonard August Larson）、H. マイケルマン（Herbert Michelman），《運動処方ガイドブック》，1976，1-24。

3.漸進性原則：一定期間的持續訓練，獲得效果後，必須逐漸增加訓練的負荷量，才能獲得訓練的效益。

4.個別性原則：體適能因人而異，重在依個人之年齡、性別、體能水準決定訓練的負荷量。

5.反復性原則：運動訓練的效果，得力於來回重復的訓練。

第四節　以運動促進健康

運動有益健康的議題，不只是先進國家重視，就連開發中國家亦不遑多讓，甚至聯合國更積極採取策略，以運動促進健康，作爲世界共同重要課題，籲請各國正視運動的健康議題，因應日趨惡化的身體健康。

一、國際對運動健康的重視

(一)世界衛生組織的勸告

身體活動的不足，已成爲全球第四位死亡的危險因素（6%），僅次於高血壓（13%）、抽菸（9%）、高血糖（6%），接著是體重過重及糖尿病（5%）。聯合國衛生組織，有鑑於因缺少運動，導致非傳染性疾病（non communicable diseases）成爲死亡的危險因素，於2010年發表對全球運動健康勸告（Global recommendations on physical activity for health）。[72]勸告中，區分5-17歲、18-64歲、65歲以上等三階段，

---

[72]宮地元彦、久保絵里子訳，《健康のための身体活動に関する国際勧告（WHO）日本語版》，（東京：独立行政法人国立健康・栄養研究所，2010）。

就科學證據，描述身體運動對健康的效益，且提出勸告的理由及其解釋，以及身體運動實踐的具體策略。其中，除了呼籲國家層級的政策制訂者，必須採取有效對策外，更闡明各不同階段應增加持續運動及有氧性身體活動的時間，重視運動強度與運動頻率，增強心肺功能，防止肌肉及骨骼系統機能的下降。

(二)身體活動的多倫多憲章

2010年5月第三屆國際身體活動與公共健康會議（The 3rd International Congress on Physical Activity and Public Health）於加拿大多倫多舉行，會中發表「2010身體活動多倫多憲章」，[73]提及九大指導方針及四大行動綱領。

憲章特別指出，全世界近300萬人，死於心肺疾病、腦中風、糖尿病及癌症等可預防而未預防的慢性疾病。因此呼籲，全世界要透過政府、民間團體及相關部門，結合健康、交通、環境、運動與休閒、教育、都市計畫、都市設計等組織，全面推動身體活動，期能達成永續發展，以減少慢性疾病的危險，並促進身心健康。

這項具世界規模的方案，認為身體活動，關係著人人的幸福，可以增進身心健康及預防疾病，甚至有利於社會關係的建立，改善生活品質，提升經濟發展與環境的保護。因此，籲請各國採取行動：(1)訂定國家政策及其行動方案；(2)導入支援身體活動的策略；(3)確立身體活動的支援體系及財源取得的新方向；(4)建構各組織間的夥伴關係，相互支援，落實績效。

---

[73] "Global Recommendations on Physical Activity for Health," *World Health Organization*, http://www.globalpa.org.uk/pdf/torontocharter-japanese-20may2010.pdf, 2014.04.21.

毛巾操有益身體健康

(三)醫學研究的警告

　　身體活動的推廣，不只喚起國際相關組織的重視，醫學界也紛紛以專業表達立場，提出警告。2012年7月，國際醫學雜誌*The Lancet*特別推出身體活動專集，[74]發表專文，論述世界死亡人數中，近9.4%因缺少運動而喪命，影響之大，足以與肥胖及抽菸相匹敵，有如世界流感大流行一樣。

　　醫界基此基礎，鄭重聲明，世界相關機構，有必要提出因應缺少身體活動的適當對策，以維護身體健康。

---

[74] "Physical Activity," *The Lancet.com*, http://www.thelancet.com/series/physical-activity, 2014.04.21.

二、先進國家之因應策略

身體健康風潮之所以形成，一方面是慢性疾病可以防範未然，一方面是不少疾病因不良生活習慣所造成，所以，在世界衛生組織，先後的健康促進國際會議之後，各先進國家即競相推出積極的因應對策。試舉例說明如下：

(一)加拿大的「健康生活」策略[75]

加拿大重視國民健康問題，起自1934年，至1954年間，聯邦政府即有一連串的策略。1974年衛生福利部長馬克・拉隆度（Marc Lalonde）發表〈加拿大人健康的新展望〉報告，[76]是先進國家最先提出的論述。拉隆度認為，生物學的因素並非決定健康的唯一因素，影響健康的原因，除了生物學之外，還牽涉環境、生活形態及醫療體系等四領域。加拿大依此概念，將缺乏運動的健康危機，作為國家的重要課題。一方面，透過身體運動，增進國民健康，一方面將全國保健醫療經費預算的百分之一，推展身體運動。

加拿大由保健部公共衛生廳負責國民健康促進業務，直接擔任的部署為企畫・公共衛生統合局。下有健康促進・慢性疾病預防部→健康促進中心→健康社區課→健康生活主管單位等，管理加拿大國民健康生活的獎勵、啟蒙、支援等相關措施，相當嚴謹。

2005年，制訂了泛加拿大健康生活統整策略（Integrated Pan-

---

[75]文部科學省，《委託調查：スポーツ政策調查研究－カナタ（報告書）》（東京：笹川スポーツ財團，2012），6-7。
[76]厚生勞動省，《21世紀における国民健康づくり運動（健康日本21）について（報告書）》（東京：厚生勞動省，2001），5-6。

Canadian Healthy Living Strategy），將健康飲食與身體運動作爲健康促進的重要要素，並加入健康體重，列爲推展重點。同時，2010年9月，聯邦及州保健部長聯合發表〈預防與促進〉宣言，強調不只疾病預防與健康促進，並明確表示，殘障與傷殘者也納入預防對象，成爲加拿大十四個聯邦行政區的共同優先課題。

目前加拿大健康生活（Healthy Living）主管單位，除了主導健康促進、疾病預防、肥胖控制等身體活動外，一般露營、滑輪、游泳及水中的安全與傷害，休閒活動及運動器材的使用安全、兒童健康與安全、兒童體適能的節稅等健康生活策略等廣泛的業務，都納入業務範圍。

(二)美國的「健康人民2020」[77]

美國的體育運動業務，部分由民間團體的美國奧林匹克委員會負責，部分則由聯邦政府中的保健福利部主政。前者大致爲國家層級的業務，如對外國際競賽，後者則屬國民健康促進及疾病預防的身體活動。

有關全美身體活動的發展，保健福利部於1979年，以嬰幼兒、兒童、未成年、成年及高齡者的五個生活階段，分別設定目標，發表「健康人民」，作爲推動「全美身體活動計畫」。緊接著於1980年，發表「健康至上，疾病預防──國家的基本方針」，揭示健康項目的各項具體指標，打出健康促進的第一個十年計畫。

之後，以上述指標爲基礎，再結合政府相關單位及專家學者的意見，先後於1990年推出「健康人民2000」，2000年12月，發表「健康人民2010」，2010年公布「健康人民2020」。綜觀美國近四十年來，

---

[77]文部科學省，《委託調查：スポーツ政策調查研究－アメリカ（報告書）》（東京：笹川スポーツ財団，2012），2-3。

以運動促進健康的努力，從政府的規劃，到社區、醫療措施與學校的落實，已建立一套相當厚實的基礎。具體來說，每隔十年的「健康人民」指標，均能檢討前一階段的目標達成率，藉作爲下一個十年計畫的基礎。比如2010年版的腦中風死亡率，原訂每10萬人死亡50人，係根據1999年的統計每10萬人死亡62人，而2020年的每10萬人死亡33.8人，則是依據2000年每10萬人死亡42.2人的資料，顯見指標的設計，不只有客觀的基礎，更有合理的推估依據。再以健康體重而言，2010年的體重爲例，原設定成人人口的60%，能達到理想的BMI值（18.5以上到25以內），2020年調整爲33.9%，係考慮到肥胖人口的增加，以及實際達成的可能性。

除此之外，全美運動健身計畫，也隨時注意社會的輿論反應及現實環境狀況，而在「健康人民」計畫中加入新的項目。如2020版，設計了三十八個領域的簡明指標，除參考醫療及預防醫學的專家學者意見外，更納入聯邦及州政府當局的政策導向，與超過兩千個相關團體的建議及八千個從四面八方來的投書。其所新增的要項，如思春期的健康、血液疾病及血液的安全、阿茲海默症等的認知障礙、兒童初／中期基因機能與結構的解釋、全球健康、健康所關連的生活品質的提升、看護相關的感染症狀、同性戀者／雙性戀／變性者的健康、高齡者的健康、流行疾病等的緊急狀況的預防與準備、有關睡眠障礙者等的健康、公共場所的健康等，可說琳瑯滿目，也都是美國目前及將來所亟待解決的健康課題。

其實，美國對青少年及成人的身體運動，除學校體育課程訂有國家體育課程指標外，美國在保健福利部所屬的「總統體適能、運動與營養審議會」（PCFSN）及相關公家機關或私人團體等單位，對全美青少年及成年各年齡階層的身體活動，都訂有一定的推動辦法與獎勵制度。

(三)日本的「健康日本21」[78]

傳統以來，日本政府對人民的身體健康，相當重視。1978年時，為反應世界衛生組織（WHO）的呼籲，在盱衡各國竭盡所能提升總體能力的潮流，以及面對國內人民的健康狀態，終於以提升社區能力為訴求，提出「人人健康」（Health for All 2000）宣言。不過，1986年，日本男女平均壽命勇冠世界之後，快速的高齡化社會，使得日本面臨著促進人民健康的嚴肅挑戰，體認到，日本沒有做好人人健康的社會基礎，已難立足於21世紀的社會。

具體的說，世界第一長壽的日本社會，面對的是千差萬別的多樣化健康狀態，由上而下的傳統健康照顧體制，已難以達到預期效果。因此，在施政的考量上，將促進人人健康的責任，由國家主導轉向由人民自主承擔，亦即，以人民為主導的健康促進策略，促成了「健康日本21」政策的推出。

「健康日本21」於2000年公布，係國民健康促進策略的後續計畫，屬第三次國民健康促進策略。第一次國民健康促進策略，於1978-1988年實施，重在透過生涯過程，促進健康，並以預防慢性病（成人疾病），推動營養、身體運動與修養為重點。第二次國民健康促進策略，自1988年以後至1999年，係指「活躍80的健康」計畫，除延續前一階段之工作外，特別強調國民運動習慣的建立，並於2003年，訂定「健康促進法」，隨即於2005年制訂國民健康運動指導員制度，及公布國民基本運動需要量。第三次國民健康促進策略，自2000年起至2013年，為「健康日本21」第一階段，以「21世紀國民健康促進運動」為主題，重在加強支援個人健康促進社會環境的建設，確立國民

---

[78]厚生労働省健康局，《国民の健康の増進の総合的な推進を図るための基本的な方針の全部改正について》（東京：厚生労働省健康局，2012）。

運動習慣的養成，2006年公布國民健康促進的運動基準。2013年5月公布第二階段「健康日本21」。[79]

綜觀日本近半世紀來對以運動促進健康的施政，有幾點重要的改變，值得重視：

◆健康概念與時俱進

1946年世界衛生組織宣揚的健康概念，在追求身體、心理與社會的理想狀態，特別強調，健康不只是沒有疾病的概念。到1970年代，加拿大馬克・拉隆度提出影響健康的原因，除了生物學之外，還牽涉環境、生活形態及醫療體系等四領域的論述，及至美國公布「健康人民2000」（Healthy People 2000）計畫，充分顯示，個人生活習慣對健康的重要性。尤其，1980年代以後，健康促進概念，重新詮釋，認為健康不只是個人生活習慣的改善，尤其需要環境條件的配合，如健康城市之興起，「健康日本21」的先後推展，即在時代脈動中，逐一啓動落實。

◆科學證據與具體指標

日本健康促進，從1980年代起，以每十年為一階段，持續規劃，跨約四十年，不只每階段間前後連貫，循序漸進，目標明確，且策略與行動方案，具體可行。尤其，2000年後之「健康日本」計畫，更以科學證據作為指標設計之基礎，且每一階段均作效果評估，計算達成程度，經檢討後，提出進一步之改進策略，落實政策之貫徹。

◆健康促進端賴制度之建立

日本之健康促進計畫，中央到地方，從政府到民間；從法律之訂

---

[79]厚生科學審議會地域保健健康增進栄養部会，《健康日本21（第2次）の推進に関する參考資料（案）》，2013，104-113。

定，到人力之培訓；從知識觀念之宣導，到實際執行之設計；從制度之形成，到主政單位之分工，無一不有周詳之規劃，顯見健康促進，不只需要制度之周延，甚至更需要支援條件之完備。

◆全面推展，績效顯著

日本的健康促進，一方面以維持世界最長壽國家爲鵠的，一方面與國際社會比較優劣，處處可看到日本在健康促進工作之用心。由國外資訊的取得，轉化爲國內推展策略的滋養；從幼童到老人，全面關照；從個人的自覺，肩負自我的健康責任，到社區支援環境的布建；周延的行動方案，細緻的工作流程；以現實社會的健康議題出發，到具體客觀證據呈現成果，作爲健康大國，實非過言。

更值得注意的是，日本未來十年的國民健康促進策略（第四階段），在確認各都道府縣，已有98%推動健康促進計畫，而市町村僅76%完成既定計畫，乃提出了重要取向，作爲政策的核心工作。[80]

第一，延長健康壽命及縮短城鄉差距。

日本號稱世界壽命最長國家，平均壽命男女，分別爲79.56歲及86.30歲，不過，實際健康壽命，男爲70.42歲，女爲73.62歲，與各自的平均壽命，各差男9.14歲及女12.68歲，亦即，健康年齡遠低於平均年齡，表示身體不健康的歲月，約各在男9.14歲，女12.68歲（圖7-4）。健康促進重在延長健康壽命，以減少臥病或行動不便的生活，自屬必要。因此，除飲食營養、生活習慣外，身體運動的功能更顯重要。換句話說，身體運動在生理、心理、精神與社會上所扮演的積極性角色，從科學上找證據，使能落實於日常生活，提升生活品質，延長健康壽命，自是不言可喻。

---

[80] 厚生科學審議會地域保健健康增進栄養部会，《健康日本21（第2次）の推進に関する參考資料（案）》，2013，24-27。

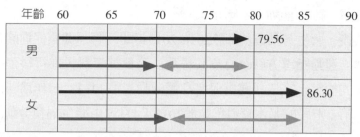

平均壽命　　男：79.56歲；女：86.30歲
健康壽命　　男：70.42歲；女：73.62歲
兩者之差　　男：9.14歲；女：12.68歲

圖7-4　男女平均壽命與健康壽命之差異

再以居住地區而言，以最長壽都道府縣的數值為準，平均約相差男2.79歲，女為2.95歲，日本的健康促進計畫，即將在2020年以前，減少城鄉之間健康壽命差距的目標。

第二，預防主要生活習慣病及防止其惡化。

經由全國健康促進的推動，發現日本主要死亡原因的癌症及循環系統疾病，雖已有相應措施，但罹病人數略有增加趨勢，尤其，引起合併症狀的糖尿病死亡原因，預測可能急速增加，加以慢性阻塞性肺病，對國民健康壽命的延長，也造成一些影響，都正密切注意，採取因應對策。

第三，公布健康促進的身體運動基準。

日本為配合國家健康促進政策，自1989年起即公布「健康促進身體運動需要量」，1993年制訂「健康促進身體運動指導方針」，2006年出版《健康促進身體運動基準～身體活動‧運動‧體力～報告書》及《健康促進身體運動指導方針～預防生活習慣疾病~~（身體運動指導2006）》，其後由衛生福利勞動部，彙整2000-2012年相關資料，統

合爲身體活動‧運動的普及版本。[81]

其後，衛生勞動福利部於2010-2013年間，將「健康促進的身體運動基準‧運動指導方針改訂及其普及」等彙整資料，進行科學研究，經三次的檢討，完成「健康促進身體活動基準2013」，作爲「健康日本21」第二階段的基本資料，並於2013年4月，由衛生福利勞動部長小宮山洋子公布。[82]

全部內容包含：(1)國民健康促進綜合推動的基本方針；(2)有關國民健康促進的目標事項；(3)都道府縣健康促進計畫及制訂市町村健康促進計畫相關事宜；(4)國民健康‧營養調查及其他健康促進相關調查與研究之相關基本事宜；(5)健康促進業務主政者間之聯繫與合作的基本事宜；(6)飲食、運動、修養、抽菸、牙齒等健康之保持及其生活習慣相關知識普及之有關事宜；(7)其他國民健康促進相關推動事宜等。

至於身體運動部分，則特別強調，運動除有益於生活習慣疾病的預防外，對身體健康的重要性。目標包含下一代的健康與老人的健康，建立運動習慣及增加身體活動量，以及建置友善的運動環境等。

目標之達成，國家已訂定健康促進身體運動基準‧指導方針，各企業或民間團體等相互協力合作，完成體制的整備。

有關日本「健康促進身體活動基準2013」，則含下列各項，摘要如下：

1.前言：(1)身體活動的意義；(2)旨趣與目的；(3)主要利用者。

2.身體活動的國際動向：(1)WHO身體活動的國際勸告；(2)身體活動多倫多憲章；(3)醫學刊物的身體活動專集。

3.身體活動與健康日本21（第二階段）：(1)健康日本21（第二階

---

[81]厚生勞働省，《健康づくりのための身体活動基準》（東京：厚生勞働省，2013），1-22。

[82]厚生勞働省，《健康づくりのための身体活動基準》，2013，1-22。

段）的想法；(2)身體活動相關目標項目。

4.個人健康促進的身體活動基準：(1)18-64歲的基準；(2)65歲以上的基準；(3)未滿18歲的基準（參考）；(4)全世代的共同方向性。

5.生活習慣疾病與身體活動：(1)身體活動對生活習慣疾病的有益性；(2)身體活動對生活習慣疾病患者的危險性；(3)判斷能否實施以運動指導作為保健指導的注意事項。

6.身體活動安全注意事項。

7.身體活動的普及與推廣等，可謂理論與實際兼顧，研究與應用並濟，頗富實用價值的資料。

三、從健康指標到適量運動之建議

一般而言，國家健康促進政策，重在疾病預防，營造健康生活，提供或改善健康環境，以促進健康，延長健康壽命，縮短健康差距，提升國民生活品質。多年來，臺灣政府在健康與體育領域，一方面配合國際發展趨勢，努力迎頭趕上潮流，一方面展現國人生活習慣，強化運動健康意識，推動運動健康促進政策，養成國民運動健康習慣，改善運動健康行為，落實提升國民運動健康水準。

具體來說，臺灣學校課程雖由教育部統籌主管健康與體育領域，實則健康業務歸屬衛生福利部主政，而體育業務則歸教育部體育署負責，兩者業務不同，分工明確。如以回應世界衛生組織（WHO）之呼籲而言，國民健康局（署），先後於1996年即開始推動「提升學生健康四年計畫」，2002年依WHO健康促進學校之定義，劃定「學校衛生政策、學校物質環境、學校社會環境、社區關係、個人健康技能及健康服務」等六大範疇，制訂學校衛生政策，增進兒童及青少年整體健康。2004年起運用資訊科技及網路技術，開發以網頁為基礎之國民

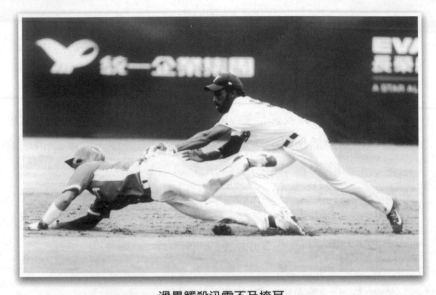

滑壘觸殺迅雷不及掩耳

資料來源：2017臺北世大運執委會提供。

健康指標互動式查詢網站，[83]快速提供衛生保健單位所需健康指標參
考數據，並於2010年部頒健康促進相關議題成效指標。2011年國民健
康指標互動式查詢網站開放查詢項目，計有「國民健康調查」、「中
老年身心社會生活狀況長期追蹤調查」、「成人吸菸行為調查」、
「成人健康行為危險因子監測調查」、「國中學生吸菸行為調查」、
「國中學生健康行為調查」、「高中職學生吸菸行為調查」、「高中
職學生健康行為調查」等八項健康調查，以及「出生通報」資料，總
計提供四百五十餘項健康指標。2012年依據WHO「健康促進學校發展
綱領：行動架構」，完成我國健康促進學校認證標準，並進行認證工
作，績效顯著，值得肯定。惟聯合國重視之健康促進身體活動勸告，

---

[83]衛福部國民健康署網站，〈國民健康指標互動查詢網站〉，https://olaps.hpa.gov.
tw，2017.02.10檢索。

並未納入規劃，誠屬憾事。當然，我國身體活動介入健康促進內容，因主政單位不同，自始未在衛福部國民健康署之業務範圍，而由教育部體育署全權負責處理，今後兩單位對健康促進與身體運動介入之因應策略，自有待更進一步的協調，藉能呼應WHO對健康促進身體活動之國際勸告。

事實上，身體活動有益健康，可降低腦中風等心血管疾病，減少糖尿病、大腸癌、乳癌等疾病的發生，有益體重控制，維持肌肉、骨骼與關節之健康發展，並舒緩憂鬱及焦慮，研究文獻汗牛充棟，素為眾所共認。[84]如1995年美國疾病管理局及美國運動醫學會，即曾共同發表建議，成人最好能每天從事30分鐘以上的中等強度運動，以達成藉運動達到健康促進的目的。2007年美國運動醫學會與美國心臟學會，並進一步更新建議為：中等強度有氧運動，每週至少五天，每天至少30分鐘或激烈有氧運動，每週至少三次，每天至少20分鐘。[85]2008年1月世界衛生組織（WHO）於墨西哥會議，參照美國研究之證據，研擬健康促進身體活動之國際勸告，並對勸告之領域、內容及其對象採取一致之定義。2009年10月，WHO秘書處經資料之彙整及分析後，提出勸告草案，並提綱領小組討論，2010年6月再經綱領審議委員確認後，公布「健康促進之身體活動國際勸告」。[86]

該勸告之內容分：(1)概要；(2)健康促進之身體活動；(3)健康促進之身體活動國際勸告之制訂；(4)健康促進之身體活動年齡分組；(5)健

---

[84]Physical Activity Guidelines Advisory Committee, PAGAC, *Physical Activity Guidelines Advisory Committee Report* (Washington, DC, US Department of Health and Human Services, 2008).

[85]黃雅鈴、陳思遠，〈成人從事運動之最新建議〉，《臺北市醫師公會會刊》，51.12（臺北，2007）：22-24。

[86]宮地元彥、久保絵里子訳，《健康のための身体活動に関する国際勧告（WHO）日本語版》，2010，7。結構圖一：「健康促進之身體活動國際勸告」制訂程序。

康促進身體活動水準之利用方法；(6)參考資料等六部分，內容豐富詳盡，不只佐以科學實證資料，並對身體活動量之建議，提出解釋，說明其正當性；且依對象提供運用方法及其監視與評價。本文因限於篇幅，未能全文照登，僅就其實施對象，依5-17歲、18-64歲及65歲以上三組，列出各組身體活動之建議量，藉供參考，至於其科學依據及活動量之解釋與正當性，請逕自參照WHO公布之原始資料，加以有效運用。[87]

(一)WHO健康促進之身體活動建議量

◆5-17歲建議量

本族群的孩童‧未成年人之身體活動，泛指連結家庭、學校、社區之遊戲或團體活動、競技比賽、放學後的移動、休閒活動及體育活動等。本建議活動量，有助於提升耐力及肌力與骨骼之健康，改善循環系統、代謝機能之健康的生物標誌物（biomarker），[88]減緩不安及憂鬱症狀。

1.每天實施約60分鐘中～高強度的身體活動。

2.每天進行60分鐘以上的身體活動，有較健康的效果。

3.每天大部分的身體活動，應為有氧運動，至少每週三次高強度身體活動，或包含強化肌肉及骨骼負荷的身體活動。

---

[87] "Global Recommendations on Physical Activity for Health," *World Health Organization*, http://www.globalpa.org.uk/pdf/torontocharter-japanese-20may2010.pdf, 2014.04.21.

[88] 生物標誌物（biomarker）係指可以標記系統、器官、組織、細胞及亞細胞結構或功能的改變或可能發生的改變的生化指標，具有非常廣泛的用途。生物標誌物可用於疾病診斷、判斷疾病分期，或者用來評價新藥或新療法在目標人群中的安全性及有效性（引自百度百科）。

◆18-64歲建議量

除特定疾病因身體活動而發生危險之外，身體活動對18-64歲族群的健康都有益處。已有充分的證據顯示，較常活動的人，比不常活動的人，在死亡率、冠狀動脈疾病、高血壓、腦中風、糖尿病、代謝症候群（metabolic syndrome）、[89]結腸癌、乳癌、憂鬱症狀等發生率較低，同時，相較於不活動的人，常活動的成年人或高齡者，有較高的耐力及肌力，健康的體重及身體組成，充分顯現在預防循環器官疾病或第二類型糖尿病的發生，及有較佳增進骨骼發展的生物標誌物。

本族群之成人身體活動，泛指連結生活活動或家庭、社區活動、閒暇時間活動、通勤等之移動（走路、自行車）、職場活動、家事、戲玩、團體活動、競技比賽等。其建議活動量為：

1. 每週150分鐘中強度之有氧身體活動，或每週75分鐘高強度有氧身體活動，或同等中～高強度之身體聯合活動。
2. 有氧身體活動，每次10分鐘以上。
3. 中強度有氧身體活動，每週增至300分鐘，或高強度有氧身體活動增至150分鐘，或同等中～高強度身體聯合活動，健康效果更佳。
4. 每週兩天或兩天以上，使用大肌群的肌力訓練。

◆65歲以上建議量

本身體活動建議量，對所有健康高齡者，均屬有效，且對本年齡層之非傳染病（生活習慣病——代謝症候群）同樣頗具功能。有循環器官疾病或糖尿病患者，需特別注意，為達到本身體活動建議量之目

---

[89]代謝症候群（metabolic syndrome），依據國民健康局於2007年修正我國代謝症候群臨床診斷準則公告：凡具下列三項或三項以上症狀者，均屬代謝症候群，(1)腹部肥胖；(2)高血壓；(3)高血糖；(4)高密度脂蛋白膽固醇過低；(5)高三酸甘油脂。

標，需要求得醫師之建議。

　　本身體活動建議量，對運動受制之高齡者，施作時尚稱安全，且證據顯示，可減少跌倒危險30%。每週三次平衡訓練，或中強度肌力訓練的身體活動，有防止跌倒的效果。本族群之身體活動，泛指連結生活活動、家庭、社區活動之閒暇活動，或通勤等之移動（走路或自行車）、職場（尚任職者）、家事、戲玩、團體活動、運動競技等。

1. 每週150分鐘中強度有氧身體活動，或每週75分鐘高強度有氧身體活動，或同等之中～高強度身體聯合活動。
2. 有氧身體活動，每次10分鐘以上。
3. 中強度有氧身體活動，每週增至300分鐘，或高強度有氧身體活動增至150分鐘，或同等的中～高強度身體聯合活動，更具效果。
4. 本年齡群之高齡者，運動受限者，每週三日以上，施作提升平衡能力並預防跌倒之身體活動。
5. 每週兩天以上，施作大肌群之肌力訓練。
6. 本年齡群之高齡者，因健康狀況無法施作身體活動建議量時，盡量在運動能力或健康狀況允許範圍內，盡可能活動。

(二)日本身體活動建議量[90]

　　日本對18歲以下之青少年，並無身體活動基準之訂定，惟在2012年3月制訂「幼童期運動指針」，強調「每天活動60分鐘」的政策。3-6歲入學前的目標，則以建立運動習慣，獲得幼童必要之多樣化活動能力，培養基礎體力及運動能力，激發活動欲望，養成社會性與創造能力為目標。鼓勵從日常生活中，快樂活動身體，散步、幫忙家事等

---

[90] 日本身體活動建議量之相關資料，請參閱：厚生勞働省，〈運動基準・運動指針の改定に関する検討会報告書〉，http://www.mhlw.go.jp/stf/houdou/2r9852000002xple-att/2r9852000002xpqt.pdf，2017.02.27檢索。

身體活動。至於學校體育的小學、中學與高中，則根據2008年改善學習指導要領之建議，力主依各級學校學生之成長與發展階段，系統化內容施教，特別著重在體力的提升，運動體驗，培養運動興趣，選擇喜好的運動項目，作為終生運動習慣的基礎。

　　至於18-64歲，以及65歲以上的身體活動建議量，仍依科學研究的證據，提出基準設定的理由，並以身體活動的代謝當量（Metabolic Equivalents, METs），[91]作為身體活動的建議量。具體而言，運動能量的消耗，需要一種簡單的表示方法，METs係指運動強度之單位，以安靜時為1時，比較身體運動能量消耗的倍數，即為運動強度。中文將METs譯為代謝當量。日本就有氧身體活動的強度，列出相關身體活動之代謝當量作為參考。如1METs代表靜態坐時的能量消耗（3.5ml/kg/分），中等強度的有氧運動約為3-6METs，餘類推。

◆身體活動建議量

　　1.18-64歲之建議量：每週以3以上之代謝當量（METs）實施60分鐘，做到略顯喘氣，並略為出汗。參考**表7-3**。

表7-3　18-64歲之身體活動建議量

代謝當量（METs）	運動內容	代謝當量（METs）	運動內容
3.0	保齡球	3.5	藉體重的肌力訓練
3.5-4.3	高爾夫球	4.0	桌球
4.0	廣播體操	4.3	健走
5.0	棒球	5.3	放鬆游泳
5.5	羽球	6.0	槓鈴或強肌力訓練
6.0	慢跑	6.5	徒步旅行
7.0	足球、滑雪、溜冰	7.3	網球單打

---

[91]厚生勞働省，《健康づくりのための身体活動基準》，2013，5-11。

2.65歲以上之建議量：65歲以上族群之身體運動，不論強度，只要不是躺臥、坐著不動，以每日活動40分鐘，可實施任何適當的身體活動。參考**表7-4**。

表7-4　65歲以上身體活動建議量

代謝當量 （METs）	運動內容	代謝當量 （METs）	運動內容
1.8	杯盤清洗	2.0	洗衣
2.0	站著準備餐食	2.2	與小孩輕鬆玩耍
2.0-3.0	購物與散步	2.3	伸展操
2.3	園藝與灑水	2.3	照顧寵物
2.8	坐著做廣播體操	2.8	平地放鬆漫步

3.日本不同性別的全身耐力基準：[92]日本不同年齡層之不同性別全身性耐力基準，參考**表7-5**。

表7-5　日本不同性別之全身性耐力基準

年齡	18-39歲	40-59歲	60-69歲
男	11.0 METs （39ml/kg/分）	10.0 METs （35ml/kg/分）	9.0 METs （32ml/kg/分）
女	9.5 METs （33ml/kg/分）	8.5 METs （30ml/kg/分）	7.5 METs （26ml/kg/分）
說明	1.最大氧攝取量（ml/kg/分）除以安靜時氧攝取量3.5ml/kg/分，其值即為代謝當量（METs）。 2.METs相對應的運動內容，如： 　11.0 METs：跑步（188m/分） 　10.0 METs：游泳（69m/分） 　9.8 METs：跑步（161m/分） 　9.0 METs：跑步（139m/分） 　8.3 METs：跑步（134m/分） 　7.3 METs：登山（約背重4.5-9.0kg）		

---

[92]全身耐力係指最長時間，維持身體一定強度活動的能力。一般意味著，身體的韌力強，足以抵抗疲勞，持續運動的能力。

綜合而言，WHO提出「全球運動健康勸告」，係從科學研究實證資料，強調身體活動有益健康的事實，同時呼籲各國政府應正視慢性疾病對身體健康的影響，謀求因應對策。

本文除介紹WHO所提具體身體活動建議量之外，試圖列舉相關國家之相應措施，作為取法乎上之借鏡。

回顧我國健康促進之身體活動政策，雖經相關機關積極推展，及國人主動配合，累積不少績效，惟因業務分屬不同單位，功能的發揮難免受到影響。今後，兩單位在分工之餘，期能合力推動身體活動介入之健康促進，一者掌握國際發展脈絡，二者落實人民健康之需求，當為刻不容緩的重要課題。

四、臺灣體適能測驗的發展

臺灣於日治時期曾有不同的體力檢測，並訂有體力標準，[93]1945年臺灣光復，學校接踵改制，部分師範學校於1946年起，即於入學考試時加考體能測驗。1950年代起，政府機關開始注意學生體適能之發展，或於小學畢業加考體能測驗，或於初、高中入學試辦體能檢定。1960年代，臺灣體育學界，興起體適能概念之正名，成立自發性之研究委員會，研訂體育獎章制度。1970年代，體適能之推展工作，從實驗研究邁入實際實施，頒布《臺灣省中小學校學生體能測驗手冊》，通令全面施測，績效顯著。1980年代，教育部著手體育獎章測驗項目之編製，公布《教育部國民體育獎章測驗手冊》，制訂金、銀、銅牌之測驗成績標準。1990年代起，提升國民體適能列為政府體育重要政策，推出提升學生體適能中程計畫（333計畫，1998-2003年）等專案計畫，藉以達成推展體適能之預期目的。簡要分述如下：

---

[93]許義雄，〈醫學管理與國家控制〉，《明治時期初等教育國際學術研討會論文集》（臺北：臺大東亞文明研究中心，2005），1-13。

(一)入學考試體能測驗

1940年代後期，國民政府遷臺未幾，師範學校改制，部分入學考試，加考體能。如1946年，臺灣省立屏東師範由臺南師範分校，改制獨立，每年入學考試加考體能測驗：男生100公尺跑，女生50公尺跑，男女生急行跳遠、推鉛球及引體向上等項。[94]

1951年，臺北市教育局試辦中學入學體能測驗，其項目如**表7-6**。

臺灣省政府於1953年，指定臺南師範及臺北師範，負責辦理42學年度（1953）應屆國校畢業生體能測驗。測驗對象區分城市、鄉村、山地及海濱等學校，共南區71所，北區54所，各爲12,500名，合計25,000名學生受測。主持人南區爲臺南師範體育主任包和清，北區爲臺北師範體育主任溫兆宗。測驗項目爲：(1)50公尺跑；(2)立定跳遠；(3)壘球擲遠；(4)俯臥撐雙臂屈伸。

1955年，教育部爲提倡國校學童智育、德育與體育並重，消除惡性補習，由中等教育司（司長王亞權）及國民體育委員會（主任委員郝更生），邀請體育教師研訂「初中入學考試體育測驗辦法」，項目包含急行跳遠及壘球擲遠兩項，殘障及疾病學生經公立醫院證明者可免參加，後因輿論反應等因素而未實施。

表7-6　臺北市入學考試體能測驗項目（1951年）

年級＼項目＼性別	男生	女生
初一	60公尺跑、立定跳遠、壘球擲遠	項目同男生（計分不同）
高一	100公尺跑、立定跳遠、12磅鉛球推遠（可以引體向上替代）	項目與初一女生同（計分不同）

---

[94] 吳文忠，《中國體育發展史》（臺北：三民書局，1981），277。

(二)青少年體適能研究發展委員會的成立

　　1964年10月20日，中國青年反共救國團成立青少年體能適應研究發展委員會，目的在研究我國青少年體能發展有關問題，以加強我國青少年之體能適應情形。委員有：吳文忠（主任委員）、王復旦（副主任委員）、朱淳、朱復昌、李探璘、吳文宗、吳萬福、高梂、陳紹富、賈連仁、賈智林、楊基榮、劉石猴、鄭子甲、鄭煥韜、蔡敏忠、（兼總幹事）、蕭保源、顧正漢等共十八名，先後發表國際標準化體能測驗工作發展的動向（吳文忠），體能適應的命名及其內容（蕭保源、蔡敏忠），JCR測驗與給分量表（賈智林），體力診斷與運動能力測驗實施方法（吳文忠譯自日文），體育正課的系統性教學與適度運動量對於兒童的體格與基本運動能力的影響（吳萬福），體能運動與測驗（鄭子甲）[95]（**圖7-5**）等專題研究報告。

圖7-5　體能運動與測驗[96]

　　就其報告內容，[97]獲得如下的信息：

1. 國際積極研議標準化體適能測驗項目：1964年東京奧運前夕，國際運動科學會議於東京召開，經多次研商結果，由美國拉爾森教授作出綜合結論，決定測驗項目之選擇原則：

　　(1)運動能力測驗。

---

[95]鄭子甲，《體能運動與測驗》，1963。

[96]鄭子甲，《體能運動與測驗》，1963。

[97]中國青年反共救國團青少年體能適應研究發展委員會，《研究報告書》（臺北：救國團，1966），1-3。

(2)體能方面需要的諸器官機能測驗。

(3)避免一國獨行的技術測驗。

(4)根據上列原則，盡量選擇適當的測驗項目：

　　‧能有時間及繼續性的項目。

　　‧工作上必需的項目。

　　‧體力與健康必需的項目。

　　‧與各國感覺與興趣或習慣無關係的項目。

(5)各國都能實施的項目。

(6)能表現身體動作能力形式的項目（並非單純的生理機能測驗）。

2.會中，雖提出測驗要項及名稱，惟部分問題，尚待進一步討論，只就測驗標準化的次序，作如下的決定：

(1)管理的規定（指示事項、術語的統一、用具等）。

(2)測驗項目的規定與規定必需的體驗。

(3)確定每項測驗應指示的事項——可靠性、穩妥性、客觀性。

(4)基本規定的編訂（收集各國測驗結果及統計處理）。

　　就國際體適能測驗標準化而言，自1964年成立國際體適能標準測驗委員會後，即積極研擬標準測驗項目，當時國人鄭子甲已有專著出版，介紹「體能測驗與運動」。1968年，國際體適能標準委員會議提出測驗項目與方法，並決定1969年在以色列會議時確定。當時的測驗項目有：(1)50公尺；(2)立定跳遠；(3)長距離跑；(4)握力；(5)男引體向上；(6)女屈臂懸垂；(7)40公尺折返跑；(8)30秒仰臥起坐；(9)上身前屈柔軟。臺師大楊基榮教授也受邀參加，因旅費無著，改提書面資料，建議修改部分項目與方法，引起大會討論，備受與會者重視。顯見臺灣對體適能的關注，並未遜色，惟事逾半世紀的今天，觀察相關

體適能檢測的實施績效，仍不無努力的空間。[98]

(三)1956年體育獎章測驗之應用（JCR測驗）

1956年中國青年反共救國團，曾編製體育獎章測驗，由江良規主持，區分青年、健兒、武士、英雄及青年救國等五級，分區擇地試辦，測驗結果，發現山地青年比平地青年體能好，鄉下學生比都市好，中學生比大學生好，不過因部分標準訂得不適當，如游泳標準訂得太高，田徑訂得太低，影響到獎章測驗之實施而停辦。[99]其後，賈智林將其項目略作更改，提出JCR測驗〔跳（jump）、引體向上（chin up）、跑（run）測驗，簡稱JCR測驗〕。[100]受測對象為十四所不同性質與不同地區之中等學校男女學生共七千餘人。測驗結果，編制T量表，區分甲（優）、乙（良）、丙（中）、丁（劣）等四級給分。

惟作者提醒本測驗量表僅適用於我國中等學校男生之基本體能用，不能作為體育成績之唯一評量。早期運動能力測驗方法，正處發展階段，本測驗量表之編制，誠屬開風氣之先。

(四)從實驗研究到縣市實施體能檢定

1966年，臺灣省教育廳研商初中入學考試體能測驗，經多次實驗及各縣市自行演練，確定項目為：(1)仰臥起坐（男生）；(2)前後滾

---

[98]楊基榮，〈對ICSPFT的建議〉，《楊基榮教授紀念集》（臺北：國立臺灣師範大學體育學系，2001），86-89。

[99]國立臺灣師範人學體育學系，《教育部國民體育獎章標準訂定聯席會議紀錄》（1980年12月23日）。主席：齊沛林。記錄：黃金柱。

[100]根據賈智林的說法，將救國團的測驗項目中，垂直跳改為急行跳遠，百碼穿梭跑改為百公尺賽跑。經相關檢定，均為高相關，認為測驗方法簡單，時間經濟，易於使用，且經研究具正確性。賈智林，〈JCR測驗〉，《研究報告書》（臺北，1966），10-13。

翻（男生）；(3)側翻（男生）；(4)跳繩（男、女生）；(5)爬竿（男生）；(6)前滾翻（女生）；(7)低平均臺（女生）；(8)踢毽（女生）。至1969年8月，臺灣省政府教育廳頒發《臺灣省中小學校學生體能測驗手冊》，通令各縣市學校實施，頗具成效。以彰化縣為例，在1971年6月2日，由彰化縣政府出版的《體能檢定與測驗專輯》中指出：本縣自推行國民中小學體能檢定結果，各校掀起了體育活動的熱潮，且因體能檢定配合榮譽制度的推行，生活教育普遍的有長足進步，學生體能普遍提高，從60年度（1971）公私立中等學校聯合運動會中各項成績的優異表現及秩序之良好，顯示出本縣推行體能檢測，已收到實效。[101]

(五)教育部落實國民體能檢測

◆國民體育獎章測驗

教育部國民獎章測驗，於1969年5月起委請國立臺灣師範大學體育學系規劃，區分三期，[102]於1983年1月公布《教育部國民體育獎章測驗手冊》，分組及測驗項目如**表7-7**。

---

[101] 彰化縣政府編，《彰化縣國民小學實施體能測驗研究報告》及《體能檢定與測驗專輯》。前者係彰化縣二水國民小學的實驗研究，列為彰化縣國民教育輔導參考資料。後者則是彰化縣國民中小學體能檢測的實施過程與結果報告，頗具參考價值。兩者均於1971年6月出版。

[102] 教育部國民體育獎章第一期工作於民國67年（1978年）委託國立臺灣師範大學體育學系辦理，召集人：楊基榮；總幹事：黃賢堅；委員：葉憲清（高屏地區）、吳文宗（臺南地區）、羅漢泉（嘉義地區）、曾博文（臺中地區）、陳政雄（彰化地區）、劉森榮（新竹地區）、阮如鈞（臺北地區）、簡曜輝（宜蘭地區）、曾俊傑（花蓮地區）、宋彥雄（台東地區）；秘書：林國棟；資料組：許義雄；聯絡組：黃國義。第一期報告書於民國68年（1979年）7月發表。

表7-7　1983年教育部國民體育獎章測驗組別及其項目

組別	年齡（歲）	測驗項目	
		男	女
少年組	10-15	100公尺、1200公尺、仰臥起坐（1分鐘）、立定三次跳、壘球擲遠	100公尺、800公尺、仰臥起坐、立定三次跳、壘球擲遠
青年組	16-25	100公尺、3000公尺、引體向上、立定三次跳、壘球擲遠	100公尺、1500公尺、仰臥起坐（1分鐘）、立定跳遠、壘球擲遠
壯年組	26-35	曲折跑、2400公尺、引體向上、立定三次跳、手球擲遠	曲折跑、1200公尺、立定跳遠、仰臥起坐（30秒）、手球擲遠
中年組	36-45	曲折跑、2400公尺、立定三次跳、手球擲遠	曲折跑、1200公尺、立定跳遠、手球擲遠
忘年組	46以上	曲折跑、2400公尺、手球擲遠	曲折跑、1200公尺、手球擲遠

　　根據教育部委託國立臺灣師範大學體育學系第二期工作報告書。當時，依測驗資料，計算其不同性別及其年齡組別之平均數，標準差，得出十組體適能測驗項目之原始成績與基準分數的百分等級對照表，各組訂金、銀、銅獎章之測驗成績標準。

　　事實上，在教育部國民體育獎章標準訂定聯席會議上，主政單位教育部體育司長蔡敏忠建議：(1)為積極鼓勵國民多從事運動，並使該項獎章之實施能發生效率，在訂定標準時宜考慮所訂定標準不可太高；(2)為使本獎章測驗容易在各地實施和將來在行政工作配合上趨於明瞭、簡單，宜將獎章區分金、銀、銅等三等級標準。與會委員周中勛（體協秘書長）亦主張：鑑於1956年青年反共救國團體育獎章的失敗經驗，建議獎章之標準，不要太高或太低，在全國各地實施要有始有終，不要半途而廢。同時，會中決議採吳萬福委員意見，100人中有40人（40%）得銅質獎章，有20人得銀質獎章，有10人得金質獎章，

送部研參。[103]

不過，全案送部後，因教育部長毛高文熱衷校園籃球聯賽，對國民體育獎章並不特別重視，導致國民體育獎章的推展工作，戛然而止。[104]及至1999年，教育部為獎勵體適能優異及規律運動學生，以臺（88）體字第88068467號公布「體適能優異學生獎勵要點」，依據臺閩地區學生體適能常模，認定標準及獎勵為：

1.各項體適能成績均達百分等級50%以上者核發銅質章。

2.各項體適能成績均達百分等級75%以上者核發銀質章。

3.各項體適能成績均達百分等級85%以上者核發金質章。

顯而易見的是，臺灣的體能獎章制度，前後事隔三十年，始告定案，雖測驗項目略有不同，等級區分標準，亦略有差異，惟其精神並無二致。

◆全面推動體適能計畫

嚴格的說，教育部對體適能的全面展開，應始自1990年代，教育部著手制訂提升國民體適能政策，先後公布「中小學生健康體適能調查報告書」，培訓體適能指導及檢測人員，以及「健康體育網路護照」、「體適能納入升學計分推廣」等，其具體計畫如：「提升學生

---

[103]教育部國民體育獎章標準訂定聯席會議，於民國69年（1980年）12月23日召開，由受委託單位——國立臺灣師範大學體育學系主任齊沛林主持，教育部代表：蔡司長敏忠；科長：林國棟；記錄：黃金柱。出席委員有：許樹淵（兼總幹事）、陳祐正（資料處理主持人）、周中勛（體協秘書長）、阮如均、張喚龍、林金鍊、吳文宗、吳萬福、陳在頤、郭清候、莊杏林、黃國義等人。教育部國民體育獎章標準訂定聯席會議紀錄。

[104]毛高文於1987年7月至1993年2月就任教育部長，體育司長張至滿，任期為1986年10月至1989年8月。根據體育司業務主管人員表示，當時教育部長毛高文熱衷籃球聯賽，對國民體育獎章制度，並不支持，只好停辦。筆者於2016年10月23日電話訪談。

體適能中程計畫（333計畫）」（1988-1992）、「中小學生健康體位
計畫」（1993-1996）、「快活計畫——快樂活動計畫」（1996-2001）
及「體適能揚升計畫」（2001-2015）等，從學生活動的推廣、體適能
專業指導人力的培育及體適能檢測站的設立，到多元化體適能資訊推
廣、體適能資料庫的建立、統計年報的出版等，可說體適能推廣制度
已然成形，施測對象，並從中小學生到大專校院學生的體能評估與常
模修正，學校體適能的推展成果，逐步顯現。至於近年來臺灣學生體
適能，常以身體組成（BMI）、柔軟度、肌耐力、瞬發力及心肺耐力
等五種檢測，掌握國內10歲到18歲之青少年體適能之發展狀況，因限
於篇幅，僅舉心肺適能之測驗所得，列**表7-8**說明之。

表7-8　臺灣近三十年青少年心肺耐力之發展

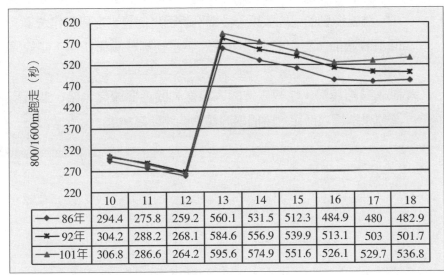

	10	11	12	13	14	15	16	17	18
86年	294.4	275.8	259.2	560.1	531.5	512.3	484.9	480	482.9
92年	304.2	288.2	268.1	584.6	556.9	539.9	513.1	503	501.7
101年	306.8	286.6	264.2	595.6	574.9	551.6	526.1	529.7	536.8

資料來源：吳明城提供。

　　根據**表7-8**，顯示各年代心肺適能均隨著年齡增加而有進步的趨勢
（跑走時間縮短），心肺適能確實隨著年齡而發展。各年齡層在心肺

適能的表現上比起86年呈現退步的情況。且隨著年齡增加，下降的幅度有擴大的情況。而年代表現上以86年的表現最佳，其次為92年，101年表現相對較差，101年的高中表現約僅與86年的國中相當。此一測驗結果，原因及其對策，值得國人重視。

 本章問題討論

1. 何謂健康？何以健康概念是一種論述？試以世界衛生組織（WHO）之健康定義，說明健康之前提條件。

2. 何謂生活習慣疾病？類型如何？何以運動是良藥？試就日常生活中，論述運動的可能效果，並舉例說明規律運動之具體作法。

3. 何謂體適能？有何類型？體適能與運動訓練關係如何？訓練原則如何？

4. 試就國際趨勢，比較先進國家以運動促進健康之策略，並就臺灣健康指標之訂定，說明臺灣體適能測驗之發展。

參考文獻

"First World Happiness Report Launched at the United Nations," The Earth Institute Columbia University, http://earth.columbia.edu/articles/view/2960, 2014.04.21.

"Global Recommendations on Physical Activity for Health," World Health Organization, http://www.globalpa.org.uk/pdf/torontocharter-japanese-20may2010.pdf, 2014.04.21.

"Global Strategy on Diet, Physical Activity and Health," World Health Organization, http://www.who.int/dietphysicalactivity/en/, 2105.4.28.

"Physical Activity," The Lancet.com, http://www.thelancet.com/series/physical-activity, 2014.04.21.

C. M. Wylie, "The Definition and Measurement of Health and Disease," *Public Health Reports, 85*(2) (Bethesda, MA, 1970): 100-104.

L. A.ラーソン（Leonard August Larson）、H. マイケルマン（Herbert Michelman）,《運動処方ガイドブック》（飯塚鉄雄等譯）（東京：大修館書店，1976）。

Linn Goldberg and Diane L. Elliot, *The Healing Power of Exercise* (New York, John Wiley & Sons Inc., 2000).

N. B. Belloc and L. Breslow, "Relationship of Physical Health Status and Health Practices," *Preventive Med, 1*(Bethesda, MD, 1972): 409-421.

Physical Activity Guidelines Advisory Committee, PAGAC, *Physical Activity Guidelines Advisory Committee Report* (Washington, DC, US Department of Health and Human Services, 2008).

World Health Organization, http://www.who.int/en/, 2015.5.18.

マーティン・セリグマン（Martin E. P. Seligman）,《世界でひとつだけの幸せ—ポジティブ心理学が教えてくれる満ち足りた人生》（小林裕子譯）（東京：アスペクト，2011）。

入江克己，《ファシズム下の体育思想》（東京：不眛堂，1986）。

丸山芳登，〈國民體力法實施と學校の責務〉，《台湾学校衛生》，4.3（1941）：1-5。

小林忠義，《病因論の諸問題－病気を決定するもの》（東京：東海大学出版会，1988）。

山本忠志，〈傾斜角度の異なる歩行運動における呼吸循環機能変化について〉，《兵庫教育大学研究紀要》，23（兵庫，2003.03）：67-70。

川久保清，〈生活習慣病といわれる成人病〉，《厚生》，45.1（日本，1990）：17-20。

川久保清，〈生活習慣病に対するウォーキングの効果〉，《臨床スポーツ医学》，19.4（名古屋，2002）：361-365。

中村讓治等，〈Well-bing概念の可視化／言化の試み〉，《日健教誌》，19.4（坂戸，2011）：342-347。

中國青年反共救國團青少年體能適應研究發展委員會，《研究報告書》（臺北：救國團，1966）。

文部科学省，《委託調査：スポーツ政策調査研究－アメリカ（報告書）》（東京：笹川スポーツ財団，2012）。

日野原重明，〈成人病に変わる「習慣病」という言葉の提唱と対策〉，《教育医療》，15.3（日本，1978）：1-3。

朱復昌，〈適應與身體適應〉，《體育研究》，2.2（臺北，1962）：2-3。

行政院主計總處，〈國民幸福指數統計〉，http://happyindex.dgbas.gov.tw/index.htm?y=201604，2014.04.21檢索。

佐藤純一，〈健康言説を解体する〉，《現代社会再考－これからを生きるための23の視座》（東京：水曜社，2013）。

佐藤純一等，〈「生活習慣病」の作られ方－健康言説の構築過程〉，《健康論の誘惑》（東京：文化書房，2000）。

吳文忠，《中國近代百年體育史》（臺北：商務印書館，1967）。

吳文忠，《中國體育發展史》（臺北：三民書局，1981）。

李元裕、尤善嘉，〈下一站·幸福：探討追求發展之另類指標〉，《第四屆

發展研究年會學術研討會》（臺北：國立臺灣大學，2012）。

村木征人，《トレーニング理論とその方法》（東京：日本体育協会，2005）。

芝山秀太郎、江橋博，《フィットネススポーツの科学》（東京：朝倉書店，1997）。

長野茂，《日常ながら運動》（東京：カブト電子出版，2003）。

長野茂，《家事ながらダイエット》（東京：日常ながら運動推進協会，2005）。

厚生労働省，〈運動基準・運動指針の改定に関する検討会報告書〉，http://www.mhlw.go.jp/stf/houdou/2r9852000002xple-att/2r9852000002xpqt.pdf，2017.02.27檢索。

厚生労働省，《21世紀における国民健康づくり運動（健康日本21）について（報告書）》（東京：厚生労働省，2001）。

厚生労働省，《健康づくりのための身体活動基準》（東京：厚生労働省，2013）。

厚生労働省健康局，《国民の健康の増進の総合的な推進を図るための基本的な方針の全部改正について》（東京：厚生労働省健康局，2012）。

厚生省保健医療局疾病対策課，〈生活習慣に着目した疾病対策の基本的方向性について〉，http://www1.mhlw.go.jp/shingi/1217-1.html，2014.04.21檢索。

厚生科學審議會地域保健健康増進栄養部会，《健康日本21（第2次）の推進に関する参考資料（案）》（東京：厚生労働省，2013）。

宮地元彦、久保絵里子訳，《健康のための身体活動に関する国際勧告（WHO）日本語版》，（東京：独立行政法人国立健康・栄養研究所，2010）。

栗山茂九，《身體的語言　　從中西文化看身體之謎》（陳信宏譯）（臺北：究竟出版社，2001）。

財團法人國家衛生研究院，《公共衛生教育與人力：現況與展望》（臺北：財團法人國家衛生研究院，2010）。

郝更生，〈健適體能〉，《教育與文化》，16.7（臺北，1963）：20-23。

張勻翔，〈亞里斯多德《尼各馬科倫理學》之幸福觀──由「幸福」與諸概
　　念的關係談起〉（中壢：國立中央大學博士論文，2002）。

許義雄，〈海峽兩岸體育交流之展望〉，《兩岸交流簡訊》（臺北：中國時
　　報，1998），2-4。

許義雄，〈清末民初軍國民教育體育思想〉，《中國近代體育思想》（臺
　　北：國立編譯館，1996）。

許義雄，〈超越顛峰，突破困境〉，《師大體育》，24（臺北，1990），1。

許義雄，〈臺灣運動休閒產業發展策略與展望〉，《第六屆運動與休閒管理
　　國際學術研討會》（臺北：國立臺灣師範大學，2006），1-25。

許義雄，〈學校體育應以養成身體適能為首重〉，《學校體育》，1.6（臺
　　北，1991）：3-4。

許義雄，〈應無所住而生其心〉，《師大體育》，40（臺北，1997）：1。

許義雄，〈醫學管理與國家控制〉，《明治時期初等教育國際學術研討會論
　　文集》（臺北：臺大東亞文明研究中心，2005），1-13。

許義雄，〈醫學管理與國家控制──就學校身體檢查談起〉，《日治時期初
　　等教育國際學術研討會》（臺北：國立臺灣大學東亞文明研究中心，
　　2005）。

許義雄，〈體育正課的「運動樂趣」因素分析〉，《社會變遷與體育發展》
　　（臺北：文景，1988），1-95。

許義雄，〈體育是身體的改造工程〉，《體育思想專題研究》（臺北：國立
　　臺灣師範大學，2010）。

陳在頤，《研習通訊：體育專輯》（臺北縣，1964）。

滋賀県健康運動カレッジマニアル作成検討委員会，《運動を中心した健
　　康づくり支援の企画・運営マニュアル，〜地域における運動定著化を
　　目指して〜》（滋賀：滋賀県健康運動カレッジマニアル作成検討委員
　　会，2007）。

黃雅鈴、陳思遠，〈成人從事運動之最新建議〉，《臺北市醫師公會會
　　刊》，51.12（臺北，2007）：22-24。

賈智林，〈JCR測驗〉，《研究報告書》（臺北，1966）。

劉錫銘，〈體力〉，《體育研究》，8（臺北，1968）：2-5。

衛生福利部國民健康署，〈衛生福利部國民健康署公布2011年新發生癌症人數及排名 小心新興致癌因子！以防癌症悄悄上身〉，http://www.hpa.gov.tw/BHPNet/Web/News/News.aspx?No=201404150002，2014.04.21檢索。

衛福部國民健康署網站，國民健康指標互動查詢網站，https://olaps.hpa.gov.tw，2017.02.10檢索。

諏訪伸夫等編，《アメリカのスポーツ政策》（東京：日本評論社，2008）。

豬飼道夫，《運動生理学入門》（東京：杏林書院，1969）。

鄭子甲，《體能運動與測驗》（臺中：臺灣省立體育場，1963）。

蕭保源、蔡敏忠，〈「體能適應」的命名及其內容〉，《體育研究》，5（臺北，1963）：5-6。

雜報，〈「國民體力管理制度概要」體力局（案）〉，《台湾学校衛生》，5（1939）：45。

Chapter 8

身體運動與政治

➡ 本章學習目標

· 瞭解身體與政治的概念

· 瞭解運動世界與種族歧視

· 瞭解競賽與民族主義的關係

· 瞭解運動與國際關係之發展

➡ 本章學習內容

· 身體政治的形成

· 身體運動與民族主義

· 運動場域與種族歧視

· 運動與國際關係發展

　　體育與政治的關係，素來爲人所關注。其中或從權力的支配談身體的規訓與懲罰，論述身體行爲改變的可能性；或從國際競技的現實層面，談民族主義國家，運用種族認同，透過卓越的身體運動能力，誇示民族的優越性；同時，有從後殖民時代的角度，論述諸多新興獨立國家，竭盡所能，挹注大量國家預算，企圖藉身體進出國際場合，提升國際形象，力爭出人頭地的空間，進一步說，更有藉助身體競技場合，試圖緩和國際的緊張關係者。

　　本章即基此背景，先討論政治的權力運用，再分析體育離不開政治盤算的背景，藉以論述體育受制於政治，又想擺脫政治困境的處境。全章擬分：(1)身體政治的形成；(2)身體運動與國家認同；(3)奧運會面臨抉擇；(4)體育運動的國際合作與發展等，略加說明。

第一節　身體政治的形成

　　一般體育專業人員，不論是學校體育老師或社會體育從業人員，常要負責不同的體育業務。在學校方面，最常見的是，除了擔任老師外，有時要兼任運動代表隊教練，或學校行政工作。其中，又以訓導工作較多，而訓導工作裡，除訓導（長）主任外，最多的，大概是生活教育（管理）組長或課外活動組長。社會體育方面，除了組織領導之外，大多以教練或管理職務較多。不過，無論工作性質，有何不同，大概離不開人的管理。人的管理，常牽涉行使某種權力，支配或要求對方，達成預設的任務或目的，也就是人的治理技術。一般這種身體的支配權力，常稱之爲「身體政治」或「身體政治學」。本章就以身體管理的角度，談身體政治的相關議題。

奧林匹克展覽體現文化意涵

一、身體政治的概念

(一)政治與權力

　　一般而言，所謂政治，係指管理眾人之事。廣義的看，政治也可以說是權力的展現，是權力流動和鬥爭的現象。更具體的說，無論個人或團體、男人或女人、老年或少年、員工或老闆、友朋或敵人、識或不識，彼此之間，充滿一種直接或間接，有形或無形的權力關係，這種關係在組織裡流竄，在社會中形成。所以說，權力無所不在，無時不有。小自家庭、學校、公司行號，大到幫派、政黨、社會或國家。

　　進一步說，權力也可以說是制度的運作，是現實組織的生命現象。有權力的人制訂規則，看似公平，卻常在規則的運作中，依權力的大小，左右分配的權益，這就是權力藉政治手段，達到現實的政治利益。同時，權力具有生產性質，不只是知識就是權力，知識也生產權力，權力也可以生產知識，在知識與權力交互作用中，累積了知識，更擴大了權力。所謂「官大學問大」、「屁股決定腦袋」，即指此意。

(二)政治與身體

　　身體很難定義，一方面，身體既是生物性，也是社會性，更是文化性。另一方面，身體的多義性，使得無法以單一取徑定位身體。不過，傳統以來，身體與意識一直糾纏不清，直到尼采提出身體就是權力意志，是一切事物的起點，才摧毀了意識的宰制，凸顯身體的主動生產性。甚至權力意志從來就不是靜止的，而是動態的，生成的，可變的、偶然的，不斷的向歷史進犯。[1]德勒茲（Gilles Louis Réné Deleuze, 1925-1995）則順著尼采的看法，給身體一個簡單的定義，認為：「身體是力與力之間的關係」，只要有兩種不同的力發生，就形成身體：不論是社會的、政治的、化學的或是生物的身體。[2]身體就是力的差異關係，就是力的本身。其實，這個觀念來自於阿爾托（Antoine Marie Joseph Artaud, 1896-1948）「無器官的身體」概念，[3]意指這個無器官的身體，是一種無中心的身體，表示身體內部並沒有一個核心性的東西主宰著一切，也就是說，身體的每一個部分，都可

---

[1]汪民安、陳永國編，《後身體：文化、權力與生命政治學》（長春：吉林出版，2003），11-20。

[2]Gilles Louis Réné Deleuze，《尼采與哲學》，（周穎、劉玉宇譯）（北京：社科文獻出版社，2001），59。

[3]汪民安編著，《身體的文化政治學》（河南：河南大學，2004），6。

能是自主的、獨立的。這樣的身體不是一個有機體，在某種程度上，這樣的身體也是一個各部分沒有緊密關係的碎片，既然這樣的身體是碎片，當然就可以反復改變、重組，可以被反復的鍛鍊。[4]

進一步說，德勒茲所論述的身體，不僅僅指的是我們通常所理解的身體，還指著某種力場中的獨特關係，比如說政治場域的身體或者是社會場域的身體。這種被某種類型的力所驅動，就形成該類型的身體，政治的身體，自不例外。換句話說，權力施之於身體，使身體成為權力運作的根源，甚至作為權力關係的場域，都是一種政治身體的體現。換句話說，以身體作為隱喻（metaphor）所開展的針對權力的論述，諸如權力生產、分配與控制的機轉，或組織之原理及其運作，即成為身體政治的論述。[5]

相對而言，傅柯對身體的主張除認同尼采，身體是歷史的焦點、是權力紛爭的核心，是沒有靈魂和意識的基礎本體外，對身體的主動生產力，則與尼采持相反的看法。傅柯認為，是歷史摧毀了身體，而不是身體進犯了歷史。傅柯指出，身體總是捲入政治領域中，權力關係總是直接控制身體，干預身體，給身體打上標記，訓練、折磨，甚至強迫完成某些任務、表現某些儀式和發出某些信號。因此，這樣的身體是備受蹂躪的身體，被宰制、改造、矯正和規範化的身體，是被一遍遍反復訓練的身體。[6]

一言以蔽之，不論是身體進犯了歷史，抑或是歷史摧毀了身體，身體的多義性、可變性、可利用性及其可馴服性，讓權力運作其中，

---

[4]汪民安、陳永國編，《後身體：文化、權力與生命政治學》（長春：吉林出版，2003），20。

[5]黃俊傑，〈中國古代思想史中的「身體政治學」：特質與涵義〉，《歷史月刊》，141（1999）：83。

[6]Michel Foucault，《規訓與懲罰》，（劉北成、楊遠嬰譯）（北京：三聯，1999），27。

改變身體自屬必然，政治身體的形成，自無法避免，也無從逃避。

二、身體是政治運作的根源

　　無可諱言，身體有其歷史的成長與發展過程，卻也恆受社會環境因素的影響。所以，身體始終在時空的情境中發生變化，就不可能以靜態的眼光看待身體。同時，歷史與社會常常是相因相成，身體作為歷史社會演進的根源，說明我們可以從身體的角度，考察歷史社會的變遷；另一方面，我們也可以從歷史社會的發展，探討身體的變化。

　　其實，身體除可變性外，更具可塑性與可利用性。因為身體的可變性，促成社會與歷史，不斷的改變身體，不斷的蹂躪身體，在身體上銘刻各種不同的印痕，也因其可塑性與可利用性，歷史與社會才有可能反復的作用於身體之上。

(一)突破生物性的限制

　　身體的生物性使人無法免於身體的生理限制。一如海德格所言：「人始終面對死亡，而死是絕對性的，且是孤獨的自我承擔。」[7]因此，長命百歲的欲望，風光意義的人生，便成為經營身體的重責大任。

　　從生命特質看，生命既不能重來，也不可預知終點，所以生命的長短與深廣，自有不同角度，各異其趣的選擇。從「人生不如意者，十有八九」而言，逆境的順應、適應與改變，順境的超越與突破，都值得身體學習，使身體脫胎換骨，止於至善。

　　不過，政治權力的介入，會改變生命的取捨，俗語說得好：「千

---

[7]川村英男，《体育原理》（東京：体育の化学社，1970），75。

古艱難惟一死」，因為「死有重於泰山，或輕於鴻毛」的英雄烈士，隨政治正確，赴湯蹈火的人，所在多有；革命志士，為理想拋頭顱，灑熱血，即是證明。誠如阿爾托所言，「身體在某種程度上，突破了自我的界限」[8]，「自我」與身體並沒有一個對應關係，身體並不一定屬於「我」。以這樣的觀點論述政治的身體，常超乎我們的想像，做出突破生物性限制，實難以避免。

(二)顛覆生活節奏

身體常隨日常生活節奏運作，日復一日，難逃生活韻律的拘絆。無論是「日出而作，日入而息」，或三八勞動制度，在工作之餘，期待放鬆休息或娛樂，是身體的基本節奏。在工作與休息之間，身體會因主客因素的改變，而作自我的調適，貼近日常生活的基本需求。

可是，權力的需要，日夜可以顛倒，工作可以超越身體的負荷。因此，為了拚績效，血汗工廠適時出現，結果是身體瀕臨崩潰，墜樓的事件頻傳。另一方面，政治興起之後，各種顏色的恐怖，從白到黑，從黑到紅，也會讓身體遭殃。其中，遊街示眾者有之，長時間不眠不休，或晝寢夜食，弄亂生活節奏，鞭打拷問，灌水酷刑，甚至五馬分屍，[9]殺雞儆猴，逼意志破產，人格投降，身體就範，都是政治身體的最佳寫照。

---

[8]阿爾托在其《無器官的身體》（*The Body Without Organ*）乙書中，寫道：「身體就是身體，它完全就是它自身，它不需要器官，身體從來不是一個有機體。」意指身體常超越了自我的界限。汪民安編著，《身體的文化政治學》，2004，6-17。

[9]傅柯在《規訓與懲罰》書中，提到18世紀法國處決政治犯的酷刑，彷彿東方殘忍的五馬分屍刑，除了描寫到這次事實上進行得很不順利又拖時間的處罰，被行刑者於其中痛苦的哀號，面對行刑不順利而苦惱的官員。作者對廣場上各種人群的描寫，指指點點的群眾，慌亂安慰的教士等等場景，著實令人感到不寒而慄。Foucault，《規訓與懲罰》，1999。

(三)作為利用的對象

身體可以被安排、被征服、被訓練及被塑造，只要政治掛帥，身體都能迎合權力者的安排、征服、訓練與塑造。舉例而言，學校課程設計，配合國家意識形態，就會安排標準或必修課程，掃除特立獨行的思維，訓練成齊一化、標準化、規格化的身體，落實到生活實踐，並塑造成規規矩矩的學生，堂堂正正的國民。

即以體育活動中的運動團隊而言，從組隊授旗，宣誓效忠職守，舉著民族大義，背負著國家期許，光榮出征，到進出競賽場合，嚴守陣地，楚河漢界，敵我分明，身分的認同，即是身體政治的展露。及至高奏凱歌，升起勝利旗幟，觸景生情，想著多少辛酸拚鬥，幾許痛苦委屈，加上鄉里父老的企盼，國家民族的呼喚，一時情不自禁，咬緊嘴唇，淚水竟然潸然而下，更是充分揭露國家身體的政治意涵。

三、身體政治的運作場域

身體政治的運作場域，可以從日常生活的空間看，如家庭，也可以從工作場所觀察，如學校、醫院、軍隊、議會、政府機關等，處處都有權力介入的機會，以及政治作用的痕跡，更有權力生產的反應與政治運作的結果。

(一)家庭

家庭作為身體政治的運作場域，最明顯的是家父長制。從一般的家庭看，從小孩「嘴上無毛，辦事不牢」的隱喻，到小孩「有耳無嘴」的說法，不只強調家父長制的權威性，甚至貶低小孩意見的表達機會，都是權力膨脹的結果。事實上，從小孩略微懂事之後，對學科

興趣的選擇、交友的機會，甚至終身大事的決定權，常無法交由當事人自行負責，都顯露了家父長制的權力擴張。

當然，傳統家庭裡，家父長制的權限，可以擴及到對財產的持有與分配的權力，甚至常因男女性別的不同，或位序的高低，也都影響到兒女的應有權益。

其實，性別屬性除先天生成外，更受後天社會文化的形塑，早已耳熟能詳，但對男尊女卑的傳統社會，常無法改變「嫁出去的女兒，像潑出的水一樣」的傳統觀念，這當然都是權力的影響。

(二)學校

學校教育是意圖行為，教育上的實施與策略，恆受政治企圖所左右，已是眾所共認。從教育宗旨、目的、目標、內容與方法，甚至課內、課外及情境布置，一以貫之，循序漸進，藉以達到國家政策的要求。舉例來說，在小學的生活教育裡，從穿著學校的整齊服裝，象徵整齊畫一，循規蹈矩，表現學校的校風、校譽，以校為榮、為傲。進入校門，向校門口的民族英雄銅像鞠躬，由衷的敬仰，千古永懷。集會時，列隊行進，一二、一二、答數，雄赳赳，氣昂昂，一如部隊，精神飽滿。升旗典禮，是每天開始的功課，站在司令臺前，面對禮義廉恥，四維八德的斗大昭示，立正唱國歌，注視著國旗冉冉升起，聽著升旗歌：「山川壯麗……東亞稱雄……」，在繚繞的歌聲中，想像著地大物博的美麗江河，聽訓一遍又一遍，呼著口號，聲嘶力竭，感受未來國家主人翁的重責大任。就這樣，每天讓身體浸淫在民族大義的莊嚴懷抱，唱出愛國意志的堅強。

其他如週會、導師時間、公民教育等課程，名稱縱使不同，要求的底蘊所差無幾。即使課程科目有主、副科之別，精神要求幾無二致。學校作為政治權力的運作場域，有的時候是鴨子划水，偷偷摸

摸，不著痕跡，讓受教者，沉醉而不自知；有的時候是，光明正大，大方施作，有恃無恐，不怕你不就範，就怕你不上道。上道的人，日日平安，不上道的人，校規伺候，名正言順。

有權力的人，說的話有「依據」，做的事有「道理」。因為掌握權力的人，說的話就是「根據」，做的事就是「道理」。明確的說，掌握權力者做事並不需要有所根據，也不需要道理。只要有權力，就可以制訂法律或規則，認定誰是為非作歹的學生，所以罰青蛙跳、跑操場、掃廁所、畫圈圈罰站，或罰寫作業幾十遍，甚至警告或記過，都有堂皇的理由根據。

(三)醫院

醫院之所以是權力運作的場域，可以從醫病關係看，也可以從醫學科技介入身體的改造看，前者是專業知識的傲慢，形成身體備受宰制，後者是人為權力的使用，使身體失去了主體性。

◆醫病關係

醫師的權威性，常藉助醫學檢查報告，讓醫病對象臣服，簡單的說，就是診病過程中，一些只有醫師知道的用語，讓病人毫無招架的餘力。檢查報告的數字、曲線或圖表，經由醫師的解釋，用藥、入院或手術，病人只能悉聽遵命。即使報告中的數值處在正常值上下邊緣，是不是罹病？罹什麼病？用不用藥？用什麼藥？醫師的地位像神，全權決定，病人當然唯命是從，任令宰割。雖然誤診誤斷誤治，時有所聞，病人仍然視死如歸，勇往求診，選擇相信懸壺濟世的醫師，遠比坐以待斃更迫切、更實際，也更能接受，個中緣由不難理解。

再就醫學科技介入的範疇來看，從X光透視，超音波掃瞄到核磁共振，從外科到內科，從部分器官到全身檢查，只要需要，袒胸露

背，身體無助的面對冰冷的儀器，生命交付儀器的審判，醫師照著儀器的判決文解讀，生死交關的當下，身體坦然等著被改變。

◆傳宗接代的控制

生命原是自然天成，緣起緣滅，順勢而爲，難有逆向操作的可能，不過，科技的發展，不只生命緣起可以有人爲的影響，甚至生命的變異過程，也可以有外力的控制，前者如生命的複製、良時吉日的剖腹生產、試管嬰兒的培育，後者則有生兒育女的選擇以及變性人的出現，尤其，經由維生器的協助，讓生命延續的期待得以實現，即使是植物人，也在好死不如歹活的觀念中，得到暫時的生命存留。科技的進步，使得身體加工無奇不有，身體的商品化，更在醫學技術的鬼斧神工中，急速的成長與發展，身體器官移植、製造、利用的多元化，已到了令人瞠目結舌，嘆爲觀止的境界。[10]

事實上，身體的最大改造工程，應是優生學的興起與發展。具體而言，優生重在改良身體的遺傳素質，產生優秀後代，以維護種族的優越性，促成社會的進步與國家的整體發展。概略而言，基於優生的理想，從學界的鼓吹，到政府相關法律、政策與制度的訂定，一時風起雲湧，形成20世紀初期，歐美大陸的「優生學運動」熱潮，而有「暴虐統治」的惡夢。[11]

具體的說，1933年，希特勒上臺後，立即立法，並強迫結紮患

---

[10] 人類正在用改造、利用自然環境和動植物過程中培育出來的科技，來改造和利用人類。換句話說，透過醫學科技，人類正開始對人類本身（特別是人體）做各種改造和利用。因此，人體商品化的趨勢，也就有了急速發展的機會。栗屋剛，《出賣器官》（董炯明譯）（臺北：平安叢書，2002），5-6。

[11] United States Holocaust Memorial Museum, Deadly Medicine: Creating the Master Race, United States Holocaust Memorial Museum, Available: http://www.ushmm.org/information/exhibitions/online-features/online-exhibitions/deadly-medicine-creating-the-master-race, 01. July 2014.

有包括「遲鈍」在內的一系列神經系統疾病的人。醫生、監護人及精神病院管理人員有權針對某人向遺傳衛生法院提出施行絕育的要求。到二次世界大戰爆發前夕，約三十七萬人被強制絕育，其中包含一些健康的猶太人和吉普賽人。1939年，希特勒提出「慈殺」（mercy killing）的主張，實行非自願的安樂死，由醫生與工程師發明眾多索命術，包括毒氣室。在兩年內，屠殺了七萬人，包含許多殘障兒童。[12]所謂苛政猛於虎，終至惡名昭彰。

四、運動場域的身體轉化

傳統以來，一般認為運動場是政治家的最佳場域。一方面是運動場上，展現的禮讓、公平、正義、服輸、堅忍不拔、勇氣與坦誠是理想的政治家風度，一方面是運動場域上，運動員身體的節制，自我的塑造、自我修養到自我生命美學的探索，是一種對欲望的昇華，一種自我轉變與自我的超越。這是身體轉化的極致，呼應了近代奧林匹克運動會信條所強調的：「奧運之所重，不在獲勝而在參加；人生之意義，不在克服而在奮鬥」，不無異曲同工之妙。[13]

不過，從另一個角度看，每一個運動員，在進出運動場域時，無不期待勇冠群倫，出人頭地。所以，運動員的身體，一方面要壓抑自己滿足於文明社會的規範期待，一方面，卻不能無視於身體奔放的野性召喚。

所以，運動員的身體，始終擺盪在野性與文明之間，經過千錘百鍊，忍心耐苦，以昂揚的鬥志上場，以鋼鐵般的身體，突破不同的環境壓力。讓自己的運動身體，馴服於嚴格訓練，超越幾近身體的極

---

[12]Museum, Deadly Medicine: Creating the Master Race.
[13]許立宏，《運動倫理——品德與生命教育》（臺北：華都文化，2011），許序。

鴿子象徵和平賽會

資料來源：劉宏裕提供。

限，聽命於教練的指令，在比賽情境中體現。身體在激烈競爭中，
從爐火純青，到渾然忘我；從左右逢源，到出奇不意；從予取予求，
到捷報頻傳。運動員的身體，從被馴服的身體，到自由能動身體的轉
化，讓身體從桎梏中解放，從自我融會貫通裡，展現與眾不同，出神
入化的身體。

(一)從規訓到超越

每一位成功的運動員，幾乎都有共同的經驗。運動訓練過程中的
「折磨」，是一種身體幾近無法忍受的磨難。難怪村上春樹曾問起，
跑42.195公里馬拉松選手的經驗，跑者說是「痛苦」。再問獲勝的經
驗時，竟然答案是「更痛苦」。顯示運動之能打動身體，應有更深的
意涵。

　　具體的說，運動員的身體，常是明知不可為而為的身體。事實上，運動員決定為運動獻身時，從育才、選才到成才的過程，必須經過一套嚴謹的訓練程序。其中，藉助客觀科學的生理數據，心理素質的掌控，飲食營養的配合，以及自然與物理環境的適應，可說是架起無形的牢籠，將運動員的身體，投入熔爐裡冶煉。從教練團的權威性，到科學方法的絕對性，以及運動員的言聽計從，使得運動員在標準化的程序中，接受改造，試圖建構想像中的理想身體，生產標準化的動作，期待演出時，達到馴化後的身體樣貌，使技術的表達，能脫胎換骨，一鳴驚人，創造紀錄，名垂千古。所以，運動員的身體，是規格化的身體，是嚴格管理、拘束與控制的身體，不只迫使運動員就範，且讓運動員順從指示，執行身體的操作。不只是一個口令，一個動作的演出，甚且義無反顧的照單全收，並能視之當然，處之泰然，行之自然。

　　事實上，人並不是機械，頂尖的運動員，常在規格化的模式中，以自身的能動性，接受外來強加的磨練，融入自己的技術框架，經由自身的磨合，成為自身的血肉，轉化為超乎自己的侷限，創發出與眾不同的身體表達方式，而有了別出心裁的身體表達，豐富了自己的身體技術，而得到意想不到的超越的愉悅，享受一種身心磨難後的滿足。

(二)凝視與內化

　　運動場域，是寬廣的社會空間，運動員即在廣大的人群中，帶著自身的渴望，與眾人的期待現身。剎那間，不只是自我運動技術的檢測，更是在眾人的凝視中接受考驗。一場真槍實彈的嚴厲測試，直接面對，赤裸裸的實力，在眾目睽睽下，伴隨著呼叫、吶喊或喧囂，可能是成功演出的讚嘆，或許是慘敗時的惋惜。毫無遮掩的演出，在無所遁形的被凝視中，回應觀眾的熱情饗宴。艱難的處境是，演出的瞬

時性，以及無法重來的不可逆性，常取決身體瞬間反應，不能也不會有任何閃失，動作之美，只能用神乎其技，妙不可言，差可比擬。

其實，身體的絕佳動作，在千錘百鍊之後，爐火純青，得心應手之餘，已內化為身體不可分割的一部分，在身體習慣中自然的流露，不只一無矯揉作態，更無意識上的控制，而是一種身體慣習上的流暢表達。**14**

總而言之，從上面的論述，約可獲得下列印象，瞭解身體政治的形成：

1. 政治是管理眾人之事，更是權力的展現，也是權力流動和鬥爭的現象。基於身體的可利用性、可改變性及可馴服性，權力運作下的身體，被踐踏、被宰制、被改造，誠屬可能。

2. 身體是權力意志，一切事物的起點與歷史的焦點，更是權力紛爭的核心。不論是身體進犯了歷史，抑或是歷史摧毀了身體，身體作為政治運作之根源，實至名歸。

3. 身體作為政治的運作場域，可以是生活據點的家庭，可以是求學的學校，工作場所的醫院、工廠、軍隊、議會與機關。透過規訓與懲罰的技術，身體在監控中被隔離，在折磨中馴服，在檢查中滿足標準化、合理化、普及化的身體。

4. 資訊社會的可怕，是讓個人暴露在敵視的空間，不是被監控，就是自我管理，終至身體被馴服，失去主體性。

5. 運動場域的身體轉化，身體所遭受幾近無可承受的磨難，轉化為超越痛苦的愉悅滿足以及內化為共享的身體習慣技術。

14頂尖運動員，常有一種身體經驗，比如順手時，常感覺籃框加大，較易中籃，或打擊時，感覺來球速度變慢，來球變大，使得打棒時較能擊中球心。

第二節　身體運動與國家認同

　　體育之不能脫離政治的影響，一方面是體育恆受國家體制的主導，離不開意識形態與國家機器的左右；另一方面是體育不只是國家集體意識的象徵，更具有促進國家認同的功能。前者可以從不同的國家體制，看出不同的國家政策，得到印證，如社會主義國家的舉國體育體制，以及資本主義社會的職業化體育的發展，分出端倪。後者則可從各類大型賽會，各國莫不竭盡所能，展現運動競技實力，藉以擴張國家聲勢，宣示勇冠世界的霸氣。

　　本節即基此背景，試圖就身體運動與國家認同的關係，先說明國民的概念，再談國家認同，以及身體運動受國家機器意識形態主宰的事實，甚至體育在國家認同的功能與角色扮演，藉以說明體育與政治的糾纏與葛藤。

一、健康國民的形成

　　近年來，國民與國家認同的議題，頗受重視。不論是人文、社會科學領域時有討論，甚至一般政論議題，亦多所論述。

　　事實上，國民與國家認同是一個頗為錯綜複雜的概念。認同可以是心理上的自我認同，或社會上的集體認同；也可以是種族上的族群認同，甚至跨越到所謂的「政治共同體」的國家認同。具體來說，以集體的概念看，可以指涉的是「國民的」、「民族的」或「種族的」概念。所以，論及集體認同時，常涉及到集體認同上的多義性。比如作為國家的集體認同，一方面是對組成國家主體的「國民」或「民族」的認同，一方面是對作為制度框架的「國家」認同。所以，談國

家認同，應先釐清「國民」與「國家」的關係，再談體育在國民形成過程中的重要角色。

實際上，在華語世界裡，國民屬於國家，常視為理所當然，且是順理成章的事。其實，國民的自我意識或對國家的歸屬感，並非源自自然天成。[15]個人在成長過程中，經由有意圖的規劃或設計，鋪陳共同的價值規範，以及陶鑄身心同一性的認識，個人即能在有形無形中確立自我的國家定位。國家機器通常透過教育手段，藉以培育忠貞國民。

進一步說，國民國家的框架裡，個人並非生來即為國家的國民，而是經由一定的過程，而成為國民。所以，通俗而言，人民可以是國家的順民，也可以是國家的良民，更有所謂國家的暴民之區分。就此觀點而言，以國家立場看，當然可以依國家的意識形態，透過國家機器栽培符合國家需要的國民。換句話說，國家對國民的國家化，有其多面向的過程，更有多重的概念。日本學者西川長夫，即以五個構面，提出國民化（文明化）過程的論述。[16]認為學校教育是國民化的最佳樞紐，教育與國民化連結之強弱，恆受國家的政治體制與經濟發展程度，以及地理、社會、宗教及民族構成等內外因素所影響。進一步說，不論國家類型有何不同，都不能免於透過教育而走向國民化的訴求。就此而言，西川長夫的國民化的五個構面，最能詮釋國家塑造國民化過程的阡陌縱橫，天衣無縫的嚴密部署（**表8-1**）。

---

[15]就國際或國內社會而言，個人的生存，不能免於與生俱來的籍貫，就此觀點，當然個人可說是「天生是國民」，惟個人隨著成長過程，在社會化過程中，學習價值觀及其個人獨立意志的養成，而使自己「成為國民」。具體的說，個人一方面「是國民」，屬先天性，一方面則「成為國民」或「做為國民」，則屬後天的形成。山崎直也，〈台湾における教育改革と教育本土化〉，《国際教育》，8（2002）：22-43。

[16]西川長夫，《国民国家論の射程—あるいは国民という怪物について》（東京：柏書房，1988）。

表8-1　西川長夫的國民化（文明化）構面

1	空間的國民化	均質化、標準化、明亮整潔的空間／國境中央（都市）—地方（農村）—海外（殖民地）／中心與邊緣、風景	國家國民的誕生
2	時間的國民化	曆年（時間的重編）、勞動、生活韻律／神話／歷史	
3	習俗的國民化	服裝、寒暄習慣、儀式（權威—服從）／新傳統	
4	身體的國民化	五感（味覺、音感……）起居，步行—學校·工廠·軍隊等之身體適應與感覺／家庭	
5	語言與思考的國民化	國語／愛國心	

　　具體而言，國民化的過程，係經由各種國家機制（國家的控制機制與意識形態機制）所掌握[17]配合其他機制的社會機能，誘導國民理解並順從接受，且於日常生活中實踐，進而獲得國民的信賴，達成國民化的目的。以臺灣近代教育的發展，日治時期（1895-1945）的皇民化教育及1945年後的國民黨黨化教育，無不都是統治階級以國家機器及其意識形態，藉各種機制遂行國民化的最具體化的實例。[18]

　　就臺灣體育而言，傳統以來，國家機器在體育政策上的用力，可

[17]「意識形態國家機器」的概念，係1968年法國哲學家阿圖賽（Louis Althusser, 1918-1990）於其著名的論文〈意識形態與意識形態國家機器〉中提出。認為由國家主導的社會控制系統，目的是傳遞統治階級的意識形態，藉此操控人民的意識，凝聚出支持統治階級的共識，以達到社會控制的目的。其具體的形式，包括了宗教、學校、家庭、司法、政治、工會等社會系統，其操縱群體意識的過程，常是細微的，且不著痕跡。陳瀅巧，《圖解文化研究》（臺北：易博士出版社，2006），40-45。

[18]國民黨政府，自1949年播遷來台，實施「動員戡亂時期臨時條款」，長期戒嚴。政治上，先有「殺朱拔毛」、「反攻復國」政策。初期以臺灣為跳板，揭櫫「一年準備，兩年反攻，三年掃蕩，五年成功」作為反攻大陸號召。1987年後，時移勢轉，解除戒嚴，海峽兩岸對峙局勢略有緩和，且進一步締結相關協議，惟2000年政黨輪替，臺灣主體意識興起，國家定位問題論爭不斷。2008年國民黨重獲政權，國家的國際定位仍混沌未決，惟中華民國課程要求，仍堅守以培養忠貞愛國之國家國民為鵠的。

旗海飄揚歡聲雷動

資料來源：2017臺北世大運執委會提供。

說是竭盡所能，全力以赴。其中，以「國民體育法」為例，開宗明義第1條，訂為：「國民體育之實施，以鍛鍊國民健全體格，培養國民道德，發揚民族精神及充實國民生活為宗旨。」

從上列條文的字裡行間，不難看出國家機器藉體育的推展，加之於國民的鑿痕。具體的事實，顯現臺灣體育負有下列幾點意涵：

1.是落實國民全體的體育，以全體「國民」為對象。

2.是鍛鍊國民體格的體育，以培育健全身體為首重。

3.是培養國民道德的體育，以塑造社會良民為訴求。

4.是發揚民族精神的體育，以強化固有文化為鵠的。

5.是充實國民生活的體育，以提升生活品質為導向。

上述內含，說明臺灣體育的屬性，可歸納成四點：

第一，臺灣體育是國家威權體制的體育，係由上而下的治理模

式，強調體育爲全體國民所共有，充分顯示國家集體意識形態的主導性，較少有個人自主意志的彈性空間。

　　第二，臺灣體育是國家民族的體育，彰顯國民體育的集體工具價值，重於體育本質的個人追求。亦即，重視體育的政治現實目的，優於教育的理想關照。

　　第三，臺灣體育的政策理念，在鍛鍊國民體格，養成一等的國民，延續「民族」的生命；振興國民道德，固守民族精神；維繫社會善良風氣，提升國民生活素質。

　　第四，臺灣體育的終極關懷是國強民安，將國民體育作爲培育國家國民的政治手段，發揮藉體育以立千秋萬世的國家想像。

二、運動文化爲國家認同場域

　　國家認同（national identity）乙詞，常因不同的學者，而有不同的理論，其精確概念，言人人殊，莫衷一是。其中，有從歷史的發生過程，論述國家認同的特徵，如史密斯（A. D. Smith, 1939-）：[19]有從多元文化的角度，說明國家認同的類型，如泰勒（C. M. Taylor, 1972-），[20]甚至有從全球化的危機意識，論述國家認同論述之興起，如中古猛。[21]不過，縱或取徑角度不同，論述觀點互異，所關心的議題，則趨近一致。當然，不同的用語習慣，所造成翻譯上的差異性，或語義上的不同詮釋，難免造成概念上的混淆。

---

[19]アントニー・D・スミス，《ナショナリズムの生命力》（高柳先男譯）（東京：晶文社，1998）：39。

[20]チャールズテイラ，《マルチカルチュラリズム》（佐佐木毅等譯）（東京：岩波書店，1996）：38。

[21]中古猛，〈「ナショナル・アイデンテイテイ」の概念に関する問題整理-国民国家論研究のためのノート-〉，《立命館法学》，3・4（271・272）（2000）：687-688。

(一)族群認同與國家認同

具體來說，national，係nation的形容詞，有譯成民族的、國民的及民族主義的用法，也有譯成國民或同胞等的含意。所以，討論國家認同（national identity）時，難免與族群認同（ethnic identity）發生語意上或概念上的糾纏。一方面，固然一個國家不全然是由單一族群所構成；另一方面，同一族群亦可能建構許多不同的國家。

一般而言，族群並不只是純然的共同名稱、血統、神話、歷史、文化、領土等相互關連的一群人，而是常表現在制度性的博愛主義、堅定的認同與連帶感的共同體。[22]進一步說，族群共同體的認同，是族群集體的感覺、感情或態度，是文化屬性的獨特意識，一種集體的歸屬感；同時，因其感情或意識，是集體起源的神話、歷史的記憶、文化、鄉土所形成，也就共同擁有一種優於其他族群的優越感，族群中心主義的傾向，自是溢於言表。[23]這也意味著，族群的集體認同不只顯現與他者的差異，更凸顯成員對自我集體的依戀與承諾，形塑了集體團結的共同要素。[24]族群中個人所擁有的共同經驗、價值概念或共同體的感覺，衍生同群的感覺，並強化個人間的凝聚作用，這即是族群認同的具體體現。

至於族群認同與國家認同的不同，依史密斯的看法，認為個人的集體歸屬意識常從族群（ethnic）導向國家（nation）或民族國家（nation-state）。史密斯所稱的國家，係指社會性與文化性的連帶關係，而民族國家，則具公共性，泛指以強制力建立的制度。[25]換句話

---

[22]アントニー・D・スミス，《ネイションとエスニシテイ》（巣山靖司、高城和義譯）（名古屋：名古屋大学出版会，1999），37。

[23]アントニー・D・スミス，《ネイションとエスニシテイ》，1999，59。

[24]アントニー・D・スミス，《ネイションとエスニシテイ》，1999。

[25]中古猛，〈「ナショナル・アイデンテイテイ」の概念に関する問題整理-国民

說，近代以來所形成的國家，常強調個人對國家的強烈忠誠。亦即，個人對國家的忠誠，提供政治與國家正統化的基礎，使轉向國家主義（民族主義）的發展合理化。史密斯進一步指出，國家意識形態的作用與創發，有兩個取向，一者是，繼續延續族群的特質，與既有的神話、記憶與象徵同化；二者是，重新創造獨自的神話、記憶或象徵。[26]這也是近代國家的發展路徑，是創造認同或確立固定化的國家認同概念，都是必須面對的重要課題。

當然，討論國家認同，會涉及集體認同的政治共同體，也涵蓋文化共同體或族群共同體的範圍。其實，集體意識恆受政治共同體形態所左右，甚至其領域的大小，也影響到意識的交錯與複合作用。換句話說，就個人認同而言，係始自個人自我的認識基礎，即以自我為中心的意識結構。而集體認同，常在內與外，我與汝之間作區分，一方面是集體內意識的強化，一方面又顯露與他集體的差異，在強化認同與分別差異之間，達成集體內的凝聚與結合的使命。而國家認同是一種相當複雜的集合現象，不只有其共同體的存在為基礎而形塑，甚至認同本身，常牽涉多元層面的社會複雜現象。所以，國家認同可以說是一個含有多重意義的體系。[27]不過，史密斯提出國家認同的特徵約為：(1)是歷史上的領域，如故國情懷；(2)共同的神話與歷史記憶；(3)共同大眾的公共的文化；(4)成員間的公共法律權利與義務；(5)全體成員可移動領域的共同經濟。

国家論研究のためのノ-ト-〉，2000，686。

[26]アントニー・D・スミス，《ネイションとエスニシテイ》，1999，180。

[27]江宜樺認為國家認同是一個含有多重意義的體系，大致分為：「族群血緣關係」、「歷史文化傳統」與「政治社會經濟體制」等三類。江宜樺，《自由主義、民族主義與國家認同》（臺北：揚智文化，1998）。

(二)近代運動與族群認同

如眾所周知，近代運動（sport）源自18世紀的歐洲，後因帝國主義勢力版圖的擴張，而傳播世界各地，並經各殖民地的接納與發展而普及，形成當前不同的呈現樣貌。其中，有眾所矚目的高度競技化運動，多元普及的全民化運動，以及凸顯主體性的傳統民俗運動（traditional sport）或民族運動（ethnic sport）。類別之所以互有差異，原因相當多元，有身體文化表現形式的不同，也有地區或宗教信仰的特殊性，而有運動文化上的不同表現，因此，就運動類型的不同，就有迥然不同的認同論述，[28]不過，本文以世界盃足球的競技與族群認同為核心，其他類型之運動，擬不作為本文討論範圍。

◆勝負翻轉主從關係

誠如，《運動與帝國》乙書的作者古德曼（A. Guttmann）所言，「運動傳播過程的重要決定因素，常是受傳播國家間的政治、經濟及文化等領域間的權力關係所拉扯」。[29]他更進一步指出：「權力關係的傾向，看似單向發展，結果並不盡然。形式上，常以政治力或經濟影響力運作的國家，卻不免有文化力量的介入。可是，也不難發現，看似使盡文化的影響力，卻備受政治及經濟因素所左右，而造成相互

---

[28]丹麥學者Henning Eichberg認為「一國之民」（national 'people'），不具源遠的實體，也不算是意識形態的結構，他以丹麥運動史上的三種案例——節慶、體操與運動等身體化動作，論述不同的認同形態。Henning Eichberg，〈運動化的國家——以民為本的理論〉（莊珮琪譯），《身體文化論文集》（臺北：臺灣身體文化學會，2014）。原文為：Tomaž Pavlin, "Šport, Narod, Nacionalizem (Sport, Nation, Nationalism)," 8th ISHPES Seminar and International Conference on Social Science and Sport (2008): 222-239.

[29]アレングットマン，《スポーツと帝国》（谷川稔、石昌幸井、池田恵子、石井芳枝譯）（京都：昭和堂，1997），198。

抵銷的力量。」[30]

要而言之，近代運動的傳播過程及其影響結果，很難不考慮，政治、經濟及文化等因素之間，錯綜複雜的糾纏關係。不過，本文重點，不在討論帝國主義以文化霸權對殖民地傳播近代運動的因果關係，而是試圖從接受近代運動傳播的殖民地人民，在接受近代運動之後，藉近代運動展現族群認同的意義及其脈絡。

1998年，法國政府為紀念其屬地新喀里多尼亞（New Caledonia）被槍殺的卡納克（Kanak）民族獨立運動領導人馬悉・樓包屋（Jean-Marie Tjibaou），在新喀里多尼亞首都Noumea，建造了一座原住民文化中心，在簡介上寫著：「我們都有神話與傳統，我們並不固守著它，而是面向未來構築認同，經由接觸不同的文化，不同的人，開拓未來，即可發現我們的認同。」[31]意味著族群認同，是一條漫長的尋根旅途，有時，犧牲了生命，都在所不惜。其實，世界盃歐洲足球名將卡倫布（Christian Karembeu, 1970-），即出身新喀里多尼亞，球衣19號，因其球技出眾，並代表歐洲，轉戰各地，獲得無上光榮，被視為是新喀里多尼亞英雄。甚至，為法國隊出賽獲勝時，離散各地的族人，全盯著轉播的電視，歡呼狂叫，陶醉在勝利的狂歡中，高呼：「卡倫布，萬歲！」路上車輛喇叭，更是響徹雲霄，通宵達旦。

英國動物行為學者莫里斯（Desmond Morris, 1928-）曾說，足球是一個「部族」。地球上，幾億的人，一起守著電視上世界盃足球決賽的即時轉播，共同盯著神聖化的球技，如同部族，進行重要宗教儀式般的專注。有研究者指出，足球是部族共同進行儀式性的狩獵行為。球賽時，任務分工，猛追著「獵物」，集體面向獵物「撲殺」較勁。

---

[30]アレングットマン，《スポーツと帝国》，1997。

[31]Centre culturel Tjibaou, *Tjibaou Cultural Centre* (New Caledonia: Nouméa, 1998), 4-5.

其實共同組織性的狩獵，即是足球的原始形態。現代足球，本質上即蘊含激烈的戰鬥，在敵我之間爭鬥的同時，更重要的象徵是，各種人的價值或制度間的紛爭，藉助足球象徵的抗爭中，體現人類的生命意義或價值觀。[32]

　　從足球的發展軌跡來看，可以說是從秩序與混沌的戰鬥中出發。14世紀以後英格蘭的原始足球，是種混戰中，不乏傷亡事件的無秩序暴力球技。之後，為了彌平民眾的叛亂，足球文化有了象徵國家與教會的「規律」與「制度」，透過社會菁英與支配階級，作為控制與勞動者競爭的球賽。[33]

　　19世紀的足球，隨著帝國主義的勢力，傳遍歐洲的殖民地。藉著近代國家的形成，歐洲帝國利用足球作為動員及統合國民的工具，推廣至非洲及中南美洲。同時，配合國民意識的灌輸與國家邊界的人為操作，使之區分疆域，落地生根；另一方面，以近代運動重視紀律為藉口，強化對宗主帝國的忠誠，培養殖民地人民的順從性格。不過，在新舊文化的迎拒之間，殖民地人民，積極投入足球，除了期待藉運動改變社會階級的實際利益外，無意識地也激發了殖民地人民反叛意識的萌芽，藉著球技的勝利，展現對殖民者的反抗。[34]換句話說，殖民地的足球，一方面，作為基督教傳教的吸引力，確立社會的統制系統，有如帝國主義的商品，輸入殖民地的世界；另一方面，也在殖民地人民的生活中，滋養了人民對自我族群處境的起碼認識，奠下了自我認同的基礎。

　　進入20世紀之後，以上流階級白人為主的足球世界，逐漸為黑人

---

[32]今福龍太，《スポ-ツの汀》（東京：紀伊国屋，1997），114-130。

[33]Alfred Wahl，《サッカの歴史》，遠藤ゆかり譯，「知の再発見」双書101（東京：創文社，2002）。

[34]石井昌幸、金光誠，〈殖民地主義と文化の拡大〉，《スポ-ツ人類学》（宇佐美隆憲編）（東京，明和出版，2004），64-71。

所突破。在奴隸制度與種族差別待遇的長期鬥爭中，不只足球戰術的精進以及民眾心理的轉折，史蹟斑斑可考，殖民地足球的動人故事，更是可歌可泣。[35]只要在足球賽中，殖民地的支配關係有翻轉的可能性，南美或非洲的貧窮青少年們，就會憑著高人一等的足球技術，以街頭足球，氣喘吁吁地構築著躍上世界舞臺的美夢。[36]

從另外角度觀察，1970年代，巴西的軍事政權，利用巴西奪得世界盃優勝的機會，以政治手段，大力宣揚國威，藉著「近代化」經濟急速的成長，在軍政體制下，壓制了被壓迫民眾不滿的吶喊。軍事政權藉足球作為政治目的的作法，卻成為足球對抗軍事政權本身霸權的據點，更創造出新社會運動的契機。[37]

進一步說，政治與運動的關係，常被比喻為主從關係。其實，運動或作為社會統合的道具，或被利用為政治宣傳效果的媒介，有時被挪揄為運動是現代「民眾的鴉片」，甚至被批判為暗藏有意識形態裝置的機能。特別是世界盃足球賽，常表現為戰爭的替代行為，說它是動員愛國心與民族主義的最好裝置，並不過言。[38]

事實上，運動應不只從屬於政治，有時候，在政治敵對中，激情的鬥爭關係，隱藏著兩者間的矛盾與緊張，因而升高政治爭鬥的氣

---

[35]P. Dimeo, "Colonial Bodies, Colonial Sport: 'Martial' Punjabis, 'Effeminate' Bengalis and the Development of Indian Football," *International Journal of History of Sport, 19*(1) (2002): 72-90.

[36]P. Darby, Africa, Football and Fifa: Politics, Colonialism and Resistance, *Sport in the Global Society, vol. 23* (London: Frank Cass, 2002): 1-25.

[37]J・リーヴァ，《サッカ-狂いの社会学－ブラジルの社会とスポ-ツ》（亀山佳明、西山けいこ譯）（東京：世界思想社，1996），65-80。

[38]Gabriel Kuhn曾在其最近著作《無政府足球手冊》中提及，足球被全球化及國家主義所侵蝕，政治介入、人權、種族歧視、性別差異、球員買賣及排除貧窮階級等負面批判很多，不過，那不是足球的錯，而是我們應該設法找出對抗權力與支配力的足球文化。ガブリエル クーン，《アナキストサッカーマニュアル：スタジアムに歓声を、革命にサッカーを》（甘糟智子譯）（東京：現代企画室，2013）。

勢。足球競技的大眾化，選手參與的公平性，以及規則與技術單純化的特性，使得在殖民地社會中，輕易地作爲「國民」的再定義，甚至提供了關係融合的場域。[39]運動促成團結一致或凝聚族群，支撐民族認同的形成，促使社會階層間流動性的擴大，運動之所以導向民族主義的發展，也是避免不了的事。

以2002年世界盃足球開幕賽爲例，被法國殖民近一百年的塞內加爾，在擊潰法國，進入準決賽行列時，舉國歡騰，被稱爲是「被殖民國對宗主國的勝利」，解釋爲對舊宗主國的勝利，是讓四十年前政治獨立的人民，意識到「國民」的存在。[40]這意謂著，日常生活中，身體運動常隱藏著國民或民族文化的意識，而成就了新的政治動員力量，雖然世界盃足球賽無法取代國家的政治統制力量，不過，運動中無形力量的形成，總在適當的時機找到宣洩的出口。

具體來說，近代運動的興起與傳播，從先進國家的運動觀念，引進落後地區後，運動的普及，已然不純屬於提升國民體力，促進國民身體的健康問題。落後地區的人民，從激烈的運動競賽場，粉碎帝國主義在運動世界中的獨占局面，或更進一步，藉助運動技術的勝出，取得了支配關係的翻轉機會，應該是殖民地人民，找到自我定位、尊嚴與信心，回歸想像國家懷抱的最好說明。

◆轉籍、離散與認同

不過，足球隱匿著殖民地主義的痕跡，列強正透過世界盃足球賽，擴大世界霸權的爭奪。世界盃足球賽，在起始階段，獲勝的國

---

[39]種族差異或排斥他民族，不是差異的基本條件，而是只有在等質的場域，強制打入楔子所造成的差異化運動，差異才會形成，因此，透過同一性與差異化，不斷地維持運動或是過程，對民族與文化而言，都是極為重要的事。小阪井敏晶，《民族という虛構》（東京：東京大学出版会，2002），222。

[40]塞內加爾於1864年成為法國殖民地，1909併入法屬西非洲，1960年4月4日與法國簽署權力移交協定，1960年6月20日完全獨立。

家，大概不出巴西、阿根廷等南美的勢力，以及義大利、德國和法國等幾個「歐洲強國」。隨著1995年「博斯曼判決」出爐之後，[41]隊籍轉換更放寬，外國球員的限制也獲得解除，不只多國籍的足球俱樂部應運而生，足球員的隊籍移轉更加頻繁，促使球員的離散（diaspora）增加，形成可稱之為是一種流動的移動形態，導致世界規模的足球實力，有如地球規模的政治勢力的分布。換句話說，從19世紀的國家主義，經20世紀的資本主義，到21世紀的全球化理念的改變，世界盃足球賽，正足以反映出激烈改變的世界樣態，顯現出在國家主義與殖民地主義、民族性與市民主權，民族中心主義與全球化之間，橫亙著難以調和的弔詭現象。[42]

要而言之，全球化的足球浪潮，從南美到南非；從落後地區，到先進都市，球員的隊籍正逐步往舊宗主帝國移動，甚至，社會主義崩解的東歐，更明顯的移籍歐洲國家。特別是，移籍金的鬆綁，加以外籍球員人數的放寬，勞動條件的改變，不只造成大量「國家代表隊」的形式化，也衍生足球與國家關係的動搖。如法國代表隊，曾由摩洛哥、土耳其、迦納、中國等國籍的球員所組成，其他如倫敦、阿姆斯特丹、紐約、洛杉磯等，也不例外，「外籍兵團」所在多有。[43]顯而易見的事實是，足球已跨過國家疆界，往無限制區域的方向邁進。嚴格的說，這無疑強調源自歐洲的國家與近代運動緊密的連結關係，經

---

[41]博斯曼判決，係指義大利球員博斯曼（Jean-Marc Bosman, 1964- ），因合同屆滿，轉隊發生困難，經訴訟後，於1995年12月15日法院裁定，博斯曼獲勝。確認：(1)契約期滿後，球員可自由轉隊；(2)如在歐盟（EU）境內，歐盟加盟國籍所有者之就勞條件，不受限制，且適用職業足球員；(3)2005年4月，與歐盟簽訂勞動條件協約之歐盟境外各國（如蘇聯等東歐諸國及英國、法國舊殖民地之非洲諸國），適用本判決。

[42]G. Wright, "The Impact of Globalisation," *New Political Economy, 4*(2) (1999): 268-273.

[43]今福龍太，〈二〇世紀最後のワールドカップのために〉，《フットボールの新世紀－美と快楽の身体》（東京：廣済堂，2001），34-65。

百年來的演變，終將無以延續。

　　進一步觀察歐盟（EU）的理念，保障區域內勞動者的自由轉移隊籍，甚至積極跨越20世紀國家國民制度的框架，探索未來共同體的理想，其重要的發端，應是一種人類權利的考量。其基本關鍵，重在突破國家國民所強烈主張的制度上的「國境」，盡可能使之透明化，並保障經濟、金融及勞動市場系統的聯繫性，再創造出一個作為多民族、多語言的歐洲統合體。[44]歐洲聯盟的基本理念，非本文所能評論。不過，就歐洲本身，走出近代社會所形構的國民國家的制度框架，無視於近百多年的國境與國籍問題，雖仍有諸多議題尚待釐清，不過，就世界足球而言，依目前走向，足球已超越「國家」原理，散布全世界，在舉世四分之一人的眼前，除了共享足球遊戲之美與快樂外，在全球化與在地化的相互關係中，其內在殖民地主義的延續與擺脫殖民化的牽扯，不得不有更深入的探索，這應該是後殖民主義所必須面對的重要課題。

三、國家機器主導與國威宣揚

　　運動與國家認同的操弄，類型繁多，不勝枚舉。典型的作法，有以國家舉辦國際賽會，藉機提升國家威望，以凝聚民族意識，昂揚愛國情操，滿足國家集體認同的目的。另一方面，大量挹注國家資源，栽培頂尖競技運動員，提升競爭實力，進出國際競賽場合，藉傲視群雄的成績表現，以宣示民族的優越性，獲致國家認同的效果。兩者常有加成效應，並常相輔相成，相得益彰。其中，以四年一度的國際奧林匹克運動會，最為人所樂道。

　　具體而言，以1936年柏林奧運為例，可說是史上宣傳國家主義最成

---

[44] 今福龍太，〈二〇世紀最後のワールドカップのために〉，2001。

第一屆國際奧會委員會議

資料來源：图說世界体育史。

功的奧運，達成納粹德國創造了前所未有的國家威望，提升國民的榮譽感與自信，也爲整軍備戰，奠定了基礎。茲列舉數項，試作說明。

(一)政治角力下的柏林奧運

1931年4月25日到28日，國際奧會（IOC）於西班牙巴塞隆納會議中，以43票（德國）對16票（西班牙），決定1936年的奧運，由德國柏林主辦。

實際上，當時德國政治局勢並不安定。1932年4月，德國總統大選，經兩次投票結果，社民黨的興登堡，以53%的得票率贏過納粹黨希特勒的37%勝出，但在8月的國會議員選舉中，納粹黨的席次占230席居多數，成爲第一大黨。興登堡曾邀請希特勒入閣，遭到拒絕。納粹勢力並發表聲明，認爲奧林匹克是猶太人操控的醜陋祭典，反對德

國承辦。不過，柏林奧運大會籌備委員會，仍然於1933年1月24日成立。希特勒並於1月30日就任首相，隨即聯合內閣政府成立。[45]

眾所周知，希特勒為納粹黨魁，向來以反共產主義、反資本主義、反猶太主義等手段得到支持。在1933年3月，他的獨裁權獲國會承認後，快速將德國從民主共和轉變為納粹一黨專政的極權獨裁國家。4月1日開始迫害猶太人的營業及就業機會，4月7日並以公務員法取消猶太人及其混血兒的公職。雖然之前發表反對奧運的聲明，卻接受大會總裁的任命，會長是雷瓦爾得，副會長是柏林市長查勒姆，總幹事則為卡爾丁。[46]

1934年德國總統興登堡去世，希特勒接任總統並兼首相，氣焰益形高張。原認為大會會長雷瓦爾得，具猶太人血統，欲去之而後快，向國際奧會投訴更換會長，為國際奧會反對而作罷。國際奧會並因德國政治形勢及希特勒由反對到贊成承辦奧運的曖昧態度，特派奧會美籍委員布倫達治（Avery Brundage）組考察團調查德國承辦奧運的妥適性。[47]

1934年6月考察團抵德國後，除發現納粹排斥猶太人，擴軍備戰等法西斯作為，且察覺希特勒有意藉柏林奧運，展現國威的意圖。不過，考察團基於德國舉國上下對奧運的熱心投入，以及奧運主辦是國際奧委會而非德國，且德國除略顯讓步外，並同意：(1)尊重奧委會認可的籌委會名單共六名；(2)遵守所有奧林匹克規則；(3)德國奧運代表隊不排除猶太人參加機會等三個條件。最後，國際奧會仍維持原議，決定1936奧運仍在柏林舉行。[48]

---

[45]日本オリンピックアカデミー，《オリンピック事典》（日本オリンピック委員会編）（東京：レスギムナスチカ，1981），193。

[46]日本オリンピックアカデミー，《オリンピック事典》，1981，194。

[47]中村哲夫，〈アメリカにおける1936年ベルリンオリンピック参加問題に関する研究ノート〉，《三重大学教育学部研究紀要》，59（2008）：151-161。

[48]中村哲夫，《アメリカにおける二つのオリンピックボイコット論争：1936年と1940年大会研究成果報告書課題》（三重：三重大学教育学部，2008），4。

(二)藉奧運展現霸主氣勢

德國承辦1936年柏林奧運，基本上是政治力的全面介入，顯然有幾個被隱藏的目的，逐步顯露：(1)作爲亞利安民族優越性的宣示；(2)耀武揚威，展現霸氣；(3)全民整軍備戰的操練；(4)以競賽成績，勇冠世界。

基於上列的政治目的，德國舉國上下，齊心投入，自不在話下。希特勒將承辦奧運，視爲國家主要政策，原先擔心缺乏資金，不過，希特勒大力動用國家資源預算，認爲主場地應使用天然石頭，維持可以容納十萬人觀眾的規模，德國作爲東道主，爲了達成接待來自世界各國客人的使命，必須準備完美且壯大的場面。同時，除大型運動競技場外，加強挹注集會場、戶外劇場、水上競技場、體育館、住宿設施等公共設施的建設，以解決失業問題。其結果，從1933年超過六百萬的失業人口，到1936的奧運年，失業人口減至一百萬人以下，提振了第一次世界大戰後，國民的自信心與榮譽感，獲得了國家的戰略價值。[49]

更進一步，爲了讓青少年與勞動階級關注主辦奧運的意義，且爲國家將來戰爭作準備，特別推出有別於業餘運動的軍事運動訓練。組織全國希特勒青少年團，[50]並利用奧運期間，策劃出席9月的紐倫堡黨大會及參觀奧運會，在四十七天內踏破550里路途長征。

觀看成功的主辦奧運，對青少年而言，成爲國家社會主義思想，

---

[49]中村哲夫，《アメリカにおける二つのオリンピックボイコット論争：1936年と1940年大会研究成果報告書課題》，2008。

[50]1922年啓其端，係德國納粹黨內培育的青少年之組織，由希特勒青少年團（14-18歲）、少年團（10-14歲）、少女團（10-14歲）、女子青年團（14-18歲）等團體所組成。旨在強化青少年學校放學後社區之黨化教育。1936年立法，為國家唯一青少年團體。明訂全體青少年負有加入之義務。中村敏雄，《スポーツナショナリズム》（東京：大修館，1978），110-111。

雄霸世界的象徵符號，更是在最低限度的時間與訓練，順利培育出新兵預備軍的證明。[51]

希特勒的政治野心，在盛大的開幕式充分顯露。在柏林市中心，站著兩萬五千人的青年隊，以及四萬人的突擊隊員，迎接著聖火的來臨；而在大運動場內，十萬人的觀眾眼前，看著神聖的聖火進場，大會演奏著納粹黨歌，觀眾席上的觀眾，手持著納粹的萬字旗，歡迎著各國選手。而各國代表隊，穿著整齊服裝，踢著齊一的步伐，邁向司令臺，轉頭、脫帽或舉手向希特勒敬禮，宛如閱兵一樣，[52]希特勒平舉右手，在十萬人的歡呼聲中，以納粹式的方式回禮，君臨天下的象徵，成功地在奧運現場體現。[53]

1936柏林奧運，最足以展現德國威風的是，德國選手以總獎牌數89面，勇冠群雄，其中以金牌33面，銀牌26面，銅牌30面，遠遠超過過去獨霸競技場的美國金牌24面，銀牌20面與銅牌12面。

(三)隱藏玄機的聖火傳遞

奧運設有聖火引燃，始自1928年的阿姆斯特丹奧運，但從希臘點燃聖火，再以接力方式，繞經相關國家，傳遞到承辦國的聖火臺，作為大會比賽開始的象徵，則是從1936柏林奧運為首創。[54]

聖火接力的儀式由大會籌備會秘書長卡爾丁所創。據事後卡爾丁

---

[51]青少年團採體力鍛鍊兼軍事訓練，強調愛祖國、灌輸民族共同體的觀念，至1939年已達八百萬人，其後，戰爭惡化，1944年與國民突擊隊合併。Brenda Ralph Lewis，《ヒトラー・ユーゲント・第三帝国の若き戦士たち》（大山昌譯）（東京：原書房，2001）。

[52]日本代表隊戴著軍帽，行舉手禮，儼然像閱兵。1936柏林奧運紀錄片。

[53]結城和香子，《オリンピック物語》（東京：中央公論社，2004），74。

[54]根據史料，1928年的奧運期間，在馬拉松塔上，燃起火來，此後各屆奧運，開始有聖火點燃儀式。伊東明、大石三四郎，《オリンピック史》（東京：逍遙書院，1959），53。

於日本接受訪問時，證實當時的聖火傳遞，係由德國納粹陸軍參謀本部所密謀。[55]原來，1936年奧運之前，適逢納粹希特勒執政初期，表面上，體育運動政策雖未有重大變動，但實質內容已隨著納粹的極端主張，體育運動明顯納粹化。同時，任命卡爾丁擔任奧運籌備委員會總幹事，並整合全國體育運動組織，以納粹的政治權力，將全國體育組織改納入「總統直屬的體育聯合會」。1936年4月18、19兩天，在柏林科洛爾（KROL）劇場，召集一萬兩千名舉行全國體育運動相關人員會議，作成成立直屬納粹政權的「德國帝國體育聯合會」的決議，德國體育運動的納粹組織，終告完成。帝國體育聯合會的執行單位，除任命全國體育運動指導員外，也將有納粹黨員相關的體育運動指導員，重新任命。可以說，納粹侵略世界的準備與德國體育運動的任務，已做好應有的結合。

至於奧運的聖火，希特勒向來尊崇古希臘宙斯諸神強壯有力的形象，認為德國人是古希臘人的直系子孫，為了延續亞利安人的純正系統，柏林奧運應與古希臘奧運相接軌。[56]而聖火傳遞路線，經於1934年由國際奧會同意大會籌委會的規劃。由希臘奧林匹亞藉太陽光點燃火把出發，每隔一公里約五分鐘傳接一棒，從巴爾幹半島北上，沿途路過保加利亞、南斯拉夫、匈牙利、奧地利、捷克，最後到德國競技主賽場。全長三千多公里，動用3,075名跑者，進德國邊界時，約五萬人迎接進入德國境內。[57]

當時，聖火傳遞路程規劃時，曾由納粹參謀本部作實地調查，有關地形、路線、民情及相關資料蒐集，相當齊全。1939年爆發第二次

---

[55]鈴木良德，《オリンピック余聞》（東京：ベースボール・マガジン社，1983），リチャード・マンデル，《ナチ・オリンピック》（田島直人譯）（東京：ベースボール・マガジン社，1976），45-52。
[56]汪民安、陳永國編，《後身體：文化、權力與生命政治學》。
[57]リチャード・マンデル，《ナチ・オリンピック》，1976，45-52。

世界大戰後，德軍即依聖火路線，逆向沿線南下攻破各國直逼希臘。難怪事後，頗多傳聞，希特勒的聖火傳遞，早有密謀在先。[58]

第三節　奧運會面臨抉擇

　　一般常有「政治歸政治，體育歸體育」的理想說法，意指政治不能干預體育，體育無涉政治的影響，兩者互不相干，或不牽扯。其實，這不只是幻想，更無異是神話。理由之一，固然是體育常被列為國家重要政策之一，國家機器意識形態無法不介入政治現實利益的操作；理由之二，體育競賽活動，從代表單位名稱、旗幟標示到順序排名，無一不具有政治的意涵；理由之三，人既為政治的動物，人情世故，舉手投足，難免諸多政治考量。

　　具體來說，近代奧運領導人之一的業餘先生——布倫達治，最標榜體育與政治無關，不過，長久以來，奧運始終無法去除政治的糾纏，以致奧運的和平理想備受考驗。

一、政治紛爭不斷的奧運會

　　奧運的政治介入，有制度面的侷限，也有政治現實面的限制。其中，如奧會憲章的自綁手腳，擺脫不掉政治的介入，而意識形態的差異，造成國家立場的對抗，更有宗教、種族歧視與國家認同等現實問題，使得奧運紛爭不斷，試列**表8-2**說明之。

---

[58]伊東明、大石三四郎，《オリンピック史》，1959。

表8-2　近代奧運與政治介入事件[59]

大會名稱	政治介入	重要背景
1908倫敦	1.開幕典禮開始以國旗前導進場 2.美國及瑞典抗議 3.帝國屬地之進場順序抗議	1.大會未備美國及瑞典國旗 2.愛爾蘭不接受以英屬地國排在G字之後（不掌旗） 3.俄羅斯帝國屬地芬蘭及奧地利屬地波希米亞（後改捷克）希望脫離母國自行組隊參賽
1912斯德哥爾摩	屬地要求自組代表隊參加	屬地以小旗幟綁在母國的旗幟上參加開幕
1916柏林	德國引爆第一次世界大戰停辦	譴責德國侵略行為，取消承辦權（屆次保留）
1920安特衛普	1.首次開幕典禮施放和平鴿及運動員宣誓儀式 2.首次規定只有國家奧會（NOC）始能報名參加	國際奧會認為，德國及附庸國家因挑起戰爭，違反奧林匹克精神，德國、奧地利、匈牙利、保加利亞和土耳其等國未獲大會邀請參加
1928阿姆斯特丹	女性參賽項目論爭	因女子800公尺賽後，多人昏倒，引起論爭，國際田總決定取消女子200公尺以上項目，至1960年後，陸續恢復
1936柏林	希特勒排斥猶太人，受奧會警告	國際奧會派考察團調查德國承辦奧運的妥適性
1948倫敦	第二次世界大戰停辦兩屆	1.帝國屬地紛紛獨立並以新興國家名稱參加 2.二戰元凶德、義、日未獲大會邀請 3.蘇聯因未設國家奧會（NOC），僅能派考察團
1952赫爾辛基	兩個中國問題浮現	1.國際奧會以22對33票同意兩個中國都可參加 2.中華民國代表團退出本屆奧運 3.中華人民共和國首次派代表隊參賽

---

[59]許義雄，《近代奧林匹克的挑戰》（臺北：臺灣師範大學體育學會，1981），
　1-54。

（續）表8-2　近代奧運與政治介入事件

大會名稱	政治介入	重要背景
1956墨爾本	1.國際奧會承認中國奧委會（北京）及中華民國奧委會（臺灣） 2.中國代表團退賽 3.本屆開始，閉幕典禮不再以國名進場	1.中國奧會向國際奧會抗議中華奧會的旗、歌問題 2.中國奧會不滿選手村升起中華民國國旗，宣布退賽 3.東、西德聯合組隊
1960羅馬	中華民國代表團以臺灣名稱參加。謝天性掌青天白日滿地紅旗帶隊繞場	1.開幕典禮林鴻坦手持「抗議中」（UNDER PROTEST）進場 2.千里達與牙買加聯合組隊
1964東京	1.臺灣選手馬晴山向中國大陸尋求政治庇護 2.匈牙利射擊選手Bela Gabor向西德要求投奔自由	南非因採種族隔離政策，被排除參加本屆奧運
1968墨西哥	1.「黑拳」抗議，震驚會場 2.第一次女性性別檢查	1.美國200公尺獲獎黑人頒獎時，以黑拳伸向美國國旗，抗議美國種族歧視 2.東、西德分別組團參加
1972慕尼黑	血染慕尼黑	巴游激進份子潛入選手村要求釋放200名同黨，殺害9名以色列選手
1976蒙特婁	1.加拿大與中國建交 2.中華代表團不接受奧會協調以臺灣名稱及青天白日旗及國歌替代「中華民國」參加。宣布退出本屆奧運	1.中華代表團在美國等不到加拿大入境簽證 2.因種族歧視，非洲22個黑人國家集體抵制 3.紐西蘭橄欖球隊訪問南非，遭受抗議
1980莫斯科	美、蘇兩大集團冷戰	美國抗議蘇聯出兵阿富汗，聯合63個國家抵制
1984洛杉磯	1.美、蘇關係緊張 2.中華民國以「中華臺北」為會名重新加入奧會 3.中國重返奧運	1.蘇聯聯合15個共產國家抵制 2.以國旗歌替代國歌，並另製會旗替代國旗
1988漢城	南、北韓關係緊張升高	北韓聯合7個共產國家抵制
1992巴塞隆納	南非復會	1.東、西德合併 2.蘇聯解體 3.獨立國協參賽 4.南斯拉夫以個人名義參加

（續）表8-2　近代奧運與政治介入事件

大會名稱	政治介入	重要背景
1996亞特蘭大	「百年奧運紀念公園」發生恐怖份子的爆炸事件	1.1人死亡，111人受傷 2.嫌犯魯道夫終身監禁
2000雪梨	澳洲原住民抗議政府，長期忽視原住民	1.南、北韓共組聯合隊伍參加開幕儀式，惟仍分別出賽 2.澳洲為表示對原住民的重視，聖火接力終點，特邀原住民擔綱
2004雅典	大會戒備森嚴	因美國911事件（2001）及馬德里車站攻擊事件（2004），大會加強戒備
2008北京	臺灣因怕被矮化國格，拒絕聖火來臺，成為史上案例	大會聖火所到之處，飽受藏獨及疆獨等政治同情者抗議
2012倫敦	1.北韓女足賽場，大會誤用了南韓國旗，引起北韓抗議 2.大會要求沙烏地阿拉伯女性運動員，比賽時不能戴頭紗，引起抗議	1.伊朗號召穆斯林國家抗議大會會徽不當 2.韓國足球得銅牌，球員高舉「獨島是我們的領土」海報在場內奔跑，引起奧會調查
2016里約	1.埃及選手被國際奧會遣送回國 2.代表世界6,000萬難民的代表隊，首次參加奧運會 3.9名科威特選手以獨立運動員身分舉奧會會旗參加奧運會。惟獲得射擊冠軍的選手因係軍人，仍舉國旗入場	1.埃及柔道選手拒絕與獲勝者以色列選手握手 2.由敘利亞2人、衣索比亞1人、剛果2人及南蘇丹5人，共10名難民代表參加 3.2015年科威特因政治干預體育被奧會禁賽

　　從**表8-2**所列的政治事件，不論規模大小、發生時代的遠近，或性質的異同，都充分顯示，奧運會的演出，雖以追求人類和平為訴求，卻常在有意無意間，淪為國際政治的舞臺，在璀璨耀眼的背後，隱藏著不少列強國家霸權的爭奪，弱勢族群生存空間的掙扎；尤其，意識形態的糾葛形成的集團對立，抑或是國家間水火不容的對抗，可說是赤裸裸的獵殺，更是明目張膽的爾虞我詐。

1960年羅馬奧運，林鴻坦手持「抗議中」布條參加開幕儀式

二、欲蓋彌彰的政治事件

具體來說，以2008北京奧運的聖火傳遞爲例，雖不像1936柏林奧運聖火的密謀，不過，從北京天安門出發，繞行五大洲二十二個境外城市的和平聖火，竟因人權、西藏與新疆的獨立問題，在歐洲、美洲、亞洲等所到之處，引起波瀾壯闊的抗議。特別是在北京奧運開幕前的三月，來自全球三百五十多個人權團體及無國界組織，提前展開「人權聖火」全球巡迴傳遞活動，獲得不少知名藝文大師、演藝明星、重要企業家，以及運動員、醫師、律師、學者等支持，形成「人權聖火」與「北京奧運聖火」的對抗。[60]

---

[60]胡文輝，〈奧運聖火，Yes！統戰魔火，No！〉，《新世紀智庫論壇》，39（2007），141。

1968年「黑拳」抗議種族歧視

1968年墨西哥奧運200公尺冠軍湯姆‧史密斯及季軍約翰‧卡洛斯在領獎台上戴黑手套低頭向美國國旗抗議種族歧視，俗稱黑拳運動。因兩人均是美國聖荷西大學學生，學校及學生會特於2005年10月16日在校園內樹立雕像，紀念兩位為正義、尊嚴、平等、和平所留下的資產。

資料來源：陳斐如提供。

其實，不論歷史如何演變，奧林匹克運動會始終是匯集全世界目光的運動盛會。不論是權力的有無，也不管支配階級或被支配階級，要比奧會更有利用價值的工具，並不多見。

原先，中國政府要封鎖聖火傳遞的遍地抗議聲浪，有傳播媒體透過大會籌委會，要以網路調查世界各地的抗議情形，並未被大會接受。電視的實況轉播，如英國BBC、日本NHK的報導內容，只要有違中國的意向，呈現的是默黑畫面，訪談對話也遭消音。很難想像的是，聖火傳遞，本是超越宗教、區域、族群，連結人類關係的重要媒

介與象徵，卻裂解了人際之間和諧緊密的環扣。到底奧運會的理想是厚植人與人之間的人性關懷，抑或是加深了國與國之間的對立，值得深思。[61]

北京奧運，主要競技場「鳥巢」的熊熊火焰，持續了十七天。中國已然躍上國際政治與經濟舞臺，強烈的國家主義與民族自信，以驚人的實力，勇奪51面金牌，與世界一流的競技選手，同享四年一度的歡樂展演，豐碩成果，喜出望外。

從表中的事實，不難看到，隨著20世紀末期，東西冷戰的解體，奧運門戶洞開，疆域的淡化以及全球化的發展浪潮，正風起雲湧席捲而來，弱勢民族紛紛獨立，新興國家快速成長，重新洗牌後的世界，創造了有史以來204個國家或地區，參加2008年的北京奧運。各國政要穿梭在豪華絢爛的開幕式，美國總統布希、俄國總統普丁、法國首相沙科奇，以及日本、韓國及北韓的領導者，藉著奧運舞臺，自如表演。國際外交隱然成形，並逐步擴大，中國隱身在巧妙搭建的政治空間，運籌帷幄，一方面誇示其世界的存在，一方面玩弄政治遊戲於股掌之間，體現政治是藝術的最好說明。

換一個角度看，1972年的血染慕尼黑奧運，巴勒斯坦游擊隊，突擊選手村，狙擊以色列選手，造成九人傷亡；1976年蒙特婁奧運，臺灣代表團滯美，苦候不到主辦國的入國簽證；以及南非的種族歧視政策，引起非洲22個國家的集體抵制，都撼動了奧運的基本訴求。尤其，1980年的莫斯科奧運，只因蘇聯入侵阿富汗，美國聯合63個國家抵制。相對而言，1984年洛杉磯奧運，蘇聯糾集15個共產國家抵制報復。[62]近代奧運的歷史，無時不刻，透露著揮之不去的政治介入陰

---

[61]的地修，〈新聞が伝えた北京五輪—スポ-ツと政治を考える—〉，《びわこ成蹊スポ-ツ大学研究紀要》，6（2009），9-15。

[62]内海和雄，〈オリンピックと資本主義社会4：オリンピック批判否定論の検討〉，《人文・自然研究》（東京：一橋大學，2009），13-15。

影。進一步說，北京奧運環繞世界的聖火接力，所引發的「反中國」浪潮，誠如國際輿論所評述，奧運無異是國際政治的一面照妖鏡。[63]

三、奧委會憲章與國家主義的矛盾

國際奧委會是主辦奧運會的主體，奧運會自1896年創辦以來，無不依循奧委會憲章，照章行事。奧運會標榜，「不論國家或地區，不分種族、宗教、政治、性別，參與奧運會活動」。並以奧運會在「維持人的尊嚴，推進和平的社會為目的」。

事實上，奧運會發展至今，不論肯定論或否定論，奧運會所帶給世界的意義，應是眾所共認的事。不過，歷史演進以及社會變遷，使得奧運會面臨不得不求新求變的局面。其中，如：業餘精神的淪喪，新業餘精神，亟待建立；政治的誤用，造成國家對立，人權剝奪；奧運會的商業化，致使奧運會的過度膨脹；勝利主義取向，導致藥物飲用，對人體造成傷害；國家機器主導奧運會，影響市民參與權力；性別、族群及宗教歧視，以及奧委會本身的體制與奧委會憲章的侷限等問題，論者所在多有，不擬一一贅述。本文僅就奧委會憲章本身的矛盾，造成奧運會作為激化國家主義的溫床，衍生政治公然介入運動場域的議題，提出討論，藉供參考。

國際奧委會憲章本身的矛盾，始自對「國家」乙詞的界定，「名」「實」之間，無法周延，以致藉機擴張國家主義氣勢者有之，或趁勢撩撥政治衝突者有之，甚至引發種族鬥爭，造成仇恨者，更不勝枚舉。國際奧委會基於奧運會之理想，雖竭盡所能，修改憲章以為因應，惟理想與現實之間，仍難盡善盡美，不無商榷餘地。

---

[63]汪民安編，《身體的文化政治學》，2004。

(一)「國家」的定義，難求周延

2011年版奧會憲章[64]第30條明訂：「1.奧會憲章所稱之『國家』（country），係指國際社會所認可之獨立『國家』（state）。[65] 2.國家奧委會（NOC）的名稱，必須反映該國的領土範圍與傳統，且要奧委會（IOC）理事會承認。」[66]顯見，國際奧會有意減弱國家主義色彩，特別將state等同country解釋，且藉國家奧委會之屬性，加重領土範圍與該地區之傳統，說明奧委會所謂之「國家」，與一般政治學上用語之「國家」，略有不同。至少，奧委會所表現國家之意涵，有其必要條件為：(1)國際社會認同；(2)獨立之政府；(3)自治的領土範圍；(4)反映傳統。亦即，凡具備上述「國家」的條件，在國際奧會理事會同意下，國家奧會即可成立，如香港、澳門等，可視同為「國家」，成立國家（或地區）奧委會，提送會旗、標誌象徵及會歌，經國際奧委會認可，即可成為國際奧委會會員。

問題是，憲章第41條規定，「1.奧運會係個人或團體項目之競爭，非國家與國家間（countries）之競爭。」[67]但在第41條有關運動員的「國籍」（nationality）規定則指出，「1.任何奧運會出賽之運動員，必須為所屬國家奧委會之國民（a national of the country）；2.奧運會時，有關運動員之代表國家的相關事宜，全部由奧委會理事會解決（resolve）。」[68]

---

[64]International Olympic Committee, *Olympic Charter* (Lausanne/Switzerland: International Olympic Committee, 2011).
[65]State，日文譯為「國家」，事實上，亦可譯為「政府機構」或「自治領土」。
[66]International Olympic Committee, *Olympic Charter*, 2011, 62。
[67]International Olympic Committee, *Olympic Charter*, 2011, 76。
[68]International Olympic Committee, *Olympic Charter*, 2011.

就上面41條條文的說明，國際奧委會強調，奧運會競賽非屬國家與國家間的較量，意圖淡化國家意識形態機器左右單純的運動場域，免於政治不當介入，十分明顯。實際上，在涉及運動員的國籍問題時，國際奧委會之捉襟見肘，一籌莫展，躍然紙上。換句話說，運動員的國籍歸屬，明顯的與原先對「國家」的界定有所矛盾。一方面，國家與國家所屬區域之間，中央與地方的扞格，所在多有。如中國國務院於2014年6月10日由新聞辦公室發表〈「一國兩制」在香港特別行政區的實踐〉白皮書，特別強調：「一國與兩制，非等量齊觀，一國是實行兩制的前提和基礎，兩制從屬於一國，統一於一國之內，國家的根本制度是社會主義制度。」[69]該白皮書強調：「香港的高度自治權，不是固有的，其唯一來源是中央授權，它不是承諾，而是賞賜，必要時可以調整。」[70]

事實上，「香港長期被殖民，只有法治，沒有民主，過去要民主，是向倫敦求援，九七回歸中國後，只好向北京求助，主動請求中央干預，就像克里米亞人向俄國求援，普丁也克制不了干預的衝動。」[71]要而言之，香港與中國的關係，在一國兩制的架構下，權力分配，無法逃避一個國家的認同，政治的緊張關係，常處在一觸即發或一發不可收拾的邊緣。[72]再說，即使區域運動員，可以自由代表地區進出奧運賽會，但無法完全排除國家意識或民族情操的影響，不難想像。相對而言，國籍的考慮，無異助長國家主義聲勢，喚醒民族自尊，強化自他族群差異性的對抗，不言可喻。

---

[69]管淑平，〈中國發白皮書：全面管制香港〉，《自由時報》，6月11日，2014. 1版。

[70]江春男，〈司馬觀點：白皮書叫香港人收皮〉，《蘋果日報》，6月12日，2014. A3版。

[71]江春男，〈司馬觀點：白皮書叫香港人收皮〉，2014。

[72]衡諸國際現實，如魁北克、蘇格蘭、科索沃、西藏、新疆等地區之爭取自決或獨立，均有一段艱苦的奮鬥歷程，隨時爆發衝突與抗爭。

　　甚至，在41條的附屬細則中第二點規定，「擁有兩個國籍的運動員，可依自己的判斷，選擇代表的國家。但在奧運會、洲際賽或區域競賽、或國際單項協會（IF）認可之世界錦標賽或區域錦標賽，只能代表一個國家參加。惟代表一個國家後，改變了國籍，該運動員，在參加前一國籍之最後賽會後，至少須經三年以上（爲條件），始能代表新國家參加奧運會。此期間，國際奧會可經國家奧會或國際單項協會之同意，而縮短或取消。」[73]

　　至於41條附屬細則第三點，有關「邦聯、海外洲（省）或縣、屬國或殖民地獨立時，或因國境變更，一個國家爲他國所合併，或由國際奧委會所承認的新國家奧委會，運動員可持續代表所屬的國家或已屬國家的代表。惟運動員可依自己的希望，代表現在所屬的國家，或由新成立的國家奧委會報名參加奧運會。不過，只能有一次特定的選擇。」[74]

　　形式上，國際奧會的考慮，當然是因應全球化及民主浪潮的興起，回應國土疆界的曖昧，及殖民屬地自求獨立建國的需求，一方面，是職業運動的發展，運動員的轉籍，已趨普遍，迫使奧委會不得不因應時勢，作適度的調整。不過，就實際情形看，商業主義掛帥，運動員之勞動條件，及其市場價值，無不直接左右運動員國籍之選擇，是否間接影響國家的認同傾向，甚至導向國家機器，以其優渥的財力及豐沛的權勢，更明目張膽的干預運動員的選擇，使得國家主義的勢力，得到更有利的發展機會，也不是不可能的事。

　　一言以蔽之，奧會憲章對「國籍」乙詞之界定及其用語之實際操作，因意指與所指之間，難以清楚釐清，致使難以防範國家主義之染指，以及政治之公然介入，實爲國際奧會宜速謀求因應之重要課題。

---

[73]International Olympic Committee, *Olympic Charter*, 2011, 10。
[74]International Olympic Committee, *Olympic Charter*, 2011.

神聖的奧運會從聖火點燃開始

資料來源：劉宏裕提供。

(二)「旗」「歌」隱藏操作空間

一般認為，從國際奧會於1908年倫敦奧運，規定奧運會各參加國家，必須以國旗前導代表隊進場參加開幕式，即已註定奧運會脫離不了政治干預的宿命。[75]尤其，頒獎臺上，優勝者獲獎時，演奏各該得獎者的國歌及升起各該國國旗，無異為國家主義搭起宣傳平臺，助長政治介入的機會。

當然，2011年版的奧會憲章對有關國家之旗、標誌象徵（emblem）及會歌問題，於第31條中指出，「國家奧委會（NOC）舉辦活動時（含奧運會活動），國家奧委會所採用的會旗、標誌象徵及

---

[75]許義雄，《近代奧林匹克的挑戰》，1981，26。

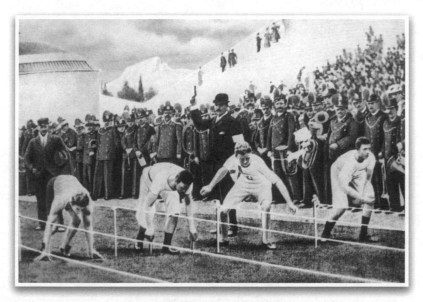

1896年雅典奧運100公尺起跑

資料來源：図説スポーツ。

會歌，需要奧委會理事會認可。」[76]同時，在大會開、閉幕儀式，都未再詳細規定旗、歌的使用時機及場合，只在憲章第56條規定，「開幕及閉幕儀式，須忠實遵從國際奧會禮儀指南（protocol guide）」，「所有儀典的內容、行動方案（scenarios）、程序、節目，要事前提出得到國際奧會的認可。」

　　至於表揚（頒獎）儀式、獎牌及獎狀的頒授，也僅規定：「表揚儀式、獎牌與獎狀的頒授儀式，須忠實遵從國際奧會禮儀指南。獎牌與獎狀的形式，要事前提出得到國際奧會的認可。」

　　從上列相關的規定中，不論開閉幕典禮或頒獎儀式，國際奧會憲章中，不再提會旗的引導，或獲獎時升起所屬國家的國旗（或會旗）或唱各獲獎國家的國歌（或會歌），有意保持競賽榮譽歸於個人，以

---

[76]International Olympic Committee, *Olympic Charter*, 2011.

1936年希特勒著軍裝步向柏林奧運會場

資料來源：よくわかるスポーツ文化論。

符合奧委會所標榜，奧運會之競爭，不在國與國間競爭的意旨，以免無形中壯大各獲獎國家的聲勢，擴大政治的渲染力道。

不過，2011新奧委會憲章，表明奧運會開、閉典禮儀式，由奧運會承辦國家提出規劃案，經國際奧會同意後執行。意指旗、歌問題由奧運會承辦國家負責，不再由奧會直接規定。顯示傳統以來，奧運會開幕典禮時，各國代表團由國家奧委會會旗（或國旗）前導，且頒獎典禮的模式，升起得獎國家國旗（或會旗），唱各該國家的國歌（或國家奧會會歌）的模式，並不盡然取消。

具體而言，從2012倫敦奧運觀察，開閉幕典禮，以及頒獎儀式，仍不離舊有的傳統模式，以國旗（會旗）前導，並在頒獎典禮上，升起各得獎國家之國旗（會旗），且演奏各得獎國家國歌（會歌）。顯見，國際奧委會雖有最新憲章之規定，若承辦國家引用舊有模式，即

使旗歌問題，困擾國際奧會多年，仍無法排除國旗（會旗）及國歌（會歌）在奧運會場的政治效應。

四、回到奧林匹克的原點

　　第八屆國際奧委會會長羅格（L. C. J. Rogge）曾於2008年8月25日，在北京奧運落幕之後，面對媒體總結北京奧運的評語指出，「北京奧運，是組織效率高，運作完美的奧運。不過，奧委會內部認為，今後不會再有如此華而不實的奧運」。[77]弦外之音，不無暗示華麗的奧運，是誇示國家的威信，凸顯民族的優越性，加深國際間與民族間鴻溝的重要因素。

　　其實，早在2007年，羅格即提倡「青少年奧運會」，以鼓勵青少年多參與運動，並恪遵奧運創始人古柏坦的真髓理念。羅格的構想，大會上不再使用旗歌，不受政治、宗教及族群問題的影響，而是純粹的運動賽會。

　　羅格強調，古柏坦的奧運精神，在頌揚栽培青少年的重要性。「青少年奧運會」，期待時代主人翁的青少年，透過運動，培養健全的身心，不分身體差異，融合少數民族，培養自立，以運動作為共同語言，理解社會的不同問題。

　　羅格另一個重要的目標，是對於腐蝕奧運的藥物濫用問題，提出解決的策略。他認為藥物的濫用，起因於國家捲入奧運金牌的爭奪戰，或運動員強要盛名以滿足獎金的欲望所使然。羅格指出，從教育手段著手，青少年遠離藥物的引誘，並不是不可能的事。同時，為了減弱過度競爭，導致國家與國家間的紛爭，計畫取消頒獎典禮的升國旗與演奏國歌的儀式。

---

[77]汪民安編著，《身體的文化政治學》（河南：河南大學，2004），6。

　　「青少年奧運會」，以14歲到18歲為對象，以有別於需要龐大經費的奧運會為著眼點。縮小參加選手為夏季三千人，冬季一千人。至於大會所需設施，則呼籲以利用既有或暫時性設施為原則。主辦城市，不以先進國家或經濟大國為考量，而提供給未舉辦過奧運會的南美或非洲國家，以擴大參與機會，藉示公平精神。

　　從另一的角度看，裴恩（M. Payne）曾在其所著《奧運成為世界最大賽事的道理》乙書提到，奧運會具有四大象徵意義：[78]

1. 希望：從奧運會中，獲得實現美好世界的希望。任誰都可以運用運動競技，排除一切差別待遇，得到倫理道德的教誨。
2. 夢想與想像：奧林匹克，以拚命與自我犧牲的決心，激勵選手必須達成自己夢想的心情。奧林匹克，是一種貫徹到底的力量。
3. 友誼與公平競賽的精神：奧林匹克，透過原本具有的價值觀，具體克服政治、經濟、宗教與種族偏見。
4. 盡力而為的喜悅：奧林匹克，只問耕耘，不問收穫，重視盡力而為後普遍性的喜悅。奧林匹克的選手，以競技展現自豪與尊嚴。

　　回到奧林匹克的基本精神，誠如2011年版的國際奧委會憲章所揭櫫的基本原則，[79]僅列舉其犖犖大者，略述如下：

1. 奧林匹克精神是人生哲學，是以融合並提升身心靈素質的全人為訴求。以運動結合文化與教育，奧林匹克所追求的是，盡力

---

[78]マイケルベイン，《オリンピックはなぜ、世界最大のイベントに成長したのか》（保科京子、本間惠子譯）（東京：グランドライン，2008），182-183。

[79]International Olympic Committee, *Ethics* (Lausanne/Switzerland: Ethics Commission Office, 2012).

而爲的喜悅，教育價值的範本，社會責任，創造出尊重普遍
性、基本的、倫理原則爲基礎的生活方式。

2.奧林匹克精神的目標，在以運動發展人類和諧，維持人類尊
嚴，並促進平和的社會。

3.運動實踐是一種人權。所有的人，不能有任何的差別待遇，依
據奧林匹克精神，給予運動的實踐機會，並力求以友誼、連結
且公平的精神爲基礎，相互理解。

4.種族、宗教、政治、性別及植基於國家或個人之任何形式的差
別待遇，都難與奧林匹克活動所屬事宜相容。

綜上所述，無不強調奧運會的神聖性、公平性及其自主性與獨立
性，使參與的人，感受到作爲人類的尊嚴，以及社會的和諧與友誼之
可貴。這與2012年版國際奧委會所公布的倫理規程（ethics），可說是
理路清楚，脈絡一貫的基本理念。該規程特別於序文中提及，奧林匹
克相關人員，支持古柏坦提倡奧運會的理念。其中，一再重申，嚴守
個人的尊嚴，是奧林匹克精神的根本要件，參加者不得有差別待遇，
嚴禁對身體的任何傷害，不得有賭博或藥物濫用，且保證相關人員的
安全、福利與醫療保障。[80]

總而言之，近代奧林匹克，自1896年創始以來，超過一百二十
年的歲月，期間歷經兩次世界大戰，遭遇過強權集團的冷戰，東西分
裂，與南北局勢的對抗，甚至商業化的侵蝕，以及全球化的推波助
瀾，都使得奧林匹克走向，面臨挑戰，「青少年奧運」雖然適時回應
了社會的變遷，與時代的潮流，不過，今後兩個類型奧運的發展，毋
寧說，應是眾所矚目的重要課題，吾人自不能袖手旁觀，置若罔聞。

---

[80]International Olympic Committee, *Ethics*, 2012, 11。

🚴 第四節　體育運動的國際合作與發展

　　一般認為，「水能載舟，亦能覆舟」，意指凡事常有正反面向，利弊之間，宜有多重考量。政治之於體育，何嘗不能作如是觀。政治的誤用，造成國家與國家間的衝突升高，民族與民族間的裂縫加大，無助於人類和平發展，備受撻伐，已是不爭的事實。再說，政治本是管理眾人的藝術，彼此和睦相處，共謀人類可長可久的發展，應也是芸芸眾生所共同期待。

　　體育運動本是最受歡迎的學校課程，更是日常生活中人人所樂於接近的活動。因此，國家透過政治運作，研訂體育政策，落實人人運動，達成人人健康的理想，大家有目共睹。擴大範圍說，由各國所組成，世界最具規模的聯合國組織，也體認到政治干預體育運動的負面影響，積極聯合世界相關國家、國際奧委會、國家奧委會及專家學者，共謀因應對策，以利人類的永續發展。

　　本文即基此背景，擬就國際間體育運動的困境中，探討可能的解決之道，以有利於體育運動的合作與發展。

一、聯合國啓動體育運動合作機制

　　聯合國最早提及體育運動之推展事宜，應是教科文組織（UNESCO）於1952年第七次總會時，提出在教育部門設立「體育運動中心」。[81]當時是基於體育運動的特殊性，作為培育健全青少年的國

---

[81] 柾木伸悅，"スポーツによる国際協力－国連機関の開発援助の歴史と意義,"《広島経済大学研究論集》，35.2 (2012). 54。

不畏艱難突破防線

資料來源：2017臺北世大運執委會提供。

際協調機關，其後，即扮演體育運動的國際合作與發展的重要任務。

　　1976年，由聯合國教科文組織於法國巴黎召開第一屆體育運動部長級國際會議（MINEPS），[82]確認體育運動的國際發展策略，在個人的教育權利與人權及文化的議題上，是重要不可或缺的課題。

　　1978年，聯合國教科文組織在第二十屆總會，以推展全世界規模的全民運動為目的，通過「全民運動國際憲章」。憲章第1條明訂，「體育運動的實踐，是任何人的基本權利。」[83]第2條並指出，「體育

---

[82]MINEPS為Ministers and Senior Officials Responsible for Physical Education and Sport 之簡稱。日本体育学会学校体育問題検討特別委員会, ed.,《世界学校体育サミット》（東京: 杏林書院, 2002），201-209。

[83]遠山耕平，〈ユネスコの体育スポ-ツ国際憲章〉，《体育の科学》（東京：杏

運動是組成全教育體系中生涯教育所不可或缺之要素。」同時，第11條列出，「國際的協力合作，是振興全盤體育運動充分均衡發展所必要。」明確表明，體育運動的推展，有賴國際間的合作與發展。

　　一般認為，在「全民運動國際憲章」中，有關體育運動權利的保障，應由國家或自治團體等公家機關所承擔。但衡之國際情勢，未開發或新興國家，其經濟、政治等條件，未臻理想者，所在多有，要求其盡保障國民體育運動權利，恐力有未逮，因而呼籲世界先進或行有餘力的國家，宜克盡協力合作的責任，立意之良善，不難想見。

　　另一方面，教科文組織在本次總會宣布成立「國際體育運動委員會」（CIGEPS），提出下列重要議題，由三十個國家組成的委員，分成十個分科會，進行討論：(1)重視體育運動的和平實現；(2)教育永續系統中發展學校與社會體育運動；(3)認識體育運動在文化、環境、男女平等，廢除社會差異等領域中的重要性；(4)開發不同區域、國家及其內容的體育運動；(5)發展體育運動籌募國際基金。[84]

　　1984年，在聯合國相關機關中，成立國際奧林匹克委員會（IOC），開始與國際奧委會進行合作與發展相關事宜。1988年，邀集一百零四個參與國家的代表，及國際奧委會（IOC）作為觀察員，及多數非政府組織（NGO）等，於莫斯科召開第二屆部長級會議（MINEPSⅡ）。在本次會議中，並不以第一次會議的議題為目的，而是探討體育運動界，長久以來，備受爭議的藥物濫用的弊端問題。顯見，藥物濫用，已成國際上亟待解決的重要課題。因此，本次會議，特別納入聯合國發展計畫（UNDP）內，進一步討論體育運動的因應策略。隨則聯合國發展計畫（UNDP），重在處理開發中國家的經濟

　　林書院，1979），338-341。

[84]CIGEPS為Inter-Governmental Committee for Physical Education and Sport之簡稱。
　　遠山耕平，《ユネスコの体育スポ-ツ国際憲章》，1979，55。

與社會發展為中心任務，並未全力放在體育運動的領域，但在計畫中，有關體育運動的國際合作與發展，聯合國發展計畫（UNDP）仍扮演重要角色。

1993年，聯合國總會決議，確定1994年為「運動國際年與奧林匹克的理想」。之所以作這樣的決定，乃基於1993年曾有「奧運會休戰」[85]的提議，重在強調，尊重「奧運會休戰」的傳統，在國際現實裡，紛爭的當事國，原本都是聯合國的會員國，若能沿用典故，能在1994年第十七屆挪威利勒哈默爾（Lillehammer）的冬季奧運會實現，不只有象徵意義，對國際社會更有實質宣傳效果。尤其伊斯坦堡的基督教總主教也發表聲明認同，其他猶太教、伊斯蘭教等各宗教界約三十名也連署表示同意。然而，在1994年的挪威利勒哈默爾的冬季奧運會期間，縱使只在舊南斯拉夫聯邦內的爭端，象徵性停止了一天，其他並未完全實現，仍具有深遠意義。

具體而言，國際現實裡，從1945年到1960年代間，東西兩大集團持續冷戰，爾後，緊張態勢略趨緩和，一直到美蘇互簽不擴散核武的條約，世界的和平共存，才能略顯端倪。同時，從奧運會的發展看，從冷戰期美蘇的互相抵制，到1984年後，商業主義的介入，奧運會所面臨的過度膨脹以及環境生態的破壞，勝利主義與藥物濫用，使得聯合國不得不啟動體育運動的合作與發展計畫，邀請世界相關國家、國際奧委會、國家奧委會及國際非政府組織與專家學者，齊聚一堂，共商透過體育運動謀求人類永續發展的具體策略。

當然，教科文組織與國際奧委會的合作，從1984年起，即已陸續推動，並於1998年正式同意締結合作計畫，且從：(1)和平與文化；(2)藝術與文化；(3)體育運動與奧林匹克的理念等三大領域進行。1999

---

[85]許義雄〈遊戲與狂歡〉，《與舞蹈的12種相遇──新古典舞團用功日集錦》（臺北：財團法人新古典表演藝術基金會，2008），12-31。

年，兩個單位聯合發布「以運動實現社會和平」宣言，7月並共同召開「和平文化教育與運動之世界會議」，決定2000年為「和平文化的國際年」，邀集多數聯合國相關機關或團體積極參與，並持續推動合作計畫，以迎向21世紀透過運動，建構和平文化的新概念。

同時，於1999年11月，在世界衛生組織（WHO）的贊助下，國際體育運動科學協會（ICSSPE）與國際奧委會，於德國柏林共同主辦「世界體育高峰會議」，邀八十個國家二百五十人參加。其中，包括政府代表、政府間及非政府組織及研究機關代表。本次會議，重在強化認識生涯過程中體育運動的重要性。同年11月，教科文組織在烏拉圭埃斯特角城，召開第三屆國際體育運動部長級會議（MINEPS III）。會中除檢討前兩次會議共同議題及未來方向外，特別就「國際體育運動憲章」與「國際奧會憲章」之整合及其運用，作了充分的討論。值得重視的是，在本次會議中，提出結合開發中國家體育運動所面臨的困境，討論其弊端及其活化與發展，以及對國際社會之貢獻。會後並提出「烏拉圭埃斯特角城宣言」，該宣言約含下列幾項：[86]

1.永續發展與體育運動。

2.體育運動為教育整合的一部分，且為教育的基礎要素。

3.國家、區域及國際層級的體育運動領域新形式的協助與合作。

4.運動的倫理行為。

5.建構協助第三屆部長級會議勸告的執行。

6.基礎設施的整備。

---

[86]第三屆國際體育運動部長級會議，於1999年11月30日起至12月3日召開，參加者為各國政府、政府之主政單位，非政府組織（NGO）及世界相關研究人員，以國際間真正的合作與相互理解之精神，作為討論主題，會後發表「烏拉圭埃斯特角城宣言」（Punta Del Este Declaration）。小野清子，《スポーツ白書2010》（東京：SSF笹川スポーツ財団，2001），226。

同心協力拉倒對手

7.開發中國家的援助。

8.體育與運動的推展。

　　本宣言一再強調，體育運動是終生教育及個人發展過程中不可或缺的重要因素，特別是有利於不同民族或少數民族的相互寬容與社會團結。尤其，第三部分有關國家、區域及國際層級的體育運動領域新形式的協助與合作，在第四項，開發中國家的援助，涉及到先進國家與開發中國家中小學體育運動的落差，正是教科文組織亟待克服的重要課題。

　　要而言之，時代的演進與社會變遷，1990年代前後，政治局勢有了重大的改變，舊蘇聯集團的瓦解，資本主義經濟體系席捲了整個世界，大型賽會或超級大賽（mega-competition）應運而生。同時，先進國家挾著經濟優勢，拓展了新自由主義經濟市場，跨國企業興起，無形中擴大了貧富差距，加大了先進國家與落後國家的距離。再者，經

濟版圖的無限制擴張，也加速環境的開發，造成大規模的環境破壞。

聯合國及其相關單位，有鑑於此，成立專責單位，號召相關國家主政者，國家奧委會、非政府組織及專家學者等，就體育運動的重要性，提出先進國家與落後國家間的合作與發展，共同研擬具體策略，發表勸告或宣言，以促進人類的和平及環境的永續發展。

二、體育運動發展的夥伴關係

聯合國相關機關於2001年成立「運動發展與和平專案小組」（The Sport for Development and Peace International Working Group, SDPIWG），藉以推動國際體育運動的和平發展事務。專案小組的目的，在運用體育運動的效果，建構活用實踐的模式，及其具體的內容設計與評價方法。重在累積各不同機關的發展經驗，期能於2015年之前，動員政府及民間力量，經由連結與合作，實現「千禧年發展目標」。[87]

同時，在「運動發展與和平專案小組」（SDPIWG）的積極運作下，於2003年11月，以體育運動作為創造「教育、健康、發展與和平」的手段，聯合國決議2005年訂為「國際體育運動年」（International Year of Sport and Physical Education），[88]其目的，在提

---

[87]所謂「千禧年發展目標」，事實上是2000年9月在紐約聯合國總部召開聯合國「千禧年高峰會議」（Millennium Summit），共有一百四十七個國家元首及一百八十九個聯合國代表參加。確立21世紀國際社會目標，達成以安全促進世界的協力與合作的「國際千禧年宣言」。一般將本宣言與1990年代所召開的國際會議，整合為「千禧年發展目標」（Millennium Development Goals），簡稱為MDGs。預定於2015年以前達成八大目標，二十一個焦點，六十個指標。The General Assembly United Nations, *United Nations Millennium Declaration*, 2000, The General Assembly United Nations, Available: http://www.un.org/millennium/declaration/ares552e.htm, 10 Jul 2014.

[88]安倍大輔，〈国連におけるスポーツ政策の展開——スポーツと体育の国際年に注目して—〉，《尚美学園大学総合政策研究紀要》（東京：尚美学園大学，

高國際社會理解，體育運動對促進教育、健康、發展及和平的重要任務。希望透過體育運動促進國際交流和世界和平。聯合國秘書長安南（Kofi Annan）指出，體育運動可以讓不同種族、背景、宗教信仰的人們走到一起，並且可以學到和解、配合和寬容，對促進交流和維護世界和平有積極意義。[89]全世界有五十幾個國家，配合這個活動，召開國際體育運動年的國際會議或區域會議，商討透過體育運動進行有關教育、健康、發展與和平的合作。

另一方面，由國際奧委會與聯合國運動和平與發展辦公室（United Nations Office on Sport for Development and Peace, UNOSDP），先後於2009年與2011年聯合舉辦「運動‧和平與發展論壇」。其中，第二屆論壇時，聯合國秘書長潘基文擔任特別顧問，領導各國政府相關主政者，國際競技聯盟、各國奧委會、非政府組織及研究人員等約三百五十名共同研商振興體育運動，促進社會的改革。潘基文一方面肯定國際奧會透過體育運動對和平與發展的貢獻，一方面認為，體育運動是達成「聯合國千禧年發展目標」的有效途徑，更是今後社會發展與和平促進的重要基礎。[90]換句話說，聯合國58/5的決議，確認了體育運動在人與健康、國際發展、國際和平、經濟開發、地區開發及達成千禧年總目標等各領域，所扮演的角色及其位置。

進一步說，推展體育運動之相關機關，如決議中所強調的除政府或聯合國相關機關外，家庭、學校、俱樂部／聯盟、社區社會、青少年運動團體、政策決定者等，甚至一般市民及民間等所有相關人員，都應建立合作與夥伴關係，以利於體育運動之發展。

綜合而言，2001年，可說是轉換的關鍵年代，先是美國911恐怖攻

2006），19-31。

[89]国連，《国連総会決議2005年は「スポ-ツと体育の国際年」》（プレスリリス，2004）。

[90]国連，《国連総会決議2005年は「スポ-ツと体育の国際年」》，2004，62。

擊事件，接著有阿富汗的紛爭、伊拉克的戰端，以及2002年印尼峇里島爆炸案、2004年西班牙的列車爆破、2005年倫敦的破壞等，恐怖攻擊接二連三，國際局勢，形成恐怖組織及其支援國家，對抗以美國為主的先進國家，不但增多國際社會的動盪，更使國際大型賽會額外加重安全上的負擔。

聯合國相關機關與國際奧會，有鑑於此，試圖藉體育運動促進國際間的合作與發展，不只努力尋求緩和緊張的對峙關係，甚至利用體育運動的可能功能，協助開發中國家或落後地區，減緩其貧窮並增強其教育、健康與和平的發展機會。「千禧年總目標」的訂定，「國際體育運動論壇」的舉辦，以及「國際體育運動年」的頒布，莫不以積極運用體育運動之角色，建構國際社會間，教育、健康與和平的發展為鵠的。

三、國際體育運動交流與合作策略

國際體育運動的交流與發展，係植基於體育運動功能的積極運用，走出傳統體育運動競爭取向，彌補國家與國家間的疏離關係，同時，藉助國際間的連結與合作，發揮先進國家扶持開發中國家或落後地區的體育運動發展，期使世界各國能在攜手合作的過程，共享體育運動的進步成果，邁向社會和諧與人類和平發展的理想。

最近以來，經由聯合國與國際奧會的倡導，以及各國主政單位、國家奧委會、非政府組織等相關團體與研究人員的配合，體育運動的合作與發展，約分兩大類：一為運動發展（Development of Sport），另一類為透過運動的發展（Development through Sport）。前者，以體育活動的發展為核心，主要重點為：健康（疾病預防、健全發育等）、青少年培育（組織化的支援、凝聚力的提升）、不良青少年的防範（藥物防止、精力抒放）、經濟發展（運動產業、管理經營）

等目的的活動。後者，係透過活動的發展與合作，目的在：權利倡導（消滅貧窮、環境維護）、文化活動（民俗運動、傳統格技之保存）、教育（體育、學校活動等）、權利維護（兒童權利、女性權利等）、其他（預防紛爭、和平相處）等活動。[91]

因此，國際體育運動的合作與發展，從知識提供、人才派遣以及場地設施的規劃與闢建，到活動推廣、政策諮詢與研擬等，種類五花八門，項目形形色色，效果各有千秋，試舉犖犖大者，說明如下：

(一)專家派遣與研究生交流

一般而言，體育運動先進國家，資源較多，水準較高，人力素質較獲肯定，對開發中國家或落後地區，伸出援手，自是輕而易舉的事。

舉例而言，2013年夏天，英國六個大學，聯合派遣學生，協助尚比亞（Zambia）青少年籃球及排球教練培訓。日本外務省（外交部）長久以來，派遣海外青年志工服務隊，協助寮國（Laos）擔任柔道講師。[92]事實上，該志工隊從1979年之後，每年約近兩百名，分別派遣各開發中國家或落後地區，提供運動技術與運動知識的傳播服務，並協助各該國家，給予青少年築夢、希望與活力為目的。[93]

---

[91]岡田千あき、山口泰雄，《スポ-ツを通じた開発―国際協力におけるスポ-ツの定位と諸機関の取り組み―》，神戸大学大学院研究紀要，vol. 3（神戸：神戸大学，2009），39-42。

[92]小倉和夫，《開発と平和のためのスポ-ツの機能とその活用策》，青山学院大学紀要，vol. 6（東京：青山学院大学，2014），157-165。

[93]松浪健四郎，《体育とスポ-ツの国際協力》（東京：ベ-スボール―マガジン社，1991），1-4。

(二)提供運動場地、器材與諮詢

2005年加拿大財團邀集各國相關人員及非政府組織，召開體育運動有效運用的「圓桌諮詢會議」，以諮詢形式促進國際體育運動的合作與發展。

2009年寮國主辦東南亞運動會，因欠缺國際標準的空手道及柔道競賽場地，即由日本無償資金的協助，完成附有觀眾席的國際標準競賽場地；並提供吉爾吉斯及布吉納法索（Burkina Faso）柔道用墊等運動器材用具。

(三)輔助學校體育之發展

日本國際協力機構（Japan International Cooperation Agency, JICA）是日本政府統整協助開發中國家或落後地區的機構，爲配合聯合國，2015年以前達成「千禧年總目標」，針對開發中國家或落後地區的實際困難，與世界二十一個國家及非政府組織、大學、自治團體及公益法人，共同推展支援或協助事務，提出技術協助、有償或無償資金等三類支援。其中，從教育、保健醫療到和平建構與社會保障，共約二十多項，鉅細靡遺，有願景、策略、行動方案及績效評估。[94]

舉例而言，柬埔寨的中小學，因學校實施兩部制，上學時間受到影響，雖有體育科之名，卻無體育科之實，即使連教學時，都無統一教材。JICA即依此狀況，研擬透過體育，協助柬埔寨推動兒童的「安全保障計畫」。計畫內容，先實施體能測驗，進行體育運動環境調查，分析結果後，翻譯日本體育科指導要領，作爲施教參考資料，同時，建立統一體育專業用語平臺，落實柬埔寨中小學體育發展基礎。

---

[94] 國際協力機構（JICA），ホ-ム-ペ-ジ，http://www.jica.go.jp/。

(四)運動與愛滋病毒的預防

愛滋病毒是人類共同面對的全球性重要課題。每年12月1日的「世界愛滋日」，不同的國際機關、國家和非政府組織等團體或單位，常會舉辦不同類型的活動，藉以宣導愛滋病毒的防範措施及其具體策略。從慈善機構到國際奧委會，活動類型縱有不同，活動性質則無不以體育運動的形式，提醒身體的保護觀念，認識與他人身體接觸的正確知識，以及理解性與生殖的關係。[95]

事實上，愛滋病毒的因應，不只是從預防醫學的角度介入，更重要的是，在社會與國家的議題上，除了掌握病毒的檢查與治療外，更進一步對病毒的認識教育與啟蒙，建構必要的信息網絡，全面防止病毒的滋生與蔓延，增進健康安全的社會環境，保障人類的生命與生活品質，毋寧是聯合國及所有國家或地區所努力以赴的重要課題。

具體而言，廣大的運動愛好者，特別是青少年族群，更需要扮演主導的核心影響效應。因此，聯合國或國際奧委會、國家奧委會或國際單項運動競技團體，藉大型運動賽會，聯合召開國際會議、工作坊、研討會，傳遞宣傳資訊，藉經驗交流，擴大愛滋病毒的知識傳播，建立愛護身體的正確觀念與健康生活習慣。另一方面，在各不同的運動場域，不分鄉村、鄰里或社區、街坊，不同空間的運動男女都能消除成見，學習更多的愛滋病毒知識，建構一個正確的預防網絡。

國際體育運動的合作與發展，內容廣泛，[96]方法多元，且績效有目共睹，不只是緩和國家與國家間的對立，更發揮地球村的友善關

---

[95]岡田千あき，〈スポーツを用いたHIV/AIDS啓発—ジンバブエの事例からみる特徴—〉，《大阪大学大学院人間科学研究科紀要》（大阪：大阪大学，2013），109-114。

[96]柾木伸悦，〈ノンフォーマル教育からみたスポーツ国際協力の意義〉，《広島経済大学研究論集》（広島：広島経済大学，2012），47-60。

表8-3　體育運動國際交流與合作的意義

	意義	目的或活動內容
運動的目的在促進國際合作	振興運動	提升運動競技、提供運動用品
	健康促進	疾病預防、健全發育
	人才培育	培育青少年、情操教育
	防止不良青少年	藥物防止、抒發精力
	政策領導	性與HIV/AIDS、藥物、暴力、生活技能之學習、消滅貧窮、女性教育
透過運動增進國際發展	促進社會參與	回歸社會、建構社會網路、活化社區
	普及基礎教育	促進體育運動、改善健康‧衛生環境、創造教育環境
	維護權利	兒童權利、女性與發展、自我的尊嚴
	促進國際關係	國際交流、跨文化的理解、國際親善關係、相互理解、理解他者
	建構和平關係	預防紛爭、和平的和解

係，同享共生共榮的和諧社會，達到人類和平相處的理想，可說意義深遠（**表8-3**）。

　　綜合而言，體育運動離不開政治的影響，善用政治手段，增進國家對體育運動的發展，以及藉體育運動交流與合作，解決國際間的政治紛爭，都是值得額手稱慶的事。

　　近代國際奧運會，自1896年舉辦以來，已逾一世紀的漫長歲月，有其輝煌的歷史紀錄，為世人所稱頌，也有無可忽視的潛在危機，提醒我們要更正視奧運會的理想，累積得來不易的文化遺產。

　　運動是人類的共同語言，也是共同的文化，更是族群認同的共同場域，在開放公平的競爭世界，提升人類的潛能，增進人類的福祉，應是人類不分性別、族群、膚色、宗教與政治立場的共同願望。

　　基於體育運動功能的積極運用，走出傳統的零和競爭體制，彌補國家與國家間的疏離關係，不分先進或落後，藉助國際間的連結與合作，共享進步的成果，期待有朝一日，共同朝向社會和諧與人類的和平坦途發展。

 本章問題討論

1. 何謂身體政治？如何形成？有何運作場域？政治如何介入運動世界？並發揮政治效益？

2. 體力是國力，究係何所指？國民體育的意涵為何？運動場是國家認同場域，如何詮釋？

3. 體育與政治的關係如何？近代奧運會的政治紛爭不斷，原因為何？有何因應策略？

4. 體育運動貴在交流與合作，試就國際體育運動發展趨勢，論國際體育運動交流與合作的具體策略。

參考文獻

Darby, P. *Africa, Football and Fifa: Politics, Colonialism and Resistance*. Sport in the Global Society. Vol. 23. London: Frank Cass, 2002.

Deleuze, Gilles Louis Réné，《尼采與哲學》（周穎、劉玉宇譯）（北京：社科文獻出版社，2001）。

Dimeo, P. "Colonial Bodies, Colonial Sport: 'Martial' Punjabis, 'Effeminate' Bengalis and the Development of Indian Football." *International Journal of History of Sport 19*(1) (2002): 72-90.

Eichberg, Henning，〈運動化的國家──以民為本的理論〉（莊珮琪譯），《身體文化論文集》（臺北：臺灣身體文化學會，2014）。

Foucault, Michel，《規訓與懲罰》（劉北成、楊遠嬰譯）（北京：三聯，1999）。

International Olympic Committee. *Ethics*. Lausanne/Switzerland: Ethics Commission Office, 2012.

International Olympic Committee. *Olympic Charter*. Lausanne/Switzerland: International Olympic Committee, 2011.

J・リーヴァ，《サッカ-狂いの社会学－ブラジルの社会とスポ-ツ》（亀山佳明、西山けいこ譯）（東京：世界思想社，1996）。

Lewis, Brenda Ralph，《ヒトラー・ユーゲント・第三帝国の若き戦士たち》（大山昌譯）（東京：原書房，2001）。

Museum, United States Holocaust Memorial. "Deadly Medicine: Creating the Master Race". Washington, DC. United States Holocaust Memorial Museum. 01. July 2014. http://www.ushmm.org/information/exhibitions/online-features/online-exhibitions/deadly-medicine-creating-the-master-race.

Pavlin, Tomaž. "Šport, Narod, Nacionalizem (Sport, Nation, Nationalism)." 8th ISHPES *Seminar and International Conference on Social Science and Sport* (2008): 222-39.

The General Assembly United Nations. "United Nations Millennium Declaration". New York, 2000. The General Assembly United Nations. 10 Jul 2014. http://www.un.org/millennium/declaration/ares552e.htm.

Tjibaou, Centre culturel. *Tjibaou Cultural Centre*. New Caledonia: Nouméa, 1998.

Wahl, Alfred，《サッカの歴史》（遠藤ゆかり譯），「知の再発見」双書101（東京：創文社，2002）。

Wright, G. "The Impact of Globalisation." *New Political Economy 4*(2) (1999): 268-73.

アレングットマン，《スポ-ツと帝国》（谷川稔等譯）（京都：昭和堂，1997）。

アントニー・D・スミス，《ナショナリズムの生命力》（高柳先男譯）（東京：晶文社，1998）。

アントニー・D・スミス，《ネイションとエスニシテイ》（巣山靖司、高城和義譯）（名古屋：名古屋大学出版会，1999）。

クーン，ガブリエル，《アナキストサッカーマニュアル：スタジアムに歓声を、革命にサッカーを》（甘糟智子譯）（東京：現代企画室，2013）。

チャールズテイラ，《マルチカルチュラリズム》（佐佐木毅等譯）（東京：岩波書店，1996）。

マイケルベイン，《オリンピックはなぜ、世界最大のイベントに成長したのか》（保科京子、本間惠子譯）（東京：グランドライン，2008）。

リチャード・マンデル，《ナチ・オリンピック》（田島直人譯）（東京：ベースボール・マガジン社，1976）。

小阪井敏晶，《民族という虚構》（東京：東京大学出版会，2002）。

小倉和夫，《開発と平和のためのスポ-ツの機能とその活用策》，青山学院大学紀要Vol.6（東京：青山学院大学，2014）。

小野清子，《スポ-ツ白書2010》（東京：SSF笹川スポ-ツ財団，2001）。

山崎直也，〈台湾における教育改革と教育本土化〉，《国際教育》，8（2002）：22-43。

川村英男，《体育原理》（東京：体育の化学社，1970）。

中古猛，〈「ナショナル・アイデンテイテイ」の概念に関する問題整理-国民国家論研究のためのノ-ト-〉，《立命館法学》，3.4（271・272）（2000）：687-88。

中村哲夫，〈アメリカにおける1936年ベルリンオリンピック参加問題に関する研究ノ-ト〉，《三重大学教育学部研究紀要》，59（2008）：151-61。

中村哲夫，《アメリカにおける二つのオリンピックボイコット論争：1936年と1940年大会研究成果報告書課題》（三重：三重大学教育学部，2008）。

中村敏雄，《スポーツナショナリズム》（東京：大修館，1978）。

今福龍太，《スポ-ツの汀》（東京：紀伊国屋，1997）。

今福龍太，〈二〇世紀最後のワ-ルドカップのために〉，《フットボールの新世紀−美と快楽の身体》（東京：廣済堂，2001）：34-65。

内海和雄，〈オリンピックと資本主義社会3：オリンピック招致と日本資本主義〉，《一橋大學人文・自然研究》，2（2008）：4-102。

内海和雄，〈オリンピックと資本主義社会4：オリンピック批判否定論の検討〉，《人文・自然研究》（東京：一橋大學，2009）：13-15。

日本オリンピックアカデミ-，《オリンピック事典》（日本オリンピック委員会編）（東京：レス ギムナスチカ，1981）。

日本体育学会学校体育問題検討特別委員会編，《世界学校体育サミット》（東京：杏林書院，2002）。

石井昌幸、金光誠，〈殖民地主義と文化の拡大〉，《スポ-ツ人類学》（宇佐美隆憲編）（東京：明和出版，2004）：64-71。

伊東明、大石三四郎，《オリンピック史》（東京：逍遙書院，1959）。

安倍大輔，〈国連におけるスポ-ツ政策の展開—スポーツと体育の国際年に注目して—〉，《尚美学園大学総合政策研究紀要》（東京：尚美学園大学，2006），19-31。

江宜樺，《自由主義、民族主義與國家認同》（臺北：揚智文化，1998）。

江春男，〈司馬觀點：白皮書叫香港人收皮〉，《蘋果日報》，6月12日，2014，sec. A3版。

西川長夫，《国民国家論の射程—あるいは国民という怪物について》（東京：柏書房，1988）。

汪民安編，《身體的文化政治學》（河南：河南大學，2004）。

汪民安、陳永國編，《後身體：文化、權力與生命政治學》（長春：吉林出版，2003）。

岡田千あき、山口泰雄，《スポ-ツを通じた開発—国際協力におけるスポ-ツの定位と諸機関の取り組み-》，神戸大学大学院研究紀要Vol. 3（神戸：神戸大学，2009）。

松浪健四郎，《体育とスポ-ツの国際協力》（東京：ベ-スボール-マガジン社，1991）。

的地修，〈新聞が伝えた北京五輪—スポ-ツと政治を考える-〉，《びわこ成蹊スポ-ツ大学研究紀要》，6（2009）。

胡文輝，〈奧運聖火，Yes！統戰魔火，No！〉，《新世紀智庫論壇》，39（2007）。

栗屋剛，《出賣器官》（董炯明譯）（臺北：平安叢書，2002）。

許立宏，《運動倫理——品德與生命教育》（臺北：華都文化，2011）。

許義雄，《近代奧林匹克的挑戰》（臺北：臺灣師範大學體育學會，1981）。

許義雄，〈遊戲與狂歡〉，《與舞蹈的12種相遇——新古典舞團用功日集錦》（臺北：財團法人新古典表演藝術基金會，2008），12-31。

陳瀅巧，《圖解文化研究》（臺北：易博士出版社，2006）。

結城和香子，《オリンピック物語》（東京：中央公論社，2004）。

黃俊傑，〈中國古代思想史中的「身體政治學」：特質與涵義〉，《歷史月刊》，141（1999）：82-90。

楠見千鶴子，〈「聖なる休戦条約」と伝令使〉，《ギリシの古代オリンピック》（東京：講談社，2004），16-17。

鈴木良徳，《オリンピック余聞》（東京：ベースボール・マガジン社，

1983）。

管淑平，〈中國發白皮書：全面管制香港〉，《自由時報》，6月11日，2014，1 ed。

遠山耕平，〈ユネスコの体育スポ-ツ国際憲章〉，《体育の科学》（東京：杏林書院，1979）。

国連，《国連総会決議2005年は「スポ-ツと体育の国際年」》（プレスリリス，2004）。

柾木伸悦，〈スポーツによる国際協力－国連機関の開発援助の歴史と意義〉，《広島経済大学研究論集》，35.2（2012）：54。

桜井万里子、橋場弦，《古代オリンピック》（東京：岩波新書，2004）。

Chapter 9

身體運動與消費社會

一般所謂消費社會，常指產業高度發展的社會，其消費不只是滿足生理的需要，而是廣泛反應在文化上及社會上需求的社會。換句話說，消費社會的消費，不再是單純的物品耗費和購買，也不是經濟和效用的過程，而是一種涉及到符號或象徵的社會或文化意義。進一步說，消費，不單只是花錢購物，而是從「所購之物」的使用目的，轉移到文化性或社會性的交換或象徵價值的體現行為。[1]誠如布希亞所強調，消費社會中，所有的物品，都必須成為符號才能被消費，才能透過其表意模式，進行意義傳遞、主客體溝通、社會關係界定與文化氛圍營造的功能。消費對象的商品，不再只是原始「物」的交易，而是

動靜自得神龍活現

資料來源：2017臺北世大運執委會提供。

---

[1]池田昌惠、中根光敏，〈消費社会の変遷〉，《広島修大論集人文編》，47.1（広島，2006.09）：1-10。

一種意義、關係與文化的符號消費，即稱之為消費社會。[2]

　　以此觀點，論述消費社會的運動世界，運動可視為是被消費的商品，從事運動或觀賞運動的消費行為，不只可體現運動樂趣或運動健身的使用價值，更體現社會階層或身分地位的價值，甚至，運動商品化的符號與象徵意義，都在運動實踐與運動觀賞中，顯露無遺。

　　本章即基此背景，擬分：(1)消費社會的形成；(2)身體運動的商品化；(3)職業運動的興起；(4)奧運會商業化的省思等，分述如下。

第一節　消費社會的形成

一、工作、休閒與消費

(一)工作與休閒

　　在初民社會，生活困窘的歲月，休閒與工作，並未截然劃分，甚至傳統農耕時代，靠天吃飯，含辛茹苦，入不敷出，勤儉持家，勞動至生命終點，所謂「歡喜做，甘願受」，了無遺憾可言。等到勞動生產創造了餘裕，使得勞動者遠離了工作，逐步形成休閒與工作的分道揚鑣。不過，經過工業革命，機器替代了人力，工作中的異化現象，激發了個人主體意識的抬頭，警覺到，作為人的尊榮，終究不能成為工作的奴隸，因此，藉休閒以回復人性，以休閒的自由開放，找回愉悅的人生，休閒重於工作，遂成為主流觀念與價值。及至進入後現

---

[2] J. Baudrillard, *For a Critique of the Political Economy of the Sign*, trans. C. Levin (St. Louis: Telos Press, 1972/1981), 185.

代，休閒時間大量增加，商業化的休閒藉助網路科技的發達，傳播媒體與企業行銷，使得休閒設施更多元，休閒內容更豐富，休閒消費更輕而易舉，衍生的問題，更錯綜複雜。

事實上，從勞動的角度看，工作原本就是作為人的天職，除了創造有形的財富，維持基本的生計外，工作也可以表現個人的價值，獲得心理的滿足，甚至工作使人在團體中表現自己，提高個人的社會地位，獲得眾人的肯定，而有自我實現的尊榮感。

因此，在工作與休閒之間，不論休閒是為了工作，亦或是工作是為了休閒，在權衡輕重之餘，工作與休閒宜有適當的平衡，使能工作中有休閒，休閒中有工作，庶幾能有樂在工作的機會，甚至，享受休閒的歡樂，更不忘工作的價值，使休閒不致偏離應有的軌道，工作得以自我實現，兩者相互補足，並生共榮。

(二)工作與消費

一般而言，使生產社會轉為消費社會的重要機制，在於日漸增長的豐裕。亦即，一種當代西方社會中大部分家戶都擁有的能力，投入消費的程度持續超過一般日常的基本生存所需。換句話說，從生存到富足，大部分的個人消費上都有能力表達前所未有的選擇性和自主性。這種選擇性與自主性，充分顯現在工作的滿足之餘，「表達自我的放縱」和「表達個人的愉悅」的滿足，而不是獲得必需品的滿足。[3]

舉例來說，把辛苦賺來的財物揮霍在個人的滿足和享樂上，在生活困苦的時代，可以說是幾近叛逆與荒謬的行為。可是豐裕挑戰了這個不變的定律。當富裕的社會隱然成形，休閒不再只是工作之餘剩下睡的零碎時間，更不是非生產性的消耗活動，而是「擁有何種消費商

---

[3]Paul Ransome，《工作、消費、文化》（黃彥翔譯）（臺北：國立編譯館，2008），228。

品」，更是一個重要的生活方式，具有自己的正當性，以及自己的實踐，行為準則和價值，尤其是不容忽視的消費場域。

　　事實上，在生產與消費彼此均衡的社會裡，不只「工作」與「消費」的界線，漸趨模糊，尤其用「消費」的享樂與愉悅，補充「工作」的禁欲與拘束，是一種相互補足，平衡調和的自然體現。不過，工作與消費，在價值取向上，兩者的目的、倫理、行動、成果、感受與態度，則仍不無差異（**表9-1**）。

表9-1　工作與消費的價值取向[4]

	以工作為取向的社會	以消費為取向的社會
目的	工作是達成目的的手段	消費本身即是目的
倫理	大量生產視為普世的善	大量消費視為普世的善
行動	合理化為內在的生產需求	合理化為內在的消費需求
成果	以實際效用評估成果	以象徵性效用評估成果
感受	延宕滿足	立即滿足
態度	量入為出避免負債	盡情揮霍負債是慣例

(三)休閒消費

　　所謂休閒消費，係指消費者為滿足休閒需要，購買、獲得或使用各種有形或無形的物件，或接受各種服務的過程或結果。

　　進一步說，休閒消費原為菁英消費的重要組成部分，惟因社會變遷，經濟發達，及科技的進步，人民所得增多，勞動時間縮短，加以價值觀念的改變及個人健康意識抬頭，個人休閒欲望興起，尤其是主政者休閒政策的引導，企業體對休閒資源的開發，使得休閒消費，已從過去特殊階級獨享的權力，慢慢滲透或轉移為一般大眾日常生活的

---

[4]Paul Ransome，《工作、消費、文化》，2008，237。

主要形式。

　　不過，休閒消費有其正面的效果，卻也不無負面的影響。前者如因休閒消費而增加經濟效益，促進經濟資本；改善人際關係，充實社會資本；增廣見聞，提升文化資本；提升體能狀況，獲得勞動力的再生產，積累健康資本等。後者則因休閒消費的逸樂取向，而樂不思蜀，導致紙醉金迷，糜爛社會風氣，誘發文明的危機。

　　至於休閒消費的特性，則有：(1)生活條件為休閒消費的前提或必要條件；(2)休閒消費出於主體意識的覺醒（自我認同）；(3)休閒消費恆受個人所得、教育、年齡、環境等因素所左右；(4)休閒消費的價值，恆受消費行為之取向所影響；(5)休閒消費是消費社會的重要組成部分。而在休閒消費的類型上，可因不同的取徑，而有不同的分類。如以休閒服務形態為例，則有：(1)休閒空間類：提供一定的空間，享受休閒，如飯店、保齡球館、遊樂場、公民會館、展覽場館等；(2)休閒器物類：提供日常生活休閒器物等，如電視、汽車、運動器材、遊戲機等；(3)休閒資訊類：提供休閒及服務訊息資料，如旅運社、大眾傳播媒體（廣播、報紙、雜誌）等。

二、消費社會論述之演進

　　一般認為，消費社會的形成，有其結構性的歷史條件，是逐漸形成的社會構造，它的生成、擴大與表現，直接受制於資本主義的經濟生產，沒有總體經濟的成長，不能解釋消費力的出現，更遑論消費社會的形成。[5]

[5]陳光興，〈臺灣消費社會形成的初步思考〉，《亞洲城市中華人的文化生產論壇》（臺北市政府／清大亞太文化研究室，2000年12月18日）。本文為國科會集體研究計畫《消失國界？全球化，民族國家與文化形式──全球化與消會社會的形成：南韓與臺灣的比較研究1999-2001》的一部分研究成果。

天空遨翔志在四方

資料來源：2017臺北世大運執委會提供。

　　就消費社會理論的演進看，一般常從歷史與社會的發展，先就凡勃倫（Thorstein B. Veblen）的《有閒階級論》，論述其炫耀性消費社會的意涵，接著談美國黃金十年，富裕社會中的大眾消費社會，之後，進入高度消費社會，則以討論布爾迪厄（Pierre Bourdieu）的差異化的消費競逐為多，到了所謂液體化社會，則針對無邊際的消費世界，論述後現代消費社會的特色。

　　本文即基此背景，依序簡略說明如下：

(一)炫耀性消費社會

　　炫耀性消費社會的論述，可以凡勃倫的專書《有閒階級論》為代表。該書於1899年發表時，正處美國工業與經濟快速發展，富商巨賈大肆掠奪、累積財富，並肆意揮霍與炫耀的時代。凡勃倫就日常生活

經驗及觀察所得，出版專書論述，不無針砭時政，振聾發聵的意圖。

凡勃倫指出，「有閒階級」制度的出現，係由原始未開發的狀態轉向野蠻狀態的階級分化的形態，意指不事勞動生產的階級。進一步說，在封建社會裡，一旦和平轉變爲堅決好戰之後，掠奪成爲日常生活中的重要任務，進而產生侵占和勞役之間的職能分化與義務區別，有閒階級也就應運而生。[6]這個階級，擔任統治、戰鬥及宗教的職務，扮演值得尊敬的角色，獲得較高的權力，不只可以免除勞務，甚至以支配下層階級，藉以鞏固其勢力範圍及崇高地位，並證明其威信。

凡勃倫認爲，有閒階級透過「炫耀休閒」與「炫耀消費」，凸顯其身分與地位。在炫耀性休閒方面，有閒階級摒棄和脫離生產勞動，顯示經濟的優勢，並累積財富成爲能力的公認標誌，以財富的保有建立博得尊敬的基礎。娶妻、僱用僕人和侍從，以代理休閒與勞務，顯示主人的「有閒」。[7]同時，重視禮儀性的生活習慣，比如語言、修辭、禮貌、道德修養、音樂、藝術鑑賞，展現優雅與高貴，並且熱衷狩獵及運動競技等男人的氣質，象徵上層階級的尊容。

在炫耀性消費方面，凡勃倫將消費視同習慣性的思考形態，是制度中所形成。亦即，消費在社會中形塑一種價值，有閒階級的炫耀性消費，無異顯示一種卓越形式意義的認同，正可以解釋，有閒階級的行爲規範，影響所有階級的行爲的道理所在。[8]所謂上行下效，東施效顰，即是此意。

---

[6]凡勃倫（Thorstein B. Veblen），《有閒階級論》（錢厚默譯）（中國：海南，2007），16-17。

[7]私有財產制度形成初期，女人是男人的私有財產和附屬品，奴隸制度出現之後，擁有女人和奴隸，更顯財力與地位。上層階級養的這些人，伺候主人之外，可以不從事生產性的勞動，算是一個特殊的有閒階級，不過他們的有閒，不屬於真正的有閒，而是用來顯示主人的有閒，凡勃倫稱之為代理有閒（vicarious leisure）。凡勃倫（Thorstein B. Veblen），《有閒階級論》，2007，65-71。

[8]池田昌惠、中根光敏，〈消費社会の変遷〉，2006，1-4。

　　事實上，炫耀性消費，不僅限於有閒階級。不同階級的成員，無不以上一層的生活方式，作為追求的目標，並為實現此一目標，而奮鬥不懈。甚至炫耀性消費，不以平常可輕易應付的消費為已足，而是專注於略感吃力，或是為達目的而勉為其難的炫耀性消費。因此，上層階級的消費，成為所有階層的理想，影響所及，形成社會的生活習慣。

　　換一個角度說，凡勃倫指出，炫耀性消費的演變過程，可以有效的增進消費者的榮譽。要博取好名聲，就不能免於「浪費」，更必須從事於奢侈的事物消費。也就是說，忽視物質使用價值的消費，或是跨越經濟實用價值的消費，才是炫耀性消費，也才能凸顯競爭動機的社會炫耀。[9]所以，在和平時期，有閒階級不再忙於掠奪性的戰爭，而轉向繁文縟節的「誇富晏」，參與者必須有考究的服裝、嚴謹的姿態與刻意的笑容。透過社交活動，展現個人的涵養，提升家族地位，並以「餽贈」禮物，炫耀上層對下層的支配力量，藉以強調有閒階級的尊崇身分與高貴地位。[10]

　　具體而言，凡勃倫論述炫耀性消費社會，重在說明，炫耀性休閒與消費，已跨越經濟上物質的使用價值，凸顯社會階級的威信與榮寵。進一步說，凡勃倫的「有閒階級論」，從「炫耀性休閒」轉入「炫耀性消費」的論述，說明階級之形成與特性，對炫耀性消費社會，給出了甚具意義的重要信息。尤其，反觀事隔百年後，21世紀的今天，相似的經濟現象，正在世界各地蔓延，從政治的狂熱，到軍事的擴張；從運動競技實力的張揚，到文化霸權的滲透；從貧富差距的拉扯，到享樂主義的瀰漫，無一不是值得深思與重視的重要課題。

---

[9]凡勃倫（Thorstein B. Veblen），《有閒階級論》，2007，97-109。
[10]凡勃倫（Thorstein B. Veblen），《有閒階級論》，2007，97-109。

(二)大眾消費社會

一般認為，大眾消費社會形成之基礎，應為：(1)自然科學理論的進步，加速工業技術的革新；(2)生產方式、物流通暢、消費者的信用等制度的改變；(3)市場的操作、管理技術的系統化；(4)大眾消費意識及價值觀的改變等因素所促成。[11]其中，有「方法的創發」、「制度的改變」與「意識的調整」，致使引起社會重大的變革，導致大眾生活的機械化，消費的普遍化。

事實上，大眾消費社會，係滿足欲望的過程，同時也是創造欲望的過程。消費者的消費行為，已非消費者的價值觀與意志所決定，而是受企業販賣對象物所創發的欲望所左右。

進一步說，在凡勃倫的時代，有閒階級的消費，是維持社會威信的象徵，但隨著第一次世界大戰結束，產業化的進展，勞動人口遽增，加速了社會的流動，職業有了細緻的分工；同時，市場開放，大量生產與大量消費的風潮，促成美國「黃金1920年代」的榮景，[12]市井小民的消費，跨越了象徵的機能，大眾消費社會於焉拉開序幕，躍然登場。

里斯曼（David Riesman）曾在其所著《孤獨的群眾》乙書中分析

---

[11]岡田芳郎，〈大眾消費社会の終焉〉，《Ad Studies》，35（東京，2011）：36-37。

[12]亞倫（Frederick L. Allen）認為1920年代的美國榮景，得利於：(1)一次大戰，美國未受其害，歐洲卻疲於奔命；(2)美國受惠於巨大的物力及人力資源，擁有廣大的國內市場；(3)因機械化與分業化的效率，使大量生產成為可能；(4)因福特式的生產方式，促成高工資、低價格及規格化產品，並使汽車產業看俏，實現大量僱用人力，牽引其他部門；(5)促進分期付款及股票市場之進場；(6)銷售員及廣告業者登場。オンリー・イエスタデイ（Frederick L. Allen），《1920年代アメリカ》（藤久ミネ譯）（東京：ちくま文庫，1993），214-250。

社會的性格，[13]認為社會發展，隨著人口的成長以及經濟發展，形成
不同的社會性格，其中，比較明顯的類型，約有三種：

1. 傳統導向的社會性格：意指個人的生活習慣或禮儀規範，恆受
   傳統約束，是一個比較穩定的社會，較少人口的流動，不敢違
   抗既有的社會規範，個人態度的特色，在服從社會傳統。
2. 自我導向的社會性格：經濟過度發展之後，社會性格，即由傳
   統導向個人的自我導向。本階段的個人，從兒童期開始，家父
   兄長的權威，內化於禮儀規範的社會性格中，個人的目標，導
   向於財富與名譽、良善的追求，人生的方向，則以兄長所給的
   方向為方向。
3. 他人導向的社會性格：不再服膺權威，轉而在意他人的期待，
   並以此為標竿，期待與他人並駕齊驅，共生共榮。這樣的社會
   性格，造就了產業結構的快速變化，促成富庶的社會。同時，
   豐衣足食之後，個人所關心的事，不只從生產轉向消費，甚且
   消費的意義，也有了根本上的改變。

具體而言，誠如里斯曼所指陳，「標準包」（standard package）
商品，即是大眾消費社會的具體象徵，意味著多數同樣水準的生活形
式，亦是同樣水準消費商品的總稱。換句話說，即使不同時代的代表
商品，縱有不同，因係從眾的社會性格，即使連購物，也表現得相當
類似。比如大眾消費社會裡，隨著經濟條件的改善，多數的生活形態
以及生活水準，必購買「電視、冰箱、洗衣機」，日本人稱之為三種
「神器」。[14]「標準包」意味著與人並駕齊驅的生活指標，更象徵著

---

[13]デイヴィッド・リースマン（David Riesman），《孤独な群衆》（加藤秀俊
　訳）（東京：みすず書房，1964）。
[14]デイヴィッド・リースマン（David Riesman），《孤独な群衆》，1964，6。

達到與他人同樣水準的生活。

事實上，大眾消費社會的出現，消費的對象，不再是物自身，而是一種與他人同調，等量齊觀的社會符碼。

(三)高度消費社會

大眾消費社會的「標準包」，象徵著大眾社會齊一的「國民生活水準」，更顯示眾人等同的社會價值。「標準包」之所以成為「標準」，意味著大眾趨同的消費取向，說明人人消費得起，自然成為社會的共同價值觀。

針對這樣的現象，布希亞（Jean Baudrillard）認為，高度消費社會的消費，不再是對商品本身的欲望，而是競逐商品的差異化，形成高度消費社會的差異體系。進一步說，大眾消費一旦達到了人人等同的水準，個人所關心的消費，即轉向要與他人「互別苗頭」，而創發「同中有異」的差異欲望。這種差異化的欲望，則將商品符號化，消費變成是商品所隱含的符號意義，而不再是追求商品的使用價值為首要目的。[15]

進一步說，布希亞認為，消費的概念在於：(1)消費不在商品之使用機能及其擁有；(2)消費不再是個人或團體權威之賦予；(3)消費視同為語言活動，作為溝通及互動系統，不斷傳遞再生產之符碼。生產的不是物品，而是符號，是意象，隨時確認與他人之差異，以展現個性。不過，意象是無限延伸，只要個性追求與他人的「差異化」持續不斷，個性只不過是虛幻的假象。[16]也就是說，布希亞強調的是，消費者自我自由選擇與他人互別差異的行動，事實上，是差異化的強制行動，無異是對某種符號的服從。所以，消費社會的自由，是一種喪

---

[15]陳瀅巧，《圖解文化研究》（臺北：城邦，2006），177。

[16]ジャン・ボードリヤール（J. Baudrillard），《消費社会の神話と構造》（今村仁司、塚原史譯）（東京：紀伊国屋書店，1979），121-132。

失自律性的強制力。個人的自由與主體性意向，因凸顯差異化的強制力，反而翻轉了自我所處的位置，導致自由與主體性的消失。[17]

(四)後現代的消費社會

如上所述，隨著社會的發展，產業結構的改變，以及消費動機的不同，分別以凡勃倫、里斯曼及布希亞，說明消費社會論述的演進，可以明顯看出的是，從炫富的炫耀性消費社會、經同一性的大眾消費社會到符號差異競逐的高度消費社會。

事實上，自1980年代起的消費社會，一般稱之為後現代消費社會。代表人物有拉許（Christopher Lasch）、布爾迪厄及鮑曼（Zygmunt Bauman）等人，其中布爾迪厄部分，本書已略有述及，不再重複，僅就拉許及鮑曼的論述，簡要說明如下：

◆自戀主義（narcissism）的消費社會

拉許以里斯曼所分析的社會性格理論為基礎，借用精神分析學上的用語，發展出自戀的消費社會。拉許認為，里斯曼的他人導向的社會性格特徵，因在意於與他人的和睦相處，自己的私生活要融入組織內，呼應龐大機構的要求，自我有如具有市場價格一樣，推銷自己，渴望他人的注目、喝采與奉承，導致自己的價值觀，難免受到侵蝕。[18]

拉許指出，自戀者不關心過去與未來，只活在他人讚美的世界，退縮到自我的關注中，不再關心也無法理解瞬息萬變的社會，生活的重點，不是生產而是消費。因此，更助長了對消費社會的空虛感與孤獨感。且經由媒體廣告，對不需要的商品產生了一種必要性。人依自

---

[17] 上野千鶴子，《（私）探しゲーム：欲望私民社會論》（東京：筑摩書房，1987），85-93。

[18] クリストファー・ラッシュ，《ナルシシズムの時代》（石川弘義譯）（東京：ナツメ社，1981），103。

由的選擇，只要喜歡的商品，信手拈來，毫不費力，不過，這種自我的認同取向，無異於衣物之更換，有時連自己都無法認清自己。所以，人與消費社會的緊張與糾纏不清，也就無法避免。

拉許對這種情形，提出「最小自我」（minimal self）的概念，認爲是自戀主義的人格特徵。所謂「最小限度的自我」，意指在艱苦時代中，精神生存之道，強調現代人的孤獨，不再與他人求同，僅保持自戀主義式的最小限度的自我認同，作爲精神上的防禦手段。[19]

要而言之，拉許修正了里斯曼的他人導向型的社會性格理論，認爲消費社會已從大眾消費社會轉向高度消費社會，遠離了與他人的同一性或關心，縮小爲自戀主義式的最小限制的自我性與認同，充分顯示現代人的孤獨感受。

◆液態化的消費社會

鮑曼認爲現代是近代的第二階段，其特徵是液體化的流動性。近代的第一階段是生產社會，第二階段爲消費社會。鮑曼指出，以消費爲中心的生活，沒有標準規律，誘惑與無限的欲望受激烈變化的願望所支配。即使以他人爲參照，也無法作爲成功的起點。消費社會是全體比較的社會，而且比較是一個無邊際的世界。尤其，消費社會，沒有時間距離。「今天」與「明天」之間，對欲望而言，突發的誘惑，來去無影無蹤，一無距離可言。[20]

鮑曼提出，現代自我認同的不安定，係因從生產爲中心的社會，轉向以消費爲中心的社會所由致之。鮑曼認爲，生產社會裡，個人作爲勞動者，以勞動爲基礎形成了自我認同。勞動是社會系統的關鍵

---

[19] クリストファー・ラッシュ，《ミニマルセルフ—生きにくい時代の精神的サバイバル》（石川弘義等譯）（東京：時事通信社，1986），6。
[20] ジークムント・バウマン（Zygmunt Baurman），《リキッド・モダニティー—液状化する社会》（森田典正譯）（東京：大月書店，2001），99-100。

點，人們因勞動而連結成為一個共同體。任何勞動都以相等的道德，建立了平等的倫理基礎。不過，因永續保障的職缺，逐步減少，兼職、短暫僱用等彈性形態的就業應運而生。因此，人人面對不確定的未來與欠缺社會的保障。其結果是，不論對勞動的評價好壞，或者是個人能力的有無，財富作為崇拜對象，已隱然成形。

鮑曼提及，近代的第二階段，生產社會的工作倫理已被消費美學所替代，[21]勞動階級成為消費社會的「新窮人」。這些新窮人，面對消費社會提供的各種驚人的選擇，無法選擇，不能購買，難以掌握，只能望「物」興嘆，辜負了通宵達旦的購物中心，琳瑯滿目，甚至五光十色的豐富商品。換句話說，鮑曼稱這些「新窮人」，在消費社會裡，是消費力不足的人，是有缺陷的消費者（flawed consumer），失敗的消費者，相對於消費力強大的成功消費者，形成貧富的兩極化。消費成功者，表現為享樂消費者的高貴、自由，失敗的消費者，則顯得卑微、順從，終至為社會所疏離。[22]

不過，消費生活是否帶來自由與幸福，鮑曼反而指出現代社會消費者身分認同的不確定。鮑曼認為，雖然個人的肩上扛著規範與形式，但在無限可能的選擇下，自我認同實在很難明確建構。甚至，從心理層面看，消費是作為對抗不確定性與不安全感的手段而興起，而逃避不確定和不安的衝動，不可能只依靠消費本身，就能抵抗不確定的侵襲。換句話說，藉消費抗拒不確定性與不安全性，只能換取短暫的滿足和瞬間的歡愉，之後反而掉入無盡空虛與恐懼的深淵。

因此，鮑曼特別在《工作、消費、新窮人》乙書中，提出工作的意義。認為工作足以滿足自身的基本生存需要，同時，工作本身是一

---

[21]ジークムント・バウマン（Zygmunt Baurman），《リキッド・モダニティー液状化する社會》，2001，80。

[22]池田昌惠、中根光敏，〈消費社会の変遷〉，2006，14-18。

種價值，一項高貴並且能夠令人高貴的活動。引申來說，消費社會裡，並未拋棄工作，甚至，工作在不確定的社會，鼓勵以「工作美學」的遊戲規則，打造成為一個理想場域：快樂在工作中，在工作中快樂。

總而言之，消費社會論述的演進，因時代不同，而有不同的發展，更因不同的立論基礎，而有迥然互異的主張，本文僅就不同時期，就代表性的論述者，作概括的說明。期別的分法，只是依相關研究文獻，作原則性的劃分，其中，諸多現象，有相互滲透或彼此扣連的關係，難以截然切割，自可理解。基於參考，彙整列如**表9-2**。

表9-2　消費社會論述的演進

	炫耀性消費社會	大眾消費社會	高度消費社會	後現代消費社會
重要觀點	1.原始→野蠻狀態 2.上／下階層移動困難 3.財富作為優越與威信的證明 4.輕視勞動階級 5.初級階段的產業（市場）	1.富裕社會（美國黃金1920年代） 2.近代化→職業分工 3.傳統導向→自我導向→他人導向的社會性格 4.自我包裝，在乎他人的期待 5.從生產→消費 6.消費對象不在商品自身而在取法他人	1.等同的消費水準，形成社會共有價值 2.差異化競逐的強制力，導致自我自由與主體性的喪失 3.商品的符號化 4.消費是一種語言活動作為溝通的手段 5.不再是追求商品的使用價值為首要目的	1.在他人的讚美中確認自己（自戀狂） 2.重視消費，助長消費社會中的虛空感與孤獨感 3.最小化自己的主體意識，作為緊張、孤獨與糾葛的救贖 4.液體化的消費社會
代表	T. B. Veblen	1.F. L. Allen 2.D. Riesman	J. Baudrillard	1.C. Lasch 2.Z. Baurman

三、臺灣消費社會之形成

以國民政府遷臺以後為例，臺灣逐步邁向消費社會，約經過下列幾個階段（**表9-3**），略述如下：

表9-3 臺灣消費社會之形成與發展[23]

時代區分	第一階段 1945-1965	第二階段 1966-1976	第三階段 1977-1987	第四階段 1988-1999	第五階段 2000-現在
社會政經背景	1.1942年國民政府公布「國家總動員法」，1947年開始「動員戡亂」。1948年制定動員戡亂臨時條款 2.1950年軍公教配給 3.1951年公布「耕地三七五減租條例」 4.1951年美軍顧問團駐臺，1954年簽署「中美共同防禦條約」 5.1952年中國青年反共救國團成立 6.1953年實施「耕者有其田」，成立「經濟安定委員會」 7.1960年公布獎勵投資條例	1.高雄設立加工出口區（1966） 2.出口導向（1963-1973） 3.電子業、家電業迅速發展 4.退出聯合國（1971） 5.第一次能源危機（1973） 6.工商轉型（1974） 7.經濟快速成長（1976起） 8.桃園煉油廠（1976） 9.財政穩健成長，加工出口、十大建設、十二大建設等奠定經濟快速發展基礎	1.製造業為主 2.1987年以後，政治鬆綁，解嚴、開放黨禁、報禁 3.開放兩岸旅遊觀光 4.7-11等超商引進臺北都會區，1983年起全年無休，提供24小時消費空間 5.1984發行聯合簽帳卡 6.1984年麥當勞引進臺灣 7.產業升級（1979-1992）	1.終止動員戡亂時期 2.1989年開放民間開設銀行 3.六年國家建設（1990-1995） 4.1989年開放外勞來臺 5.兩岸經貿加溫 6.出現泡沫經濟 7.1990年公布促進產業升級條例 8.1993年臺灣信用卡開放 9.1994年製造業GDP比重，降至三成以下，服務業突破兩成，後工業一服務業隱然成型 10.1994年開始教育改革 11.1995年實施全民健康保險 12.1997年開放電訊業競爭	1.2000年政黨輪替 2.2001年以臺澎金馬個別關稅領域加入世貿（WTO） 3.2001年臺灣成為亞太地區第二個晶片化國家 4.2002年發行國民旅遊卡 5.2008年二次政黨輪替 6.外交休兵（不統、不獨、不武） 7.炒房盛行、生產力下降 8.面臨少子化、老化社會 9.大學評鑑及其退場機制之研擬 10.2012年中國銀聯卡網路交易在臺開通
生產毛額GDP	8.6%	9.8%	8.8%	7.0%	4.8% 2001負成長
價值觀	工作取向，量入為出	以家庭為主	消費取向	大量消費	利他社會
社會特色	國家體制（黨、政、軍一體化）	農業社會（以家庭為中心）	從農業轉向工業社會	工業社會（服務業導向）	資訊化社會（網路時代）

---

[23]有關臺灣消費社會之形成，不同學者各有不同分期，其中陳光興分為雛形期（1970年代）、鞏固期（1980代末期）、深化期（1990中期），裴元領則分為發動期（1988-1993）、鞏固期（1994-2000）、深化期（2001-2006），顯見歷史切入點，因觀點互異，立論自難求同。本文就相關臺灣政經發展，為便於區隔，概略分成五期，惟各期之間，難以完全切割，白宜有所理解。

(一)第一階段：奠基期（1945-1965）

1945年二戰結束，國民政府於1949年播遷來臺，初期以日治時期的經濟建設爲基礎，以農養工，勵精圖治，加上美援的扶持，採行中央威權統治，穩定社會，積極拓展外銷導向的經濟發展，展開了長期的資本累積，奠定了穩定的經濟發展基礎。

(二)第二階段：雛形期（1966-1976）

是高度經濟成長期，民間消費力量提升，文化娛樂產業風起雲湧，家庭娛樂支出快速成長，雖曾面臨石油危機，外銷一度受挫，惟外銷成衣轉向內銷，房地產業興起，廣告業大幅擴張，加速消費力道上揚，消費社會隱然已具雛形。

同時，小型的家庭工廠林立，鞋子、衣服、包包、電子零件；做黑手、作木器加工等，林林總總，中小企業，櫛比鱗次，撐起臺灣經濟的一片天。本階段可說是臺灣累積財富的黃金高峰期，「臺灣錢淹腳目」的榮景，就在廣大中小企業的家庭工廠、衛星工廠間發光發熱。[24]

(三)第三階段：穩固期（1977-1987）

7-11形式的便利超商，引進臺北都會區之後，於1983年開始全年無休，24小時營業。之後，全家、萊爾富、福客多等陸續跟進，不分晝夜的營業方式，地毯式的直接走入市民的生活世界，不只影響市民的生活作息，改變了社區內部消費的社會關係，更改變了傳統雜貨店

---

[24]吳聰敏，〈臺灣經濟發展史〉，http://homepage.ntu.edu.tw/~ntut019/ltes/TEH2001.pdf，2014.09.17檢索。

的家庭經營形態，甚至大型超級市場及連鎖經營，提供更多市民的消費空間，擴大了個人及社會的消費能力與實質消費。

1987年之後，到1990年代初期，政府先後宣布解除戒嚴、報禁，開放兩岸來往，自如觀光，國民消費能力益見蓬勃，加以減低汽車進口稅、外幣開放交易，消費社會更行穩固。尤其，KTV如雨後春筍，此起彼落，競相設立，不只豐富休閒娛樂內容，更增加夜間飲宴消費，建構了臺灣社會一幅太平盛世的社會豐饒景象。

(四)第四階段：成型期（1988-1999）

消費主力的中小企業抬頭，人民意識覺醒，民粹主義經由媒體的召喚，主導了政治的邏輯。過去高高在上的政治人物，開始放下身分地位，服膺媒體消費取向，與消費大眾接軌，企圖貼近市民現實的消費場域，融入與民同在的消費社會。

本階段，可說是臺灣消費社會的成型，一方面是政府政策主導，大力推動觀光旅遊政策，增加國家觀光旅遊收益，同時，推動社區總體營造，發揮社區特色，推廣地方好山好水景點、特產、美食、美味等，吸引消費者，一方面，推動國家重要民俗節慶，技藝表演，配合文化創意產業，推出日常生活創意精品，提倡美學城市、美化環境以及美學生活打造，提升生活品質，增加個人與社會之幸福感。

(五)第五階段：深化期（2000年至今）

最重要的社會改變，是臺灣首次政黨輪替。長期執政的國民黨政權，於2000年總統大選挫敗，象徵政權性質由威權高壓過渡到人民作主的民主體制。社會公民運動，蓬勃發展，激起蟄伏的社會動能，開啓了社會的活潑朝氣，活絡了人際間的互動關係。

同時，國際化震天價響，哈韓、哈日到球迷、歌迷、影迷，無一

不是前呼後擁，成千上萬，熱鬧滾滾；入場券再貴，常是一票難求，滿山滿谷的支持者，蜂擁現身，狂呼吶喊，惟恐落後於人，擠不上時尚潮流。

一方面，名牌、名媛、名模，藉著大眾傳媒的推波助瀾，琳瑯滿目、巧奪天工的精品，讓人應接不暇。一方面，科技文明介入日常生活，從隨身聽到智慧型手機，從Skype到LINE，3G、4G到5G，人不再孤獨，空間不再是問題，虛虛實實的生活世界，可以是實話實說，卻不能保證不是騙局。

更明顯的是，國際化的「物體系」，食、衣、住、行、育、樂，應有盡有，從美洲到歐洲，從日本到南韓，從東到西，或從南到北，幾乎想購買的物品，無一不能到手，從郵購到網購；從金融卡到晶片卡，一卡在手先享受後付款，行遍天下無難事。

總而言之，臺灣消費社會之形成與發展，從初期階段的奠基，到雛形，從穩固、成形到深化，有經濟條件的促成，也有歷史發展的結果，更有社會及政治因素所導致。其中，二次戰後，臺灣長期累積經濟資本，以及美國適時施援，都有助於消費社會基礎的奠定。及至1970年代，中小企業興起，臺灣創下財富高峰，家庭娛樂支出快速成長，消費社會隱然成形。1987年政治鬆綁後，民間活力噴發，加以24小時，全年無休超商林立，KTV消費空間，無處不有，消費社會更見成型。進入21世紀，政黨輪替，人民作主意識高漲，公民社會蓄勢待發，社區營造、觀光旅遊、創意產業等政策，多元齊發，積極刺激消費市場，增強了臺灣經濟實力，擴展消費空間，消費社會的深化，自是水到渠成。

四、消費社會之特徵

(一)符號化的社會現象

消費社會，是流行社會，更是符號化社會，也是象徵的社會。從起心動念，行住坐臥的身體語言或消費行為看，無一不是一種象徵。享用山珍海味或粗茶淡飯；穿金戴銀或布履簑衣；住帝寶、豪宅或居草寮、陋室；出有車，不只是代步，必計較車輛的大小、款式的層級，甚至商場上的名牌搶購，哈韓、哈日的風潮，髮型顏色的爭豔，奇裝異服或怪誕裝扮，追星族、飆車群，刺龍刺鳳的年輕身體，股溝妹等，無厘頭的街頭文化，呈現五彩繽紛的奇觀，都有不同的象徵意義，是社會符號化的典型範例。

進一步說，消費社會裡，社會生產能力遠遠超出社會的有效需求，資本家必然殫精竭慮創造吸引消費者購買不盡然需要的產品，以解決產量過剩的問題。因此，在產品之外，製造產品的價值，讓產品具有時尚、高貴、美麗或大方等象徵意義，提供消費者物超所值的美好想像空間；並滿足消費者炫耀式的消費，使商品彰顯身分與地位的價值。[25]

因此，資本家藉由現代商業的高科技與資訊網路的普遍，在媒體的運作下，經由廣告、代言、展示或說明會，成功地掌握了消費大眾的生活經驗與購物習慣或記憶，征服了消費大眾，使商品轉換成一種象徵符號，購買者購買符號的象徵價值，以致人被商品化，成為有價

---

[25]布希亞認為，消費的根源在慾望本身，消費者透過購買物品所代表的符號，維持社會價值的認同感。個人在消費過程中，是藉由對商品得到想像式的樂趣，滿足現實生活中無從體認的經驗。同時，個人的消費行為，除獲取他人欽羨的眼光外，也在滿足本身的慾望。池田昌惠、中根光敏，〈消費社會の変遷〉，2006，50-53。

的商品，待價而沽而不自知。

(二)混種文化的出現

　　隨著資訊科技的發達，不只交通便捷，空間距離縮短，網路科技的日新月異，使全球化趨勢一日千里，快速成形。尤其，消費社會，經濟發展，消費市場正由國家獨占邁向國際規模，跨國企業引領風騷，所向披靡。同時，人類所面臨的問題，越來越全球性，對全球生態環境的重視，因溫室效應而興起的節能減碳活動，象徵著人類社會國際化的具體體現。另一方面，國際化之後，社會的多元發展，肇始於社會文明的進步，民主風氣的普及，以及自由普世價值的重視。從文化的多元，價值觀念的多元，宗教信仰的多元，到生活態度與政治理念的多元，是個人主體的彰顯，社會的求同存異，彼此包容共生的最好寫照，更是混種文化乘勢興起的溫床。

　　當然，國際化的結果，不只不同文化的邊界逐步模糊，文化的純種性格也面臨考驗。[26]換句話說，不同文化的分際，並非牢不可破。在國際化的波濤洶湧中，經由交流與互動，衝擊與迎拒過程中，難免相互影響，彼此各取所需，截長補短，並反向改變原生文化，進而形成所謂的混種文化。舉例而言，日常生活中的食、衣、住、行、育、樂，在東西文化交流之後，呈現東西合璧的文化形式或內容。

(三)面對資訊社會的挑戰

　　臺灣消費社會的發展，從農業到工業社會，再從工業社會過渡到資訊社會的發展，可說臺灣的資訊與科技文明，正急起直追，迎向國

---

[26]伊朗籍後殖民理論學者霍米巴巴（Homi K. Bhabha）認為，在強調文化可以互相交流的前提下，「純種」文化基本上不可能存在。陳瀅巧，《圖解文化研究》，140-142。

際先進資訊科技的發展軌道。

眾所周知，資訊社會（information society），是一種由電子交換的媒介所構成的社會，也是一種「網絡社會」。其表現方式的演進，由面對面口頭媒介的交換，到「印刷的書寫媒介的交換」，再到「電子媒介的交換」。可說是，由人與人之間符號的相互反應，到符號的再現，以及去中心化，多元化資訊的模擬。資訊社會即處在這樣的情境中，使人沉醉於資訊的虛擬化，目眩於數位的符號，面對無窮無盡的慾望與「螢幕」上致命的吸引力，沉醉於無底洞的消費，而束手無策。

具體而言，網路行銷的無遠弗屆，媒體廣告的虛虛實實，常使網路交易，不只賠了夫人，又折兵，甚至造成莫大傷害，是非不明，紛擾不斷。

(四)跨越國界與利他社會

消費社會是跨國界的社會，人人似浮萍，像候鳥，處處無家，處處家。全球化的五光十色，遠在天邊，近在眼前。只要條件俱足，周遊列國已不再是遙不可及。同時，消費社會的資訊化，不只利於生產的效益突飛猛進，更使非生產的消費，日新月異。徜徉於似真亦幻的世界，暫時遠離現實生活的困境，也算是重新奮起的催化。迪士尼世界之老少咸宜，不難想見。

特別是消費社會，也是利他社會，在豐衣足食之餘，舉手之勞，助人自助，不只自我實現，樂在其中，更讓人人愉悅滿懷，心存感念，社會祥和，至所期盼。如智慧型手機、Skype、臉書、LINE以及各種社交網站之流行，足可顯現人類群集之需求。

五、休閒消費產業[27]之興起

消費社會的流行，造就市場需求的活絡，以迎合社會的消費大眾。當然，消費者的消費行為，也會左右社會流行的風向。

以休閒消費產品的潮流看，過去國民平均所得不多，像高爾夫球的玩家，沒有一定的資產階級，很難玩得起這種所謂貴族運動。不過，一旦球場普及化之後，雖不能說國人可以人手一桿，至少上高爾夫球場已不再遙不可及。

同樣道理，可以清楚的看到，自從電視機走入家庭，從繁華都市到窮鄉僻壤，從黑白到彩色，從電晶到液晶，從無線到有線，從販賣店到電視購買，從電話叫貨到網路郵購，只要有通路，就不怕買不到所想要的產品。

休閒消費品的流通，也因此通行無阻。從觀看到實作，從室內到室外，上山下海，吃、喝、玩、樂，只要休閒需要，人民的創意，就會讓產品應運而生。不分動靜，不計晝夜，男女老少，悉聽尊便，應有盡有。

具體而言，單以交通工具而言，為了滿足不同的消費者的不同休

---

[27] 休閒產業常因不同目的而有不同的分類，如：1.依資財製造‧販賣而分：海、陸、空域之用品產業（遊艇、氣艇、釣具、輕航機、登山、滑雪等用品）；個人運動用品（高爾夫用品、保齡球設備、用品）運動器材（球類用品、訓練機器、運動衣物、設施等）；娛樂設施（室內、外遊樂器材、麻將、撲克牌等；玩具、移動式機器、汽車、機車、自由車等）；趣味創作，如手工藝；園藝、繪畫用品等；移動性器材：自行車；創作‧趣味：園藝、手工藝等；別墅、民宿等；2.服務業：運動設施、多元複合式設施、遊戲、觀賞設施、旅行、其他服務設施（餐廳、健康中心、三溫暖、SPA等）；3.休閒市場：(1)運動器材、用具（運動用品、服裝）；(2)趣味‧學習（學習用品、鑑賞‧創作、新聞‧書籍）；(3)娛樂（玩具、飲食、博奕）；(4)旅遊觀光（國內、國外交通、參觀、行樂）等。

閒需要，從獨輪到雙輪，從三輪到四輪，從陸地到空中，從竹筏到輪船，光以水上休閒活動類而言，帆船、遊艇、汽艇、水上摩特車等，種類之多，可說是不勝枚舉。尤其，自休閒社會形成以來，休閒與生活已密不可分，促使休閒產業，應運而生，風起雲湧，大發利市，儼然成為國家重要經濟命脈之所繫。

第二節　身體運動的商品化

談到身體運動的商品化，自然而然，常會想到「運動產業」或「運動行銷」。前者常泛指因運動而起的相關產業，後者則是以運動產業為對象的營銷。[28]不過，本文以身體運動作為商品，強調的商品是，身體運動的本身，一般指的是，身體的運動實踐或身體能力的展演而言。具體的說，身體運動的商品化，聚焦在身體運動本身即為商品。指涉的對象有二：一是從事運動實踐的運動經驗，二是以觀賞運動展演為對象的運動經驗，均屬經驗價值的無形商品，而不討論運動器材、用具等有形價值的運動產業。

事實上，從社會急速發展，生活形態改變以來，身體運動的功能，除健康促進、社會關係及政治效益外，身體運動經驗的經濟價值，更受到普遍的重視，其商品化的市場規模，更與時俱進，水漲船高。

本節即基此背景，擬分：(1)運動消費者與運動商品化；(2)運動商品化的背景；(3)運動商品化的類型；(4)運動的經驗價值等部分，略述如下。

---

[28]松田義幸，《スポーツ產業論》（東京：大修館書店，1996），9-103。

聚精會神志在必得

資料來源：2017臺北世大運執委會提供。

一、運動消費者與運動商品化

(一)運動消費者

所謂消費，最簡單的說法，就是花錢買東西，即是消費，是人類社會所特有。一般指的是，「人類透過貨幣購買有形或無形商品或服務，並從中得到個人慾望的滿足。」[29]消費者即指行使消費行為的個人或團體而言。

---

[29]那須幸雄，〈マーケティングの新定義について〉，《文教大学国際学部紀要》，16.1（越谷，2005）：75-79。

準此以論運動消費或運動消費者，則可解釋爲：「爲滿足身體上的需要，投入時間、金錢或個人精力，去從事運動（實踐運動）或觀賞運動者，概稱爲運動消費者。」所以，可以看得出來，運動消費者，不是指「運動實踐」者，就是指觀賞「運動」者而言，與購買運動服飾、鞋襪、運動用品及運動資訊等之消費者，截然不同。換句話說，一般消費者購買的運動器物、用品等，是因運動需要或附隨運動之物件，而非「運動本身」。所以，運動實踐或觀賞運動的消費行爲，是直接指涉參加運動練習、比賽或鍛鍊，或者是在一定的空間場域觀賞的運動演出，是一種身體實際參與的運動經驗，其所得到的經驗價值，除個人身體或精神的益處外，社會上的交流與身分地位的認同，與一般物質消費者所得到的經驗價值，自不能同日而語。[30]

(二)運動商品化

就運動行銷的角度而言，將「運動經驗」推介給運動消費者，該運動經驗，即成爲消費對象的「商品」。[31]具體而言，作爲商品的運動經驗，不論是運動實踐的直接經驗，或是由傳播媒體而得的間接運動經驗，如運動觀賞經驗，都是經身體體驗所得的商品化產品。

進一步說，從事運動時的舒暢感、愉悅或歡樂，是一種身體的運動經驗，是無形價值的商品。運動行銷者，設法提供不同的服務，使運動實踐者，願意付錢體驗運動的放鬆、快樂、忘我的滿足感，即是運動商品化的展現與流通形式。

換句話說，消費者，願意購買球票，進入球場，觀賞一場激烈

---

[30]阿部勘一，〈消費されるスポーツ：スポーツ社会学のための計画表（日本篇）〉，《国際経営・文化研究》，11.1（東京，2006.11）：1-16。

[31]G. R. Milne and M. A. McDonald，《スポーツマーケティング交換過程の経営》（スポーツマネジメント研究会）（東京：道和書院，2000），35-38。

競爭的球賽,從中體驗球賽的緊張、亢奮以及對所愛球員的專注、熱情、悸動與歡欣鼓舞,都是運動經驗價值的具體呈現,也是商品物超所值的最好例證。這樣的消費行為,一如購票欣賞音樂、演劇或享受高級飯店的餐飲,得到心滿意足的舒坦,蘊含了經驗資產的特徵。

(三)「運動商品」的特性[32]

◆公共性

運動可因不同的消費者、不同的項目或不同的場域,而有不同的經驗,滿足不同的需要(needs)或欲求(wants)。消費者不論男女老少,一旦投身於運動場域,陶醉於運動實踐中,常能逸趣橫生,汗流浹背,流連忘返。可以說,這是運動商品的特殊性,也是運動商品的公共性,惟其這種運動經驗者的公共性,凸顯了運動商品的最大價值。

◆無形資產

一般資產有無形與有形資產之分。運動產業中,器材、用具等器物,是有形資產,可以行銷獲利,而運動經驗是一種娛樂、感動、興奮等身體經驗,與服務產業一樣,是一種無形資產。這種資產,可能是短時間的展現,無法長久保存。消費者購買前對其商品價值較難判斷,惟實際涉入其中體驗後,才能感受價值的存在。有如「如人飲水,冷暖自知」一樣,非親身體驗不能體會個中的奧秘,所謂「只可意會,不可言傳」,即是此意。

◆「期待」的形成

以運動實踐或觀賞經驗而言,經驗資產的累積,恆受預期與實

---

[32] 長野史尚,〈スポーツ・ビジネスにおけるマーケティングに関する一考察〉,《九州共立大学研究紀要》,3.1(九州,2012):11-19。

際之間的經驗所影響。實際經驗中，預期的結果兌現，「商品」得到信賴，再一次進場消費，享受「期待成眞」的驚喜。期待結果落空，仍不忘寄予更多的「期待」，藉能挽救期待落空的失落感。購買「彩券」或「新春福袋」，甚至禮佛「抽籤」，無不寄望於對「機運」的「期待」。同樣道理，運動實踐與觀賞運動經驗，即植基於此種預期與實際場景中「期待成眞」的喜悅，一如參與賭盤，在期待中下注，在過程中焦慮，在開盤揭曉後，不是期待連莊，捨不得抽身，就是期待更重要的翻盤，挽回已失落的部分。

◆不確定性

　　運動的實踐或觀賞，雖有如演劇或音樂，可以使人愉悅或快樂，但運動的演出，又有異於演劇或音樂，有其先天性的侷限性。一方面是演劇或音樂，有編妥的劇本或樂譜，一切演出照章行事。一方面是演劇或音樂的演出，外在因素影響較少，演出場景，較能掌握。不過，運動的演出，除受個人能力、興趣、性格等身心狀況影響外，更受環境條件所左右，要絕對維持演出技術水準的穩定性，有其一定的困難度。再說運動項目繁雜，不論個人或團體項目，也不分徒手或器物的操弄，到底人非機械，要如機械般的自動化、標準化或齊一化，實非易事。尤其，各種運動或賽事，大都有其遊戲性，遊戲中的不確定性，益發吸引實踐者或觀賞者的興趣。因此，作爲商品的運動，在成敗或勝負之間，充滿不確定性，也就更顯緊張刺激，更富致命吸引張力，更具商機，也未可知。

◆消費與生產並生

　　作爲商品的運動，是運動消費者花錢、時間或精力，以實踐或觀賞運動的形態，體驗運動，而獲得身心靈上的益處，生產身體運動的經驗。換句話說，運動商品的消費者，同時也是運動商品的生產者，

在運動實踐或觀賞運動時，消費者與生產者，合而為一，融入運動空間場域（運動場），演出與觀賞者，共享共同創造的身體經驗。這種身體運動經驗，是生產與消費相因相成，同時並生，雖無法貯存，卻是無比感動；雖不可見，卻是可感覺得到的無形存在；雖是稍縱即逝，卻能刻骨銘心，終生難以忘懷的奇妙感動。[33]

二、運動商品化的背景

一般認為，近代運動的商品化，應是美國職業運動的興起開其端，尤其1984年洛杉磯奧運籌備會主任尤伯羅斯（Peter Ueberroth）利用行銷策略，舉辦了有史以來，第一次賺錢的奧運會。其中極端的例子，莫過於將聖火接力，賣出每跑一公里3元美金的價錢。[34]事實上，運動商品化乘勢而起的背景，相當複雜，有資本主義社會的積極推動，有國家政策的主導，更有運動消費者的崛起，以及運動價值的擴大等因素所使然。試說明如下：

(一)從交換價值轉向使用價值

傳統以來，近代運動的價值，莫不以運動的現實功能為考量，強調「教育・訓練與競技」，著重運動工具性的交換價值。不過，消費社會形成之後，個人的主體意識抬頭，運動的價值，轉向「樂趣、健康與交流關係」的文化性格的使用價值。[35]

---

[33]松岡宏高，〈スポーツマネジメントの概念の再検討〉，《スポーツマネジメント研究》，2.1（東京，2010）：33-45。

[34]永田靖，〈オリンピックにおけるビジネスモデルの検証：商業主義の功罪〉，《広島経済大学経済研究論集》，35.3（広島，2012）：31-40。

[35]渡辺保，《産業構造におけるスポーツ産業の範囲に関する研究I》，《現代社会文化研究》，21（新潟，2001.08）：125-141。

一棒揮出點燃聖火

資料來源：2017臺北世大運執委會提供。

　　具體來說，運動消費者，自主的投入時間、金錢和精力，從事運動或觀賞運動，不只想擺脫無形的拘絆，更想在運動消費時，獲得身心的充分解放，甚至，不只是單純的個人的享樂，更重要的是，期待與他人在共同的運動空間攜手同樂。所謂「獨樂樂，不如眾樂樂」，即指此意。

　　因此，運動不分種類，不計項目，喜好者自成族群，從網路交換信息，從現實場域，到處游牧，覓場地，揪團或成隊，伺機而動。從隊名、隊衣樣式或顏色、標誌，各自自由選擇，滿足與眾不同，標新立異的秀異心態。

　　運動商品之多樣需求，應運而生，從路跑、跑酷，到泳渡日月潭、超跑、馬拉松，參與者動輒成千上萬，形形色色，各占舞臺，各

領風騷，運動商品化，乘勢而起，自非偶然。

(二)技術精進，追星族前呼後擁

隨著運動消費人口的增長，現代運動的支援條件，更具完備，從運動場地設施的改進，器材的開發，指導人才的增加，以及運動內容的推陳出新，都使得人人運動，時時運動與處處運動，不再只是口號。

同時，運動技術的提升，就運動實踐者而言，不只激發突破自我的技術限制，並引起挑戰更高技術水準的需求。而運動觀賞者，不論現場觀賞，或透過媒體轉播，運動技術的高度化，提升了技術展演的難度，吸引更多球迷進場，同時，高難度的運動技術，演出更精彩，更驚心動魄，更拍案叫絕，競爭更激烈，勝負更難料，不確定性更增加，進場支援自己認同的對象，更積極。

特別是，商業主義的推波助瀾，從賽事廣告，明星球員的打造，到運動英雄故事的宣傳，高技術運動員所到之處，追星族前呼後擁，如醉如癡，渾然忘我。運動消費者，無形中，逐漸從運動實踐轉向運動觀賞，以滿足偶像崇拜的欲望。

(三)主政者倡導，消費者覺醒

運動商品化的推手，從聯合國教科文組織「全民運動憲章」的訂定，到各國「全民運動政策」的推出，都扮演一定的重要角色。

舉例而言，1976年聯合國呼籲世界各國重視「運動是人民的權利」，到2000年代，籲請各國重視各年齡階段，運動能力指標的訂定，都在提醒各國重視國民運動促進健康的重要。因此而有各國全民運動推展政策的研訂與實施。

再以國際奧委會（IOC）修改業餘運動競賽規則，納入職業運動員參與奧運競賽而言，職業運動的影響範圍，不只牽動政治勢力的角

力，其他如文化、經濟、社會，都或多或少受到了波及。以當前國際奧運會的舉辦或世界盃足球賽的進行，觀眾動輒二十幾億人的商機，要想不正面重視也難。

即以2000年之後體驗經濟興起為例，消費者的消費意識除商品品質外，更重視購買的感覺經驗，掌握此種轉變已是企業行銷的重要關鍵。具體而言，運動商品化，不論行銷運動實踐經驗或運動觀賞經驗，實踐者與觀賞者的感受，隱然已成眾所關注的重要課題。

(四)運動參與多樣化

運動風氣開展以來，不只個人實際從事運動的人數增多，連民間團體自主舉辦的體育活動，更是不勝枚舉。其中，或以社區聯誼，或以健康促進，不同的舉辦目的，都能號召不同的運動消費者，攜家帶眷，男女老少，全心投入。

同時，社區廣設的運動中心，聘請專業運動指導員，提供不同的運動教室，開班授徒，都有起碼的運動消費者，積極投入時間、金錢、精力等，或長期或短程，加入不同的班次消費，享受運動的樂趣，或雕塑自我理想中的身體。

再就預防醫學看，運動與疾病預防，或是運動與美姿、美儀，不只媒體大肆報導，廣為招徠；運動消費者，更常現身說法，見證運動有益健康的事實，吸引更多的運動消費者，親身體驗運動的好處。運動商品市場，更是暢行無阻。

三、運動商品化的類型

基上所述，運動作為商品，類別相當繁多，可依運動的性質分類，也可以運動場域分類，更可就運動的水準分類，不過，大致可分為：(1)實際操作類；(2)運動觀賞類；(3)支援活動類等三類（**表9-4**），似有共

表9-4 運動商品類型一覽表

類別	內容
實際操作類	1.利用豐富的自然環境、配合季節，推出運動項目，提供運動消費者。如定向運動、滑雪、登山、海水浴、泛舟、城市馬拉松等。 2.運用社區資源舉辦戶外活動。 3.提供日常生活中傳統民俗運動項目。 4.簡易或新興的運動項目。 5.創新或組合式的「運動套餐」，如健康體適能。
運動觀賞類	1.聯賽、各類型運動賽會。 2.體操、舞蹈及國術比賽或表演。 3.運動賽會或表演（職業運動、健美操、啦啦隊等）。
支援活動類	1.各類（項）運動俱樂部（提供資訊、活動機會、能力培養及人才育成）。 2.媒體（書報、電視、廣播）等節目之製作。 3.運動賽事。 4.運動諮詢。 5.運動觀光。 6.運動保險。 7.健康體適能。 8.運動網路（站）。 9.運動志工。 10.運動硬體（場地、器材）租借等。

識，[36]，略述如下。

(一)實際操作類

本類範圍甚為廣泛，基本上一般運動項目，皆屬本類。如從日常生活中的遊戲到健行走路，從攀、爬、跑、跳到競技展演，從室內到戶外，從陸上到高空，從山上到海洋，從徒手到器械，從傳統民俗到現代新興項目等，可依運動水準之高低，對象之不同，規劃、包裝或設計，開發作為不同類型的運動商品。

---

[36]八王子市教育委員会・生涯学習スポーツ部・スポーツ振興課，《八王子スポーツと推進計画－スポーツとともに生きる》（八王子：八王子市教育委員会，2014.03），34。

(二)運動觀賞類

運動觀賞經驗，可分現場觀賞，或經由傳播媒體觀賞，前者是直接經驗，後者為間接經驗。因時間、金錢及精力的投資互異，所得經驗自有不同。一般而言，臨場觀賞經驗的感動較強，消費者與演出者的身體融合緊密，交流對話隔閡較少，撫慰身心的效果較佳。如參與臨場音樂會演出，與購買唱片聆聽，賞心悅目的感受，自有不同。運動觀賞經驗，亦可作如是觀。

運動觀賞經驗的商品，以個人運動表演或職業運動團隊演出，或一般表演會、地方（區域）性、全國性或洲際性及國際性運動賽會，均屬此類商品。

(三)支援活動類

此類經驗屬支援活動順利演出的基礎條件或作為，並提供實際操作或觀賞效益的提升，均屬此類身體經驗。如各種運動俱樂部、運動指導員、運動諮詢、運動志工或各種不同運動講習或研討等。

就上述運動商品之行銷，可依全民為對象，規劃下列之身體運動。如圖**9-1**所示。[37]

---

[37]八王子市教育委員会・生涯学習スポーツ部・スポーツ振興課，《八王子スポーツと推進計画－スポーツとともに生きる》，10。

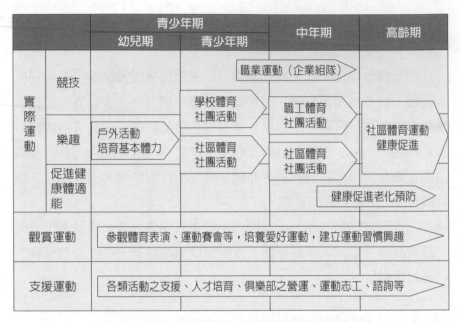

圖9-1　不同生命階段之相關身體運動商品

四、運動的經驗價值

(一)體驗經濟（experience economy）

　　體驗經濟或稱經驗經濟，係源之於1999年，派恩（B. Joseph Pine II）及吉爾摩（James H. Gilmore）發表《經驗經濟：工作如劇場及企業舞臺》乙書，[38]倡導隨著消費社會的到來，消費形態的改變，消費

---

[38]本書於1999年由哈佛商學院發行，目前已有十五種語言通行世界，是企業界必讀的書。日本於2005年譯為《経験経済》出版。華語版於2013年出版。B. J. Pine II and J. H. Gilmore, *The Experience Economy: Work Is Theater & Every Business a Stage* (Boston: Harvard Business School Press, 1999). B. J. パインII（B. J. Pine II）、J. H. ギルモア（J. H. Gilmore），《（新訳）経験経済》（岡本慶一、小高尚子譯）（東京：ダイヤモンド社，2005）。B. J. Pine II and J. H.

者不再只是單純以產品的品質與性能導向的消費，而是追求符合自我品味及感動人心的消費。作者進一步指出，企業以服務爲舞臺，以商品爲道具，讓消費者完全投入的時候，「體驗」就應運而生。

　　具體而言，經濟價值演進的過程，約有四個階段，即：以農業爲主的農業經濟、商品爲主的工業經濟、重視服務品質的服務經濟和強調消費者體驗的體驗經濟。所謂體驗經濟，強調的是，商品是有形的，服務是無形的，而體驗是令人難忘的「感動」或「記憶」。進一步說，消費者花時間、金錢或精力消費時，是在購買企業所提供的一連串身歷其境的「體驗」。易言之，體驗經濟，意指消費是一個過程，當過程結束後，體驗的記憶將存留腦海，恆久不忘。而提供體驗的企業主，必須準備消費者實際體驗的舞臺。所以，工作一如劇場，企業主與消費者共同演出，生產「體驗」。這種體驗的價值，富有高於服務之上的經濟價值，是附加價值的來源，足於讓消費者經體驗而有愉悅的感動，並興起忠於接納企業主產品的情感扣連。[39]

(二)體驗行銷（experiential marketing）

　　事實上，在20世紀末期，有關消費者的體驗價值，也從行銷的角度，探討消費者體驗對消費行爲的關鍵影響。如1997年，舒密特（Bernd Herbert Schmitt）與西蒙森（Alex Simonson）即在《行銷美學》（*Marketing Aesthetics*）乙書中，[40]主張行銷透過五官感覺經驗，

　　Gilmore，《體驗經濟時代──10週年修訂版》（夏業良等譯）（臺北：經濟新潮社，2013）。

[39]青木幸弘，〈ブランド研究における近年の展開：価値と関係性の問題を中心に〉，《商学研究》，58.4（西宮，2011.03）：43-68。

[40]B. H. Schmitt and A. Simonson, *Marketing Aesthetics* (New Jersey: Prentice Hall, 1997). バーンド・シュミット（B. H. Schmitt）、アレックス・シモンソン（A. Simonson），《「エスセティクス」のマーケティング戦略－"感覚的経験"によるブランド・アイデンティティの戦略的管理》（河野龍太譯）（東京：プレンティスホール出版，1998）。

感受外觀與氛圍的重要性。同時，力主在物質面與機能面難以區隔的商品化市場，宜活用經由美感經驗所衍生的感覺經驗策略，確立企業或品牌認同，構築與消費者強而有力的連結。因此，於1999年，舒密特即推出《體驗行銷》專書，不只論述體驗的價值，甚至創發出感覺、情緒、認知、行動與關係等五種形態的經驗價值模組。[41]更於2003年，以體驗價值為本，發表《顧客經驗管理》論著，[42]發展「品牌體驗價值之設計與顧客之介面」，從感覺、情緒之經驗價值，討論品牌與顧客之關係，提出從「價值提供」到「價值共創」的品牌價值之設計，蜚聲國際，名噪一時。

要而言之，舒密特的感覺、情緒、認知、行動與關係之五種經驗價值模組，已為企業經銷所廣為應用。一般提及經驗價值，常指消費者在消費時的感覺（如舒適感、愉悅感等餘韻猶存的滿足感等）的個人感受。企業主要營造出一些魅力，比如環境氛圍、外觀等美感要素，以誘發消費者的消費欲望。舉例來說，世界名牌星巴克咖啡的經營模式，即讓來店消費者，不只來喝一杯美味的咖啡，更重要的是，來享受喝咖啡的愉悅，是一種踏實的存在感，一種心滿意足的經驗。也就是說，消費者喝咖啡的場域，有如「劇場」，藉咖啡這項「小道具」，體驗一種人生的「小確幸」。[43]

---

[41]B. H. Schmitt, *Experiential Marketing: How to Get Customers to Sense, Feel, Think, Act, Relate* (New York: Free Press, 1999). バーンド・シュミット（B. H. Schmitt），《経験価値マーケティング─消費者が「何か」を感じるプラスαの魅力》（嶋村和恵、広瀬盛一譯）（東京：ダイヤモント社，2000）。

[42]B. H. Schmitt, *Customer Experience Management: A Revolutionary Approach to Connecting with Your Customers* (New Jersey: Wiley, 2003). バーンド・シュミット（B. H. Schmitt），《経験価値マネジメント》（嶋村和恵、広瀬盛一譯）（東京：ダイヤモント社，2003）。

[43]八重樫文、岩谷昌樹，〈経験経済におけるデザイン・ベースの企業戦略に関する考察〉，《立命館経営学》，50.1（京都，2011.05）：67-86。

(三)經驗價值的類型

有關經驗價值的理論，論述者所在都有，其中，或提出經驗的享樂價值（hedonic value）與功利價值（utilitarian value），[44]或論述經驗的內在價值（intrinsic value）與外在價值（extrinsic value），[45]甚至是能動價值（active value）與被動價值（reactive value），[46]都有人提出。及至2001年馬維克（Charla Mathwick）等人，綜合相關論述，依消費經驗之重要性，進行結構分析，將消費經驗價值，兩兩相對，區分為四個象限，並加以類型化（**表9-5**），其各象限的意涵，分述如下：[47]

表9-5　經驗價值的類型

	能動價值	被動價值
內在價值	遊戲性	美感
外在價值	投資效益	優質服務

◆美感（aesthetics）

美感，或稱之為審美性質，係指消費者消費時，對業主所提供服務的感受，亦即在消費場域，有如享受劇場的愉悅感覺。換句話說，

---

[44]Barry J. Babin, "Consumer Self-Regulation in a Retail Environment," *Journal of Retailing, 71*(1) (Amsterdam, 1995): 47-70.

[45]R. Batra and O. T. Ahtola, "Measuring the Hedonic and Utilitarian Sources of Consumer Attitudes," *Marketing Letters, 2*(2) (New York, 1991): 159-170.

[46]Morris B. Holbrook, "The Nature of Customer Value: An Axiology of Services in the Consumption Experience," *Service Quality: New Directions in Theory and Practice*, eds. Roland T. Rust and Richard L. Oliver, (California: Sage, 1994), 21-71.

[47]C. Mathwick, N. Malhotra and E. Rigdon, "Experiential Value: Conceptualization, Measurement, and Application in the Catalog and Internet Shopping Environment," *Journal of Retailing, 77*(1) (Amsterdam, 2001): 39-56.

消費者即使未達成購物的目的，也能感受到當下快樂與「演出」時美感的喜悅經驗。

◆遊戲性（playfulness）

遊戲性，有解釋是一種流暢性（flow）經驗，意指消費者專注於消費時，產生一種身心自然調和的最佳經驗，有如遊戲裡的樂趣或忘我經驗。所以在消費的場域，逃避現實的內在快樂，常會在意識狀態中浮現。

◆優質服務（service excellence）

服務的品質，常是消費者的整體感受。業主「以客為尊」，展現貼切的服務，讓消費者萌生好感，是優質服務的具體呈現。消費者對業主的服務，係經知覺的感動，而成為一種價值的經驗。

◆投資效益（customer return investment）

投資效益，係指消費時在財物、時間、行動或心理資源等的積極付出後，所獲得的利益而言。亦即，所付出的時間或金額，有否得到相應的回報。一般消費者，會感受到業主對顧客反應的時間效率，以及對應顧客所付出的品質上的價值感覺。

一言以蔽之，不論企業經營，亦或是文化創意產業，單純強調產品特性與品質的時代已過，惟其重視體驗價值，掌握顧客的經驗感受，才能構築與顧客的緊密連結，獲得顧客的信賴，吸引更多的忠誠顧客，企業才有出路，應是眾所共認的事。

(四)運動經驗價值之開發

不可諱言，傳統以來，運動商品的行銷，無不強調運動的功能或效益，雖不能否認運動強身的重要性，不過，若就經驗行銷的角度

看，除重視運動的工具價值外，激發運動消費者對運動的愉悅感覺，情緒上的感動經驗，甚至是發揮思考上的創意，改變不同的方式，親自參與不同的運動經驗，相信會有不一樣的身體體驗價值。換句話說，套用「體驗行銷」策略，創造更多的身體經驗與體會，應是改變運動消費者積極投入消費的不二法門。

舉例來說，日本運動行銷學者，[48]近年來，致力於運動行銷研究，特別就運動觀戰的經驗價值，開發運動觀戰經驗價值量表，以及就運動消費行為，作多面向的觀察，認為運動觀賞者，購票進場，所在意的除場地設施之舒適、服務品質之優劣外，最強調觀戰時身體所受的「感動」與深刻的「震撼體驗」，亦即，觀戰者付錢買票，所想購買的是「賽事」當天的鮮明「記憶」，以及刻骨銘心的「印痕」。[49]這也就是說，未來運動行銷，除強調運動的生理功能外，更不能忽視運動經驗價值的道理所在。

當然，運動行銷對運動經驗價值的研究，尚屬開發階段，所運用的方法，還擺脫不了企業行銷的理論模式，甚至運動經驗價值量表，雖已次第推出，也引起學界諸多關注，只是在方法上，離不開主觀的價值認定，諸多研究工具，也有待進一步發展。不過，在創意產業正蓬勃發展的現階段，運動商品的推廣，正面臨新的挑戰，需要開展新局，應是不能視若無睹的重要課題。

基此背景，論及運動經驗價值之開發，或可就下列面向，試作考慮：

---

[48]斉藤れい、原田宗彦、広瀬盛一，〈スポーツ観戦における経験価値尺度開発およびJリーグ観戦者の分類〉，《スポーツマネジメント研究》，2.1（東京，2010.02）：3-17。

[49]吉田秀雄記念事業財団，〈企業とスポーツのコラボレーションースポーツマーケティングの可能性−〉，《Ad Studies》，24（東京，2008）：27-32。

◆重視共創價值，同享愉悅體驗

身體運動，貴在實際參與，在實踐中領悟動作之竅門。事實上，運動經驗之獲得，除非身體力行，實非三言兩語所能竟其功，尤其天賦各有不同，運動能力個別差異之大，超乎想像。因此，以運動指導者與學習者之角色，實無異於運動行銷者與運動購買者，在行銷者與購買者之間，宜有共創運動經驗價值之體認。亦即，運動指導者（行銷者）必以學習者（購買者）為主體，時時考慮其感受，處處設身處地，以學習者（消費者）為尊，讓指導契合學習的需要，配合學習者能力之所及，共同搭建學習過程的效果，共同達成學習的目標。唯有這樣的共享經驗，共創運動的感動經驗價值，始能水到渠成。

◆認同從感覺出發

身體運動能力，雖與生俱來，惟能力之高低，恆受個人的運動秉賦、好惡與人格特質所影響，尤其環境因素，左右親近運動機會之有無。因此，要輔導平常疏於身體運動者，走入運動場域，沒有多方提供誘因，怕難有功效。比如，結伴同行，或家庭聚會，郊遊踏青或球敘同樂，都是藉由活動增加聯誼的好機會，都可深深體會身體放鬆的感覺，體驗偷得浮生半日閒的愉悅。

再說，都市化社會，競相設立社區運動中心，提供舒適的運動空間，優美的布置，典雅的色澤，柔和的氣氛，加上輕柔的音樂旋律，配以體貼的服務指導員，置身其中，汗流浹背的身體操作，不再勞苦，而是渾身舒坦的享受。相信，即使平常較少身體活動機會，一旦身歷其境，也難以抗拒周遭環境的誘惑。

從感覺出發，不只強調五官（視覺、聽覺、嗅覺、味覺、觸覺）的感受可以開發，更力主感覺在提供身體可資判斷與選擇的信息，尤其，更重要的是，因其整體的愉悅感覺，觸發身體的深層感動，留下歷久彌新的快樂記憶，積極的忠誠與認同，才有可能。

◆行銷身體運動需要創意

　　身體運動，向來較少談及思考，遑論創意。換句話說，不論運動教學或運動訓練，雖然方法很多，傳統上，動作示範，常扮演極為重要的角色。這一方面是基於技術性的學習，直接的示範指導，較能接近所謂標準化的動作要求，一方面，當然是理性科技的理論，示範有一定的基礎根據。

　　問題是，身體運動的個體，屬性千差萬別，一視同仁的示範動作，等同於齊頭式的統一要求，忽視了個別之間的差異；同時，再怎麼標準的動作示範，都無法呈現機械式的標準演出，也就無法做到絕對性的標準動作。

　　進一步說，身體運動推動之困難，在於運動實踐者，較少有自我表達的機會。所謂一個口令一個動作，不只限縮了實踐者身體運動的表達機會，更是受制於主導者主觀上動作的強制推銷。所以，導致運動的學習過程，主導者表演的多，學習者互動的少，結果是指導者認真負責，滿頭大汗，學習者冷漠以對，興趣索然，效果是，學習者不喜歡正式課程，而熱衷於自由活動，道理在此。

　　因此，身體運動的行銷，需要依學習者，而有更多的思考，發揮更多的創意。其中，不只要依學習者的主體，提出面對目標、內容與方法的策略，更要依學習者的問題，提出具體解決的方法，回應學習者的學習目標，達成學習者的學習效果。這樣的創意思考，如同企業呼應顧客的需求，創發產品以滿足顧客的道理，不無異曲同工之妙。

◆共享運動經驗價值

　　身體運動的推廣，從學校到社區，從個人到團體，從業餘運動的實踐，到職業運動的觀賞，形形色色，不一而足。就其經驗價值而言，不外下列幾項：

1.教育的經驗：身體運動是個人社會化過程的基本課程，經由學習，才能累積身體的知識與技能，豐富身體運動文化。

2.非日常性的經驗：身體運動在常與非常的過程中，享受夢幻般的快樂經驗。在真實與想像裡，有機運的期待，更有激情的興奮。

3.美感經驗：不論觀賞運動或運動實踐，無不都在特定空間裡展演，其中，有身體之美，技術之美以及律動之美，在動、靜之間，進退有據的態度之美，充滿生命的堅韌與寬容。

4.共享歡樂：運動演出，沒有主角與配角之分，在各自的舞臺，盡其在我，扮演自己的角色，盡情顯露，充分表達，在看與被看之間，盡情歡樂，也共享歡樂。

以上述經驗為基礎，而有了滿足、豁達、悸動與緊張，那就是一種無比快樂與幸福的感受。

第三節　職業運動的興起

近代運動源自於上流社會的有閒階級，以業餘精神，排除勞動階級的參與機會，藉以嚴格區分上下階級制度。惟自1870年代前後，運動日益普及，賽事競爭激烈，財物介入賽事，爭取獲勝機會者，時有所聞，因此，業餘、半職業與職業運動員，陸續出現。尤其，運動賽事緊張刺激，號召力強，吸引大量觀賞人口，商機浮現，職業運動，隱然成形。[50]

進一步說，社會發展，經濟改善，都市產業化，中產階級崛起，

---

[50]Barry Smart，《運動明星》（何哲欣譯）（臺北：韋伯文化，2008），63-68。

賽事激烈擠爆球場看台

資料來源：2017臺北世大運執委會提供。

運動風氣日盛，運動人口增多，資本家意識到賽會商機潛力，藉明星球員拓展市場，並塑造運動英雄，促進社會和諧與發展，備受關注，引起共鳴。同時，人口都市集中化，生活水準達到一定的水準，加以工作時間減少，自由時間的擴大，交通發達，資本家招募球員演出，提供社會大眾娛樂休閒，增進生活樂趣。

特別是，二次戰後，政治緊張局勢趨緩，人民生活安定，從生產社會的勤奮工作，轉向消費社會的逸樂傾向。時勢所趨，運動參與，一者，提供消費者凸顯社會身分地位的象徵機會；再者，鼓勵球員自食其力，促進社會階層的流動空間，擴大運動功能；三者，強調運動不只是單純的健康功能，職業運動得以滲入大眾生活，成為生活文化的重要環節，其來有自。

本節即基此背景，擬就：(1)職業運動的意義及其功能；(2)業餘與

職業的糾纏；(3)職業運動的必然性及其結構等三部分，略述如下。

一、職業運動的定義及其功能

(一)職業運動的定義

　　職業運動之定義，常泛指「從事職業運動競賽或表演之行業」而言，屬我國運動休閒產業的範疇內之類型。所謂「行業」，係指經濟部門之種類，包括從事生產各種有形物品與提供各種服務之經濟活動在內，與職業有別。易言之，行業是工作者所隸屬之經濟活動部門，職業指工作者本身所擔任之職務或工作。兩者概念不同，內容互異。[51]

　　具體而言，作為行業，職業運動足以生產各種有形物品與提供各種服務的經濟活動。前者如競賽支援系統的運動場管、運動服飾、器材用具、媒體傳播設備等；後者如運動員之技術展演、球團及聯盟之運作體制、教練、防護、裁判等專業服務等，均屬經濟活動範圍。至於職業，則指在此行業範圍內，擔任各不同角色之職務或工作，如球員、教練或裁判等，各扮演不同角色，克盡不同職責。

(二)職業運動之功能

　　不論歐洲與美國職業運動形態有何不同，其經營的理念，利潤應該是首要考量的重點，不過，從職業運動的發展看，除了經營者的經濟考量外，其對整個社會與個人的貢獻，似應更值得重視。進一步說，職業運動的興起，至少具有下列的功能，為眾所共認。

---

[51]我國行業標準分類，援例以聯合國國際行業標準分類為基本架構；並參酌我國國情調整，於2011年3月完成第9次修訂後公布實施。行政院主計處，《中華民國行業標準分類（第9次修訂）》（臺北：主計處，2011），179。

◆提升運動文化水準

職業運動之能吸引人潮，除媒體宣傳與行銷策略等商業手法奏效外，重要的關鍵因素，應是運動技術異乎尋常的演出，競賽實力難分軒輊，高潮迭起，勝負難料。其中，不只動作花樣百出，出神入化，精彩的身體操弄，讓人眼花撩亂，嘆為觀止，誘發球迷，蜂擁而至，百看不厭，甚至呼朋喚友，熱烈支持，造成經營者有利可圖，願意繼續挹注資本投資，提升演出水準，開發更多展演花招，招徠消費者。

事實上，身體運動技術的開發，不只高難度的技術，推陳出新，動作內容的豐富性，更是變幻莫測。這種經由職業運動所創造的運動技術，在大眾的日常生活中，耳濡目染，風行草偃的結果，啟發社會大眾，群起效尤，形成厚實的身體運動文化，提升了運動文化水準。

◆經濟效益與凝聚力

職業運動之球員，為企業或所屬地區的資產，對球迷而言，是不可替代的產品，其動靜觀瞻，向來為球迷所關注。一旦征戰獲勝，不只有助所屬球團企業聲勢上揚或所屬地區聲名遠播，球迷更與球員共享榮光。

具體而言，職業球員是企業的活動廣告，卓越的演出成績，不只有利於自家品牌價值的提升，更有益於自家商品的廣泛行銷，提升企業經濟效益，不難想見。舉例而言，籃球超級巨星喬丹、足球貝克漢以及高爾夫球伍茲等人的品牌價值，都為個人或所屬機關團體，獲取龐大的商業利益。

就社會觀點看，對內而言，職業球員直接有利於所屬企業的認同，間接提高所屬成員的凝聚力，論者所在都有，無庸贅述。對外則有秀異的驅動力，展現區別於同類競爭對手的重要象徵，激發力爭上游，鰲頭獨占的信心。

◆道德的啟發與實踐

職業運動是運動明星與運動英雄的較量場域，也是表演舞臺。球員的言行舉止，常為球迷或社會大眾所模仿。換句話說，著名的職業球員，不只收入高，聲望好，常是大眾的夢幻的追求對象，更是青春偶像，可說是眾人夢寐以求，心嚮往之的理想。同時，球員因係公眾人物，常是社會行為標竿，生活起居，備受社會大眾所關注，舉手投足，無一不攤在大庭廣眾前，接受嚴格檢驗，其辛苦的奮鬥過程，或披荊斬棘的人生歷練，更富啟發意義及激勵效果，常作為人生力爭上游的勵志典範。

◆擴增運動人口

職業運動之形成，除經濟條件外，社會運動人口及運動風氣，應是重要的關鍵影響因素。進一步說，職業運動的市場，有賴於廣大的球迷支持，更需要普遍的運動風氣，尤其整體社會的支援條件，更是誘發職業運動蓬勃發展的重要條件。比如，唯有理想的比賽場地，便捷的交通，熱心的媒體傳播，以及廣泛熱愛運動的群眾，才能使職業運動的演出，行雲流水，吸引更多觀賞者進場，也因支持者的不斷湧進，使得職業運動，精益求精，賣力演出，開創了更多忠誠的支持球迷，彼此相因相成，因果激盪，導致運動人口擴增，獲益水漲船高，運動風氣更行普及。

二、業餘與職業的糾纏

近代運動的發展，源自英國，到美國開花結果，論者所在多有，無庸贅述。[52]不過，從其過程觀察，不同的類別項目，雖各有不同的

---

[52]Barry Smart，（何哲欣譯），《運動明星》，2008，42。

演進路徑，卻有其共同的跡象顯示，先由貴族階級開其端，而後蔓延到庶民社會，蔚為大眾化的運動風氣。

當然，早期英國貴族士紳，以參與運動凸顯階級的優越性，強調免於謀生勞役的業餘精神（amateurism），自可想見。具體而言，業餘（amateur）乙詞，原有「樂道者」或「愛好者」的語意，就藝術角度看，則泛指美術品的鑑賞家而言。[53]對上流社會而言，運動僅止於休閒娛樂，無涉功利財物的取得，道理不辨自明。誠如《有閒階級論》作者凡勃倫所指陳，藉狩獵運動以炫耀貴族階級的尊貴，蘊含不事勞務而有特權浪費的合理化意識形態。[54]

事實上，自1896年古柏坦創立近代奧林匹克以來，從其奧委會的組織成員看，類皆有閒階級，[55]莫不以業餘精神，嚴格限制職業運動員參與奧運會，作為奧林匹克的終極理想。其間，所一再強調者，莫過於「更高、更遠、更強」的奧運真諦，以及「人生之所重，不在獲勝，而在奮鬥有方」之生命啟迪與道德教育的神聖意義。[56]加以素有業餘先生之稱的奧會主席布倫達治，終生矢志信守古柏坦理想，堅持業餘運動的本質，致使紛爭迭起，備受挑戰，始終無法根除商業利益的介入。

因此，國際奧委會，自1925年起，先後多次修改業餘規定，以因應奧運會的參賽資格，挽救業餘精神瀕臨解體的危機。惟自1950年

---

[53]許義雄，《近代奧林匹克的挑戰》（臺北：國立臺灣師範大學體育學會，1981），50。

[54]凡勃倫（Thorstein B. Veblen），《有閒階級論》，2007。

[55]古柏坦深知古代奧運，因職業運動的墮落而遭唾棄，因此，最初所邀請的奧委會委員十三人，均為有閒階級，含中產階級、上層中產階級、貴族的軍人、富商及外交官等，均受高等教育，深黯西歐希臘拉丁文化道德優越性的規範。此亦為奧運會強調業餘運動道德的最佳註解。国際オリンピック委員会，《国際オリンピック委員会の百年》（穂積八洲雄譯）（東京：NPO法人日本オリンピック・アカデミー，2007），53。

[56]古柏坦所提倡之奧運的意義。

古柏坦創建近代奧林匹克歷史留名

代前後，國際冷戰頓起，奧運會的政治角力，無時或息，加以人權意識高漲，運動商品化的氣勢日盛，奧運會的競賽場域，充斥著假業餘（shamateur）、國家業餘（state amateur）及商業化業餘（commercial amateur）的陰影，揮之不去。[57]

面對業餘精神潰敗的衝擊，第六屆國際奧會主席基蘭寧上任之後，盱衡國際潮流，呼應現實需要，乃於1974年，經奧會委員會議中，決議取消奧委會「業餘」兩字的相關規定，終結近百年的業餘運動的虛相，務實地與職業運動合流，啟動了職業運動全球化的大門。

要而言之，業餘精神之備受質疑，終至無以為繼，有下列幾個因素，值得重視。

(一)職業運動，淵遠流長

　　古柏坦之重視奧林匹克的道德理想，實際上，是受英國伊頓公立學校，以運動作為教育青少年道德理念的影響。當時伊頓公立學校學生，大都為大地主的子弟，沉溺於飲酒、狩獵及賭博的糜爛生活，甚至遠從家鄉帶來馬與獵犬，喜好戶外活動，捨室內或宗教教育課程於不顧。1828年阿諾德受命擔任校長，大力倡導運動及學長制，意圖以重新塑造虔誠的基督教徒為目的。阿諾德在任職的十四年間，成功地培養了學生的男子氣概、提高道德心、自制、團隊精神及對王室與教會的尊敬。[58]

　　古柏坦以英國的紳士風度，推展業餘運動，可說是阿諾德教育理念的具體實踐。不過，當時的英國上流社會，大致接受半職業運動（semi-professional sports），如18世紀時，上流社會大力贊助民間賽事的舉辦，或參與次級階級的活動，甚至貴族僱用球技出眾的板球選手到莊園或宅邸出賽。亦即，具備一定球技的板球球員憑藉著在球賽中的優異表現爭取酬庸度日，大有人在。[59]更具體的說，1870年到1880年間的英國社會，原本不同階級可以自由從事各種運動的傳統社會模式，因中產階級興起，如企業家、商人與工業老闆取代了舊有的有產階級，造成了階級間的緊張，促使社會對運動賽會參與者，有了業餘選手與職業選手的嚴格區分。[60]

　　再以美國為例，早在南北戰爭時代，棒球即為相當普及的項目。在1860年前半階段，球員拿報酬打球，可說當時已有了職業選手。其後，並於1868年制訂了職業選手的規則。1869年辛辛那提紅長襪隊

---

[58]国際オリンピック委員会，《国際オリンピック委員会百年》，2007，21-23。
[59]Barry Smart，（何哲欣譯），《運動明星》，2008，63。
[60]Barry Smart，（何哲欣譯），《運動明星》，2008，64。

（後改名為紅人隊）組成職業棒球隊，並巡迴各地比賽，甚獲好評，這種以「娛樂觀賞」的商業形式，擴及全美，群起效尤，而有1903年國家聯盟與美國盟合併而成的棒球大聯盟（Major League Baseball，簡稱MLB），並從東部擴及到中西部的大都市，奠定了其他地方棒球小聯盟的基礎。[61]

進一步而言，當時美國社會，運動風氣蓬勃發展，且在競走、競速、競跑及拳擊等賽事中，都可嗅到商業化傾向。當時明星學校，如耶魯大學、哈佛大學等校園競賽，已高度商業化。其中，或企業贊助舉辦活動、或提供高額獎學金，贈與比賽獲勝者，甚至組成職業棒球隊，舉行對抗賽。[62]

(二)業餘窘境畢露

奧運舉辦以來，國際奧委會雖高舉業餘理想，領導青年朝向「更高、更遠、更強」的理想邁進，表面上，雖光彩奪目，甚獲肯定，背地裡，仍諸多困擾因素，讓國際奧會窘境畢露，不得不因應解決，也是事實，如：

◆業餘侷限了奧運成績的高度化發展

奧運是世界最大規模的運動競爭舞臺，展現的競爭水準，理應為世界最高等級，始能成就人類潛能的極致，作為青年努力的標竿，起到引領改造人類競技水準的使命。不過，顯而易見的是，諸多職業運動選手，雖成績表現非凡，甚至超越了奧運紀錄，卻因業餘規定，被排除於奧運競爭場域，喪失締造世界紀錄的機會，致使奧運賽會常被

---

[61]石原豐一，〈ベースボールにみるグローバル化－MLBによるドミニカプロ野球包摂を中心に－〉，《立命館国際研究》，21.1（東京，2008.06）：111-129。

[62]Barry Smart，（何哲欣譯），《運動明星》，2008，65-66。

視爲亞於各世界盃賽事的水準，只能等同於世界大學運動會，無法達到世界拔尖境界，領導群倫的競技理想，實有違奧運初衷。[63]

◆業餘剝奪了勞動階級參與機會

奧運理想，向來標榜，奧運之參加，不分種族、性別、政治與宗教等之差別，意指人人都有均等之機會，公平參與公開之奧委會所主辦之賽會，卻因業餘參加規定，將帶職或曾是勞動階級，悉數排除於奧運競賽場合，剝奪其基本參賽機會，不只有違奧會之基本精神，更藐視基本人權，奧委會之難以自圓其說，終至必須取消業餘規定，實是咎由自取。

◆全民運動淹沒業餘規定

1960年代，是全民運動興起的年代，從先進國家到開發中國家，隨著產業化與都市化的演進，運動不再僅限於具有運動才能或得天獨厚的少數人，跨越性別、年齡與階級，運動屬於人人享有的權利，已是舉世各國所公認。因此，各國全民運動政策次第展開，具體施行策略，先後公布，形成人人要運動，時時可運動，處處能運動的行動，淹沒了形式上的業餘規定。

◆國家選手正式支薪

以業餘之名，行職業運動之實的例子，不勝枚舉。其中，以1952年代的蘇聯社會主義國家最具代表。當時美蘇冷戰期間，國際賽會，兩大集團爲爭取勝利，展現國際實力，形同「戰爭」。一方面以國家體制專職訓練，有如國家豢養的職業選手，一方面提供高額獎學金，資助選手生活，純爲運動樂趣的業餘精神，可說已名存實亡。

---

[63]內海和雄，《プロ・スポーツ論－スポーツ文化の開拓者》（東京：創文企画，2007），13-18。

再根據1970年代的國際運動趨勢，在諸多國家中，不只得牌選手獲得津貼，即使未有得獎希望的選手，也獲得訓練補償費。可以說，國際奧會的業餘規定，不得不化爲灰燼，走入歷史。[64]

三、職業運動的必然性及其結構

(一)職業運動的必然性

職業運動可說是重要的運動產業，在先進國家，不只提升運動競技水準，增進經濟效益，提供國民娛樂生活，尤有助於企業與地域認同，其產值之驚人，實非一般人所能想像。因此，職業運動的成立，有其必然性及條件，應非過言。如：(1)雄厚的經濟條件；(2)成熟的觀賞群眾；(3)社會的運動風氣；(4)嚴密的傳播網絡等，都可說是職業運動的基礎條件。進一步說，職業運動形成的必然性，在於：

1. 資本主義經濟中，一旦商品經濟普及化，同時，以運動爲職業的人數源源不絕之後，國民以運動爲消費對象，蔚爲風氣，職業運動自可水到渠成。
2. 職業運動員，作爲市場的商品，以及作爲近代勞資關係的勞動者，與資本家經營者的辯證關係，凸顯職業運動的重要性，促成職業運動適時興起。
3. 國際奧會取消業餘規定，打開傳統以來運動選手進出運動場域的空間，以及職業運動的全球化，隊籍流動的自由化，更使職業運動員找到更寬廣的出路。

---

[64]許義雄，《近代奧林匹克的挑戰》，1981，52。

以美國職業運動四大聯盟為例，依其相關資料，[65]結果顯示如**表9-6**。其中，涉及經營的經濟基礎、觀賞人口、場地設備及整體社會的運動風氣等條件，昭然若揭，不難窺見一二。

表9-6　美國職業運動聯盟相關資料表

聯盟	美式足球（NFL）	棒球（MLB）	籃球（NBA）	曲棍球（NHL）
年收入	90億（2,700億）	80億（2,400億）	50億（1,500億）	24億（720億）
平均年薪	135萬（4,050萬）	250萬（7,500萬）	520萬（1億5,600萬）	175萬（5,250萬）
薪資上限	1億2,000萬（隊員53人）	1億7,800萬（隊員25人）	5,804萬（隊員15人）	6,430萬（隊員23人）
轉播金	50億（1,500億）（每年）（2014-2022）（9年）	15億（450億）（每年）（2014-2021）（8年）	9億3,000萬（270億9,000萬）（每年）（2008-2009）到（2005-2006）	2億（60億）（每年）（2011-2012）到（2020-2021）
轉播頻道	FOX、CBS、NBC、ESPN	ESPN、FOX	ABC、TNT	NBS及NBC-SPORT
觀眾人數	67,604人（每場）（2012賽16場）	30,514人（每場）（2013賽162場）	17,348人（每場）（2012-13賽82場）	17,721人（每場）（2012-13賽82場）

單位：美金（臺幣）　　1美金＝30元臺幣計算

　　舉2013年職棒大聯盟（MLB）為例，球員每年年薪至少二百五十萬美金（合臺幣七千五百萬元），所得之高，令人稱羨。再說每年為球團出賽162場，每場觀眾30,514人，年間進場觀賽人數，約在500萬人之譜，每人平均票價美金一百元（合臺幣三千元）計算，則入場券收入，應為五億美金（合臺幣一百五十億），另加媒體轉播十五億美金（合臺幣四百五十億），商標廣告、贊助金、周邊商品銷售及資產

---

[65]筆者根據Wikipedia，〈北米4大プロスポーツリーグ〉，綜合整理。https://ja.wikipedia.org/wiki/%E5%8C%97%E7%B1%B34%E5%A4%A7%E3%83%97%E3%83%AD%E3%82%B9%E3%83%9D%E3%83%BC%E3%83%84%E3%83%AA%E3%83%BC%E3%82%B0，2017年3月5日檢索。

增值等，每年總產值超過美金一百億（合臺幣三千億），除經濟的支撐、球員的演出以及球迷的投入外，實為整體社會的共同的參與，始能造就如此龐大的市場商機。

(二)三元關係結構

　　一般總認為，職業運動概指以運動為職業的運動員，以技術演出，號召球迷進場觀賞，藉以謀生或營利的行業。實際上，職業運動不只有賴運動技術卓越的球員，更需要擁有球員的球團的精心經營，尤其，整體運作上，球團所組成的聯盟，才能讓球團在合理的基礎上，運作自如。所以，首先是球團與球員間，公平的勞務關係，經由球團間的協議，統籌由聯盟運籌帷幄，才能構成職業運動的茁壯成長。

　　當然，職業運動，必須藉助球迷或觀眾的支持，始能維持市場的正常運作，所以，善於維持與球迷或觀眾的關係，應是開拓市場的不二法門。

　　而媒體作為職業運動與球迷之間的媒介，則是扮演左右職業運動市場的重要角色。從聲音的實況轉播，經現場的影像傳輸，到全球即時性的現況轉播，都大大的擴展了職業運動的市場，也展現了職業運動全球化的商業潛力。

　　不可諱言的是，職業球團，除了企業財團經營外，仍有不少社區自治團體投入球團的經營，也展現了職業運動作為社會公共性的有利支柱。

　　上述職業運動組成要素的關係，如**圖9-2**所示。[66]

---

[66]內海和雄，《プロ・スポーツ論－スポーツ文化の開拓者》，18-21。

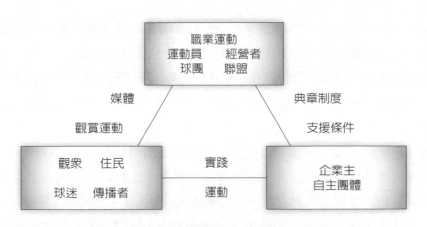

圖9-2　職業運動之三元關係結構

第四節　奧運會商業化的省思

　　近代奧林匹克，自1896年創設以來，已有一百二十年的歷史。其中，從早期作為萬國博覽會的一環，[67]體現資本主義社會的發展樣貌，透過政治、經濟、技術與未來的展示，呈現人類運動文化的嶄新面貌，更彰顯人類運動競爭的耀眼成果。

　　具體而言，近百年來，一向以促進人類和平，推展國際交流與合作的奧運會，先後遭遇過主辦主體的爭議、業餘精神的解體、人權的抗爭、種族歧視、女權運動、政治對立、藥物濫用與商業介入等層出不窮的問題，導致奧運會面臨不同的考驗，更不斷謀求因應對策，維繫奧運會的持續發展。尤其，1952年蘇聯集團加入，東西兩大陣營的

---

[67]1900年巴黎及1904年美國聖路易（密蘇里州）奧運會，均依古柏坦意旨，作為萬國博覽會的一環，委身於博覽會一隅，顯示不出奧運會的主體性。內海和雄，〈オリンピックと資本主義社会4：オリンピック批判・否定論の検討〉，《人文・自然研究》，3（東京，2009.03）：4-70。

尖銳對峙，政治角力無時或息。及至1980年代之後，相互抵制，問題檯面化，意圖癱瘓奧運的態勢甚明，奧會的困境有增無減。同時，經濟利益的逐步擴張，奧林匹克產業化的趨勢，甚囂塵上，奧運會的本質及其理想，遭到質疑，奧委會的發展，難免陷入窘境。2000年前後，地球暖化現象日趨嚴重，環境保護運動崛起，永續發展舉世重視，申辦奧運會，成為申辦國家必須面臨國內居民保護環境權與生存權益的激烈抗爭。[68]諸如此類的紛爭，隨奧運會的演進，如影隨形，與時俱進，因此，批判奧運走向者有之，否定奧運價值者，更不乏其人。[69]

　　本節即依此背景，擬就現階段，商業介入奧運會，致使奧運會產業化，功過如何，值得深入省思。全文擬分：(1)奧運會商業化的背景；(2)奧運會產值水漲船高；(3)奧運會商業化之典範；(4)奧運會商業化之省思等，分述如下。

一、奧運會商業化的背景

　　一般認為，奧運走向商業化經營，應始自1984年的洛杉磯奧運。具體而言，在1980年代以前，舉辦奧運常是吃力不討好的事。不只政治干預，社會治安備受考驗，對承辦都市所造成的經濟壓力，若非舉國體制的財政挹注，可說非弱小國家所能負荷。舉例而言，1976年加拿大蒙特婁奧運，原以為可以收支平衡，結果竟然虧損達二十四億美元之多，導致市政府債臺高築，其中將近九億九千萬美元的負債，到

---

[68]許義雄，《近代奧林匹克的挑戰》，1981，1-46。
[69]實際上，從1980年代之後，因超大型的奧運會，對生態的破壞、稅賦增加（承辦國）、政治介入、商業化以及藥物濫用等問題，造成諸多負面的影響，致而引起不少批判與否定。內海和雄，〈オリンピックと資本主義社会4：オリンピック批判・否定論の検討〉，《人文・自然研究》，3（東京，2009.03）：4-70。

一馬當先勇冠群雄

資料來源：2017臺北世大運執委會提供。

2006年11月才還清。稱之為債留子孫，應非過言。[70]

　　因此，奧委會在例行會務之推動，以及四年一度的奧運會或各會員國及各項運動協會的大小賽會，其經費籌措及行銷策略，自不能不有所調整。尤其，1974年之後，奧委會會章取消業餘規定，奧運會不再有職業與業餘之分，賽會經營或運動員之進出賽會，允許商業介入，藉以廣開財源，提升競技實力，並拓展奧委會業務。

　　當然，促成奧運會商業化或產業化趨勢，不能忽略下列的影響因素。

---

[70]蒙特婁辦1976年奧運，債臺高築，魁北克州因之增稅三十年，才還清。被戲稱有如金融風暴的「雷曼衝擊」（Lehman Shock）。小川勝，《オリンピックと商業主義》（東京：集英社，2014），110-111。

(一)運動全球化，成為最佳宣傳手段

奧運會本是資本主義社會，透過運動競技，進行國際交流，達成世界和平的舞臺，特別是二次戰後，冷戰期間，奧運會曾因其理想的追求，備受國際社會所肯定，同時，奧運會不只為國家政治或意識形態所利用，甚至國際跨國企業，藉運動賽會，組織球隊，培養頂尖球員，拓展商業利益，已是眾所共認。

因此，從國際奧會開始，除奧運會的主辦外，或接受企業贊助，或自行開發商品，拓展市場，積累的財富，已不可同日而語。

(二)運動員與廠商，互惠互利，各取所需

運動員需要透過精良的運動器材，提升競技成績，廠商藉助奧運會，經由運動員的採用或代言，達到廣告宣傳的效果。從服裝、鞋襪，到用具、裝備，無不是廠商爭取顯露產品的最佳機會。尤其國際傳播媒體發達，水準越高的運動員，披露的機會越高，受到的關注越高，球迷或粉絲越多，影響層面越廣，代言或使用的商品，越受歡迎。所以，廠商與運動員的關係，有如水幫魚，魚幫水，所謂如魚得水，互惠互利，各取所需，自然越能促成奧運會商業化的取向。

(三)賽會空間就是商機

賽會空間，運動員就是活廣告。在大庭廣眾前面，隨著運動員的現身，若隱若現的召喚，吸引消費者的目光，打動消費的欲望。另一方面，放眼望去，五花八門，爭奇鬥豔的商業宣傳看板，矗立在賽場的四面八方，不論大小，不計形狀，緊盯著閱聽大眾，激發消費者的需求，迎接消費者出手下單。

賽會空間，原本只是人與活動的展覽場，廠商的善意介入，增加

五彩繽紛的布置，美化了環境，營造熱鬧的氛圍，創造市場商機，增加大會營運的收入，成全競技賽會的美滿演出。

(四)奧委會主導，商業化如虎添翼

根據奧林匹克憲章，奧林匹克是由國際奧委會（IOC）、國家奧委會（NOC）及國際單項運動協會（International Federation, IF）等三者所組成。國際奧委會主導奧運會承辦城市的決定權，一旦主辦城市決定，則將承辦權移由承辦城市，組成奧運會籌備委員會。依照過去慣例，從電視轉播權利金的協商、到大會贊助廠商的決定，都由承辦國家的籌委會負責，但自1980年第七屆奧委會主席薩馬蘭奇就任之後，即將奧運會相關權利金之運作，收回由奧委會全權主導。

薩瑪蘭奇，原是西班牙大銀行主管，為財務專家，曾任駐蘇聯外交官。接掌奧委會，即展開對奧會的兩項重大改革，即：(1)奧運會電視轉播權的協調主體，由承辦城市的籌委會，轉由國際奧委會負責；(2)從各國家奧委會所擁有的企業贊助協調權限，及奧委會五環標誌使用權，移為國際奧委會統籌辦理。易言之，世界規模的運動贊助所得，集中奧委會。

如眾所周知，奧運會是各會員國間的運動技術較量，全世界兩百多個國家，遵從奧委會憲章，齊聚一堂，遵守統一的規則，在不分業餘與職業的公開競技下，是世界獨一無二，最大規模的聖典。這種類似家父長制的體制，不只凸顯競賽成績的權威性、正統性，更顯示競技賽會的限制性、稀有性。奧委會的強力指導，不只可以影響賽會的舉辦，更獨占奧運會產品的行銷權，使奧運會商業化的趨勢，如虎添翼，快速發展。

二、奧運會產值水漲船高

1976年加拿大蒙特婁奧運負債累累之後，申辦奧運會的國家，多採觀望態度，申辦的國家數量，屈指可數。但1984洛杉磯奧運，經由商業化經營之後，奧運會的利基，頓時受到重視，申辦情形又成多國競爭態勢。如1992年的申辦國家，竟高達六國之多，競爭之激烈，可想而知。

實際上，過去承辦奧運會的國家，大都考慮提升國際形象、穩定國內政治與發揮社會效應，竭盡所能，舉國投入，自不在話下。不過，21世紀以來，特別是網路資訊發達之後，承辦奧運會，除了可以帶動國家基礎建設，凝聚全民尊榮意志，振興觀光產業之外，激發經濟效能，已成支撐籌辦大型賽會的強大動力。以2020年東京奧運籌辦為例，初步預估經濟波及的效果約三兆日圓（合約臺幣二千八百億元）。[71]奧運會之潛在經濟利基，不能小覷。換句話說，將奧運會視同產業經營，表面上，雖不無揶揄的成分，實際上，仍不無言之成理的地方，值得深入思考。

舉例來說，就以奧運會的一般營收而言，約含下列幾項，如：

1. 媒體轉播權利金。
2. 國際官方贊助金。
3. 國內贊助金。
4. 門票收入（入場券）。
5. 授權金（如授權紀念品販賣收入、五環標誌授權等）。

---

[71]根據東京都報導所發表的資料，2020東京奧運對經濟波及的效果，含生產誘發效果、附加價值誘發效果、僱用者所得誘發效果等近三兆日圓，另在僱用誘發人數約152,202人。

6.補助金（如政府補助）等。

因奧運會每隔四年舉行一次，奧運會的贊助簽約，通常以最短四年為期，本文即以近年的奧運會收入情形，以四年為單位計算，觀察奧運會的收入規模，藉作參考（**表9-7**）。[72]

表9-7　近年來奧運會收入一覽表（單位：美金）

	1993-1996年	1997-2000年	2001-2004年
媒體轉播權利金	1,251,000,000	1,845,000,000	2,232,000,000
國際官方贊助金	279,000,000	579,000,000	663,000,000
國內贊助金	534,000,000	655,000,000	796,000,000
門票收入（入場券）	451,000,000	625000000	411,000,000
授權金（紀念品等）	115,000,000	66,000,000	87,000,000
合計	2,630,000,000	3,770,000,000	4,189,000,000

從**表9-7**得知，奧運會之所得，以媒體轉播權利金為最多，其次為廠商贊助。試分別說明如下：

(一)轉播權利金

以轉播權利所得觀察（**表9-8**），[73]自1960年羅馬奧運以來，從一百二十萬美金，躍升至1980年的八千八百萬美金，2000年的十三億美金，至2012倫敦奧運，已高達四十三億八千萬美金，金額不只是逐年增加，甚至是倍數增加，顯見奧運會活動之廣受歡迎，其市場之潛力，以及因賽會所帶出的廣告曝光效果，自非常人所能想像。尤其，

---

[72]江頭滿正，〈（収入4500億円）行き過ぎたオリンピック商業主義〉，sportsnavi.com，http://www.plus-blog.sportsnavi.com/marketing/article/114，2014.10.15檢索。

[73]飯塚康之，〈オリンピック・ビジネス構造〉《イベント科学の総合研究論集》，5（東京，2012.12）：29-43。

表9-8　奧運轉播權利金一覽表

舉辦年代	舉辦地點	轉播權利金（美元）
1960	羅馬	1,200,000
1964	東京	1,600,000
1968	墨西哥	9,800,000
1972	慕尼黑	17,800,000
1976	蒙特婁	34,900,000
1980	莫斯科	88,000,000
1984	洛杉磯	286,900,000
1988	漢城	402,600,000
1992	巴塞隆納	636,100,000
1996	亞特蘭大	898,300,000
2000	雪梨	1,331,600,000
2004	雅典	1,494,000,000
2008	北京	1,739,000,000
2012	倫敦	4,380,000,000
2016	里約	2,320,000,000

拜科技之賜，從轉播的行動裝置，可全球24小時收視，甚至賽會活動，還用3D播出，從有線、無線及衛星等數位傳播科技，從居家電視、平版電腦到智慧型手機的問世，使得信息傳遞無遠弗屆，更突破時間的限制，傳播權利金之水漲船高，自是其來有自。

(二)廠商贊助

奧委會較大的收入，除媒體轉播權利金外，則是廠商贊助金。奧委會為統籌納入各國家奧委會（NOC）之廠商贊助金，從1985年開始，擬定「奧會贊助計畫」（The Olympic Programme, TOP）。計畫中明訂，參與此計畫之廠商，得以享有下列權益：[74]

---

[74]小川勝，《オリンピックと商業主義》，2014。

1.全世界之電視、新聞、雜誌、街坊等廣告，使用奧會五環標誌，掛名為奧會正式贊助廠商。

2.奧會大會期間，飯店與觀賞票券之優先分配權。

3.奧運會場內，設置店鋪及展示機會。

就資料所得，從1985年「奧會贊助計畫」設置起，至2012年之廠商贊助金，約如**表9-9**所示。[75]

表9-9 「奧會廠商計畫」贊助金一覽表

期別	期間	主辦城市 （冬運／夏運）	贊助廠商	參加國家	贊助金額 （美金）
1	1985-1988	卡加利／漢城	9	159	9,600萬
2	1989-1992	阿爾貝維爾／巴塞隆納	12	169	1億7,200萬
3	1993-1996	利勒哈默爾／亞特蘭大	10	197	2億7,900萬
4	1997-2000	長野／雪梨	11	199	5億7,900萬
5	2001-2004	鹽湖城／雅典	11	202	6億6,300萬
6	2005-2008	杜林／北京	12	205	8億6,600萬
7	2009-2012	溫哥華／倫敦	11	205	9億5,700萬
8	2013-2016	索契／里約	12	207	8億9,860萬

從表中，贊助廠商約在十家上下，贊助金額自1985開設以來，已有十倍以上的成長，凸顯奧委會的經營策略，不只掌握了世界經濟脈動，拉高贊助額度，更說明企業經營者，不敢輕忽奧運會的龐大產業市場。

以倫敦奧運為例，將贊助廠商，分為四個等級，即：最高級的奧會世界主要贊助夥伴、以倫敦奧運為主的贊助夥伴、贊助支援廠商及供應廠商等。奧會為了提高贊助金額及避免競爭品牌惡性對立，奧

---

[75]永田靖，〈オリンピックにおけるビジネスモデルの検証：商業主義の功罪〉，《経済研究論集》，35.3（広島2012.12）：31-40。

技高一籌所向無敵

資料來源：2017臺北世大運執委會提供。

委會在各個產業類別中，只允許一個品牌贊助。如國內宏碁電腦，於2007年與倫敦奧運簽約，贊助2010年溫哥華冬季奧運與2012年倫敦奧運。其中，在溫哥華冬奧方面，供應了奧運轉播賽事需要的電腦設備，包括6,400臺PC與筆記型電腦、4,950臺螢幕，34臺伺服器、8,950件周邊設備，與120位技術人員，並設立了100臺可以上網的PC，提供奧運選手使用。當時，同時期進入國際奧會贊助夥伴者，有：IT產業（Atos）、音響・影像機器類（松下）、無線通訊機器類（三星）等。而在2012年倫敦奧運，宏碁更在倫敦發光，成為官方11家主要贊助廠商之一，就此而言，臺灣宏碁能在國際奧會上，一展電腦產業實力，應也是臺灣的光榮，值得肯定。[76]

---

[76]陳國華、吳秀華，〈宏碁大手筆砸30億，擠進贊助商〉，《蘋果日報》，2012.07.28。

三、奧運會商業化之典範

奧運會商品化，始自1984年洛杉磯奧運，已爲眾所共認，爲深入瞭解其營運，特舉其實際運作內容（**表9-10**），略作說明。

表9-10　洛杉磯奧運收支情形（美金）[77]

項別	內容	金額
收入： 7億4,656萬	1.轉播權利金 2.贊助金額 　(1)正式贊助 　(2)供應商贊助 3.門票收入 　招待券2張（雷根總統及洛杉磯市長） 4.聖火接力 　(1)每公里3元美金 　(2)133州，14,000公里 5.選手村住宿費 　(1)每人每天45元 　(2)1984年3月1日前35元 6.紀念幣	2億8,676萬 1億2,319萬 1億3,984萬 2,970萬
支出： 5億3,155萬	1.建設費 2.相關會議 3.選手村費用 4.營運經費（交通、警備等） 5.人事費 6.其他	9,170萬 3,700萬 3,025萬 2億1,055萬 9,950萬 6,255萬
結餘		2億1,501萬

---

[77]永田靖，〈オリンピックにおけるビジネスモデルの檢証：商業主義の功罪〉，2012，36。本表內容部分資料尚待查證，惟總收入與總支出額度，經筆者參照相關資料，應為可信數字。

　　相較於1976年蒙特婁的債臺高築，洛杉磯奧運，不只能圓滿完成大型賽會的任務，更創下承辦奧運盈餘的紀錄，當然令人刮目相看。分析其經費收入內容，媒體轉播權利金及正式贊助金，約占總收入的55%，門票收入雖是史上最高，卻只占總收入的19%，約為企業贊助的一半左右，顯見大會營運經費，來自企業贊助居多，明顯意味著奧運的商業化趨勢。

　　當然，洛杉磯奧運之所以成功，下列因素，也值得重視：

1. 經費控制得宜：大會組織委員會的幹事部，只用46人，同時，秘書處設在加州大學洛杉磯校區，會議就利用UCLA的教室。其他諸如貴賓接送，徹底自行處理。
2. 利用舊有設施：洛杉磯曾於1932年舉辦過奧運會，本次奧運的競技設施，徹底活用舊有設施，只新建游泳池及自由車競技場。
3. 善用行銷策略：將運動當商品，鼓勵全民參與，聖火接力，每公里3美元，不只帶動參與熱情，尤喚起廠商積極贊助。

　　總而言之，1984年洛杉磯奧運，從控制經費支出，到處心積慮創造利潤，才能達成奧運盈餘的光榮紀錄，並開創了舉辦奧運的新格局。

四、奧運會商業化之省思

　　奧運商業化之後，諸多措施不得不朝向利潤的獲得為考量，因此，對奧運價值與本質的影響，難免有不同的看法。其中，正面肯定者認為，奧運商業化，有利於大型賽會的舉辦，吸引爭辦國家的興趣，有助於承辦都市的發展，激發國民的向心力，以及提升國家整體經濟競爭力等。相對而言，持負面意見者，大致認為有違奧林匹克的本質與價值，較具體的看法，則有下列幾點：

(一)因應轉播需求，調整比賽項目、規則與時間，備受爭議

奧運的商業收入，一半以上來自媒體轉播。而媒體轉播權大半由美國國家廣播公司（NBC）主導，為收取更高廣告費用，配合美國黃金時間播出，以擴大利基，遷就商業需要，無視選手情況，與大會專業考量，更改部分比賽項目、規則或時間，時有所聞。[78]其他如排球，因應比賽順暢，便於轉播，更將規則由取得發球權才得分改為球落地即得分。又如摔角項目，收視率不高，美國無摔角好手，摔角項目從奧運中取消。其他如橄欖球，因比賽時間長，長久以來，被排除在奧運項目之外，至2016年才納入七人制比賽。

(二)商業角力，大國占盡優勢

奧運商業化後，行情看漲，城市承辦意願相對增高。以1984年申辦國家只有美國洛杉磯申請，之後申辦國家數，逐屆增加，競逐之激烈，不難想見，但經審查通過者，幾為先進國家或經濟基礎雄厚的大國取得。此一結果，直接說明新興或開發中國家，不只沒有申辦條件，即使申辦，也少有機會通過奧委會的審查，[79]獲得承辦機會，承辦權益之公平性，不無商榷餘地。就以2008年夏季奧運為例，有十個城市提出申辦，第一輪的選拔，刷掉了曼谷（泰國）、開羅（埃及）、哈瓦那（古巴）、吉隆坡（馬來西亞）、塞維亞（西班牙）

---

[78]1988年，漢城奧運，100公尺決賽，及1996年亞特蘭大奧運，均特設比賽時間，以配合美國黃金時間電視轉播。

[79]奧運承辦都市之選拔，依(1)「政府的支持・輿論」；(2)「基礎建設」；(3)「競技會場」；(4)「選手村」；(5)「環境・影響」；(6)「住宿設施」；(7)「交通」；(8)「治安」；(9)「過去主辦大型賽會業績」；(10)「財政」；(11)「理念」等十一項評鑑，每項10分為滿分，未達6分，即未通過第一輪選拔，落選出局。

等五個城市，第二輪，剩北京（中國）、大阪（日本）、倫敦（英國）、伊士坦堡（土耳其）、巴黎（法國）等五個城市決勝負，後經兩次投票，才由中國北京勝出。[80]具體而言，經營奧運會產業，到底還是資本雄厚的國家，獨占先天上的優勢。

(三)奧運肥大化，尾大不掉

從奧運會的規模看，從1896年第一屆雅典奧運的十四個國家，選手二百四十一人參加八個競賽項目的賽會，到2016年里約奧運，已有來自二百零七個國家或地區，一萬一千五百多人參加二十八類三百零六項的超大型賽會，國家數膨脹約十五倍，人數增加約四十六倍，競賽項目多出三十八倍以上，幾乎已達飽和狀態。

再說，商業化後，奧運產業版圖迅速擴張，大會籌辦經費從1984年洛杉磯奧運的五億三千萬美金，到2016年里約奧運的一百二十二億八千五百萬美金，實非落後或開發中國家所能負擔，無益奧運會理想之推廣與普及，至為明顯。

同時，就奧委會所標榜的永續發展政策，[81]強調低碳與永續發展策略看，肥大化的奧運會，所投資的資產，不論軟硬體，是否遵照「減少、再利用、再回收」的原理，營造永續健康生活方式的永續

---

[80]北京在投票時，第一次得44票，雖是五個城市最高票，因未過半數，第二次再投，得56票，通過2008年奧運承辦都市。當時我國奧會委員吳經國先生，投票取向，以及是否與北京合辦奧運等問題，備受重視，並成為媒體報導焦點。吳經國，《奧運場外的競技——吳經國的五環誓約》（臺北：天下文化，2001），217-240。

[81]永續發展概念，起自1980年代，聯合國國際自然保護聯合會（IUCN）及聯合國環境規劃署（UNEP）等，提出「世界保全戰略」，1992年，聯合國召開地球高峰會議，發表「環境與開發的里約熱內盧宣言」及「綱領21」，成為當前世界各國推動環境保護的重要依據。1999年10月23日第三次國際奧委會（IOC）也在巴西里約熱內盧發表「運動與永續發展宣言」，呼應聯合國的環境永續發展政策。

性目標，也備受關注。諸如大型競賽場館、飯店、交通設施、步行移動、廢棄物處理、餐飲供應等，都必須符合永續發展標準等，無不都是值得關注的重要課題。

(四)現實不忘理想的實踐

奧委會為職業選手敞開大門，運動的手段或工具價值，終於凌駕運動的目的與本質價值，促使唯利是圖的奧運產業興起，不只為奧運商業化找到合理的出口，並替奧委會搭起解除業餘禁令的臺階。問題在於，擺盪在理想與現實之間的奧委會，仍無法逃避不同的批判。其中，追求卓越競技的科技介入，讓技術演出，更出神入化，更接近「秀場」表演，召喚更多人口進場，引起更多觀眾驚嘆，奧會贊助廠商更踴躍，盈餘更是水漲船高。不過，競技場上，理性的運動操練，常伴隨非人性的作為與不當的藥物利用，形成為目的而不擇手段。運動員的價格提高，所得增加，自我主體的體驗降低，運動愉悅的感受減少，利害之間，不能不有更深入的考量。

相對而言，運動的業餘精神，始終不離奧林匹克創始人古柏坦的信念，以運動的教育功能為導向，企求透過全世界幾十億人口，經由奧林匹克活動，真正享受到運動的樂趣，學習盡其在我，發揮自我實現的理想。不過，震天價響的呼喚，終究敵不過資本主義排山倒海的衝擊，消費社會中價值體系的崩解，以及個人倫理觀念的渙散，要重整旗鼓，構建「創而不有，為而不恃」的業餘精神，怕需要更多的耐性與堅持。

總而言之，商業化的奧運會，既成為產業的重要形式，經營策略無不以營利為取向。不過，商場上「競爭第一，勝利至上」的激烈競爭，除計較產值的多寡外，更為奧運會的發展，開創新局面，拓展新境界，庶幾可成為運動文化的新典範。誠所謂「君子愛財，取之有

道」，在弱肉強食，強取豪奪的競爭時代，發揮同舟共濟，人溺己溺的利他關懷，應是人類文明的最佳體現。因此，奧委會、國際單項運動協會及國家奧委會，允宜一本初衷，共同為奧林匹克活動的理想持續奮鬥，甚至共同攜手合作，濟弱扶貧，挹注更多心力，輔助或支援更多落後或開發國家，藉以普及奧林匹克的教育理念，推廣奧運會的崇高理想，這是體現現實不忘理想的最好實踐。

 本章問題討論

1.何謂消費社會？如何形成？如何發展？有何特徵？試簡要說明之。

2.何謂身體運動商品化？有何特性？背景如何？有何類型？運動經驗有何價值？如何開發？

3.何謂職業運動？有何功能？職業運動的必然性及其結構如何？

4.近代奧運商業化之背景如何？1984洛杉磯奧運被視為商業化之典範，理由何在？試以奧運之理想，展望未來奧運之發展動向。

參考文獻

B. H. Schmitt and A. Simonson, *Marketing Aesthetics* (New Jersey: Prentice Hall, 1997).

B. H. Schmitt, *Customer Experience Management: A Revolutionary Approach to Connecting with Your Customers* (New Jersey: Wiley, 2003).

B. H. Schmitt, *Experiential Marketing: How to Get Customers to Sense, Feel, Think, Act, Relate* (New York: Free Press, 1999).

B. J. Pine II and J. H. Gilmore, *The Experience Economy: Work Is Theater & Every Business a Stage* (Boston: Harvard Business School Press, 1999).

B. J. Pine II and J. H. Gilmore，《體驗經濟時代──10週年修訂版》（夏業良等譯）（臺北：經濟新潮社，2013）。

B. J. パインII（B. J. Pine II）、J. H. ギルモア（J. H. Gilmore），《（新訳）経験経済》（岡本慶一、小高尚子譯）（東京：ダイヤモンド社，2005）。

Barry J. Babin, "Consumer Self-Regulation in a Retail Environment," *Journal of Retailing, 71*(1) (Amsterdam, 1995): 47-70.

Barry Smart，《運動明星》（何哲欣譯）（臺北：韋伯文化，2008）。

C. Mathwick, N. Malhotra and E. Rigdon, "Experiential Value: Conceptualization, Measurement, and Application in the Catalog and Internet Shopping Environment," *Journal of Retailing, 77*(1) (Amsterdam, 2001): 39-56.

G. R. Milne and M. A. McDonald，《スポーツマーケティング交換過程の経営》（スポーツマネジメント研究会）（東京：道和書院，2000）。

J. Baudrillard, *For a Critique of the Political Economy of the Sign*, trans. C. Levin (St. Louis: Telos Press, 1972/1981).

Morris B. Holbrook, "The Nature of Customer Value: An Axiology of Services in the Consumption Experience," *Service Quality: New Directions in Theory and Practice*, eds. Roland T. Rust and Richard L. Oliver, (California: Sage, 1994).

Paul Ransome，《工作、消費、文化》（黃彥翔譯）（臺北：國立編譯館，2008），228。

R. Batra and O. T. Ahtola, "Measuring the Hedonic and Utilitarian Sources of Consumer Attitudes," *Marketing Letters, 2*(2) (New York, 1991): 159-170.

Wikipedia，〈北米4大プロスポーツリーグ〉，https://ja.wikipedia.org/wiki/%E5%8C%97%E7%B1%B34%E5%A4%A7%E3%83%97%E3%83%AD%E3%82%B9%E3%83%9D%E3%83%BC%E3%83%84%E3%83%AA%E3%83%BC%E3%82%B0，2017年3月5日檢索。

オンリー・イエスタデイ（Frederick L. Allen），《1920年代アメリカ》（藤久ミネ譯）（東京：ちくま文庫，1993）。

クリストファー・ラッシュ，《ミニマルセルフ―生きにくい時代の精神的サバイバル》（石川弘義等譯）（東京：時事通信社，1986）。

クリストファー・ラッシュ，《ナルシシズムの時代》（石川弘義譯）（東京：ナツメ社，1981）。

ジークムント・バウマン（Zygmunt Baurman），《リキッド・モダニティー―液状化する社会》（森田典正譯）（東京：大月書店，2001）。

ジャン・ボードリヤール（J. Baudrillard），《消費社会の神話と構造》（今村仁司和塚原史譯）（東京：紀伊国屋書店，1979）。

デイヴィッド・リースマン（David Riesman），《弧独な群衆》（加藤秀俊譯）（東京：みすず書房，1964）。

バーンド・シュミット（B. H. Schmitt），《経験価値マーケティング―消費者が「何か」を感じるプラスαの魅力》（嶋村和恵、広瀬盛一譯）（東京：ダイヤモント社，2000）。

バーンド・シュミット（B. H. Schmitt），《経験価値マネジメント》（嶋村和恵、広瀬盛一譯）（東京：ダイヤモント社，2003）。

バーンド・シュミット（B. H. Schmitt）和アレックス・シモンソン（A. Simonson），《「エスセティクス」のマーケティング戦略―"感覚的

経験”によるブランド・アイデンティティの戦略的管理》（河野龍太
譯）（東京：プレンティスホール出版，1998）。

八王子市教育委員会・生涯学習スポーツ部・スポーツ振興課，《八王子ス
ポーツと推進計画－スポーツとともに生きる》（八王子：八王子市教
育委員会，2014.03）。

八重樫文岩谷昌樹，〈経験経済におけるデザイン・ベースの企業戦略に関
する考察〉，《立命館経営学》，50.1（京都，2011.05）：67-86。

上野千鶴子，《（私）探しゲーム：欲望私民社會論》（東京：筑摩書房，
1987）。

凡勃倫（Thorstein B. Veblen），《有閒階級論》（錢厚默譯）（中國：海
南，2007）。

小川勝，《オリンピックと商業主義》（東京：集英社，2014）。

内海和雄，〈オリンピックと資本主義社会4：オリンピック批判・否定論の
検討〉，《人文・自然研究》，3（東京，2009.03）：4-70。

内海和雄，《プロ・スポーツ論－スポーツ文化の開拓者》（東京：創文企
画，2007）。

永田靖，〈オリンピックにおけるビジネスモデルの検証：商業主義の功
罪〉，《経済研究論集》，35.3（広島2012.12）：31-40。

石原豊一，〈ベースボールにみるグローバル化－MLBによるドミニカ
プロ野球包摂を中心に－〉，《立命館国際研究》，21.1（東京，
2008.06）：111-129。

吉田秀雄記念事業財団，〈企業とスポーツのコラボレーション－スポーツ
マーケティングの可能性－〉，《Ad Studies》，24（東京，2008）：27-
32。

江頭満正，〈（収入4500億円）行き過ぎたオリンピック商業主義〉，
sportsnavi.com，http://www.plus-blog.sportsnavi.com/marketing/
article/114，2014.10.15検索。

池田昌惠、中根光敏，〈消費社会の変遷〉，《広島修大論集人文編》，
47.1（広島，2006.09）：1-10。

行政院主計處，《中華民國行業標準分類（第9次修訂）》（臺北：主計處，2011）。

吳經國，《奧運場外的競技——吳經國的五環誓約》（臺北：天下文化，2001）。

吳聰敏，〈臺灣經濟發展史〉，http://homepage.ntu.edu.tw/~ntut019/ltes/TEH2001.pdf，2014.09.17檢索。

那須幸雄，〈マーケティングの新定義について〉，《文教大学国際学部紀要》，16.1（越谷，2005）：75-79。

国際オリンピック委員会，《国際オリンピック委員会の百年》（穂積八洲雄譯）（東京：NPO法人日本オリンピック・アカデミー，2007）。

岡田芳郎，〈大衆消費社会の終焉〉，《Ad Studies》，35（東京，2011）：36-37。

斉藤れい、原田宗彦、広瀬盛一，〈スポーツ観戦における経験価値尺度開発およびJリーグ観戦者の分類〉，《スポーツマネジメント研究》，2.1（東京，2010.02）：3-17。

松田義幸，《スポーツ産業論》（東京：大修館書店，1996）。

松岡宏高，〈スポーツマネジメントの概念の再検討〉，《スポーツマネジメント研究》，2.1（東京，2010）：33-45。

長野史尚，〈スポーツ・ビジネスにおけるマーケティングに関する一考察〉，《九州共立大学研究紀要》，3.1（九州，2012）：11-19。

阿部勘一，〈消費されるスポーツ：スポーツ社会学のための計画表（日本篇）〉，《国際経営・文化研究》，11.1（東京，2006.11）：1-16。

青木幸弘，〈ブランド研究における近年の展開：価値と関係性の問題を中心に〉，《商学研究》，58.4（西宮，2011.03）：43-68。

許義雄，《近代奧林匹克的挑戰》（臺北：國立臺灣師範大學體育學會，1981）。

陳光興，〈臺灣消費社會形成的初步思考〉，《亞洲城市中華人的文化生產論壇》（臺北市政府／清大亞太文化研究室，2000年12月18日）。

陳國華、吳秀華，〈宏碁大手筆砸30億，擠進贊助商〉，《蘋果日報》，

2012.07.28。

陳澄巧，《圖解文化研究》（臺北：城邦，2006）。

渡辺保，《産業構造におけるスポーツ産業の範囲に関する研究I》，《現代社会文化研究》，21（新潟，2001.08）：125-141。

飯塚康之，〈オリンピック・ビジネス構造〉《イベント科学の総合研究論集》，5（東京，2012.12）：29-43。

Chapter 10

身體運動與性別平等

➡ 本章學習目標

- ·瞭解性別及其差異之因應
- ·瞭解女性競技運動的崛起
- ·瞭解女性競技運動之國際發展
- ·瞭解體育與性別平等

➡ 本章學習內容

- ·多元性別之形成及其因應策略
- ·女性不再弱勢
- ·國際女性競技運動趨勢
- ·體育與性別平等之落實

　　在傳統父權社會體制裡，女人總被視爲是被動與負面的角色，不只西方社會，聖經的故事，談論女人，常指是男人的肋骨所做成，甚至被認爲是慫恿男人吃下禁果的罪人。[1]即使連東方聖人孔子在《論語》裡的「唯女子與小人難養也，近之則不遜，遠之則怨」，雖有不同的詮釋，但對當時女人的社會地位，只是男性的附庸，而不是獨立的個體，其社會的價值，只建立在男性依附的基礎上，仍可在《詩經》的字裡行間，看得出來。[2]

　　事實上，傳統觀念上，有很長的一段間，女人的處境，相當艱難。一方面，在家庭裡，既要有繁衍的能力、母性的本能，又要處處溫柔、體貼，三從四德；一方面，在社會上，不只是扮演弱者的角色，既沒有財產的分配權力，甚至接受教育及參與政治的權利，都受到限制。

　　1960年代，女性主義運動興起，以女性爲主體的論述，風起雲湧，喚醒重視「生理性別」與「社會性別」的不同，並在「生爲女人」與「成爲女人」之間，釐清性別角色的扮演，強調性別平等潮流，銳不可當。及至1995年，聯合國通過「性別主流化行動綱領」，並以此作爲提高兩性平等的一項全球策略，各國性別平等運動，更見積極展開。

　　從另一個角度看，在運動世界裡，古代奧林匹克，曾嚴格禁止女人參賽，引發不少爭議，即使近代奧林匹克賽會，逐步對女性開放，部分項目，仍不無限制。就學校體育而言，傳統以來，常以生理與解剖角度，強調男女的性別差異，而區分活動教材、形態與場地，造成男女平權教育的困擾，而掀起1970年美國第九條款（Title

---

[1]陳瀅巧，《圖解文化研究》（臺北：城邦，2006）。
[2]彭紅亮，〈透過《詩經》探究孔子的女性觀〉，《湖南工程學院學報》，19.2（湖南，2009.06）：47-50。

IX）的制訂。

本章即基此背景，擬分：(1)性別及其差異之因應；(2)女性運動競技之崛起；(3)女性運動競技之國際發展；(4)體育與性別平等，分述如下。

第一節　性別及其差異之因應

飲食男女，雖是稀鬆平常的生活議題，但在華文社會裡，常因傳統禮教與民族習性的影響，而較少有直接或明目張膽的談論，造成對性與性別觀念的偏差或誤解，致使兩性平等教育難以落實。

實際上，不只女性主義強調兩性平等的重要，甚至聯合國於1979年12月15日第三十四屆總會，通過廢除對女性任何形態的差別待遇條約，呼籲各國政府特別確認，基於聯合國憲章的基本人權，人類尊嚴及價值與男女權利平等的相關信念，宜有相應的措施。

身體活動本是全人教育的重要環節，不只對性與性別，宜有正確的認識，以能在身體活動場域的應對進退中，增進兩性間彼此的瞭解，更可在活動過程裡，強化兩性間的平等互動，提升多元性別間的和諧關係。

一、性別及其分類

生命孕育過程中，除了生存外，最受關注的莫非是「男生或女生」的問題。所以，受孕之後，急切探詢的事，除了生命徵兆外，常是經由產前檢查，確認男生或女生。不過，無論結果如何，常因不同的社會與文化背景，對性別的體認，而有不同的價值感受與想像世界。

池畔打腿不分性別

資料來源：許淳良提供。

　　所以，基於生命的尊嚴，與男女平權觀念，女性主義者極力主
張，「性別」的概念，可從三個層面考慮，即：(1)依據生物學、解剖
學的性別（sex）；(2)從社會與文化角度界定的性別（gender）；(3)從
性慾望與性的特性思考的性別（sexuality）。[3]試參考相關文獻，分述
如下，藉供參考：

(一)生理的性別（sex）

　　一般泛指依性染色體、性腺、性賀爾蒙、內外生殖器官等作判斷
的生理上的男性（male）或女性（female）。原來sex乙詞，有切割、
區分的意思，係由拉丁語的secare所由來，意指切片（section）或切斷

---

[3]友添秀則、岡出美則，《教養としての体育原理－現代の体育・スポーツを考
えるために》（東京：大修館書店，2009）。

（segment），sex即作爲男性身體與女性身體截然二分的用語。不過，就目前醫學觀點，對純然以身體區分男女兩性的議題，已有較多的討論，認爲身體的性別狀態，有可能是一種移動的狀態，不宜明確的二分，因此，對性別有了較嚴謹的用語，比如中性人，或變性人，已爲一般人所接受。

(二)社會的性別（gender）

通常除以生物特性區分性別外，依社會的角色或任務，界定男性（man）或女性（woman）者，則稱之爲社會的性別。換言之，從人的資質、能力、任務、規範及性愛等，所謂「女性的溫柔，男性的勇猛」等，由社會或文化所建構的性別，比如，華人的「男主外，女主內」，均屬社會建構的性別觀念。

進一步說，「生理性別」是基於生理構造與性徵的差異而分類，而「社會性別」，則是社會制度、文化所建構的性別所遵循的行爲準則。換句話說，作爲女人，有自然的生物性，卻不能忽視成長過程中，社會及文化傳統所加之於女人的影響。誠如女性主義者西蒙波娃（Simone de Beauvoir）所強調：「一個人不是生而爲女人，而是『成爲女人』。」意指性別不平等，並非天生如此，而是社會所建構。[4]

(三)心理的性別（sexuality）

是一種自我心理上的性別認知，一般常指性慾望或性觀念的綜合認識。比如，性傾向、性嗜好、性幻想等，都屬心理的性別。具體而言，如以性傾向而言，有異性愛、同性愛、兩性愛、無性愛（對男女都不感興趣）等，再以性別認同而言，雖然大部分與生理性別相一

---

[4]陳瀅巧，《圖解文化研究》，2006，114。

237

致，但仍有生理上是男生，卻自認是女生者，或生理上是女生，心理上卻自認是男生，甚至有自認不是男生，也不是女生，而造成心理上的困擾，需經由醫學技術，實施變性手術，解決心理性別上的困擾。

上述的分類，可簡單的歸納如**表10-1**。[5]

表10-1　性別分類及其內容

用語	類別	內容
Sex	生理性別	染色體、性賀爾蒙、性腺、內外生殖器官等
Gender	社會化特性的性別 社會階層的性別	角色、資質、能力、規範、人格等 階層、序列、身分、地位、聲望等
Sexuality	心理（慾望）性別	性的慾望、性傾向、性認同、性幻想等

就**表10-1**性別的關係而言，當以生理性別為基礎，而後有社會性別與心理性別的形成，換句話說，有了生殖器官，才可能產生性的慾望，同時，社會化過程中，經由不同的環境與文化背景，形塑了社會性別，也改變心理性格。比如男人女性化的「娘娘腔」，女人男性化的「男人婆」，都是性別轉換的具體例子。因此，女人不是天生是弱者，而是社會化的過程中，使得女人隱身於被保護的牢籠，無意或放棄自我解放。

二、性別意識及其形式

(一)性別意識

性別意識（gender consciousness）是自我意識的重要內容之一，

---

[5]舘かおる，〈ジエンダ概念の檢討〉，《ジエンダ研究》（東京：東海ジエンダ研究所，1998），1：81-95。

係指個體基於生理性別，在與他人或周遭互動時，所產生的社會性別角色的認知、自我角色認同的一種察覺的能力和清晰程度。

　　具體的說，性別意識的內涵，包括個人對性別或因性別而產生的想法、態度、認知及情感的總集合，不僅是一種在生理上區分人群類別的方式，而且含有社會文化價值的傳遞。[6]因此，性別意識常包含下列三個部分：

1. 性別認同：係指個體意識並承認自己與他人所屬的性別，並使個體依一定的性別角色做事。[7]

2. 性別角色：係指依生理性別，體認其在社會結構中具有特定權利和義務的位置，受不同民族、社會及文化之影響，[8]其內容，常指涉為社會規範或行為模式。

3. 性別角色刻版印象：係指社會大眾對男女兩性行為刻板區分的心理傾向。[9]具體而言，是個體在性別認同及其角色的學習過程

---

[6]謝臥龍，〈女性主義思潮衝擊下的性／別權力重構的省思〉，《性別、知識與權力研討會論文集（1）》（高雄：高雄師範大學性別研究所，2002），21-30。

[7]柯爾伯格（Lawrence Kohlberg）從認知發展理論，重視個人對性別認同的內在知覺歷程，個人一旦認知自己的性別並發展出自己的性別認同時，就會開始重視與所屬性別有關的特質與事物，並以所屬的性別來看自己與這個世界，進一步發展出自我概念特質。而社會學習論者班度拉（Albert Bandura）則認為性別認同與分化（男性化與女性化）是由環境中的父母、師長、同儕及一般成人，不時對個體性別角色的扮演給予制約而形成。青木弥生，〈子どもの性別ごとの親子関係－親は子どもを性別化させようと意図しているのか〉，《松山東雲短大研究論集》，141（松山，2011）：1-7；アルバート・バンデューラ（A. Bandura），〈最近のバンデューラ理論〉（重久剛譯）《社会的学習理論の新展開》（祐宗省三編）（東京：金子書房，1985），55-154。

[8]J. Hraba and P. Yarbrough, "Gender Consciousness and Class Action for Women: A Comparison of Black and White Female Adolescents," *Youth and Society, 15*(2) (London, 1983.12): 115-131.

[9]張春興，《張氏心理學辭典》（臺北：東華，1992）。

中，對其信念與態度形成一種固定、刻板和概念化的標記，並產生相應的行為時，即成性別刻板印象。如「男性陽剛，女性溫柔」，即是刻板印象。

(二)性別意識之形式

一般認為，性別意識的發展，不是有或無的問題，而是一個連續性過程，在此過程中，約呈現三種形式：[10]

1. 性別覺察（gender awareness）：是最基本的性別意識，自孩童時期，在日常生活中，從模仿、學習或認同，接受社會既存的性別關係，認為是自然而無可避免，同時接受社會對不同性別的安排。

2. 女性／男性意識（female/male consciousness）：建立在性別覺察的基礎，感知到身為女性／男性的權利和義務。惟其性別意識，類皆受社會與文化之影響。

3. 女性主義／反女性主義意識（feminist/antifeminist consciousness）：意指對體制中的性別關係，採取非常清晰的挑戰或防衛，同時共享群體認同，並逐漸政治化而衍生社會運動。[11]

---

[10] Judith M. Gerson and Kathy Peiss, "Boundaries, Negotiation, Consciousness: Reconceptualizing Gender Relations," *Social Problems, 32*(4) (London, 1985.04): 317-331.

[11] 畢恆達，〈女性性別意識形成歷程〉，《通識教育季刊》，11.1/2（臺北，2004）：111-138。

性別平等各展才藝

三、性別差異的社會因素

傳統以來，身體活動，常以生物學觀點，強調兩性間的性別差異，以避免身體傷害。比如，以身高、體重、骨骼構造及肌肉與脂肪的解剖區別，以及月經、代謝機能等之生理區分，力主體育教學時，女性運動項目的選擇宜慎重，女子體育應由女子領導，甚至主張經期內不得從事劇烈運動或比賽等，素為眾所共認。[12]表面上看，似言之成理，細加思索，實仍不無商榷餘地。

第一，性別定義，除生理性別外，社會與心理性別，恆受社會文化與歷史背景所影響，且社會與心理性別之差異，遠大於生理性別。

---

[12]江良規，《體育學原理新論》（臺北：商務，1988），149-161。

若僅以生理性別考量體育教學策略,似有欠周延。[13]

　　第二,如果一定要從生理性別區分男女兩性的運動參與內容及機會,不無貶抑或歧視女性,而影響到女性的尊嚴及其基本人權與學習權益,宜有深入的思考。

　　其實,社會文化對性別的刻板印象,在日常生活的潛移默化中,無處不有,造成對於性別的刻板印象,使得對性別的偏差成見,一再發生,也是無可否認的事實。

　　一般常從生理性別,界定男性與女性的差異,認為男人要男性化,女人要女性化,否則,就被批判為「男不像男,女不像女」,隱含揶揄的戲謔嘲笑。殊不知,在日常行為與思考裡,從飲食、服飾、顏色到嗜好,要簡單區分男性與女性在文化上的差異,並不容易。[14]具體而言,女性主義興起之後,從歷史、社會、哲學到性別屬性等多元論述,已深入檢討了兩性差異的複雜問題。同時,米德(Margaret Mead)於1935年,即從文化人類學的角度,提出男女兩性間的角色差異,是文化的塑造,而非固定不變的理論,已眾所周知。[15]因此,對兩性間的體育教學,自應有更廣泛的考慮,以及更周延的有效策略。

　　一般而言,論及兩性間差異的文化影響因素,大約有傳統習俗、家庭教育、學校教育及社會觀感等,分述如下:

---

[13]國內學者江良規主張,女子體育應由女子領導,認為女子與女子之間,隔閡較少,距離較近,易於收到教育訓練效果,且不致發生隔靴搔癢,強人所難的弊病。是非對錯,不無值得深入探討。江良規,《體育學原理新論》(臺北:臺灣商務,1988),159。

[14]高井範子・岡也孝治,〈ジェンダー意識に関する検討:男性性・女性性を中心にして〉,《太成学院大学紀要》,11(堺,2009.03):61-73。

[15]M. Mead, *Sex and Temperament in Three Primitive Societies* (New York; Routledge & Kegan Paul, 1935.

(一)傳統習俗的影響

在華人的社會裡，素有男尊女卑的傳統，舉例而言，生男生女，本是值得慶賀的事，可是，「生男有賞，生女無份」，[16]在傳統民間，是習以爲常的事，甚至不少新婚夫婦，因生不出期待中的「男生」，不只產婦沒有生產後的喜悅，更得不到丈夫的疼惜，尤難贏得公婆的歡心。所謂「生錯性別」的歧視，可說無時不有，也無處不在。再說，在小孩的成長過程中，平常仗恃著是男生，得天獨厚，凡事有恃無恐，處處得到長輩的呵護，即使連小孩爭吵，受苛責的往往是女生。家事的分擔，從煮飯、洗衣，到照顧弟妹、庭院灑掃及瑣碎雜務，大半由女孩負責。長大後的教育機會，優先考慮栽培男生，行有餘力，女生才有受教的機會。等到結婚之後，女生是潑出去的水，不只分不到家產，也幾乎斷了回娘家的路。加上「男主外，女主內」的傳統觀念，根深柢固，男人不時花天酒地，可以被寬恕，女人偶爾拋頭露面，廣結善緣，卻常要受冷諷熱嘲。性別的差異，在無形中形成，在生活中實踐。

(二)家庭教育的影響

在傳統的家庭裡，對男女兩性間的教育，有明顯的不同。比如，對男生，從小鼓勵行爲舉止，要粗獷、豪爽，要勇敢、要敢衝撞，要「男子漢大丈夫，有淚不輕彈」，要當英雄人物，要有「路見不平，拔刀相助」的男子氣概。即使在小孩的家家酒玩耍，男生一向扮演警察或強盜，是逞兇耍狠的角色。玩具的選擇，不是刀槍，就是棍棒。男生要像個男生，大方、灑脫，要是扭扭捏捏，就不像男人。

---

[16]意指生男孩時，有獎賞；生女孩時，視同多餘的孩子，不給獎勵。

　　至於女生，從小鼓勵文靜、乖巧，不只要貼心柔順，還要學會撒嬌、討人喜愛，參與玩伴的遊戲，喜歡扮演母親、新娘、洗衣、煮飯、抱洋娃娃、餵奶等的角色。及長，在家人的薰陶下，始終不忘賢妻良母型的想像。其他如身體姿勢、服飾妝扮、話語音調、待人接物等，都要輕聲細語，婀娜多姿，才能充分展現女人特有的韻味。

(三)學校教育的影響

　　學校教育是家庭教育的延伸，社會教育的基礎，更是文化傳承與發展的堅實堡壘。不少男女性別的差異對待，從家庭延展到學校，如粗重勞動服務概由男生負責，女生則以協助文書處理或簡易事務居多。

　　同時，習慣上，學校以生理性別採男女分組、分班、分校，即使男女合校，在諸多設備的考量上，男女兩性常多所區分，如學校廁所或盥洗設備等，自不在話下。即以戶外的遊戲或身體活動空間為例，大半皆以男生為主，女生為輔的居多。這不只是男生好動習性使然，更是女性不善體力活動或不喜歡在戶外曝曬有關。

　　在課程目標、內容方面，在有關兩性議題的論述，不論是英雄人物之素材，或歷史人物之描述，男性所占的比例，均較女性為多，充分顯示男女之間的差別待遇。甚至，課程內容的比例，涉及男性的部分都高過女性的相關內容。[17]特別在男女角色的描述上，男性的工作，較多談及公務員、醫生、教師、軍人、士、農、工、商等範圍甚廣。而女生的工作，則以「家務」為主，如煮飯、洗衣、縫紉、買菜、灑掃、照顧弟妹、侍奉長輩等，顯示性別在工作屬性上的不同，也暗示女性在工作表現上，不如男性的寬廣與開放，對社會的貢獻程

---

[17]李瑞娥，〈國小社會教科書性別意識形態內容之分析研究〉，《屏東師院學報》，14（屏東，2001）：563-602。

度，自不難想像。

至於在生活管理與成績評量方面，男女兩性間，亦略有差異。從服裝、髮型到禮儀規範，兩性間，都有不同。一般，對男生的規訓比對女生嚴格，男生受訓斥的機會比女生多，相對而言，操行成績，女生則要優於男生。

(四)社會價值的影響

社會雖已多元化，惟在日常生活中，送往迎來的人際交流，以及起心動念，舉手投足，行住坐臥之間，社會觀念的形成，價值觀的建立，常在生活實踐中，作為社會的共識，成為自成體系的社會價值。比如，社會的觀念裡，認為政治是男人的事，女人要以家庭為重，少過問社會時事。學歷不必太高，學問再高，總要嫁人作媳婦，甚至有認為，生了女孩，是賠錢貨，將來成家還要給嫁妝等。所以，女性的存在，被視為多餘的負擔，處處比男孩矮一截，平常少拋頭露面，不管公共事務，只要守住家庭，扮演繁延、撫育，侍奉公婆，作好相夫教子的角色，就能無愧於心，終其一生，死而無憾。社會的兩性觀念，經由長時間的累積，形成兩性的特質，所謂男性化與女性化的刻板印象，於焉顯現（**表10-2**）。[18]

總而言之，性別差異的形成，有先天的生理因素，也有後天的社會與文化背景的影響。而在差異的意義上，後天的文化差異，更有甚於先天的生理差異，這也就是，如何藉助後天的可能作為，一方面阻卻差異之擴大，一方面，消弭差異於無形，藉以回應國際聯合憲章基本人權的呼籲，達到真正兩性平權的訴求。

---

[18]江良規，《體育學原理新論》，1988。

表10-2　刻板印象中的男性化與女性化

男性化	女性化
富冒險性	可愛
膽大	膽小
強壯	柔弱
有領導力	順從
有信心	遲疑
可靠	依賴
有行動力	跟隨
有主見	靜觀
意志力強	纖細
有決斷力	婉轉

四、性別差異之因應

二次戰後，聯合國於1948年發表「世界人權宣言」，強調人人生而自由，在尊嚴和權利上一律平等。聯教組織（UNISCO）根據人權宣言，以尊重人權及教育的機會均等，於1960年12月14日，第十一屆總會，公布「禁止教育差別待遇公約」，旨在消除教育歧視，維護公民受教育權利。[19]不過，國際上，真正掀起女子教育平等運動的風潮，應是1970年代，女性主義運動興起之後的事。特別是女性勞動力在經濟發展中，所扮演的重要角色，喚起國際不得不正視女性教育在經濟上的影響力。[20]因此，諸多有利於兩性教育平等的措施，相繼推出。其發展過程，約可分三個階段，即：(1)女性教育的開發；(2)性別平等教育；(3)性別主流化，分述如下：

---

[19]百度，〈取締教育歧視公約〉，http://baike.baidu.com/view/2060970.htm，2015.01.23檢索。

[20]鴨川明子，《マレーシア青年期女性の進路形成》（東京：東信堂，2008），21-22。

(一)女性教育的開發

　　1970年，農經專家博雪菩（Ester Boserup）發表《經濟發展與女性角色》乙書，暢談經濟發展所帶來的效果，不只男女不公平，更使女性居於不利的狀態。換句話說，女性在經濟發展中，雖然扮演了一定程度的重要角色，竟未受肯定，導致女性未能使用新技術，更不能接受必要的技術或技能訓練，以致剝奪了女性的經濟機會，妨礙女性的自立，降低了女性地位，擴大了男女間的差異。此一論述，帶動了1970年代初期，「發展中的女性」（Women in Development, WID）的重要概念。[21]之後的1980年代，由發展中女性（WID）的概念，演進到「性別與發展」（Gender and Development, GAD）的概念。意指從女性參與經濟發展，獲益增加，提升經濟發展的效果，促使社會裡排除男女差異的原因，增進女性賦權（empowerment），改變社會的不平等，及其性別關係。具體而言，「發展中的女性」，參與了經濟發展的行列，強調女性對經濟成長的貢獻。而「性別與發展」，則強調性別差異因素之排除，促進女性賦權，解決性別不平等的社會關係。[22]

　　對於女性或性別教育的投入，聯合國於1975年訂為「國際婦女年」，並於墨西哥召開第一屆世界婦女會議，用以紀念正式將女性問題，提列為國際上重要議題的會議，並以提升女性的教育機會，作為優先發展課題。[23]其後，聯合國並於1979年決議「消除對婦女

---

[21]Ester Boserup, *Woman's Role in Economic Development* (New York: St. Martin's Press, 1970/1986).

[22]竹松安子，《女性と開発－理論と政策的課題》（東京：有斐閣，1997），150。

[23]菅野琴，〈教育とジェンダー－新しい戦略〉，《開発とジェンダー－エンパワーメントの国際協力》（田中由美子等編）（東京：国際協力出版会，2002），77。

一切形式歧視公約」（Convention on the Elimination of all forms of Discrimination Against Women, CEDAW），呼籲將消除婦女歧視之任務，提升至各會員國的憲法位階，力主爲了落實對於婦女實質權利保障所必須採取的特殊措施（special measures）或優惠性差別待遇，皆爲CEDAW允許並鼓勵，不從形式認定爲「性別歧視」。[24]1985年的肯亞奈洛比第三屆世界婦女會議中，在「提升婦女地位的策略」上，認爲教育是提升婦女地位的基礎，爲了提升女性識字比率，排除對性別的刻板印象，特別採取加強課程改革、教師訓練、科技教育等的教育平等措施。[25]十年之後的1995年，第四屆北京世界婦女會議，一方面，檢討奈洛比會議所訂策略的實施成效，一方面，研訂了女性賦權「行動綱領」，並擴大爲「性別主流化」概念，並於2000年，聯合國特別總會，在紐約以「邁向21世紀的性別──平等‧發展‧和平」爲主題，召開了「婦女2000年會」，奠定了推動「性別主流化」策略的重要基礎，並配合2000年塞內加爾達卡的「2000年世界教育論壇」及「全民教育」（Education for All, EFA）的行動綱領，預計2015年，達成性別平等的目標。[26]

---

[24] 「消除對婦女一切形式歧視公約」（Convention on the Elimination of all forms of Discrimination Against women，簡稱CEDAW），聯合國於1979年12月18日第34180號決議，1981年9月3日生效。全球近90%的國家簽署爲締約國，常被稱之爲「國際婦女人權法典」。行政院性別平等會，〈CEDAW專區〉，http://www.gec.ey.gov.tw/，2015.01.23檢索。

[25] 結城貴子，〈ジェンダーと教育〉，《国際教育開発論－理論と実践》（黒田一雄、橫関祐美子編）（東京：有斐閣，2005），178-191。

[26] 1990年，聯合國等單位，爲協助解決落後地區教育問題，特推出「全民教育世界會議」，決議「全民教育宣言」與「滿足基礎學習需要行動綱領」，經十年之後，發現效果有限，特於2000年由聯教組織、聯合國開發計畫、人口基金及世界銀行主辦「世界教育論壇」，發表「達卡行動綱領」（DAKAR Framework for Action），揭櫫六大目標，其中，預計2005年，解除初等及中等教育之男女差異，2015年達成男女平等。日本文部科學省，〈日本ユネスコ国内委員会〉，http://www.mext.go.jp/unesco/，2015.01.23檢索。

　　事實上，在此同時，世界銀行，對女子教育的不平等問題，也提出一些論述。不過，世界銀行積極介入女子教育的推廣，不是從女性人權侵害的問題，而是從人力資本角度論述，認為不重視女性教育，會造成社會及經濟發展的重大損失。[27]換句話說，提供女性接受學校教育，不僅止於帶來平等，更重要的是，帶來社會效果。

　　要而言之，從教育著手，不只在消除性別差異，提升人權平等，更有利於經濟發展與改善社會地位，取得公平的社會對待。聯合國相關組織，除積極呼籲世界各國，消除對婦女一切形式之歧視外，並籲請能以憲法保障性別之實質平等。

(二)性別平等教育

　　國際上自1970年代起，開始重視婦女的教育問題，一方面是提供婦女參與經濟發展機會，增加女性的自立，減少性別差異，一方面則是藉教育提升婦女地位，落實婦女實質權利的保障。斯時，臺灣「新女性運動」，正方興未艾，婦女的議題，也於80年代初期，陸續出現，為追求兩性平等，有志之士，成立「婦女新知雜誌社」推動婦女運動，至1987年解嚴後，改名「婦女新知基金會」，婦運風氣更盛，晚晴協會、主婦聯盟等婦女團體，相繼成立，率皆主張解構「男尊女卑」舊思維，期望女性同胞，自我成長，爭取女性應有的社會地位。1988年婦女新知基金會體檢教科書，提出「落實兩性平等教育」的呼籲，倡導兩性平等教育的潮流，銳不可當。進入1990年代，部分大學相關科系紛紛成立性別研究室，臺灣性別平等教育協會創立，婦女議題研究氣勢興起，北高兩市及行政院乘勢成立婦權委員會，兩性平等

---

[27]George Psacharopoulos, "Returns to Education: A Further International Update and Implications," *The Journal of Human Resources* (Wisconsin, 1985.02): 583-604.

教育政策，隱然成形。[28]

◆教改會政策建議[29]

臺灣官方正式回應兩性平等教育的倡議，應是1996年行政院教育改革審議委員會在適性適才的建議中，提出落實兩性平等教育的具體政策，約有下列幾點：

1. 各級政府暨學校應成立「兩性平等教育委員會」，以落實兩性平等教育，並處理、監督兩性平等之相關事件。
2. 全面檢討現行中小學校教科書、童書、漫畫，除修正傳統男女刻板印象之內容外，並應增加女性素材，以達性別平衡。
3. 各級教育課程不應以性別為區隔，必修與選修科目應提供兩性平等的學習機會，尊重學生個別的選擇，鼓勵學生依性向充分發展潛能。
4. 師資養成與在職進修，應包括兩性平等教育課程，加強教師對男女平等之認知及教學方法之運用。
5. 成立「兩性／婦女研究學程」，暨婦女成人教育機構，以加強兩性研究，並推動婦女成人教育的改革。
6. 政府應規劃成立，或補助相關大學、民間成立兩性教育發展中心，積極從事兩性平等教育之師資、課程、教材、教法與設施之研究。

之後，政府相關主管機關，先後於1996年訂定「性侵害犯罪防治法」，要求中小學每年實施八小時相關教育；1997年，教育部成立兩

---

[28] 周麗玉，〈性別平等教育法的認識與落實〉，http://www.cmjh.tn.edu.tw/guid/gender-education/94/94-2-03.htm，2017.03.09檢索。

[29] 行政院教育改革審議委員會於1994年9月21日正式成立，歷經兩年，共四次審議報告，於1996年11月出版總諮議報告書。

性平等教育委員會，規定地方、學校皆須成立兩性平等教育委員會，推動兩性教育，七月頒布「兩性平等教育實施方案」，從學校、社會及家庭三層面，全面推動兩性平等教育，建立無性別偏見與歧視之學校教育與社會文化環境，進而達成兩性平等教育目標，落實兩性平等教育之真諦。1998年國民中小學課程暫行綱要明列「兩性教育」為重大議題之一，訂有課程綱要之內容，期能透過課程實施，使性別平等教育的理念得以往下紮根。[30]至此，兩性平等教育正式納入國民基本教育階段，融入各科教學，啟動兩性平等教育的基礎建設工程。

專注凝視目不轉睛

資料來源：2017臺北世大運執委會提供。

---

[30]教育部，國民中小學九年一貫課程綱要重大議題（性別平等教育）。2005年3月31日台國字第0940039183號函「兩性教育」議題修改為「性別平等教育」議題。

◆教育部制訂「性別平等教育法」

　　2004年，教育部為貫徹性別平等教育之推動，及配合世界性別主流化思潮，特依據憲法之相關條文規定，訂定「性別平等教育法」，[31]作為落實性別平等教育之基礎，其基本精神為：

1. 憲法第7條：「中華民國人民，無分男女、宗教、種族、階級、黨派，在法律上一律平等。」暨增修條文第10條第六項：「國家應維護婦女之人格尊嚴，保障婦女之人身安全，消除性別歧視，促進兩性地位之實質平等。」
2. 配合國家社會之整體發展，建立多元、尊重差異與少數，營造和諧、友善、性別間相互支持與包容，創造性別實質平等的文化與社會。

至於具體目標，則有：

1. 消極目標：消除性別歧視，偏見與刻板印象之傳統文化與性別限制。
2. 積極目標：營建平等、多元、重視性別人權的友善文化環境，並關切性騷擾、性侵害之防治等重要議題。

　　當然，本法於2005年6月23日由總統公布施行，次第展開相關配套措施，諸如：組織的設置、人力的調配、經費的籌措、活動的舉辦與研究機制的建構等，都有一定的基礎，也有起碼的績效，不過，因牽涉層面廣泛，加上傳統觀念，根深柢固，性別角色功能及其實踐，無法一次到位，兩性平等教育的理想，尚待努力的地方，不在少數，殆

---

[31] 教育部，「教育部性別平等法」，中華民國93年6月23日總統華總－義字第9300117611號令制定公布。公布後，至102年12月11日止，先後五次修訂部分條文。

爲衆所共認。

◆性別平等教育的困境

近年來，臺灣推展兩性平等教育，不能說一事無成，如相關法律規章，已具雛形，社會共識正逐步凝聚，課程規劃，也大致就緒，不過，要眞正普遍落實，仍面臨諸多尙待克服的困境，值得重視。如：

1.家庭環境仍普遍存在性別刻板化與性別階層化現象，如「不孝有三，無後爲大」、「男主外，女主內」，父權至上家庭，俯拾皆是。

2.社會階層分化，明顯重男輕女，如人事結構（升遷機制）、職業分工、權責負擔等，潛藏的男尊女卑的意識形態，左右制度的訂定而衍生性別不平等。

3.對性與性別知能不足，誤認爲性別是先天「生成」，不可改變，而忽視性別爲後天「形成」的社會與文化的影響因素，造成兩性基礎上的不平等。

4.性別平等教育未眞正融入學校課程，至少師資培育未能充分配合性別教育的需求。前者因學科分化的結果，導致性別教育融入的困難度；後者則因「性別教育」師資，難以獨立「專科」培育，形成「性別教育」師資質量普遍不足。

(三)性別主流化在教育體系上的實踐

所謂性別主流化（Gender Mainstreaming, GM），係指以性別觀點評估所有立法、政策或計畫。也就是說，藉由一個在政策與法律面的運動，檢視並立法修改性別不平等的政策與法律，創造性別（男女）平等的社會。

事實上，性別主流化的概念，首先於1985年第三屆奈洛比世界婦

女會議所提出，後經1995年北京第四屆世界婦女會議，通過「北京行動綱領」，確認為國際間推動性別平等的重要策略。聯合國經濟社會理事會（ECOSOC）指出，性別觀點的主流化，是一項過程，在於評估立法、政策與方案等有計畫性的行動，在所有範疇、所有層次中對男性與女性所產生的影響。[32]1997年該會（ECOSOC）並進一步提出，性別主流化的整體原則：

1. 實施GM策略必須是全面性、系統性：由層級最高的機構負責；也需要責任機制來監督進度。
2. 擬定方案與政策時，對某項議題／問題的界定必須將性別差異列入問題診斷中，不應該假設該議題與性別無關。
3. 清楚明確的政治意志以及充分的預算分配，人力支援是貫徹GM的要件。
4. 女性在所有層次、所有領域的決策參與機會應被擴充。
5. 性別主流化並非用來替代傳統的婦女導向政策方案。

我國行政院於2005年，通過「行政院各部會推動性別主流化實施計畫」，要求各部會依其業務性質，研訂四年之推動性別主流化計畫，並於2009年1月1日起，為落實性別意識於所有相關政策與施政作為，提出「性別主流化」之性別培力、性別機制、性別統計、性別分析、性別預算及性別影響等六大工具，要求所屬各部會凡報院審查之中長程個案計畫，應確實依規定辦理性別影響評估。[33]2012年，行政院並成立「性別平等處」，[34]負責性別主流化政策研議及業務督導，

---

[32] 林芳玫，〈性別主流化在台灣：從國際發展到在地化實踐〉，《新世紀智庫論壇》（台北：台灣新文教基金會，2009），32-38。
[33] 行政院性別平等會網站：www.gec.ey.gov.tw
[34] 行政院於2012年1月1日，成立「性別平等處」，下設綜合規劃、權益促進、權力保障及推廣發展等四科，並將「行政院婦女權益促進委員會」擴大為「行政

並成立「推動性別主流化專案會議」，期待透過各界協力合作，提升性別主流化實施成效，奠定我國推展性別平等之良好基礎。

至於教育體系中之性別主流化，論者所在多有，舉例而言，下列原則，或可參考，如：[35]

1.探討教育過程中的性別議題時，要同時留意種族／族群和階級的因素。
2.要確保性別平等之實施與探究能促進生涯和工作機會之開展。
3.排除影響就學機會均等的一切結構性障礙，包括法律、經濟、政治、文化等方面之限制。
4.讓女性增能培力，覺察自己的能力並可以積極主動促進發展。
5.增加女性教育在教育管理和決策中的參與機會與參與程度。

(四)性別平等政策綱領及其策略

基於政策之貫徹及其施政之需要，並為能與時俱進、回應各界建議，行政院性別平等會參酌社會脈動、國際潮流及趨勢，於2017年1月3日，修正公布「性別平等政策綱領」，作為我國性別平等施政之藍圖。

「性別平等政策綱領」，區分：(1)權力、決策與影響力；(2)就業、經濟與福利；(3)人口、婚姻與家庭；(4)教育、文化與媒體；(5)人身安全與司法；(6)健康、醫療與照顧；(7)環境、能源與科技等七大領域，分別以「社會公平正義」、「婦女權益」及「以人為本」等三大

院性別平等會」，以性別平等處為幕僚工作單位，統合跨部會各項性別平等政策，督導中央各部會及地方政府落實性別主流化業務。行政院性別平等會網站：〈行政院性別平等會緣起〉。

[35]LEO-Rhynie, E., & The Institute of Development and Labour Law, University of Cape Town, South Africa (1999). Gender mainstreaming in education: A reference manual for governments and other stakeholders. London: Commonwealth Secretariat.

核心理念，以及「參與式民主」、「混合式經濟」、「性別觀點的人口政策」、「具性別意識的教育文化媒體政策」、「消除性別歧視與性別暴力」、「性別特殊性及身心並重」及「女性關懷融入環保與科技」等七大策略，作爲「性別平等政策綱領」，[36]區分政策內涵，及其具體行動措施，藉能達成國際接軌，全球同步，邁向共治、共享、共贏的永續發展社會。

其中，有關教育、文化與媒體之具體策略，則致力於改善各級教育與科系的性別隔離現象，鼓勵學生適才適性發展，消除婚姻、喪葬、祭祀、繼承等傳統禮俗中具性別貶抑之文化意涵，並鼓勵媒體製播性別平等意識節目，以消弭性別歧視及性別刻板印象。其具體措施有：

1. 積極落實性別平等教育與性別平等教育白皮書之規劃。
2. 鼓勵性別平等教育學術研究之發展與教材教法之開發。
3. 檢討研修相關法律、推動媒體自律及公民團體與學界對媒體進行他律。
4. 建立女性及各種性別弱勢族群在公共領域中的可見度和主體性。
5. 積極突破父權文化的束縛，建構無性別歧視的文化禮俗儀典。

---

[36] 我國性別平等政策綱領之研訂，緣自2010年行政院婦女權益促進委員會邀集學者專家暨民間婦女團體之研擬，後經相關機關及單位三十八場次會前座談會，2011年「全國婦女國是會議」及行政院婦女權益促進委員會第三十六次委員會議原則通過。
行政院性別平等會網站。
另日本於2002年由獨立行政法人國際協力事業團等公布「性別主流化各課題之指南」，內容區分脫貧、經濟、教育、健康、環境、和平、治理、人權及資訊等九大課題。2009年修訂內容，除上列九項外，增加民間行業發展、水資源、防災、社會保障、交通運輸、能源、農業、農村發展、水產業、自然環境保護等共十七項，各課題，依其內容訂定策略及其指標。因日本屬經濟先進國家，基於人道立場，盡力協助發展中國家女性脫貧、教育及經濟發展等。

第二節　女性運動競技之崛起

2012倫敦奧運會被稱爲是女性運動創造歷史的賽會，不只二百零五個參賽國家數最多，而且每一國家，都至少派一位女性運動員與會，女性總參賽人數的比例，參加項目及其成績表現，更逼近男性運動員，甚至一向女性不參賽的回教國家，如沙烏地阿拉伯，也派出女性運動選手，可說是國際女性運動飛跨疆界的一年，更是女性運動突破歷史的輝煌紀錄，寫下了女性運動奮鬥有成的新頁。

近代奧運於1896年創始，一度排除女性參賽，雖從1900年的巴黎奧運，開始設有女性項目，但參賽項目僅有高爾夫球與網球，人數也只有十二人，與男性的參賽項目與人數，可說天壤之別。其後，奧林匹克活動，歷經百年的變遷與發展，女性運動員的競技實力，終於在國際競爭舞臺，大幅躍進，且能與男性選手，一爭長短，不能不說是女性賦權的一大勝利，更是人類性別文化的一大進步。

其實，奧運女性運動崛起的背景，有性別平權運動的堅持，社會體制的改變，以及歷史因素的影響，尤其聯合國及國際奧委會的聯手推動，都是無可忽視的重要力量。分述如下，藉供參考。

一、近代奧運會與女性參賽權

(一)古柏坦與女性競技

近代奧林匹克，由古柏坦所提倡，係基於公平精神，無分膚色、政治、種族、性別、宗教等差異，以運動競技，教育青少年，增進友

風馳電掣衝鋒陷陣

資料來源：2017臺北世大運執委會提供。

誼、促進世界和平的重要活動。不過，古柏坦在其「近代奧林匹克精神的哲學基礎」演說中，卻特別強調：「就我個人意見，不同意婦女參與普通的競賽。這不是因為婦女不能參與運動，而是指運動不能只當作值得觀看的對象。女性在奧林匹克的主要角色，是頒獎時，協助掛上獲勝者的桂冠。」[37]這意味著，古柏坦並不反對，女性從事娛樂性的運動，但對女性參與競技運動，並不認同。換句話說，古柏坦反對女性與男性一起，在奧林匹克競賽場合參與競賽。顯示，在大庭廣眾前，男女任務不同，在競賽場合，女性只適合於扮演服務性的角色。所以，1896年的首屆奧運，不設女子項目，不無脈絡可循。

---

[37]中村哲夫，〈オリンピック史にみる女性スポーツの発展〉，《三重大学教育学部研究紀要》，49（津市，1998）：165-176。

　　具體而言，古代奧林匹克，基於戰爭與宗教理由，並無女子項目。[38]古柏坦遵循古制，不讓女性參賽，原無可厚非。但就現實而言，更重要的是，古柏坦的奧林匹克理念，原係仿照英國公立學校的菁英教育，採取以培養上流社會的紳士爲目的，藉奧林匹克展現一流的男人特質，而女性的能力被視爲是低於男性的二流選手，自無法與男性相抗衡。奧林匹克草創初期，男尊女卑的傳統社會，排斥女性出賽，也就順理成章。

　　進一步說，近代競技運動（sport），興起於19世紀中葉的英國，是以男性爲中心的重要生活形態，更是工業社會身體生產力的具體展現。奧林匹克的競技運動，鼓勵更快、更高、更強的理想，足以迎合男性陽剛特質，體現積極奮進、剛強、勇敢與團結合作的領袖才華。組織化的競技運動，更彰顯了競爭的合理性，滿足近代產業社會績效主義的追求。在男女二元對立的氛圍下，相對於男性的激烈競爭、強調肌肉的展現，力量的爆發，女性只能從輕柔、優雅及美妙等身體表現性的項目找出路。雖然從1900年起，女性能有進出競賽場域的機會，可是在參賽項目、參加人數及其隊職員的人數分配上，女性只是聊備一格。即使是國際組織的奧林匹克委員會（IOC），主其事的重要成員，幾乎全爲男性主導，難怪有戲稱奧林匹克運動是「強者男性控制弱勢女性的文化裝置」。[39]

---

[38]有關古代奧運起源的說法，並不一致。不過，古希臘因城邦林立，戰端頻仍，人民喜勝好戰，尤善戶外競技，崇拜英雄。女性角色，備受忽視，不言可喻。許義雄，〈遊戲與狂歡〉，《與舞蹈的12種相遇——新古典舞團用功日集錦》（臺北：財團法人新古典表演藝術基金會，2008），17。

[39]飯田貴子、井谷惠子，《スポーツ・ジェンダー学への招待》（東京：明石書店，2004），14。

(二)性別檢查備受爭議

事實上，在近代奧林匹克的發展過程中，性別與運動競技權利的爭議，仍時有所聞。其中，以性別檢查無視於女性人權，最受關注。

國際賽會的「性別檢查」，始於1966年的歐洲田徑錦標賽，旨在防止賽事中，假借「女人」身分，獲得不當的競技利益，有違賽會的公平性。嚴格的說，「性別檢查」，基本上是對女性選手性別上的「存疑」，利用身體檢查，以驗明「女兒身」的檢查制度。從1968年第十屆格勒諾布爾（Grenoble）冬季奧運與十九屆墨西哥奧運，開始有染色體檢查，作為確認女性選手參賽的資格。不過，因檢查對象僅限於女性選手，且是強制執行，一旦發現資格不符，縱使不一定有利於競技成績，仍會取消參賽資格。實施以來，爭議不斷。[40]

舉例而言，從性醫學的觀點，作生理性別的判斷，可從外部性器官、內部性器官、染色體及賀爾蒙等多重角度衡量，且科學的進步，有關男性與女性之間，並非二元對立。具體的說，生理性別的差異，有如彩虹顏色的漸變層次，是一種連續性的多重構造的差異，並非單純的二元區分。[41]所謂陰中帶陽，陽中有陰，男女的生理上，形形色色，不同的身體組織成分，自可構成不同的性別。[42]以外性器官而言，無法分辨男女者有之，或同時具備男女兩性者，甚至卵巢與睪丸兼具者，或內、外性器官與性別不一致者，實難一概而論。再說，男

---

[40]白井久明，〈スポーツと「性別」〉，《Sportsmedicine》，146（東京，2012）：40。

[41]所謂多重構造的差異，係指論斷生理性別時，至少必須考慮：遺傳因素、染色體因素、性賀爾蒙因素、性器官因素、腦部器質性因素及意識的認同因素等六種因素複雜的組合關係。西山哲郎，《近代スポーツ文化とはなにか》（東京：世界思想社，2006），110。

[42]友添秀則、岡出美則，《教養としての體育原理－現代の體育・スポーツを考えるために》，2009，41。

女兩性染色體雖有其一定的不同比率，但性染色體的異常變化，造成男女混淆不清，所在多有。[43]加以雄性激素（androgen）之多寡，雖可作為性別判準，但常因文化因素，從小喜歡「女扮男裝」，或「男扮女裝」，或率性而為，造成「雌雄莫辨」，都足以影響性別的認同。[44]國際奧委會試圖經由檢查，強制區隔男女，作為參賽資格的判準，不無商榷餘地；且形式上的性別檢查，不只造成對該選手的人權侵害，甚至影響其社會的生存與人格尊嚴。因此，為免於性別判斷的爭議，國際奧委會於2000年第二十七屆雪梨奧運之後，決定全面取消性別檢查；並於2004年，在瑞士洛桑的理事會上，對性別改變後，符合下列條件者，均可獲得奧林匹克參賽資格：[45]

1.接受過性別適當的手術。

2.法律上有了新的性別屬性。

3.經過適當賀爾蒙治療手術後兩年。

同時，國際奧委會，並於2011年提出奧運參賽時，性別疑慮問題的因應：[46]

1.法律上，認為女性選手，其雄性激素值，不高過男性的範圍。

2.各競技團體評估選手未公開的性別。

3.經判斷為失格者，不得出場比賽。

---

[43]友添秀則、岡出美則，《教養としての体育原理－現代の体育・スポーツを考えるために》，2009。

[44]高井範子、岡也孝治，〈ジェンダー意識に関する検討：男性性・女性性を中心にして〉，2009，61-73。

[45]友添秀則、岡出美則，《教養としての体育原理－現代の体育・スポーツを考えるために》，2009，41-42。

[46]友添秀則、岡出美則，《教養としての体育原理－現代の体育・スポーツを考えるために》，2009，42。

總而言之，女性選手進出奧運競賽，經由女性意識的抬頭，文化價值的影響，以及社會制度的改變，從早期被禁賽，到參賽資格的性別檢查，不難看出，男性主導的奧運，不得不作適度的因應，達到真正的男女平權。

二、女性運動崛起的背景

隨著歷史的演變、社會的發展，以及政治權力的運作，性別角色的扮演，更趨多元，女性的競技運動趨勢，也隨著風起雲湧，水漲船高，其主要背景，約如下列：

(一)女性不再懼怕挑戰

女性主義的興起，使得女性參政、教育、工作、婚姻與財產等基本權利，次第展開，不只心理上得到解放，「只要我喜歡，有什麼不可以」，不再是空談；活動空間大量擴展，走出廚房、家庭，投入公共領域，參與公眾事務者，俯拾皆是。乘著性別平等的潮流，女性更勇於表達自己，作自己的主人，敢於在公平基礎上，與男性一爭長短。運動競技場合，女性的參與項目更開放，如柔道、摔角、拳擊、格鬥等身體直接碰撞的項目，女性不再害怕挑戰，甚或是冒險性的極限運動、超馬、重機、高空彈跳等，都阻止不了女性的參與熱忱，女性競技成績的扶搖直上，自是其來有自。

(二)先後立法，取得保障

在舉世重視女性運動實力的浪潮中，當以美、加等國家，率先就制度層面，立法保障女性的運動權利，最能開風氣之先，群起效法。

具體而言，美國聯邦政府，於1972年6月，正式由聯邦議會通

一舉成名天下知

資料來源：中央通訊社提供。

過，並由尼克森總統簽署的第九條款，迢邐聞名。條文中，明訂：
「所有合眾國住民，不得因性別不同，而拒絕其參加政府所資助的教
育內容或活動，及否定其利益或差別待遇。」意指全美各州，在聯邦
政府財政資助下的教育機關，禁止性別的差別待遇，以保障教育機會
之平等。因此，可視同為保障體育・運動領域男女機會均等的重要法
律。[47]

　　歷經三十年之後的2002年6月，全美女子教育聯合會，曾以十個項
目採六段評價第九條款的實施效益。報告中，發現總分分布在B到D之
間，約在C的水準，顯見第九條款的實施並未完全達到目標。惟在競技
運動人口，及男女共學的體育科教學，明顯進步，其他向度則維持平

---

[47]許義雄，《體育的理念》（臺北：現代體育社，1983），51-59。

穩的發展，顯示尚有諸多空間，亟待努力。[48]

至於加拿大，則於1967年設立「提升女性地位的王室委員會」，並於1970年，提出修正國內對歧視女性的法律規定及其歧視情形的報告。[49]1981年成立「加拿大婦女體育與運動推展協會」（CAAWS），密切配合加拿大政府，推動10-70歲各年代之女性活動內容，計有女性領導課程、母親活動課程，55-70歲以上女性課程，共十四種活動內容。[50]

日本於1989年利用課程綱要修訂機會，取消男女課程及學分數之差異，同時，調整男女課程內容，不分性別，導入柔道與舞蹈課程。1994年，於總理府（行政院）設立男女共同企劃室，1999年公布「男女共同參與社會基本法」（男女平權基本法），實現不分男女性別，共同參與建設的公平社會。[51]

(三)突破傳統神話，解除女性身體禁錮

傳統上，男女生理不同，解剖互異，體力或體格上的性別差異，在所難免。性別刻板印象，總認為男性優於女性，女性再怎麼辛苦鍛鍊，都無法超越男女先天上的差異。再說，激烈運動不只不利於女性的正常發育與成長，甚至女性運動過度，難免肌肉發達，身體粗壯，

---

[48]全美女子教育聯合會的評價，區分：(1)高等教育機會；(2)競技；(3)職業教育；(4)僱用；(5)學習環境；(6)數學與科學；(7)性騷擾；(8)標準測驗；(9)科技；(10)妊娠中的學生或為人父母的學生之處理等十個項目，採ABCDEF六段評分。井上洋一，〈Title IXの成立と30年〉（飯田貴子、井谷惠子編）《スポーツ・ジェンダー学への招待》（東京：明石書店，2004），238-247。

[49]拔山映子，〈カナダ人権法と性差別の禁止〉，《ジュリスト》，688（東京，1979.04）：104-107。

[50]Karin Lofstrom，《「女性競技種目戦略的強化プログラム」研修会》（東京：独立行政法人日本スポーツ振興センター，2015）。

[51]內閣府，《男女共同参画白書》（東京：內閣府，2014）。

易於造成男性化，有損於女性特質之培養。

　　事實上，研究資料顯示，男女之間的生理差異，並沒有想像中的大，[52]女性若能與男性在相同的環境，加以訓練，都有可能得到更好的成績紀錄。換句話說，縱使男女之間存有個別上的差異，若以性別差異而限制女性參與競技運動的機會，則無正當的理由依據。[53]

(四)全民運動興起，帶動女性運動風氣

　　1950年代，健康體適能觀念興起，以運動促進健康，為人人所嚮往。1960年代，先進國家全民運動政策陸續推出，終生運動風起雲湧，歐洲率先通過並執行「全民運動憲章」，1970年代在聯合國教科文組織主導下，各國部長級會議，發表「國際體育‧運動憲章」，力主運動是市民的權利，政府要竭盡所能，克盡責任，滿足運動需求。1980年代，高齡化社會隱然成形，醫療費用水漲船高，認為自覺的運動，不失為「具體回收價值的投資」。1990年代之後，運動成為衡量人民素質的指標，千禧年，人人享受運動樂趣，營造幸福生活，是健康社會的終極目標。

(五)女性成功典範輩出

　　根據聯合國統計，目前全球已有十數個國家由女性出任元首或政府首長，甚至女性擔任議會席次的比率，更與時俱增，充分顯示，女性撐起半邊天，已不只是口號。[54]

---

[52]井谷惠子、松岡智了‧松岡宏高，〈アメリカの体育‧スポーツにおけるジェンダーエクイティーの進展：NAGWSによるジェンダーエクイティー手引書を中心に〉，《京都教育大学紀要》，95（京都，1999.09）：1-14。

[53]井谷惠子，〈男女共習はゆたかな生涯スポーツを保証するか〉，《学校体育》，51.10（東京，1998.08）：15-17。

[54]網氏，〈女人撐起半邊天〉，女性電子報，http://www.frontier.org.tw/bongchhi/

其實，女性的傑出表現，已不僅止於以扮演「成功男人背後的成功女人」爲已足。可以說，地不分中外，時不分古今，舉目所視，無論士、農、工、商等業界，或科技、政治、文化、宗教等領域，女人的成功典範，可說無處不有，令人側目。即以運動世界而言，叱吒風雲，巾幗不讓鬚眉者，更不在少數。所謂「舜何人也？予何人也？有爲者亦若是。」女人當家作主，不只是時勢所趨，更是在所難免。

三、奧運會女性運動項目逐步開放

近代奧運從1896年的禁止女性參賽，到2012年倫敦奧運，歷經一百二十年之後，女性參賽種類，才開始與男性種類等量齊觀，同爲二十八種。不過，因體操種類中，女子的新體操與水中花式游泳爲女性所專有，就比賽項目看，本屆奧運的女子項目反而比男子項目多了一項。就此而言，不難看出，以男性爲主導的國際奧委會，在男女平權的浪潮下，已有了相當程度的配合與重視。同時，各國體育‧運動主政者，面對女性運動潛力的崛起，在施政上，也有了更積極的作爲。尤其，女性運動人口的水漲船高，也促成了女性在國際奧運的競爭場域上，得到與男性平起平坐的角力機會。其中，所呈現的意義，在於對女性是弱者的導正，生物科學認知的反省，以及挑戰傳統社會觀念的正面回應。

具體來說，從1900年巴黎奧運項目，男子十種，女子兩種之後，至1976年蒙特婁大會，男子二十種，女子十種。男女比賽種類拉近的賽會，應是1996年的亞特蘭大奧運。當時女子項目有二十種，逼近男性的二十三種。

換另一個角度觀察，1928年阿姆斯特丹奧運時，古柏坦長期反對

---

archives/5269，2017.03.09檢索。

的女子田徑項目，正式設立，算是對女子田徑採取門戶開放政策。[55]
不料在女子800公尺競賽中，多位女性選手跑到終點時，紛紛不支倒
地。事後，奧委會認為女子800公尺競賽，對女性而言太過嚴苛，決
議，奧運會應該取消800公尺項目，並規定，女子競賽項目的最長距
離，不得超過200公尺。這個禁令，一直到1956年的奧運才取消。[56]相
對而言，在相隔近三十年之後的1984年，42.195公里的女子馬拉松，
正式列為奧運會比賽項目。試想，從800公尺的排除，到42.195公里的
列入，改變之大，豈止是天壤之別。充分顯示，昨非今是，不是女人
客觀的運動能力問題，而是多少社會文化的價值與觀念，抹殺了女人
身體技能的揭露機會，更限制了女性潛能的發揮。

　　同樣的情形，也可以美國女子棒球為例，略作說明。原來，棒球
屬男子競技項目，不過，世界首支女子棒球隊，卻於1866年誕生於美
國紐約瓦薩學院（Vassar College），後因學生家長認為女生玩棒球太
危險，群起抗議，終至解散球隊。不料，1890年代，女子棒球運動風
氣再起，至二次世界大戰後期的1943年，並有了女子棒球聯賽，更於
1992年成立全美職業女子棒球聯盟（AAGPBL），甚至2004年開始每

---

[55] 古柏坦於1896年4月到1925年9月，擔任奧委會第二屆會長。當時奧會理事會與
　奧會委員，認為大會可設「女性適合的競技」，惟認為田徑項目相較於其他項
　目，對女性而言，過於激烈，而未被列入奧運正式競賽項目。其實，當時不只
　國際田徑聯盟（IAAF）與國際奧會幾經磋商，均不得其門而入，即連「國際
　女子運動組織」（FSFI），自1922年起每四年舉辦一屆的國際女子競技比賽，
　也花了八年的時間協調，才於1928年阿姆斯特丹奧會中列入田徑項目。其實，
　實際原因並不單純，有認為是男性委員間的權力角力，也有認為增加競技項
　目，擴大規模，徒增大會財政負擔。不過，一般認為古柏坦的會長角色，相當
　重要。來田享子，〈女性スポーツの誕生と展開〉，《体育科教育》（東京，
　2011）：10-13。

[56] 來田享子，〈20世紀初頭の「女らしいスポーツ」との闘い－国際女子スポー
　ツ連盟とオリンピック大会〉，（井古惠子、田原淳子、來田享子編）《目で
　みる女性スポーツ白書》（東京：大修館，2001），37。

兩年舉辦一次世界盃女子棒球賽，2016年第七屆世界盃女子棒球賽於9月3日至9月11日在韓國釜山舉行。[57]而日本受美國影響，自明治後半時期，在高等女子學校的體育課中，即有室內棒球，俗稱簡易棒球，採軟式橡膠球棒，球的體積較大，後進化為軟式、準硬式到硬式棒球。[58]

　　至於一向被認為激烈格鬥型的拳擊運動，是男性運動項目的典型代表。拳擊的動作形態，相當粗獷、狂野，因是十足的身體對撞，雙方捉對廝殺時，頭破血流的場景，屢見不鮮，傳統上，女性並不特別喜歡接近。不過，2012年倫敦奧運納為正式比賽項目，雖然僅分為蠅量級、輕量級及中量級等三級，不像男子拳擊設有十一級之多，至少自本屆開始，奧運會中男女比賽種類數量，取得一致，象徵男女競賽種類，不分彼此，公平對待。茲將近幾屆奧運競賽項目的增減，彙整如**表10-3**，藉供參考。

表10-3　近五屆奧運會男女項目比較[59]

種類	雪梨（2000）			雅典（2004）			北京（2008）			倫敦（2012）			里約（2016）		
	男	女	混合	男	女	混合	男	女	混合	男	女	混合	男	女	混合
射箭	☆	○		☆	○		☆	○		☆	○		☆	○	
獨木舟	☆	○		☆	○		☆	○		☆	○		☆	○	
近代五項	☆	○		☆	○		☆	○		☆	○		☆	○	
足球	☆	○		☆	○		☆	○		☆	○		☆	○	
自行車	☆	○		☆	○		☆	○		☆	○		☆	○	
射擊	☆	○		☆	○		☆	○		☆	○		☆	○	

---

[57]可以說，不少女子運動競技項目，隨著文明化過程，以及民主風氣的普及，而獲得了起碼的重視，並因此而取得發展的契機。

[58]田中亮太郎，〈日本における女子野球に関する研究－女子野球誕生から女子プロ野球成立過程について－〉，《大阪芸術大学紀要》，18（大阪，1995）：119-128。

[59]田原淳子，〈競技スポーツと女性〉，（井古惠子、田原淳子、來田享子編）《目でみる女性スポーツ白書》，53。略作增補。

（續）表10-3　近五屆奧運會男女項目比較

種類	雪梨（2000）			雅典（2004）			北京（2008）			倫敦（2012）			里約（2016）		
	男	女	混合	男	女	混合	男	女	混合	男	女	混合	男	女	混合
柔道	☆	○		☆	○		☆	○		☆	○		☆	○	
舉重	☆	○		☆	○		☆	○		☆	○		☆	○	
游泳	☆	○		☆	○		☆	○		☆	○		☆	○	
壘球		●			●			●							
體操	☆	○		☆	○		☆	○		☆	○		☆	○	
桌球	☆	○		☆	○		☆	○		☆	○		☆	○	
跆拳道	☆	○		☆	○		☆	○		☆	○		☆	○	
網球	☆	○		☆	○		☆	○		☆	○		☆	○	
鐵人三項	☆	○		☆	○		☆	○		☆	○		☆	○	
馬術			◎			◎			◎			◎			◎
籃球	☆	○		☆	○		☆	○		☆	○		☆	○	
羽球	☆	○	△	☆	○	△	☆	○	△	☆	○	△	☆	○	△
排球	☆	○		☆	○		☆	○		☆	○		☆	○	
手球	☆	○		☆	○		☆	○		☆	○		☆	○	
擊劍	☆	○		☆	○		☆	○		☆	○		☆	○	
划船	☆	○		☆	○		☆	○		☆	○		☆	○	
拳擊	★			★			★			☆	○		☆	○	
曲棍球	☆	○		☆	○		☆	○		☆	○		☆	○	
棒球	★			★			★								
競艇	☆	○	◎	☆	○	◎	☆	○	◎	☆	○	◎	☆	○	◎
田徑	☆	○		☆	○		☆	○		☆	○		☆	○	
摔角	★			☆	○		☆	○		☆	○		☆	○	
高爾夫球													☆	○	
七人制橄欖球													★		
備註	1.☆代表男子項目，○為女子項目，★為男子專有項目，●為女子專有項目，△為男女共同或混合項目，◎為不區別男女的項目。 2.游泳含競速、跳水、水球及花式游泳（水中芭蕾）。 3.體操含機械體操、新體操、彈簧床。 4.排球含排球及沙灘排球。														

　　當然，一般能納為奧運比賽項目，均依奧運憲章規定，並由國際奧委會理事會決定。比如，男子項目要考慮四大洲七十五個國家以上盛行該種運動，才有可能被納入。而女子項目，則需有三大洲內

四十個國家以上的運動人口。[60]不過,以奧委會一百零六位委員,理事會有十五位,率皆各有立場,想要增刪項目,仍須經一番權力的角力。[61]如2012年倫敦奧運取消了亞洲盛行的棒球與壘球,2020年奧運,由日本東京主辦,日本可能不會輕易放棄垂手可得的獎牌,竭盡所能恢復棒球與壘球,當不在話下。再說,韓國的跆拳道,號稱全世界有一百六十九個國家的運動人口,因裁判態度及比賽計分,常有爭議,一直以來,都面臨被取消的窘境。其實,早期女子運動項目之被忽視,一方面是奧委會委員一百零五位中,女性僅占三位,所占比率2.8%,而國際奧會理事會共有理事十五位,女性僅有兩位,占13.3%。女性運動項目受制於男性的宰制,自不難想像。同時,各國體育領導人,以及相關體育團體負責人,幾全由男性領導,女性運動的主導力量,難免受到壓縮。再方面,近代運動由西方社會起其端,諸多典章制度,皆由西方文明所左右,東方運動文化,難有發揮餘地,自是可想而知。

四、奧運會女性運動人口急起直追

如上文所述,健康意識抬頭,以及自覺運動的重要,都使女性接近運動的機會大增,加以社會風氣的開放,以及政府相關單位的倡導,使得女性運動人口,與日俱增。同時,隨著運動的政治效應,奧運女子運動得到鼓勵,也使得女性走向運動競技的欲望增高。

以夏季奧運的女子參與人數來看(**表10-4**),從1900年巴黎奧運

---

[60]第一部奧林匹克憲章,於1894年6月制訂,歷經百餘年,有多次增刪,最近一版是2013年公布,共分五章,其中有關參賽條件及其比賽項目,則於第五章載明。

[61]來田享子,〈1936年から1959年までのIOCにおける女性の参加問題をめぐる議論−IOC總会・理事会議事録の検討を通して−〉,《体育研究所紀要》,27(2013):13-36。

設有女性項目算起，至1948年的倫敦奧運，約五十年間，女性參與人數，始終不及男性人數的十分之一。之後，再經過約三十年的1976年蒙特婁奧運，女性人數為男性人數的四分之一，及至2016年里約奧運的女性人約為男子的三分之二（66%）。換句話說，女性參加奧運會，可說是漫長的旅程。歷經了近百年來的努力，女性運動人數，在奧運賽中，無力與男性相抗衡，未始不是值得探討的重要課題。

表10-4　夏季奧運會的男女參加人數一覽表[62]

年	舉辦城市	參加國家地區數	參加人數	女性	男性	女性比率
1896	雅典（希臘）	14	241	0	241	0.0
1900	巴黎（法國）	24	997	22	975	2.2
1904	聖路易（美國）	12	651	6	645	0.9
1908	倫敦（英國）	22	2,008	37	1,971	1.8
1912	斯德哥爾摩（瑞典）	28	2,407	48	2,359	2.0
1920	安特衛普（比利時）	29	2,626	65	2,561	2.5
1924	巴黎（法國）	44	3,089	135	2,954	4.4
1928	阿姆斯特丹（荷蘭）	46	2,883	277	2,606	9.6
1932	洛杉磯（美國）	37	1,332	126	1,206	9.5
1936	柏林（德國）	49	3,963	331	3,632	8.4
1948	倫敦（英國）	59	4,104	390	3,714	9.5
1952	赫爾辛基（芬蘭）	69	4,955	519	4,436	10.5
1956	墨爾本（澳洲）	72	3,314	376	2,938	11.3
1960	羅馬（意大利）	83	5,338	611	4,727	11.4
1964	東京（日本）	93	5,151	678	4,473	13.2
1968	墨西哥（墨哥）	112	5,516	781	4,735	14.2
1972	慕尼黑（西德）	121	7,134	1,059	6,075	14.8
1976	蒙特婁（加拿大）	92	6,084	1,260	4,824	20.7
1980	莫斯科（蘇聯）	80	5,179	1,115	4,064	21.5
1984	洛杉磯（美國）	140	6,829	1,566	5,263	22.9

[62]來田享子，〈近代オリンピック大会（夏季）の参加者数の変化〉（井古惠子、田原淳子、來田享子編）《目でみる女性スポーツ白書》，2001，38。略作增補。

（續）表10-4　夏季奧運會的男女參加人數一覽表

年	舉辦城市	參加國家地區數	參加人數	女性	男性	女性比率
1988	漢城（韓國）	159	8,391	2,194	6,197	26.1
1992	巴塞隆納（西班牙）	169	9,356	2,704	6,652	28.9
1996	亞特蘭大（美國）	197	10,318	3,512	6,806	34.0
2000	雪梨（澳洲）	199	10,651	4,069	6,582	38.2
2004	雅典（希臘）	201	10,625	4,329	6,296	40.7
2008	北京（中國）	204	10,942	4,637	6,305	42.4
2012	倫敦（英國）	204	10,568	4,676	5,892	44.2
2016	里約（巴西）	207	11,388	4,540	6,848	39.9
備註	1.1970年代到1980年代之間，先後因種族及政治問題，而有抵制行動。 2.近代奧運第一屆未有女性參加，至2004年女男參加人數比率增加為40%。					

　　從另一個角度看，即以美國為例，自1972年「第九條款」（Title IX）公布之後，雖以法律保障女子運動的權益與機會，政府相關單位，也大力鼓吹女性運動的重要性，女性運動人口也順勢急速上升，不過，根據第九條款公布後四十年的調查結果，[63]美國高中女生的運動參與率，雖比法案公布前，增加了十倍的人數，但其增加的數量，仍未能達到男生1971-1972的水準（**表10-5**）。顯見，女性運動人口的增加不只數量尚須努力，增加的速度更待加強。

表10-5　Title IX公布後四十年美國男女高中生運動參與率比較[64]

性別	年代		
	1971-1972	1978-1979	2010-2011
男	3,666,971（93%）	3,709,512（67%）	4,494,406（59%）
女	294,015（7%）	1,854,400（33%）	3,173,549（41%）

---

[63]A. Wilson, "The Status of Women on Intercollegiate Athletics as IX Turns 40," https://www.ncaapublications.com/p-4289, 2015.03.28.

[64]A. Wilson, "The Status of Women on Intercollegiate Athletics as IX Turns 40," https://www.ncaapublications.com/p-4289, 2015.03.28.

　　當然，女子運動人口增加之困難，因素相當多，前文已略述及，不擬贅述。不過，根據英國教育標準局於2008年9月至2012年7月，以5-16歲學生為對象，走訪一百二十所小學、一百一十所中學及七所特殊學校（每所學校訪查四次），考察體育，並於2013年2月，發布報告。[65]結論是國小階段男女，在體育活動的表現及進步情形差異不大，但至中學階段，男生在實作課程的表現比女生好，特別在足球、籃球等侵入性運動（invasion game）等項目。2013年教育部研究發現，英格蘭地區學生選擇中等教育檢定（GCSE）科目，反應強烈的性別刻版印象及性別分化情形，到A-水準階段更明顯。[66]

　　再依文化‧媒體及運動部2013夏季所發布的報告顯示，5-10歲女童中有四分之一過去　個月中，完全沒有運動過，與過去五年相比，增加了近50個百分點。另據女性運動與體適能協會於2012年針對一千五百名學生所作的研究指出，約51%的女性因過去學校的運動與體育課經驗，而排斥運動。45%的女生認為運動太競爭，三分之一認為體育老師只關心表現好的學生。同時發現，57%的女生退選體育課的原因是受同儕影響。48%的受訪女生表示，流汗一點都不女性化，三分之一男生認為，愛運動的女孩不夠女人味。有76%的女生高度自覺自己的身體，約四分之一覺得體育課是在展現自己的身體，這讓她們排斥體育課。[67]

　　報導中說，在歐盟的跨國比較中，英國人15-24歲女性僅6%每週運動至少五次，遠低於歐盟國家平均數的8%，屬歐盟國家的後段班（二十八國中的第十九名），但在同年齡的男生部分，則有三分之一

---

[65]駐英國代表教育組，〈英國體育性別平等推動現況〉，《教育部電子報》，http://epaper.edu.tw/windows.aspx?windows_sn=13254，2017.03.10檢索。
[66]女性喜歡藝術、語言、人文，男生則是地理、體育與電腦。駐英國代表教育組，〈英國體育性別平等推動現況〉。
[67]駐英國代表教育組，〈英國體育性別平等推動現況〉。

的比率，定時運動，排列歐盟第三名。顯見，在英國男女生在體育‧運動表現上的性別差異。

　　所謂見微知著，縱使英國男女青少年學生的調查結果，尚不足以涵蓋世界各地中小學生參與運動的現象，不過，就相關研究資料所得，無論臺灣或日本，女性學生對體育‧運動的反應，相類似的結果，所在多有，不足為奇。[68]比如因體育課的經驗，排斥運動，或運動競爭太過激烈而退避三舍。老師常只關注績優學生，使女生受到冷落；或因運動流汗，女生自覺失去女人味，甚至男生不喜歡愛運動的女生等等，雖然有的是意識形態使然，未必合乎理性，有的卻讓我們意識到，女生運動人口之無法與男生並駕齊驅，似乎不只是女生本身的好惡問題，更重要的是，外在的影響因素，不能視若無睹。尤其是體育師資，在施教過程中的言談舉止，以及對學生的關注態度，都有左右學生進出運動場域的可能性。這也提醒為人師表者，面對運動中的性別問題不能小覷。

第三節　女性運動競技之國際發展

一、聯合國積極推動

　　聯合國教科文組織於1945年創設，旨在透過教育、科學與文化，實現國際和平，並促進社會福祉為目的。1952年於教育部門設立體

---

[68]曾郁嫻、程瑞福，〈性別平等教育融入體育教學活動設計之探討〉，《中華體育季刊》，24.1（臺北，2010.03）：100-109；谷口雅子，〈スポーツにおけるジェンダーの生産と再生産－明治‧大正期を手がかりに－〉，《スポーツ社会学研究》，11（東京2003）：75-86。

兵來將擋全力反擊

資料來源：2017臺北世大運執委會提供。

育‧運動中心，期能藉由體育‧運動的特殊性，培育健全青少年。1976年舉行第一屆部長級會議（MINEPS），強調體育與運動對教育權利與人權文化的調和，是發展國際戰略上所不可或缺的重要組成部分。1978年，發表「世界全民運動憲章」，開宗明義，主張「運動是人的基本權利」，認為國家機關是扮演體育‧運動的主要任務，自宜研訂政策，切實承擔。同年，聯教組織並成立「體育‧運動國際推展委員會」（CIGEPS），其目的可歸為五點：(1)重視運動促進和平；(2)學校與社會的教育系統中，發展體育‧運動；(3)在文化、環境、男女平等、取消社會差異等領域中，認識運動所持有的重要性；(4)發展不同區域、國家政策與計畫；(5)由三十個會員國組成國際運動發展基金，並區分十個分組運作。1984年，聯教組織開始與國際奧林匹克委員會（IOC）合作，聯合世界會員國及非政府組織（NGO）與相關團

體，召開會議，推動國際體育・運動的發展。[69]

事實上，聯合國之所以積極推展體育・運動，係植基於體育・運動是公正、平等的活動，足以充實社會，促進各國友好親善關係，提供個人的自我認識、自我表現及成就感的體現，同時，增加自我實現、學習技能及檢驗自我的機會，並可獲得樂趣、健康與體驗幸福感受。特別是運動實踐，增加社會的參與，提升團結與責任感，有助於社區發展及國家的進步。[70]

進一步說，聯合國認為，競技或身體活動是世界各國所不可或缺的重要文化。不過，無可諱言的是，世界各國的國情縱使略有不同，但居於世界半數以上人口的女性，在運動參與人口及其他相關層面上，不只不能與男性並駕齊驅，甚至在主要領導階層的職位上，可說相差不可以道里計，不無深切反省的必要。

基此背景，世界女性運動之相關主政機關或團體，一方面配合聯合國「取消一切形式的性別歧視」，一方面組成國際女性運動工作小組（IWG），[71]聯合世界相關組織，召開會議，研擬具體策略與行動方案，解決運動世界中的性別差異，協助女性運動的落實與發展。

---

[69]柾本伸悦，〈スポーツによる国際協力：国連機関の開発援助の歴史と意義〉，《広島経済大学研究論集》，35.2（広島，2012.09）：54-64。

[70]1994年第一屆世界女性運動會議，發表「布萊頓宣言」之背景，特別說明，體育・運動對社會發展之貢獻，主張女性人口占世界人口一半以上，雖然女性運動人口逐年增多，但決策階層的女性人數，並未明顯增加，亟待努力。

[71]國際女性運動工作小組（International Working Group on Women and Sport, IWG），成立於1994年，係政府組織與非政府組織所成立的半官方組織。

二、國際女性運動工作小組（IWG）的作法

(一)「布萊頓宣言」[72]

　　第一屆世界女性運動會議，於1994年5月，在英國布萊頓舉行，共有各國政府機關、非政府組織、各國奧林匹克委員會、國際／國內運動聯盟、教育、研究機關等共八十二個國家、二百八十名代表參加。會後，發表「布萊頓宣言」，呼籲各國政府及相關組織，研訂相關行動方案，具體落實。

◆目的

　　本宣言，在補充女性與運動所有相關之地方、國家、國際之運動憲章或法律、典章規約、規則或規定之不足。其目的在認同女性以最大可能參加所有運動領域的價值，發展可能實現的運動文化。

◆原理原則

　　各政府組織、非政府組織及所有運動相關機關團體，基於平等、發展及和平的原理原則，依下列事項，改善其組織結構及其運作機轉。

　　1.保護所有女性的個人權利、威嚴與尊嚴，保證在和諧的環境中安全的參加運動的機會。

　　2.提升並擴大女性參與運動的地位、職務及角色。

　　3.保證女性的知識、經驗與價值觀，可貢獻於運動的發展。

---

[72]順天堂大學女性スポーツ研究センター，〈ブライトン宣言〉，http://www.juntendo.ac.jp/athletes/albums/abm.php?f=abm00003718.pdf&n=Brighton_Declaration_j.pdf，2015.03.01檢索。

4.擴大認識女性參與運動，有助於一般社會、社區發展及創造健全的國家。

5.女性要竭盡所能，認識運動的原有價值，有助於自我實現或健康的生活。

◆重要策略

　　基於上述的目的，宣言中，除強調面對社會變遷，重視學校與青少年運動、促進參與、運動資訊與調查研究、資源（人力資源、財力與物力）、國內外合作，必須男女兩性平等外，特別就社會與運動的公平與平等、設施與設備、高度競技運動、運動中的領導能力、教育、訓練與能力開發等面向，提出具體的策略，以建立男女攜手並進的社會，其具體構想及其策略，可歸納如表10-6。

(二)「布萊頓＋赫爾辛基2014宣言」

　　國際女性運動工作小組（IWG），於1994年舉行第一屆世界女性運動會議（英國，布萊頓）之後，分別召開第二屆（1998，納米比亞，溫荷克）、第三屆（2002，加拿大，蒙特婁）、第四屆（2006，日本，熊本）、第五屆（2010，澳洲，雪梨）、第六屆（2014，芬蘭，赫爾辛基）會議，[73]預定2018年在波札那，嘉伯隆里舉行第七屆會議。

　　事實上，每隔四年一次的會議，率皆以「布萊頓的宣言」為基礎，一方面檢討該宣言在世界各國的落實情形，一方面也與時俱進，回應各地區社會的改變，調整行動方案及其實施策略。

---

[73]International Working Group on Women and Sport，《変化を起こし、その原動力になるための－ヘルシンキからスポーツの世界への呼びかけ》（山口理恵子譯）（東京：順天堂大学女性スポーツ研究センター，2014），1-13。

表10-6　「布萊頓宣言」的目的及其策略[74]

區分		內容	備註
目的		1.女性參加最大可能之運動領域。 2.男女共同攜手並進的平等社會。	發展可能實現之運動文化。
運動類型		1.終生運動（閒暇、休閒活動、健康運動）。 2.競技運動。 3.學校與青少年運動。 4.殘障運動。	不分種族、膚色、語言、宗教、信條、性嗜好、年齡、婚姻、政治等。
行動方案	策略1	1.設施設備應考慮女性之特有需要及便利性。 2.提供及開發女性需要與適合之活動內容。	特別托兒所之設置及其安全性。
	策略2	1.開發足以提升女性與運動之知識與理解的政策或計畫。 2.應落實男女調查研究之規範或基準之設定。	調查研究與資訊提供，應兼顧男女雙方。
	策略3	1.教育過程或實踐中，應考慮男女平等參與。 2.女性選手之需要。 3.要公平對待女性運動員之角色及其領導經驗或價值觀與態度。	教練或其他運動從業人員，應重視男女平等對待。
	策略4	所有資源分配者，應支援女性運動員及其計畫及發展宣言所提原則之測驗方法。	人力資源、財力資源及物質資源之分配，男女一視同仁。
支援機關單位		1.各國政府組織。 2.非政府組織。 3.國際‧國內運動團體、各國奧林匹克委員會。 4.教育‧研究機關。	補充國家、國際的運動憲章、法律、典章、法規、規則、規定等之不足。

　　具體的說，世界女性運動會議，自1994年公布「布萊頓宣言」之後，歷經了二十年，國際女性運動工作小組（IWG），檢討了對「布萊頓宣言」的反映意見，經由各國國內或地方的支援，以及實際推廣宣言中的原理原則，已建立了相關行動者或主要活動的國際網路平臺。換句話說，二十年來，對女性最大可能參與運動的阻礙因素，及其相互之間糾葛的互動關係，已有了更高的認識與理解，對女性參與

[74]順天堂大學女性スポーツ研究センター，〈ブライトン宣言〉，http://www.juntendo.ac.jp/athletes/albums/abm.php?f=abm00003718.pdf&n=Brighton_Declaration_j.pdf，2015.03.01檢索。

運動，足以增進健康、幸福、社會資本及教育的積極效果，也有了更深的認識。[75]檢討內容如下：

◆目的

確認布萊頓宣言之績效。「領導改變，要改變」（lead change, be change）。

◆大會宣言

本次大會發表「布萊頓＋赫爾辛基2014宣言」，除深化1994宣言所提課題，持續經由各國相關組織設法解決外，並提出本次大會之五大議題。

◆五大議題

1.自我行動：為生活／生命的身體活動、健康運動、保持理想狀態。

2.對抗疫情：運動政策之改變。

3.運動百分百：透過創造與創新鼓勵參加運動。

4.最好的教練：追求領導與教練的卓越性。

5.勇於運動：安全保護與人權。

強調「領導改變，要改變」的重要性，同時，以「布萊頓＋赫爾辛基2014宣言」，向全世界呼籲各國相關組織或機關，落實執行，以增加女性運動比率，達成既定目標。為說明方便，試列分析**表10-7**，藉供參考。

---

[75]International Working Group on Women and Sport，《変化を起こし、その原動力になるための－ヘルシンキからスポーツの世界への呼びかけ》（山口理惠子譯）（東京：順天堂大学女性スポーツ研究センター，2014），4。

表10-7 「布萊頓＋赫爾辛基2014宣言」的重要建議[76]

重要議題	國際現狀	建議	備註
自我行動：為生活的身體運動、健康及其理想狀態	1.健康促進有利身體、心理及社會的理想發展。 2.全世界63%的女性，並未蒙受運動的好處。 3.女性終其一生，均需持續運動。 4.健康的生活形態，可預防運動不足及其他傷害。	1.政府及各運動相關組織應支援女性健康促進政策。 2.運動團體應預防有害女性飲食、身體運動傷害之措施。 3.女性之健康促進，應含運動、健康、教育及環境之政策。	預防運動不足、性、生育・健康、癌、HIV/AIDS、其他傷害等。
預防疫情：領導運動政策的改變	1.世界四百個以上的運動團體，簽署了「布萊頓宣言」。 2.在實現男女平等之前，諸多橫亙在運動文化的問題尚待解決。 3.植基於政治的決心、勇氣及資源的緊急措施，必須落實。	1.政府及運動團體，應保障所有運動水準之男女平等之法令結構，政策及其戰略。 2.依文化背景或性別平等之進展，研訂具體之行動。將性別主流化落實在運動相關預算與資源分配。 3.國際女性運動工作小組，應將2014年宣言之成果報告，定期彙整。 4.檢討國際奧會所訂相關奧會活動的女性決策成員比率，2005年時達25%。	2020年以前所有行政組織女性最低比率為40%。

---

[76]本次會議為IWG主辦，協辦單位計有：國際奧委會（IOC）、國際帕拉奧委會（IPC）、聯合國教科文組織（UNESCO）、世界衛生組織（WHO）、聯合國運動和平與發展（UNOSDP）、法國青年運動部長會議（CONFEJES）、國際體育運動科學協議會（ICSSPE）、歐洲非政府組織（ENGSO）、國際大學運動聯合會（FISU）、國際女子體育聯盟（IAPESGW）及國際女子運動（WSI）等共十七個之多，顯見其規模之大與層級之高。取自：International Working Group on Women and Sport，《変化を起こし、その原動力になるための―ヘルシンキからスポーツの世界への呼びかけ》（山口理恵子譯）（東京：順天堂大學女性スポーツ研究センター，2014），詳細內容，以原日譯稿為準。

（續）表10-7　「布萊頓＋赫爾辛基2014宣言」的重要建議

重要議題	國際現狀	建議	備註
運動百分百：創造與革新，提高參與	1.多數國家的女性面臨缺乏運動的困境。 2.女性在優質體育中習得技能、知識與理解至為重要。 3.女性參與運動，常受家庭責任、文化信念或偏見所限制。	1.運動團體或政府機關，應有適當措施鼓勵女性運動。 2.運動團體或社區應破除女性運動的阻礙因素。 3.運動為基本人權，決策者應遵守UNESCO柏林宣言。[77] 4.優質體育係植基於UNESCO及ICSSPE等之國際基本方針。[78]	柏林宣言強調： 1.參與體育‧運動是每個人的基本權利。 2.促進對體育與運動競技化的投資。 3.維護體育‧運動的純潔性。
最好的教練：追求領導能力與教練的卓越性	1.運動隱含僱用的可能，且可發展生活技能。 2.女性常小看自己的價值、想法與行動。 3.退役女性運動員的潛力及其知能，未受眷顧。 4.因支援不足，女性領導能力的發揮，受到阻礙。	1.所有運動團體，應有平等男女隊職員比率的行動計畫政策。 2.男女教練、裁判及隊職員的教育或訓練中落實性別主流化。同時，鼓勵女性持續教練及裁判工作。 3.退役女性運動員，視同人力資源，開發延攬機制，累積其經驗，建立持續性的教育系統。	女性在管理、經營、教練、審判等領導者，居於少數。
勇於運動：安全的保護與人權保障	1.運動可作為人的避難所。惟社會並未具完全的安全環境。 2.要保障男女享有安全的平等運動機會，且經由運動對抗性別暴力。 3.運動界未體察性別問題，且欠缺保障安全的有效政策。基於消除性別暴力，應建立倫理性的綱領。	1.研訂易於受害少女的安全保護政策，且提高運動中暴力危險性的警覺。 2.所有運動治理機關，應研擬運動中性別暴力的預防措施或被害者的支援策略、政策及其行動方案。 3.保障性別安全的運動設施環境，提供主其事者避免性別暴力的教育或研修計畫。 4.聯合國人權高等專員辦公室，重新審視「取消女性差別條約」及女性參與運動的各項條款。	1.運動不分文化、性別、性別認同、殘障、民族的背景等，可連結所有的人。 2.社會要備妥運動的安全環境。

---

[77]「柏林宣言」係指2013年5月28-30日在德國柏林所召開之第五屆國際體育部長級會議發布之宣言。

[78]本方針為聯合國教科文組織（UNESCO）、國際運動發展與和平局（UNOSDP）、國際奧林匹克委員會（IOC）及國際帕林匹克委員會（IPC）所承認。

本次大會，除配合五大議題，提出具體建議外，同時，呼籲參與國家，在國內、區域或國際，推動研究、評價、監控或報告，供為資訊共享，相互汲取經驗，謀求全球化平臺之建立。同時，也籲請活用既有國際組織，如聯教組織身體運動研究所、國際女性運動工作小組的國際網際網路、歐洲女性運動工作圈（EWS）、國際女子體育聯盟或國際婦女運動聯盟（WSI）等相關團體，攜手並進，達成性別平等之任務。[79]

總而言之，自1994年之後，二十年來，在聯合國教科文組織主導下，國際女性運動工作小組（IWG），經由各國相關組織的推動，已有初步的績效。其中，不只個別國家配合推動，積累了一定的成果，甚至透過會議、研討、國際網際網路等不同管道，相互交換資訊，彼此互通經驗，已為女性身體運動，建構了推展基礎，研訂了性別平等的行動方案，更作出了性別主流化的具體策略。相信，這些行動與成果，不只有利於女性運動人口的普及，更有助於女性運動效益的具體落實。

三、國際奧委會（IOC）的努力

近代奧林匹克運動會於1896年創辦以來，已有一百二十年的歷史，男女運動員的參加人數，雖與時俱進，逐屆增多，惟男女參加比率的差距，仍保持相當大的距離（**表10-3**）。尤其在相關行政管理組織或實際競技場域中的領導階層人數，男女分布之懸殊（**表10-4**），是眾所關注的議題，更是亟待解決的重要課題。

國際奧委會於1994年設立女性運動工作小組，並於1996年在瑞士

---

[79]行政院性別平等會，〈CEDAW專區〉，http://www.gec.ey.gov.tw/，2015.01.23檢索。

洛桑舉行第一屆世界女性運動會議，邀請聯合國會員國、政府組織或非政府組織等代表參加，力主國際奧委會配合各國政府相關單位，主動提倡女性運動的改革措施，主張加強女性參與運動應從教育著手，增加體育課時間，將奧林匹克教育納入學校課程等建言。

其後，國際奧委會並於2000年舉行第二屆（法國，巴黎），2004年第三屆（摩洛哥），2008年第四屆（約旦），2012年第五屆（美國，洛杉磯）召開世界女子運動會議。[80]各次會議，先後除確認IWG之行動方案，及聯教組織部長級高峰會議之重要決議事項外，都有具體的結論，並發表大會宣言。綜整會議之重要決議，將其犖犖大者列舉如下：

1. 2000年12月31日以前，各國運動團體之決策階層，女性人數占10%。若未能達成，則須提出理由及執行計畫書，並於2005年達20%的女性代表。
2. 國際奧委會、國際單項運動團體、各國奧委會之相關組織，至2020年以前，達成自訂女性代表比率的目標。
3. 國際奧委會要求，區域大會、國際大會及其他運動團體之各國代表團，至少要有一位女性參加。
4. 透過國際奧會之支援計畫，增加女性領導、選手、指導者、裁判等之獎學金及養成課程。特別是對開發中國家的女性，要提供運動中男女平等的教育指導用書，持續舉辦教育研討會，支持國內及歐陸水準的研究。

---

[80] 國際奧林匹克第五屆世界女性運動會議，於2012年2月16-18日在美國洛杉磯舉行，與會者計有一百三十個以上國家，含國際奧委會、國家奧委會、國際競技聯盟、非政府組織及大學相關運動組織等代表八百多人參加。本屆因適逢美國發布開放高中、大學體育‧運動的第九條款（Title IX）法律四十週年，顯得意義深遠。取自：順天堂大学女性スポーツ研究センター，《国際オリンピック委員会第5回世界女性スポーツ会議議事要約》（東京：順天堂大学女性スポーツ研究センター，2012）。

5.各政府經由「聯合國女性地位委員會」等機關，深入認識聯合國「行動綱領」（北京＋5）及其《成果文件》，瞭解身體活動與運動在健康、人權、教育與訓練、權利與決策等領域，對女性成長的效果。[81]

6.各政府機關，應深入瞭解「消除對女性一切形式歧視公約」對女性身體活動及運動發展的效果。

7.國際奧委會及國際奧林匹克活動之相關委員，要深入瞭解優質體育的重要性，特別要協助或鼓勵學校教育中女子體育資料的開發。

8.所有國內及國際運動團體，以運動維持和平與相互瞭解爲手段，要求戰鬥地區爲奧林匹克而停戰。

9.國際奧委會、國際運動競技團體、各國奧委會、各國競技團體，包含選手、運動領導者及其他奧林匹克相關團體，要求實施性別騷擾的行爲規範等政策，同時，在國際競技團體及各國奧委會所舉辦的研討會及相關會議，都應納爲會議議題。

10.有關媒體的所有組織，對女性運動的正確印象、更多的報導及更正確的傳播，對女性傳播人員，推薦專用的訓練課程。

總而言之，國際奧委會基於對女子運動的深切體認，正配合聯合國成立女子運動工作小組，並聯合國際政府或非政府組織，定期舉辦相關會議，研訂具體策略與行動方案。特別是居於世界一半以上的女性人口，不只女性運動人口亟待提升，尤其是運動世界的領導階層，女性所占比率更待加強。誠如奧委會主席羅格於2012年洛杉磯第五屆

---

[81]1995年第四屆世界婦女大會於北京舉行，通過「北京宣言」和「行動綱領」，確定提高婦女地位的十二個領域爲：女性與貧困、女性教育與訓練、女性與健康、對女性的暴力、女性與武力紛爭、女性與經濟、女性與權利、提升女性地位的制度、女性與人權、女性與媒體、女性與環境、女嬰等。

跨越障礙捨我其誰

資料來源：2017臺北世大運執委會提供。

世界女性會議的閉幕典禮上所說，未來奧委會的努力課題為：[82]

1.投資更多的資源，培養女性領導者，提升領導技能。

2.修正國際奧委會領導階層的女性人數。

3.依國際奧委會的選舉辦法，選出更多的女性委員。

4.實現運動相關機關的男女平等。

5.強化並協助實現男女平等的各種組織或機關。

6.促進女性參與運動競技或運動管理。

7.進一步加強與聯合國的合作關係。

---

[82]行政院性別平等處，《性別平等政策綱領》，2012，41。

四、女性運動競技領導者亟待培養

　　國際女性運動之推展，無論是聯合國教科文組織（UNESCO）、國際女性運動工作小組（IWG），甚至國際奧會女性運動工作小組，都一致認為女性運動領導人之重要。誠如奧會主席於2012年洛杉磯第五屆世界女性會議的閉幕典禮所作的宣示，在七個要項中，竟然與提升女性運動領導人的工作，即占了六項，顯示過去以來，以男性主導的奧運會，在面臨兩性平等的趨勢下，不得不改弦易轍，以能滿足時代的發展需要。

　　不過，嚴格來說，女性運動領導階層之所以有培養的需要，一方面是國際奧委會草創初期，女性居於配角角色，自無法主導國際奧委會的施政方向，二方面，國際單項協會、各國奧委會或地方體育相關團體，亦以男性居多，加上對女性的刻板印象使然，造成女性較少與男性爭奪權位，以致形成今天女性運動領導人數，與男性相較之下，實在落差甚大（**表10-8**）。

　　當然各不同的組織，均明訂女性應占的比率，端視主政者，發揮魄力，導正國際運動世界的失衡現象，以落實真正的男女平權。

　　事實上，女性運動領導階層需要補足，從2000年起，國際相關機關即訂有必須達成的女性的既定比率，之所以未能在組織落實，根據前任國際運動社會學會會長華斯汀（Kari Fasting）指出，缺乏女性運動領導階層（教練、理事等組織的決策者）的原因，不外下列幾個因素：[83]

---

[83]小笠原悦子，〈スポーツ組織に女性の積極的な進出を〉，《体育科教育》，11（東京，2011.10）：19-20。

表10-8　國際奧委會，國家奧委會及2012倫敦奧運會女性參與比率[84]

國際奧委會 （IOC）	國際運動聯盟 （IF）	國家奧委會 （NOC）	2012倫敦奧運會 女性比率
1.IOC委員106位，女性3位（2.8%） 2.IOC理事15位，女性2位（13.3%）	1.女性會長3位 2.女性理事占20%者，有10個協會 3.女性理事占10%者，有17個協會 4.至少有1位女性理事者，有30個協會	1.女性會長1位 2.女性秘書長7位 3.女性理事占20%者，62個 4.女性理事占10%者，148個 5.最少有一位女性理事者，182個	1.人事部60% 2.財務部59% 3.法務部54% 4.建築50% 5.志工54% 6.30歲以下29% 7.黑人／亞洲少數民族17% 8.殘障者7%
各洲運動決策層女性所占比率	1.大洋洲26.2% 2.亞洲12.6% 3.歐洲14.1% 4.美國20.5%		
備註	1.國際奧委會、國家單項協會及國家奧委會等重要領導階層，女性比率偏低。 2.2012倫敦奧運會，大會工作人員女性比率幾近50%，值得重視。		

1. 工作性質：女性對家庭與子女責任感較強，社會對男性與女性的刻板及偏頗觀念，根深柢固，影響女性出頭機會。
2. 女性領導風格：女性領導較難信賴，欠缺果斷力、魄力較差。保守的刻板印象，較少創新突破。多數女性對領導任務，不感興趣或誘因不足。
3. 組織文化：對人際關係、氣氛、工作等較少吸引力。面對問題，性別化角色，較明顯。
4. 缺乏頂尖女性教練：缺乏具資格之頂尖教練。生活與教練難以兩立。女性為組織所疏離，未有榜樣人物。

---

[84]順天堂大学女性研究センター，〈国際オリンピック委員会第5回世界女性スポーツ会議議事要約〉（東京：順天堂大學，2012），5-18。

過去以來，女性運動領域，較少關注女性領導階層之重要，且也較少成為議題，引起討論。惟時代更迭，社會變遷，占全世界人口比例占一半以上的女性，需要更多人投入運動領域，尤其女性運動領導階層，需要大量補足，才能構建男女平權的和諧社會，也才能共享男女平權的公平生活。因此，從男女分工中，取得公平的對待機會；於領導風格中建立信心；在運動組織裡，扮演領導角色，使工作與家庭取得平衡，則女性領導更能出人頭地，樹立榜樣。

第四節　體育與性別平等

傳統以來，大多認為體育‧運動，是以男性為核心的世界，不過，隨著時代的改變，以及社會制度的更迭，性別平等觀念的提倡，世界各先進國家，莫不積極鼓勵女性參與運動，藉以緩和運動世界男女的失衡，調整性別不平等現象。

實際上，性別平等之難以真正落實，不只是法律與制度層面的性別差異，在日常生活中，根深柢固的成見，常使性別的差別待遇無所遁形。比如，學校教育環境裡，教師的關心或師生互動中，對女性的要求較低。在教育內容或實質教育作為上，男女常有不同的對待。同時，校園的設施、設備或資源的投入，以及媒體的報導取向，男女之間份量的多寡，司空見慣，不足為奇。更值得重視的是，在校園的體育活動裡，從參與的機會、參與項目的選擇與參與內容，仍然存留諸多揮之不去的老舊觀念，甚至變本加厲的在男女不平等的土壤裡，生產或再生產。[85]

---

[85]谷口雅子，〈スポーツにおけるジェンダーの生產と再生產－明治‧大正期を手がかりに－〉，2003，75-86。

　　體育・運動是最公平的教育情境，是實現性別平等教育理想的重要推手；同時，體育・運動也是不分性別、年齡、能力、族群、社會階級的實踐場域，足以建構無性別成見與歧視社會的堅實基礎，論者所在多有，不言可喻。

　　本節擬以我國女性參與體育・運動之現況為背景，參照先進國家體育・運動在性別平等教育的策略，及未來臺灣女性參與體育運動之因應，擬就：(1)臺灣女性參與體育・運動之現況；(2)體育・運動與性別平等之國際趨勢；(3)性別平等在體育・運動之落實；(4)建立體育・運動性別平等檢核系統等四部分，分述如下。

一、臺灣女性參與體育・運動之現況

　　近年來，隨著性別意識的抬頭，平權觀念的提倡，以及性別教育的重視，使得性別議題，從政府到民間，從學校到社會，不只理念傳播更形積極，政策的研訂也更加具體。不過，查考《消除對婦女一切形式歧視公約（CEDAW）中華民國（臺灣）第2次國家報告審查委員會總結意見與建議》，[86]發現審查意見中，建議我國政府「制訂婦女健康政策的行動計畫」，並提及健康政策不能僅止於防治疾病，且婦女健康政策的重點，要包含青少女健康政策等。意謂我國政府在婦女健康權的政策上，略嫌不足，亟待改善外，對婦女或少女健康宜更積極謀取因應措施。相對而言，「健康不僅是沒有疾病，而是身體、心理與社會的理想狀態」，素為眾所周知。國際審查小組的意見點明，我國健康政策之內容，除婦孺疾病預防與老人照護外，以運動促進身

---

[86]行政院性別平等會，《消除對婦女一切形式歧視公約（CEDAW）中華民國（臺灣）第2次國家報告審查委員會總結意見與建議》（臺北：行政院，2014），9。

啦啦隊含苞待放

體健康的具體作為，似不能掉以輕心。具體而言，盱衡國際趨勢，近年來，聯合國相關單位，莫不大力推動以身體運動促進健康計畫，減緩醫療支出，厚植國民健康基礎。

　　事實上，臺灣高齡化社會，已隱然成形，隨著高齡化人口的急速攀升，造成國家的醫療負擔，已是國家必須面對的嚴肅議題。根據聯合國經合組織（OECD）發布的資料，[87]美國2012年的醫療費用占GDP16.9%，比1990年高出5.0%。日本2012年是10.3%，比1990年增多了4.5%。除日、美兩國之外，目前國際多數國家，都為醫療費用的擴大，壓縮到社會保障經費的支出，造成家庭經濟的重大負擔，而影響一般消費活動的能力，已成為不得不速謀解決的重要課題。

---

[87]酒井三千代，〈健康增進政策とスポーツ産業〉，https://www.mitsui.com/mgssi/
　ja/report/detail/1221200_10674.html，2015.04.06檢索。

　　一般認為，醫療費用的控制，必須導入市場機制及資訊科際的活用，使得醫療效率提升，增進健康診斷，發揮及早發現疾病，早期治療，甚至重視疾病預防，以運動健康促進，減少醫療支出，已是國際先進國家所共同採取的重要手段。

　　具體而言，世界衛生組織（WHO）提出警告，身體活動‧運動不足、高血壓、抽菸、高血糖等，是造成全世界死亡人數的四大高危險因素。推測21～25%的乳癌、大腸癌，27%的糖尿病，30%的缺血性疾病，都因身體活動不足所造成。因此，特別提出「以身體活動促進健康」的國際勸告，並推薦身體活動指標，供為世界各國參考。

　　對於聯合國的呼籲，在美國，運動作為醫療保險的一環，揭櫫預防與運動健康促進策略，企業界也群起效尤，更以中小學生為對象，展開「大家動起來」的推廣活動。同時，定期在職場、家庭、學校等不同場域，檢驗實施效果。尤其自1995年「北京行動綱領」確認性別主流化概念之後，諸多女性身體運動與健康促進策略，已陸續展開，積極推行。我國對身體運動之健康效益，雖先後有國民體重控制與體適能檢測措施，惟限於客觀條件，尚未全面展開，影響層面仍顯不足，國際審查小組之提醒我國應訂定健康政策，意在言外，不問可知。

(一)女性規律運動人口偏低

　　根據體育署2015年運動城市調查，[88]發現女性規律運動參與人口，雖有逐年上升趨勢（**表10-9**），惟進步幅度不大，且相較男性參與率，明顯較低，顯見女性參與規律運動之比率，仍有發展空間，有待加強提升。

---

[88]教育部體育署，〈運動城市調查〉，《推廣女性參與體育運動白皮書》（台北：教育部，2017），21。

表10-9　近年來臺灣運動城市調查

年分	2012	2013	2014	2015
男性	36%	35.6%	37.7%	39%
女性	24.8%	27.0%	28.2%	27.9%

(二)女生的累積運動時間與學級遞升成反比

　　根據教育部101學年度學生運動參與情形調查報告（**表10-10**），可看出，在累積運動時間三十分鐘的比率上，國小男生80.2%，女生72.5%；國中男生66.5%，女生51.9%；高中男生49.6%，女生31.3%，顯見隨著學校階段的上升，運動的比率逐級下降，亦即國小階段的達成比率高，高中階段的達成比率反而減少。表示小學階段的運動時間比率要比高中階段來得高，說明越高階段，運動時間比率越呈現減少現象。說明年級越高，每天三十分運動的實施比率越低。具體而言，高中生，比不上國小生的熱衷運動。從男女性別的角度看，發現不論哪一階段，男生都比女生的比率高，表示女性三十分鐘的運動比率，

表10-10　各級學校男女學生每天累積運動時間三十分鐘以上之比率[89]

階段	性別	平時（%）	週末（%）	寒假（%）	暑假（%）	平均（%）	差異（%）
國小	男	80.2	76.9	75.3	83.7	79.0	7.2
	女	72.5	68.7	66.2	80.4	72.0	
國中	男	66.5	67.2	65.2	73.8	68.2	7.4
	女	51.9	45.8	45.0	60.3	50.8	
高中	男	49.6	54.6	53.6	61.9	54.9	21.9
	女	31.3	29.2	28.7	42.6	33.0	

---

[89]教育部體育署，《101學年度學生運動參與情形調查》（臺北：教育部，2014），41-44。

比男生少，說明女性的比率不只逐級少，且都比男性的比率低，其差
異情形，以高中階段男女運動比率的差異最爲明顯。尤其高中女生的
運動比率，平均約僅33%，還不到小學階段的二分之一。換句話說，
平常僅有三成的女生能保持運動三十分鐘，相對的七成女生，大概不
是不運動，就是運動低於三十分鐘。表示隨著年齡的成長，身體運動
的機會越少，平常的生活習慣可能越走向非動態的生活方式。

　　就此結果而言，中學時期，及早建立女性運動習慣，應爲當務
之急。首先，在於女生高中畢業之後，除繼續升學外，或就業，或成
家，可自由運用的時間，將更相對減少，學生時期未能養成運動習
慣，走入社會之後，家庭或職業生活，更難有閒情逸致投身健身運
動。再說，女生的家庭角色，對子女生活習慣的建立影響甚大，能以
身作則，積極投入運動的態度，耳濡目染之餘，帶動家人從事健身運
動的機會，較可期待。因此，全民運動政策，應以開發女生運動規律
時間爲首要，自不待言。

(三)就學階段女性運動團隊參與比率較少

　　根據體育署2014年學校體育統計年報（**表10-11**），[90]發現無論就
運動代表隊數、組運動代表隊校數及運動代表隊人數，女生參加比率
均較男生少，顯見女生對參加運動競技意願及行動，均較男生弱，原
因可能是競技運動競爭激烈，女生意願不強，加以運動代表隊需要經
常的訓練，必須增加額外的時間或體力的負擔，因而影響女性的參加
比率，亦未可知。

　　就不同階段的反應而言，女生參加運動代表隊數，隨著學習階段
的升高，參加比率反而下降，顯示，女性隨著年齡增長，對參加運動

---

[90]教育部體育署，《101年度學校體育統計年報》（台北：教育部，2014）。

表10-11　我國就學階段運動團隊參與人數統計

		運動代表隊數		組運動代表隊校數		運動代表隊人數	
		男	女	男	女	男	女
國民小學	人數	5,020	4,018	4,428	3,664	62,143	42,670
	%	55.5	44.6	54.7	45.3	59.3	40.7
	合計	9,038		8,092		104,813	
國民中學	人數	2,329	1,706	2,186	1,652	28,166	13,726
	%	57.5	42.2	57.0	43.0	67.2	32.8
	合計	4,035		3,838		41,892	
高中職校	人數	1,257	915	1,204	881	17,425	6,592
	%	57.9	42.1	57.7	42.3	72.6	27.4
	合計	2,172		2,085		24,017	
大專校院	人數	1,341	964	1,332	955	16,237	7,820
	%	58.2	41.8	57.2	42.8	67.5	32.5
	合計	2,305		2,327		24,057	

競技比賽不無消極反應，進一步說，相較於男生的運動代表隊數逐級上升的現象而言，女生對競技運動的排斥態度，值得重視。

(四)女性領導人才亟待培養

臺灣體育政策的推展與落實，需要領導人才。傳統以來，從體育政策的研訂，典章制度的執行，常由男性主導，女性參與機會難免失去兩性權益的平衡。在男女平權的社會，希望有更多女性參與運動決策層級，以保障性別平等的基本權益，是時勢所趨。如前文所述，諸多國際組織，包含國際奧會等相關團體組織，無不配合性別主流化的行動方案，呼籲所屬各相關組織領導階層的名額，女性人數應占一定比率。準此而言，我國體育相關單位，自宜正視組織配置，以符應國際潮流。具體而言，根據體育署2013年及2015年運動統計資料（**表10-12**），各類運動團體的人力部署，仍有諸多改善空間。

表10-12　我國各類體育機關團體重要職務男女人數比較[91]

性別	大專教師	專任教練審定合格	亞奧運會A級教練	學術團體	法人體育基金會	擔任國際組織[92]	
						國際	亞洲
男（%）	877（71.19）	175（64.81）	205（76.21）	88（63.77）	246（79.87）	48（85.71）	107（89.17）
女（%）	355（28.81）	95（35.19）	64（23.79）	50（36.23）	62（20.13）	8（14.29）	13（10.83）
備註	1.（　）內為所占比率（%）。 2.未單獨統計領導者（主管或首長）人數。 3.擔任國際組織要職，為2015年資料，單位：席次。						

　　根據表10-12資料，僅以男女的總數統計，並未依職位之高低區分。就常理判斷，我國體育機關團體負責人，率皆由男性擔任，女性能躍居要津者，有如鳳毛麟角，即便以一般理監事會而言，女性所占比率，亦微不足道。此外，表中所列係就較具代表性之團體，其他如中央與地方政府機關之人力部屬看，發現男性167人（48.83%），女性175人（51.17%），女性比男性多，想係女性基層人力或約聘人力居多，首長或主管人力，由女性擔綱者，相當有限。

　　綜合觀察表10-12所呈現的資料，亞奧運A級教練、財團法人體育基金會、擔任國際組織要職等之女性比率，均不及總數三成，顯見臺灣體育運動團體主要領導人，亟待補充女性人力，以符合國際要求之比率。

二、體育・運動與性別平等之國際趨勢

　　上述我國女性之規律運動人口、團隊參加率及國際重要職務之席

---

[91]教育部體育署，《中華民國102年運動統計》（臺北：教育部，2013），36-170。

[92]教育部體育署，《中華民國105年運動統計》（臺北：教育部，2014），156。

次，均較男性爲低，亟待改善。茲就目前國際先進國家對提升女性體育‧運動參與之策略，略作說明。

(一)日本之落實性別平等策略

日本政府，於1964年爲配合東京奧運的舉辦，公布了「運動振興法」（1961年6月16日，法律141號），以整備基本設施爲訴求。2011年教育科技部，爲配合興起於歐洲的「運動是人民的權利」，以及防止運動暴力，修正了「運動振興法」，改爲「運動基本法」（2011年6月24日，法律78號），實現「運動立國」目標，以卓越競技爲國家戰略，統籌研訂運動基本計畫，加速落實性別平等策略。[93]

日本「運動基本法」，約分五章，共三十五條。第二章，基本方針，在不分年齡、性別、殘障的所有人，能依其所關心、適性參與運動，整備運動環境。其中，所有人，包含運動實踐者、運動觀賞者以及運動支持者。第三章，則以未來五年之規劃，列出重要課題，即：(1)充實學校與社區青少年之運動機會；(2)適應各生活階段，充實年輕人活動機會，支援高齡者體能促進活動；(3)住民主動整備社區運動環境；(4)提升國際運動競技人才與環境之整備；(5)防止藥物使用及提升運動仲裁之透明性、公平與公正性等五項，並依其相對應之性別主流化，訂定策略（**表10-13**），藉供參考。

從**表10-13**中不難看出，日本的性別平等工作，係從學校與社區開始，強調日常生活各階段之活動機會，及社區運動環境之提供，收集資訊、推動調查研究、建置支援體系；並防止藥物飲用，提升透明之仲裁制度。可說是從個人出發，到國際接軌，運用科學理論，普及運動效果，充實孩童、女性、高齡者及殘障者之全面發展。

---

[93]飯田貴子，〈日本のスポーツ政策とジェンダー！第2次スポーツ基本計画に向けて〉，《人間科学部研究年報》（大阪：帝塚山學院大學，2013），36-50。

表10-13　日本運動基本計畫與性別主流化策略

運動基本計畫重大課題	性別主流化策略
充實學校與社區青少年之運動機會	1.特別以學校階段較少運動的女孩為對象，使能體驗運動的樂趣與喜悅。 2.積極運用運動醫學‧科學，適應不同性別，推動運動或提升體能。 3.提升中學或高中階段較少參加運動俱樂部女生，提升其參加機會。 4.以未積極參與運動的中學女生為對象，促進其參加綜合型俱樂部、運動少年團等活動，或策劃社區多元化運動，充實運動機會。
適應各生活階段，充實年輕人活動機會，支援高齡者體能促進活動	1.開發、普及或推動，在工作、家事或照顧孩童之餘的時間之簡易運動。 2.在社區俱樂部設置「婦女日」，開辦運動教室或舉辦活動。 3.努力確保孩童、女性、高齡者或殘障者等所有社區住民的公共運動環境的安全。
住民主動整備社區運動環境	1.提升指導者資質，以能適切指導青年、高齡者、女性與殘障者。 2.委任運動推展委員會，重視性別平等。 3.努力充實孩童、女性、高齡者、殘障者等社區所有住民之公共運動環境。
提升國際運動競技人才與環境之整備	1.支援女性競技人才，收集國內外資訊，建構基礎資料平臺，推動調查研究、充實支援體系。 2.檢討女性指導人才培育政策。
防止藥物使用及提升運動仲裁之透明性、公平與公正性	積極推展女性團體隊職員之登錄，期待外部職員、監察員之錄用。

(二)美國之性別平等指導用書

　　美國教育性別平等的第九條款，自1972年公布之後，在女性體育‧運動的積極作為上，遐邇聞名，尤其條款中的兩個重要訴求，備受重視：[94]

---

[94]L. Dimona and C. Herndon, *Women′s Sourcebook*. York: Houghton Mifflin Company, 1995.

拳打腳踢功夫了得

資料來源：2017臺北世大運執委會提供。

　　第一，男女直接平等參與規劃、招募、入學、課程與課外活動的機會；保障預算、生活上的規則、諮詢、測驗、費用、服務等，禁止不平等待遇，且在僱用、升遷、僱用期間、薪資、保障、訓練、階級、停職、解僱、異動及其他僱用條件，以及教練或管理職務、教育者等，禁止不平等的區分。

　　第二，保障參加運動機會均等的男女比率，男女公平分配獎學金，男女平等的設施與設備投資及其環境的整備。

　　事實上，美國為落實體育・運動的性別平等，美國女子與婦女運動協會（NAGWS），特別結合全美體育健康休閒舞蹈學會（AAHPERD），更推出男女《性別平等指導用書》，[95]提供所有女性

---

[95] 《性別平等指導用書》原名為*Gender Equity through Physical Education and Sport*，由美國女子與婦女運動協會（National Association for Girls and Women in Sport, NAGWS）於1995年出版。

體育‧運動的參與者、教練、教育者、管理者及其所屬非營利與教育組織等應用，以落實性別上的真平等。因頗具參考價值，略作介紹。

◆專書的目的

《性別平等指導用書》，重在破除傳統刻版印象，試圖透過女性體育‧運動，扭轉家父長制男性優勢的運動環境，剪斷男女不公平的歷史鎖鍊，積極學習平等對待的方法，達成下列四項目的：

1.增進女性體育‧運動指導人才之培養。
2.擴大女性參與體育‧運動或領導才能之支援體系。
3.所有女性，開發與振興適合種族、信條、道德、性別、經濟水準、能力、年齡及興趣的優質運動內容。
4.改善體育‧運動專業。

◆專書內容

專書內容，計分十三項，有理論介紹，也有實例說明，更難能可貴的是實際情境的檢核表。

具體綱目有：(1)體育‧運動的男女平等；(2)背景；(3)目的；(4)變遷的社會、學校與學生；(5)平等的定義；(6)女性學習者；(7)教育上的平等；(8)女性學習者的狀況；(9)理解平等；(10)體育‧運動專業對平等的基本瞭解；(11)不平等的檢核要點；(12)男女平等學習的環境；(13)建議；(14)附錄和參考文獻：語言上不平等的實例、檢核表（1-10）、加拿大的參考文獻等。

其中，從社會變遷，論述性別議題的演進，說明平等的價值以及教育的可能性。特別強調女性學習的重要，藉以改變潛在的固定觀

井谷惠子、松岡智子、松岡宏高，〈アメリカの体育スポ-ツにおけるジエンダ-エクイテイ-の進展-NAGWSによるジエンダ-エクイテイ-手引き書を中心に-〉，《京都教育大学紀要》（京都：京都教育大学，1999），Ser.A.95: 1-14。

念，並防止顯在刻板印象的再生產。同時，提供性別平等的安全學習環境，列舉語言上不平等的實例，建構不平等的檢核表，使能在耳濡目染的情境中，體現性別平等的教育理想。

◆性別平等的檢核表

檢核表，係以體育‧運動的不同情境，依其性別平等行為的表現為基礎，設計可資查核的指標，作為衡量性別平等的達成程度。

《性別平等指導用書》的檢核表，採八個構面，即：(1)一般課程；(2)媒體資源（教科書及媒體）；(3)教師‧教練的互動；(4)教師‧教練的用語；(5)學生評價；(6)學生互動；(7)典範；(8)組織與時間分配。每一構面，有實用性的指標，作為檢核的對象，評估性別平等狀況。

為便於參考，僅參照各構面，略作引用說明：

1.一般課程：
 (1)性別平等課程之目標宜明確。
 (2)課程富彈性且多樣性，考慮學生的能力、必要性、興趣及環境的配合。
 (3)富學習動機、樂趣化、人際關係及技術練習之設計。
 (4)不依性別分組，以有利技能取得及結構化機會為考量。
 (5)不刻意強調是男生課程或女生課程。
 (6)不以競爭為取向之課程。

2.媒體資源：
 (1)資材之運用，反映男女雙方之價值。
 (2)競技類教材要有男女公平之描述。
 (3)確認未有僵化的女性觀念。
 (4)運用印刷品及影像之前確認未有刻板印象之描述。

(5)學校揭示牌、布告、新聞、展覽品及宣傳資料，確認男女公平揭露。

(6)過多的男性描述是對女性的否定。

3.教師‧教練的互動：

(1)領導或示範的任務宜全班均等分配。

(2)不以固定觀念分工（如女生搬重墊子，男生打掃）。

(3)維持基本精神，修改規則，讓全體（含殘障者）參與活動。

(4)男性女性問題，同等對待（不隱喻男生的娘娘腔，女生的男人婆）。

(5)不以性別作分組。

(6)組合多樣的學習形態。

4.教師‧教練的用語：

(1)身體活動的用語，常有性別差異性，容易造成結構性差別。

(2)教師或教練使用差別用語，容易造成身體活動專屬於男性的意象。

(3)排他性及輕蔑性的用語，要尊重兩性的感受。

(4)修辭與語調，要能恰如其分。

(5)體育‧運動為男女兩性所喜愛，善加運用機會教育。

(6)親切使用無性別差異的語言。

5.學生評價：

(1)不先入為主的評價，給學生同樣的期待。

(2)評價者無論讚賞、教導或其他互動，要提供男女同等時間。

(3)慎重選擇評價方法，不因個人好惡公平評價。

(4)學生表現，不以男性的經驗為基準，進行評價。

(5)評價不偏向單一性別（如柔軟性，可設計同樣強度的評鑑方法）。

(6)不僅結果的評價，個人的進步、達成程度、出缺席情形，都

宜評價。

6.學生互動：

(1)適切的語言或行動，有助於促進學生間的互動關係。

(2)褒獎學生間的交流活動。

(3)無論正反互動，適時改變正當人際關係的學習場景。

(4)設定應付姓名呼叫、性騷擾或霸凌的應對綱領，並予以實施。

(5)男女互助活動場景的設計。

(6)教師自身成為平等意識之最好典範。

7.典範：

(1)女教師不宜只教女性體育或擔任典型女性運動項目的教練。

(2)男教師不宜只教男性體育或擔任典型男性運動項目的教練。

(3)女性教練宜占有如男性教練的數量。

(4)反省女性教練一直擔任女子運動項目教練的優劣。

(5)反省男性教練一直擔任男子運動項目教練的優劣。

(6)性別平等，在於男女平等的機會及其利用的權利。

8.組織與時間分配：

(1)上課或練習，休閒或運動時所使用設備的時間，男女應公平計畫。

(2)有經驗的優秀老師或教練，應分配擔任女生活動。

(3)設置專業研修機會，促進教育上男女平等業務之處理。

(4)組織男女性別委員會，處理相關問題發生之事宜。

(5)研擬教育場域男女平等之研究。

(6)平等的設備與助理（更衣室、訓練室、訓練器材、專門諮商窗口等）。

總而言之，體育性別主流化的落實，貴在具體可行，不只可以體現在舉手投足的行為，更可以在日常生活中實踐。其中，除了外在法

制的保障外，更在於時間、設施、設備等資源取得的公平。誠如《性別平等指導用書》所指陳，不只在人際互動中，禁止「語言上的不公平」，更要在學習情境裡，經由「男女不平等的檢核表」，排除有形與無形的不公平，使在無性別差異的安全環境，真正獲得體育・運動的自由與樂趣，達到人人享有自在的運動權利。

三、性別平等在體育・運動之落實

性別平等教育的落實，坊間論述者甚多，或主張貫徹既定法律制度，奠定紮根基礎；或以解構傳統觀念，拆除性別刻板印象；更有以營造友善環境，容納開放、多元間，關懷性別弱勢族群等不一而足，本文認為宜從家庭生活出發，在日常行為中實踐為首要，並以融入課程，使學校作為性別平等教育的重要平臺，達到能知行合一，理想與實際並進的預期目標。

根據教育部2017年出版之《推廣女性參與體育運動白皮書》，[96] 提出三大願景為：(1)健康女性：提高女性規律運動人口；(2)友善環境：營造包容、支持的運動文化氛圍；(3)運動培力：提升女性運動參與地位及價值。其具體目標則有：(1)促進女性運動與休閒活動參與；(2)營造友善運動空間與環境；(3)培力女性與運動參與；(4)擴大女性運動能見度。另在核心理念上，標舉：(1)全方位女性參與規劃；(2)多元包容的運動文化營造；(3)女性運動曝光及價值提升。

就理念層次言，上述願景、目標與核心理念，均能掌握國際趨勢，配合國家情況，呼應社會需求，所擘劃之發展策略，能研訂具體指標及其落實期程，相信據以推展，必能竟全功。惟觀察國內女性運動參與現

---

[96] 教育部體育署，《推廣女性參與體育運動白皮書》（臺北：教育部體育署，2017）。

況，雖雛形初具，仍不無討論空間，特別提出數項，略述如下：

(一)家庭是性別平等的基礎

家庭由個人組成，是個人最早及最長久的棲身處所，也是形塑社會人際關係的重要場域。隨著時代進步，社會變遷，現代家庭趨於多元，對個人的自我認知、人際互動及角色扮演，難免更趨複雜。因此，從認同多元價值，建立家人生命共同體的意識，到創造共生的家族理念，都必須在良好互動中形成，以建立男女共同責任的家庭。

在家庭的性別平等方面，宜重視性別意識的培養，使能尊重生理性別的差異，學習彼此包容，平等相待，同時，對家庭事物的分工，宜打破「男主外，女主內」的傳統窠臼，協調相互面對，共同承擔。如：三餐準備、膳後處理、打掃、洗濯、購物、家計管理、兒女教養及長輩照護等，都宜採協力合作，不分彼此，主動參與。

至於家庭裡的體育活動，宜提供多元選擇，尊重家人興趣。活動的參與，不只不宜以性別限制參與機會，更應鼓勵不同性別共同參與活動，期能經由家族體育活動，進一步認識彼此身體能力的差異，瞭解自己的限制，觀察家人的優劣，以養成自我保護及照顧家人的技能。

當然，家庭是性別平等教育的基礎，除了從日常生活中實踐外，更應從身體力行中，養成習慣。一旦發現自我認知有所不足，或任何家庭角色扮演的困難，不妨求助相關機關單位或社會公益團體的諮商，或直接尋找網路相關資訊，解決疑惑；或直接參與社區相關公開講座或研習課程，藉能增長智能，扮演適當角色，達成家庭真正的性別平等。

(二)建立女性運動的安全環境

運動安全環境，不只是物理空間的安全環境，其他如社會的安全

環境以及心理的安全環境，都不能視若無睹，置若罔聞。具體來說，物理的安全環境，比如設施、設備及器材用具，比較是具體可見的環境，但類似視覺上的性騷擾、語言上的性暴力與動作上的性歧視，可能是社會空間裡隱而不顯的挪揄嘲弄，或心理空間上不舒服的心理感受，都可說是運動安全環境，都需要刻意的保護與關注。

社會學者華斯汀長年參與ISSPE性別平等與運動人權工作的推廣，2014年1月獲得「公平運動獎」（Fair Sports Act）。她曾於2008年，在國際運動社會學會議的專題演講中力陳，女性遭受暴力的環境，除了職場或學校之外，運動場域也屢見不鮮。[97]日本學者吉川等人的調查研究指出，[98]體育科系學生比一般學生，對性騷擾的認識較低。同時，有40％到60％的女性運動員曾受到男性指導者的「關切或按摩」、「容貌上的言談」、「淫穢的言論」、「勸酒」、「探詢生理週期」等行為，且有35％的女性運動員曾被請到男性指導者「個人研究室」的經驗；且國際級的女運動員被問到「性經驗或性生活」、「被緊盯著身體看」及「與指導者成為戀人」的比率較高。[99]

國際奧委會於2007年，曾發表一份有關「運動的性騷擾與性虐待宣言」，認為所有運動相關人員，負有防止或評估性騷擾及性虐待的責任。其中，對其定義、科學的根據：發生率、風險、結果、加害者、防止策略等，都有具體的勸告。[100]

---

[97]国際スポーツ社会学会，Violence against Women in Sport- Recognizing an Invisible Crossroad，http://www.jsss.jp/down/2010/issa.2008.pdf，2017.03.10檢索。

[98]吉川康夫、熊安貴美江、飯田貴子，〈スポーツにおいて女子学生が経験するセクシュアル・ハラスメントの現状とその特殊性〉，《2002-2004年日本学術振興会科学研究費補助金研究成果報告書》（大阪：帝塚山学院大学，2005），33-44。

[99]日本スポーツとジェンダー学会データブック編集委員会編，《スポーツ・ジェンダーデータブック》（東京：日本スポーツとジェンダー学会，2010.03），67-69。

[100]International Olympic Committee，《スポーツにおけるセクシュアル・ハラ

　　事實上，盯衡國際對女性參與運動的保護措施，各國不盡相同。根據日本對「世界各國運動振興施策調查」結果[101]發現，法國重視國際上的幾個重要策略。比如1992年歐洲評議會的「運動倫理綱領」，2003年的「女同性戀及同性戀的勸告1635號」及2007年國際奧委會「運動騷擾與性虐待宣言」的具體落實。其他如丹麥、澳洲、德國、韓國等，均在運動振興政策中，明載防止性騷擾與性虐待的策略。至於其他國家，如美國、加拿大、英國、挪威、芬蘭等國，雖未在國家運動施策中載明，卻以國家層級或非政府組織裡明確指出性騷擾與性暴力的防止措施。[102]

　　要而言之，性騷擾與性暴力，不只出現在職場或學校，在諸多運動環境更是防不勝防。尤其運動環境裡，身體間的接觸頻繁，在舉手投足之間，維持一定的安全環境，保護身體的自主權，不只是維持個人起碼的運動權利，更是尊重彼此的基本人權。

(三)性別平等教育融入體育課程

　　性別平等，從家庭生活習慣以及社會安全環境之建構外，學校課程的融入，更是重要的不二法門。試以十二年國民基本教育「健康與體育」領域為例，採取兩性平等教育的具體作法（**表10-14**），[103]藉供參考。

スメントと性的虐待》（熊安貴美江譯），http://players-first.jp/overseas/IOC_Consensus_Statement_Japanese.pdf，2017.03.10檢索。

[101]文部科学省，〈諸外国および国内におけるスポーツ振興施策等に関する調査研究（平成22年度）〉，http://www.mext.go.jp/a menu/sports/chousa/dctail/1309352.htm，2015.04.11檢索。

[102]熊安貴美江，〈スポーツにおけるセクシュアルハラスメント〉（飯田貴子、井谷惠子編）《スポーツ・ジェンダー学への招待》，2004，151-159。

[103]教育部，國家教育研究院「十二年國民基本教育議題融入課程研修說明及四項重大議題實質內涵說明」。本案自103年8-9月籌組跨領域小組議題工作團成員，歷經一年，於104年8-9月公布新版議題實質內含架構。

表10-14 性別平等教育與「健康與體育」領域之關係（例）[104]

核心素養 學習主題	核心素養	相關學習內容
性別氣質、性傾向與性別認同的多樣性	1.認識並尊重多元性別、氣質與性別認同。 2.自我瞭解，發展不受性別限制之自我潛能。 3.拆解身體意象的性別迷失。	1.瞭解兩性身心的成長與發展。 2.尊重自我與他人的差異。 3.終生學習與生涯發展。
性別角色、刻板印象、性別偏見與性別歧視之突破與性別認同之多樣性	1.覺知性別刻板印象、偏見與歧視。 2.具備性別平等意識。 3.提出促進性別平等的改善策略。	1.瞭解性別角色的差異性與多樣性。 2.檢視社會之性別偏見與刻版化現象。 3.提出性別偏見之解決策略。
身體自主權的尊重與維護	1.維護自我與尊重他人身體自主權。 2.尊重自我與他人的隱私。 3.適度表達身體的感覺。	1.瞭解身體的界限。 2.具有身體主權意識。 3.具有保護身體主權的能力。
性騷擾、性侵害、性霸凌之防治	1.認識性騷擾、性侵害與性霸凌之樣態。 2.探討性騷擾、性侵害與性霸凌之相關議題。 3.熟知權利救濟管道與程序。	1.學習機警面對騷擾、性侵害與性霸凌。 2.善用資源保障性別權益。 3.具備面對危機的處理及其防治能力。
藝術與美感的性別實踐	1.瞭解人類文明表現與美感經驗的性別意涵。 2.解析藝術與美感經驗的性別意涵。 3.創造藝術與美感經驗的性別意涵。	1.具備人類文明表現與美感經驗性別意涵的鑑賞能力。 2.發展性別平等的藝術涵養與美感素養。 3.實踐人類文明表現與美感經驗性別意涵之創作。
性別關係與互動	1.瞭解性別情感表達與互動之關係。 2.建立性別間互信與包容態度。 3.重視性別互動中非語言溝通之規範。	1.覺察人際互動與情感關係中的性別權力。 2.具備溝通與協商技能。 3.發展性別平等的親密關係。

---

[104]教育部，「性別平等教育議題融入相關領域之內涵說明」。部分內容由筆者略作調整。2015.11.20。

四、建立體育‧運動性別平等檢核系統

　　性別平等檢核系統的建立，一方面掌握體育‧運動中性別平等教育的實踐成效，一方面據以檢討體育‧運動在推動性別平等教育的優劣得失，期能達成真正的性別平等。

　　事實上，性別平等在體育‧運動中的落實，可以從性別效應分析（gender impact analysis），[105]也可以編訂自評或評鑑表參照，為便於參考，茲參閱相關文獻，試擬簡易檢核表，[106]評估體育‧運動性別平等之實踐情形，臚列如下，藉供參考。

(一)行政組織與運作

　　1.體育性別平等委員會之設置與運作。

　　2.性別平等計畫之研訂與執行。

　　3.性別平等經費預算之編列與執行。

　　4.性別平等資訊平臺之建置。

(二)性別平等學習環境資源與教學

　　1.學習環境及安全空間之建立。

　　2.特殊學生學習環境之提供，如孕生、殘障學生等。

　　3.媒體與輔助教學資源之運用。

　　4.課程與教學實施之輔導。

---

[105]行政院性別平等會網站：www.gec.ey.gov.tw

[106]本檢核表，只是範例舉隅，必要時，應用團體或單位，可配合實際時間、空間條件，自行設計。

(三)性別事件之防治與處理

1.違反性別平等事件之處理與輔導機制。

2.性別事件之申訴機制。

3.教學中肢體接觸之規範。

4.教學用語之規範。

(四)性別平等與師生關係

1.教學分組不以性別為依據。

2.男女合班上課之規範。

3.師生互動之規範。

4.性別平等教育績效之評估與獎勵。

(五)研究與發展

1.性別平等教育相關活動之參與。

2.性別平等教育相關資訊之應用。

3.性別平等教育相關議題之研究。

4.性別平等教育重要趨勢之掌握。

一言以蔽之，臺灣社會向來安定，惟逸樂風氣隱然成形，男女關係逐步開放，影響所及，難免發生異常現象。體育‧運動環境，雖大多妥善適切，但因身體活動無法避免身體接觸，加以互動熱絡，舉手投足間，為免逾越分際，橫生枝節，自宜事先編妥《性別平等手

冊》，[107]提供體育‧運動專業人員備用。一者，行為舉止，有所規範，人人節制，性別禮儀，當可落實。二者，時時警惕，處處留神，尊重自主，性別平等，自能水到渠成。

快樂活潑未來希望

資料來源：2017臺北世大運執委會提供。

---

[107]國立臺灣師範大學體育學系於1997年3月28日，筆者擔任系主任任內，由游泳教學研究小組，探討游泳教學的倫理問題——肢體接觸的規範。該次會議由謝伸裕教授主持，卓俊伶教授引言，說明問題背景，接著討論四個預定子題：(1)如何界定「性騷擾」（sexual harassment）？(2)教師在游泳教學過程中，有必要接觸到學生的肢體嗎？(3)游泳教學時，教師接觸學生的肢體規範應如何？(4)「游泳教學接觸學生肢體規範」對學生有何影響？討論結果，公開發表。算是開風氣之先，頗獲肯定，若能後繼有人，持續研究發展，編訂相關手冊，藉供參考，應是美事一樁。臺灣師範大學體育學系游泳教學小組，〈游泳教學的倫理問題——肢體接觸的規範〉，《中華體育季刊》，11（臺北，1997）：1-4。

本章問題討論

1. 何謂性別？如何分類？性別意識如何形成？性別差異的社會因素為何？如何因應？

2. 何謂女性運動參與？女性競技運動崛起之背景為何？有何具體表現？

3. 女性競技運動在聯合國教科文組織（UNESCO）之支持及奧委會（IOC）之配合下，先後成立工作小組，召開國際會議，試舉例說明其重要目的、策略及其重要發展。

4. 何謂性別主流化？臺灣女性參與體育・運動之現況如何？體育・運動與性別平等之國際趨勢如何？性別平等在體育・運動如何落實？如何檢核？

參考文獻

A. Wilson, "The Status of Women on Intercollegiate Athletics as IX Turns 40," https://www.ncaapublications.com/p-4289, 2015.03.28.

Ester Boserup, *Woman's Role in Economic Development* (New York: St. Martin's Press, 1970/1986).

George Psacharopoulos, "Returns to Education: A Further International Update and Implications," *The Journal of Human Resources* (Wisconsin, 1985.02): 583-604.

International Olympic Committee,《スポーツにおけるセクシュアル・ハラスメントと性的虐待》（熊安貴美江譯），http://players-first.jp/overseas/IOC_Consensus_Statement_Japanese.pdf，2017.03.10檢索。

International Working Group on Women and Sport,《変化を起こし、その原動力になるための－ヘルシンキからスポーツの世界への呼びかけ》（山口理恵子譯）（東京：順天堂大学女性スポーツ研究センター，2014）。

J. Hraba and P. Yarbrough, "Gender Consciousness and Class Action for Women: A Comparison of Black and White Female Adolescents," *Youth and Society*, 15.2(London, 1983.12): 115-131.

Judith M. Gerson and Kathy Peiss, "Boundaries, Negotiation, Consciousness: Reconceptualizing Gender Relations," *Social Problems, 32*(4) (London, 1985.04): 317-331.

Karin Lofstrom,《「女性競技種目戦略的強化プログラム」研修会》（東京：独立行政法人日本スポーツ振興センター，2015）。

L. Dimona and C. Herndon, *Women's Sourcebook* (New York: Houghton Mifflin Company, 1995).

M. Mead, *Sex and Temperament in Three Primitive Societies* (New York; Routledge & Kegan Paul, 1935).

アルバート・バンデューラ（A. Bandura），〈最近のバンデューラ理論〉（重久剛譯），《社会的学習理論の新展開》（祐宗省三編）（東京：金子書房，1985），55-154。

小笠原悦子，〈スポーツ組織に女性の積極的な進出を〉，《体育科教育》，11（東京，2011.10）：19-20。

中村哲夫，〈オリンピック史にみる女性スポーツの発展〉，《三重大学教育学部研究紀要》，49（津市，1998）：165-176。

井上洋一，〈Title IXの成立と30年〉（飯田貴子、井谷惠子編）《スポーツ・ジェンダー学への招待》（東京：明石書店，2004），238-247。

井谷惠子，〈男女共習はゆたかな生涯スポーツを保証するか〉，《学校体育》，51.10（東京，1998.08）：15-17。

井谷惠子、松岡智子、松岡宏高，〈アメリカの体育・スポーツにおけるジェンダーエクイティーの進展：NAGWSによるジェンダーエクイティー手引書を中心に〉，《京都教育大学紀要》，95（京都，1999.09）：1-14。

内閣府，《男女共同参画白書》（東京：内閣府，2014）。

友添秀則、岡出美則，《教養としての体育原理－現代の体育・スポーツを考えるために》（東京：大修館書店，2009）。

文部科学省，〈諸外国および国内におけるスポーツ振興施策等に関する調査研究（平成22年度）〉，http://www.mext.go.jp/a_menu/sports/chousa/detail/1309352.htm，2015.04.11檢索。

日本スポーツとジェンダー学会データブック編集委員会編，《スポーツ・ジェンダーデータブック》（東京：日本スポーツとジェンダー学会，2010.03）。

日本文部科学省，〈日本ユネスコ国内委員会〉，http://www.mext.go.jp/unesco/，2015.01.23檢索。

北村隆則，《ジェンダー主流化・W ID》（東京：国際協力事業団，2002）。

田中亮太郎，〈日本における女子野球に関する研究－女子野球誕生から

女子プロ野球成立過程について－〉，《大阪芸術大学紀要》，18（大
　　阪，1995）：119-128。

田原淳子，〈競技スポーツと女性〉，（井古惠子、田原淳子、來田享子
　　編）《目でみる女性スポーツ白書》（東京：大修館書店，2001）。

白井久明，〈スポーツと「性別」〉，《Sportsmedicine》，146（東京，
　　2012）：40。

吉川康夫、熊安貴美江、飯田貴子，〈スポーツにおいて女子学生が経験す
　　るセクシュアル・ハラスメントの現状とその特殊性〉，《2002-2004年
　　日本学術振興会科学研究費補助金研究成果報告書》（大阪：帝塚山学
　　院大学，2005），33-44。

江良規，《體育學原理新論》（臺北：商務，1988）。

百度，〈取締教育歧視公約〉，http://baike.baidu.com/view/2060970.htm，
　　2015.01.23檢索。

竹松安子，《女性と開発－理論と政策的課題》（東京：有斐閣，1997）。

行政院性別平等處，《性別平等政策綱領》（臺北：行政院，2012）。

行政院性別平等會，〈CEDAW專區〉，http://www.gec.ey.gov.tw/，2015.01.23
　　檢索。

行政院性別平等會，《消除對婦女一切形式歧視公約（CEDAW）中華民
　　國（臺灣）第2次國家報告審查委員會總結意見與建議》（臺北：行政
　　院，2014）。

西山哲郎，《近代スポーツ文化とはなにか》（東京：世界思想社，
　　2006）。

李瑞娥，〈國小社會教科書性別意識形態內容之分析研究〉，《屏東師院學
　　報》，14（屏東，2001）：563-602。

谷口雅子，〈スポーツにおけるジェンダーの生産と再生産－明治・大正期
　　を手がかりに－〉，《スポーツ社会学研究》，11（東京，2003）：75-
　　86。

來田享子，〈1936年から1959年までのIOCにおける女性の参加問題をめぐ
　　る議論－IOC総会・理事会議事録の検討を通して－〉，《体育研究所

紀要》，27（2013）：13-36。

來田享子，〈20 世紀初頭の「女らしいスポーツ」との闘い－国際女子ス
　　ポーツ連盟とオリンピック大会〉，（井古惠子、田原淳子、來田享子
　　編）《目でみる女性スポーツ白書》（東京：大修館，2001），37。

來田享子，〈女性スポーツの誕生と展開〉，《体育科教育》（東京，
　　2011）：10-13。

來田享子，〈近代オリンピック大会（夏季）の参加者数の変化〉（井古惠
　　子、田原淳子、來田享子編）《目でみる女性スポーツ白書》，2001。

周麗玉，〈性別平等教育法的認識與落實〉，http://www.cmjh.tn.edu.tw/guid/
　　gender-education/94/94-2-03.htm，2017.03.09檢索。

国際スポーツ社会学会，〈Violence against Women in Sport- Recognizing
　　an Invisible Crossroad〉，http://www.jsss.jp/down/2010/issa.2008.pdf，
　　2017.03.10檢索。

拔山映子，〈カナダ人権法と性差別の禁止〉，《ジュリスト》，688（東
　　京，1979.04）：104-107。

青木弥生，〈子どもの性別ごとの親子関係－親は子どもを性別化させよ
　　うと意図しているのか〉，《松山東雲短大研究論集》，141（松山，
　　2011）：1-7。

柾本伸悦，〈スポーツによる国際協力：国連機関の開発援助の歴史と意
　　義〉，《広島経済大学研究論集》，35.2（広島，2012.09）：54-64。

酒井三千代，〈健康増進政策とスポーツ産業〉，https://www.mitsui.com/
　　mgssi/ja/report/detail/1221200_10674.html，2015.04.06檢索。

高井範子、岡也孝治，〈ジェンダー意識に関する検討：男性性・女性性を
　　中心にして〉，《太成学院大学紀要》，11（堺，2009.03）：61-73。

張春興，《張氏心理學辭典》（臺北：東華，1992）。

教育部體育署，《101學年度學生運動參與情形調查》（臺北：教育部，
　　2014）。

教育部體育署，《中華民國102年運動統計》（臺北：教育部，2013）。

畢恆達，〈女性性別意識形成歷程〉，《通識教育季刊》，11.1/2（臺北，

2004）：111-138。

許義雄，〈遊戲與狂歡〉，《與舞蹈的12種相遇——新古典舞團用功日集
　　錦》（臺北：財團法人新古典表演藝術基金會，2008），17。

許義雄，《體育的理念》（臺北：現代體育社，1983）。

陳瀅巧，《圖解文化研究》（臺北：城邦，2006）。

彭紅亮，〈透過《詩經》探究孔子的女性觀〉，《湖南工程學院學報》，
　　19.2（湖南，2009.06）：47-50。

曾郁嫻、程瑞福，〈性別平等教育融入體育教學活動設計之探討〉，《中華
　　體育季刊》，24.1（臺北，2010.03）：100-109。

結城貴子，〈ジェンダーと教育〉，《国際教育開発論－理論と実践》（黒
　　田一雄、横関祐美子編）（東京：有斐閣，2005），178-191。

菅野琴，〈教育とジェンダー－新しい戦略〉，《開発とジェンダー－エン
　　パワーメントの国際協力》（田中由美子等編）（東京：国際協力出版
　　会，2002），77。

順天堂大学女性スポーツ研究センター，《国際オリンピック委員会第5回
　　世界女性スポーツ会議議事要約》（東京：順天堂大学女性スポーツ研
　　究センター，2012）。

順天堂大學女性スポーツ研究センター，〈ブライトン宣言〉，http://www.
　　juntendo.ac.jp/athletes/albums/abm.php?f=abm00003718.pdf&n=Brighton_
　　Declaration_j.pdf，2015.03.01檢索。

飯田貴子，〈日本のスポーツ政策とジェンダー！第2次スポーツ基本計
　　画に向けて〉，《人間科学部研究年報》（大阪：帝塚山學院大學，
　　2013），36-50。

飯田貴子、井谷惠子，《スポーツ・ジェンダー学への招待》（東京：明石
　　書店，2004）。

熊安貴美江，〈スポーツにおけるセクシュアルハラスメント〉（飯田貴
　　子、井谷惠子編）《スポーツ・ジェンダー学への招待》，2004，151-
　　159。

網氏，〈女人撐起半邊天〉，女性電子報，http://www.frontier.org.tw/

bongchhi/archives/5269，2017.03.09檢索。

臺灣師範大學體育學系游泳教學小組，〈游泳教學的倫理問題——肢體接觸的規範〉，《中華體育季刊》，11（臺北，1997）：1-4。

衛生福利部國民健康署，〈衛生福利部國民健康署〉，http://www.hpa.gov.tw，2015.04.06檢索。

駐英國代表教育組，〈英國體育性別平等推動現況〉，《教育部電子報》，http://epaper.edu.tw/windows.aspx?windows_sn=13254，2017.03.10檢索。

鴨川明子，《マレーシア青年期女性の進路形成》（東京：東信堂，2008）。

謝臥龍，〈女性主義思潮衝擊下的性／別權力重構的省思〉，《性別、知識與權力研討會論文集（1）》（高雄：高雄師範大學性別研究所，2002），21-30。

Chapter 11

身體運動與環境

➡ 本章學習目標

- ·瞭解環境對身體的影響
- ·瞭解運動場地與環境的角力
- ·瞭解奧林匹克活動與環境
- ·瞭解運動環境的省思

➡ 本章學習內容

- ·環境影響無所不在
- ·運動場地與環境的同生共榮
- ·運動賽會與環境的永續發展
- ·友善運動環境的創造

　　概括的說，所謂環境，常指以人爲主體或中心，其周遭所圍繞的事物，即爲環境。換句話說，人類所處的周邊事物，有與自然相處，更有與他人互動，前者即稱爲自然環境，後者則是社會環境。不過，環境乙詞，是一相對概念，所以主體不同，環境的內涵，則各有不同的指涉對象。舉例而言，你我之間，互爲主體，就互爲對方的環境。以天地萬物看，各自都可成爲主體，其環繞的事物，即成爲各自不同的環境，道理至明。如自然環境中的地球環境、森林環境、海洋環境；社會環境中的家庭環境、學校環境與工作環境等是。換言之，環境的定義，有多層要素，即：(1)環境與主體的相對位置；(2)環境常指空間的概念；(3)環境與主體的相互作用關係；(4)環境可區分爲自然環境與社會環境；(5)環境常是複合的相互作用。[1]

　　事實上，人類爲追求工業化及經濟成長，使賴以生存的地球環境正面臨前所未有的環境破壞，全球暖化日趨嚴重，天災地變，層出不窮，地球資源不再取之不盡用之不竭，人類欲望卻仍不見停歇。以臺灣爲例，不只工業區煙囪林立，廢氣沖天，廢水所到之處，河流變色，已非常人所能忍受。即使臺灣都會區，也因人口過度集中，居住環境雜亂，衛生條件落後，加以交通吵雜，事故頻傳，空氣品質低劣，相關疾病叢生。財團或投資客仍到處強取豪奪，圈土養地，或濫伐森林，或填海造鎮，所到之處，肆意開發，造成天災人禍不斷，禍害無窮。

　　身體運動與環境的關係，也遭遇同樣的困境。比如：戶外活動增多，高爾夫球場、大型遊樂設施，鋪天蓋地，不只侵蝕自然環境面積，大量使用鋼筋、水泥、人工造景，改變生態環境；賽會的舉辦，場館興建，塵土飛揚，機械操作的噪音，不只擾亂居住安寧，更造

---

[1]腰山豐，〈幼兒の環境教育に関する実践的研究－環境のとらえ方と教育課題-〉，《教育工学研究報告》（秋田：秋田大学教育学部，1990），12：85-98。

成無法挽回的環境浩劫；水上活動的機械化，各種不同電動運動器材的引進，水汙染、沙灘垃圾、廢棄物的髒亂，都是環境不可承載的負荷。尤其，夜間燈光設備，通宵達旦，笙歌漫舞，狂呼吶喊，輕重樂器助陣，震天價響，響徹雲霄，撼動天地，擾人清夢，惹人生厭。相對而言，不只身體運動改變了環境，環境也在有形無形中，影響了身體。比如「懸浮微粒」（PM 2.5）、輻射塵等大氣汙染，對暴露在陽光下的運動員，造成不利；或爲爭取卓越，成績至上的競爭，濫用藥物；或爲追求興奮快感，無視於神經的迷幻刺激，都是外在環境加諸於身體的重大負擔。

本章即基此背景，擬分：(1)環境對身體的影響；(2)運動場地與環境的角力；(3)奧林匹克活動與環境；(4)運動環境的省思等，分述如下。

🚴 第一節　環境對身體的影響

「孟母三遷」的故事，提醒選擇學習環境的重要。「近朱者赤，近墨者黑」，亦說明環境塑造身體行爲的可能性。雖說風塵惡俗亦藏俊彥，然而混濁俗世，能「出汙泥而不染」的仁人志士實屬鳳毛麟角。種種跡象顯示，凡夫俗子，大都在環境的影響下過活，甚至爲環境所吞噬，能不隨環境浮沉者，實屬稀有。

環境對身體影響的面向甚多，僅列出數點，略作說明：

一、環境啓迪身體創意

身體心智或技藝的形成，不是因爲執著於固定的動作或技術形式，即能竟全功。許多競賽場合，特別是對人的賽事，常因能在比賽

友善環境提升運動人口

環境中，識見對方的破綻，乘虛而入，發揮了訣竅，取得致勝的先機。

　　具體而言，運動競賽場域，無不都是環境中的身體，在跟自己的環境作較量，虛實的試探，方向的拿捏，動作的摸索，出手與否的瞬間，常在無意識中，神來一擊，石破天驚，渾然天成，了無鑿痕。如籃球比賽場域，在敵我雙方的混戰中，出其不意的妙傳上籃，最能說明環境啓迪身體創意的精髓。

　　身體的操作演練，是身體與環境的互動中，知覺到一些變數（時間、空間）的自然反應，這些反應，常是個人千錘百鍊之後，陶鑄於身體潛意識的認知，係經由不斷與環境的揣摩，理出對動作技術竅門的體悟。體操地板運動的一氣呵成，韻律體操，器物美妙的空中拋接動作，以及雙人溜冰的快速騰空旋轉，都是身體與環境融為一體的絕妙組合。「跑酷」者，在城市裡，攀牆走壁，騰空跨越，自如地超越

不同的障礙，順暢地讓身體與環境戲耍演出，無一不是與不同環境天衣無縫的緊密結合，發揮高度的身體創意。

當然，變數（時間、空間）不只存在於身體，更存在於環境，有時多重變數的交錯形成，組合成各種技術的表達。這種身體表達，可以是平面，更可以是多面向的展演。舞者在舞臺上的出神入化，不只在觀眾眼前如夢似幻，其影像更如音樂的餘音繚繞，在觀眾的腦海中盤旋。

再舉一簡單的積木為例，每一個積木，都是一個主體，也都是一個環境。每個玩積木的小孩，在與積木對話的時候，都有自己的想像。蓋樓房、起小屋，搭橋、造路，組裝火車、大砲，無奇不有，可以說，都是玩家意向中的絕妙成品。是玩家與積木對話後，共同建構的理想王國，各有故事，也各有自以為是的獨特創見。

體育需要更多的創意，要多藉助身體與環境的關係，密切對話，不論是人與人，或人與物之間，都是對話的環境。在對話中，尋找豐富的身體動作語彙，作更不一樣的技術表達。惟其如此，創意的體育，才能成形，也才能為人人所喜愛。

二、社會環境形塑身體行為

社會環境塑造了人，人也創造了社會環境。具體的說，社會環境提供了個人生活中的資源與規範，個人也利用社會資源，改變了社會環境，並調整了社會規範。這些現象，可從下列社會結構的改變得到一些說明：

(一)科技媒體衝擊人際關係

資訊科技發達，加速擴大網路社會，不只信息傳遞迅速，且內

容豐富雜多。資訊的取得便捷，擴散更是無遠弗屆；資訊的氾濫，亦造成選擇上的困難。尤其，無良資訊，暗藏玄機，色情交誼網站，無處不有，引誘青少年自投羅網，誤入陷阱而後患無窮。甚至，人手一機，隱姓埋名，伺機散發不實指控，逞一時之快，刻意霸凌，造成憾事者，所在多有。[2]

同時，電子影視行業發達，藉助有效行銷策略，各類型視訊影帶，輕易走入家庭。節目未加嚴格分級，光明正大，登堂入室，無視家小身心尚未成熟，致使懵懂無知孩童私自在校園好奇模仿，影響所及，學校倫理教育備受考驗。

再者，網路社會已成生活中心，遠離家庭約束，漠視父母管教，兄弟姊妹，各自發展。「臉書」當道，自選三五好友，各成群組，工作、讀書、遊戲、娛樂，時時通風報訊，樂在其中，流連忘返。

(二)家庭結構改變，傳統道德不再

臺灣社會環境的變化，以家庭環境變化最大。農業社會的大家庭，大致解體，已不多見。隨著經濟成長，教育普及之後，小家庭已成主流。且個人獨立意識強，不婚，遲婚者，或志同道合維持同居關係者，比比皆是。即使結婚，緣來緣盡，隨性離合，悉聽尊便，致使離婚率居高不下，導致單親家庭逐日增多。同時，少子化、高齡化社會隱然成形。少子化的教育，過嚴過寬都不無問題。從嚴，視如珍寶，「放怕飛，抓怕死」，未及成龍成鳳，「媽寶」雅號上身，學校束手無策，社會形成負擔，都非教育本意。從寬，則放任不管，到處

---

[2]藝人楊又穎（Cindy，本名彭馨逸），2015年04月21日，因不堪網路「靠北部落客」匿名霸凌，自殺身亡，引起社會震驚。2015月04月23日，臺灣各大平面媒體，均以頭版報導。此事件，又稱楊又穎事件，引起臺灣社會關注霸凌、自殺、人際關係、言論自由和網路爆紅的議題。

遊蕩，成群結黨，興風作浪，打架鬧事，造成治安亂源。一方面，因經濟條件限制，單親家庭的父母，常需外出拚鬥工作，子女的教育，難以事必躬親，只能寄養，或隔代管教，親情疏離，難有家庭溫暖，自可想像。

至於老化的社會環境，正面臨較嚴峻的考驗。醫療科技的進步，使得老人壽命延長，享有福祿壽喜的長者，雖不乏其人，且政府也有健全的醫療保險制度，尚能兼顧老人的健康。不過，年老力衰，畢竟是人生常態，長年累月的老人病，需要有人照護，在所難免。只是，小家庭，人口有限，年輕人爲起碼家計，顯已焦頭爛額，要專心照顧長者，難免心有餘而力不足，所謂久病床前無孝子，怕也是老化社會的窘境。

(三)自我中心，較少利他心態

「一機在手，渾然忘我」，是目前網路社會裡年輕世代的最佳寫照。無論捷運、公車或路上，常看到年輕族群不是低頭看手機，就是不斷滑手機。不只低頭族雅號，不脛而走，廣爲流傳，其他如草莓族、布丁族或豆腐族等不同戲謔稱呼，相繼出籠。[3]意味著這類族群常自以爲是，徒具高學歷，實務經驗不足；好高騖遠，見異思遷；不肯吃苦，不耐操；叛逆，服從性低；抗壓不足，缺乏穩定性。其生活態度則是注重外表，奇裝異服，標新立異，重物質享樂，少理想性，喜玩線上遊戲，不事生產，鑽牛角尖，虛實世界不分，以個人利益爲首重，專注於自己的想像，甚至願做宅男宅女，少關心實際的公眾事務，我行我素，無視周遭環境的存在。

---

[3]維基百科，〈低頭族〉，https://zh.wikipedia.org/wiki/%E4%BD%8E%E9%A0%A
D%E6%97%8F，2015.08.15檢索。

三、環境影響身體健康

環境影響健康的因素，錯綜複雜，如物理、化學、生物因素，或心理、社會與文化因素，都直接或間接影響身體健康，論者所在多有。[4]不過，可歸為兩大類：一為人類營生活動過程中，所衍生的汙染物質、噪音等直接影響身體健康；另一為自然環境的破壞或臭氧層破洞，使地球環境失衡，傷害了健康的身體。[5]

就第一類而言，日常生活中，影響最多的應是化學物質。資料顯示，化學物質種類、成分繁多，世界上經登錄者，達一千萬種，經常流通使用者約六萬餘種，人們常用者約兩萬餘種，每年新開發者約百餘種，毒性較明確者約六千種。[6]比如，醫藥用品、化妝品、日常生活用品、農藥、食品添加物等，從天然到合成物品，可說生活中無時不受其影響。尤其，自從黑心油事件之後，有害身體的黑心食品，層出不窮，造成身體極大的傷害。甚至，工業化製品及使用，因方便人類生活習慣，用完即丟，任意拋棄，不只新興汙染物日益增多，且破壞生態環境，更造成人體健康與野生動物的危害。[7]

再以人口集中的都市化環境看，居住條件差，廢棄物、垃圾增

---

[4]一般而言，影響健康的環境因素，約為物理環境（溫度、放射線等），化學環境（臭氧、二氧化碳等），生物環境（微生物、寄生蟲等），心理、社會及文化環境（醫療、生活習慣等）。

[5]小林隆弘，〈環境と健康の問題につて思うこと〉，《国立環境研究所ニュース》，14.1（筑波，1995）：3-4。

[6]袁紹英，〈毒性化學物質災害應變體系現況與未來規劃〉，《環境工程會刊》，19.2（臺北，2008.06）：1-8。

[7]一般認為新興汙染物有：藥物與個人保健用品、內分泌干擾物質、工業用化學物質、生活日用品、飲水消毒副產物、微生物等類別，且無時不在，無處不有，令人怵目驚心。林郁真，〈論環境中之新興汙染物〉，《環境工程會刊》，18.1（臺北，2007.06）：3-55。

人群簇擁海灘觀賞沙雕

資料來源：李昱叡提供。

多；交通複雜，汽車、機車噪音多，廢氣增加，空氣品質低劣。加以都市生活緊張，工作壓力大，都形成身體的負擔。

　　就第二類型破壞環境所造成身體的負面影響看，小如居住環境之通風、溫度、濕度、採光、照明等室內環境，或設施材質、基礎結構等外在硬體環境，對身體健康都有一定的影響。大到自然界的天災地變，毀滅性的傷亡，以及肆無忌憚的砍伐森林，使得遭受破壞的森林面積，不斷擴大，導致二氧化碳相對增加，水土流失、沙漠化、地下水枯竭、地層下陷、生物多樣性減少、地質結構破壞、地貌景觀破壞等，都對人類生存產生重大影響。[8]如臺灣檳榔樹滿山遍野，山坡因陋就簡，民宿櫛比鱗次，一遇颱風下雨，土石流順水流竄，造成家破人

---

[8]林郁真，〈論環境中之新興汙染物〉，2007，3-55。

亡，甚至掩埋村莊者，都是破壞環境的慘痛經驗。

換句話說，工業化的成果，雖成就了工業文明，享用了富饒的物質生活，卻造成了環境品質的惡化，人必須承擔前所未有的精神困擾。如國人正面臨大氣中懸浮微粒（PM 2.5）的威脅，人心惶惶，不可終日。[9]所謂懸浮微粒（Particulate Matter, PM）是一種懸浮在大氣環境中混合固態及液態的粒狀汙染物，是空氣中的有毒垃圾，俗稱「空氣毒品」，目前已明確知道空氣中懸浮微粒對人體健康造成的危害，粒徑愈小，經人吸入後，可停留於肺泡區，能直接或間接引起呼吸道疾病、心血管疾病等傷害，特別是對氣喘、呼吸道疾病、心肺功能疾病患者、老人及小孩等敏感族群造成較大的健康影響。[10]尤其，喜歡戶外運動者，經常暴露於布滿懸浮微粒之大氣環境，應有較妥善的防範措施，否則以運動促進健康，未蒙其利，先受其害，自應盡量避免。

四、營造友善運動環境

人的日常生活，離不開周遭環境，自不能沒有環境的影響。因此，營造友善環境，不只使身體易於適應環境，更能藉由環境的協助，獲得身體的健康。具體而言，運動有益健康，素為眾所周知。營造友善的運動環境，使時時可運動，處處能運動，人人做運動，則個個長命百歲，人人幸福美滿，當是指日可待。

---

[9]YouTube，〈霧霾調查－穹頂之下〉，https://www.youtube.com/watch?v=ZqS_66XJmF，2017.01.31檢索。
[10]YouTube，〈霧霾調查－穹頂之下〉，https://www.youtube.com/watch?v=ZqS_66XJmF，2017.01.31檢索。

(一)簡易運動空間是最好的運動環境

　　住家附近的空地、公園、草坪、空屋，或是空餘教室、辦公室的休息室等，都可以作為簡易運動空間，實施簡易運動項目，達到運動效果。當然，簡易運動空間，要考慮幾個特性，比如：熟悉感、可及性、舒適度、安全性等。使用對象，可以不分男女，且是老少咸宜。至於簡易運動，可以考慮室內或室外，從頭到腳，從肌肉到關節，從伸展到舒鬆，拉筋、甩手、太極或靜坐等，無一不可。

(二)創造運動環境

　　對他人而言，自己可以是對象，也是空間，更是環境。從自己出發，可以獨自創造運動空間，也可以呼朋引伴，創造運動環境。比如上下樓梯，可以緩慢攀登，更可以快步移動，都是很好的運動環境。閒來無事，獨自登階測試自己的心肺耐力，也可以結伴同行，一較高下。甚至臺北市101大樓的登階比賽，已成年度正式賽事，風行草偃，參加者眾，更蔚為風氣，迤邐馳名。舉例而言，臺北市長柯文哲，公務時間，徒步走樓梯上班，不只減少搭乘電梯的麻煩，更可藉此推廣節能減碳運動，一舉數得，傳為佳話，惟仍應視個人身心狀況而為之。

(三)社區足以凝聚在地意識

　　社區是居民的生活空間，更是相濡以沫的環境。彼此朝夕相處，唇齒相依，榮辱與共。運動除身體技能培養外，更有利於合作、認真與負責態度的養成。尤其，團體運動項目，更有激發團結、犧牲與奉獻精神，素有共識。

　　臺灣社區全民運動，推展有年，頗有績效，可從全國全民運動會的盛況，看出端倪。事實上，多年來，從社區特色項目的選擇，社

區運動人才的培育，社區運動志工的組訓，以及社區活動的推展，無不依社區的需要，自主的次第展開。其顯著的效果是，經由活動的舉辦，社區居民，扶老攜幼，踴躍參加，不只啓發了關注社區的意識，更發揮了社區的團結精神，凝聚了與社區榮辱與共的意志，體現了社區生命共同體的深層意涵。

(四)友善環境是運動倫理的實踐

友善環境，不只消極的與環境共生，更積極的善待環境，讓環境再現生機，使天下萬物眾生，生生不息，永續發展。其實，就環境倫理的發展看，[11]從以人為中心的人定勝天，對環境的肆意破壞，造成環境的浩劫，到反省天地萬物，不只生而平等，更是生命有盡，資源有限，需要惜物如命，更要互利共生，綿延不絕，世代相傳，而有環境保護運動的興起與發展。

要而言之，友善環境，不只是認識環境，關心環境，更重要的是，積極地參與正確的活用環境，妥善的保護環境。具體的說，從事身體活動時，不論是場地規劃或開發，器材的使用與活動的進行，都要考慮到生態環境的影響。比如：場地隨意的興建、草坪上任意畫上石灰線，或器材使用過後的任意拋棄，都會造成環境的無形負擔，都有違善待環境的理想。

---

[11]大津克哉，〈「スポーツ」と「地球環境問題」の位置づけに関する研究－子ども・青少年へのスポーツを通じた地球環境問題の啓発と新たな取り組みについて－〉，《笹川スポーツ財団スポーツ政策研究》，1.1（東京，2012.04）：183-185。

第二節 運動場地與環境的角力

　　身體運動需要空間，是任誰都知道的事。不只是大型賽會需要寬廣的空間，闢建適當的場地，以利競賽項目的進行，即使個人的健身運動，仍然需要有合宜的空間，舒展手腳，藉能達到活動筋骨的機會。

　　問題是環保意識抬頭，都市空間有限，在經濟發展與環境維護的議題上，常有不同的爭議。舉例而言，社會進步，生活獲得改善，休閒空間的需求，日漸增強，體育館與公園的取捨，即有不同的主張，形成不同權益之間的拉扯。顯見，運動場地開發與環境保護之間的角力，隨著社會發展及個人主體意識的抬頭，已和往昔有著截然不同的風貌。

　　事實上，公共空間的規劃，不只牽涉權力的運作關係，更蘊含意識形態及其歷史文化背景，可說錯綜複雜，本節試以國內外重要案例，略作介紹。

一、臺北森林公園與體育館之爭議

　　臺北市大安森林公園，是清朝末年大安森林公園的舊址，係大安區內龍安陂的池塘。1932年日治時代，原有「大臺北市區計畫」，規劃十七處公園系統，將大安森林公園列為該計畫中之七號公園用地，作為城市發展的綠色緩衝地帶。[12]二次戰後，1949年，國民政府遷臺

---

[12]蔡厚男、劉淑英，〈都市公園設計評析——以大安森林公園、中山美術公園及萬華民俗公園為例〉，《中國園藝》，48.1（臺北，2002.03）：67-84。該刊物自2006年3月起改名《臺灣園藝》。

抗爭過後大安公園林木參天

初期，百廢待舉，不只無暇顧及七號公園預定地的開發，且將此地變成軍用基地及眷村。至1956年，臺北市都市計畫檢討後，正式公告為「七號公園預定地」。在此期間，已有警總憲兵訓練營及七百多戶列管的違章建築，長久居住，造成環境複雜，處理加倍困難。[13]

其後，1970年代，市長許水德、吳伯雄，均曾企圖收回公園預定地，因居民抗爭及其拆遷補償的棘手問題，仍不得其門而入。1978年，蔣經國就任總統，並任命李登輝擔任臺北市長，在國家整體建設政策上，除一般基礎建設外，特重體能活動設備及場所。鑑於臺灣退出聯合國後，進出國際運動競賽場合，屢遭主辦國家之不公平待遇。尤其，1976年，中華奧運代表團首次被拒於加拿大蒙特婁奧運門

---

[13]蔡厚男、劉淑英，〈都市公園設計評析──以大安森林公園、中山美術公園及萬華民俗公園為例〉，2002，67-84。

外。[14]爲鼓勵運動選手，加強強身強國理念，蔣經國在發表〈對臺北市建設工作指示〉時，建議市長李登輝籌建符合現代化以及科學化管理要求可容納五萬人到十萬人的公眾體育館，引起臺北市民熱烈反應，並期能儘早落實。[15]蔣經國並於1980年，臺灣區運動會開幕典禮中，宣布「打破全國紀錄者，頒發五萬元獎金」，奠定政府制訂各類獎章的基礎。事實上，臺灣自1971年退出聯合國後，外交越行孤立，藉體育‧運動實力，拓展國際關係，活絡邦交，宣揚國威，振奮民心士氣，凝聚社會團結，儼然成爲重要的國家政策。[16]

　　臺北市政府，於1979年12月24日，邀請體育專家學者、建築專家及有關單位等，舉行第一次體育館籌建小組會議。其後，並於1980年1月23日、3月8日、4月1日及5月14日，共召開五次籌建小組會議，討論體育館基地之大小、區位條件及交通方便性等議題，最後決議：就臺北市七號公園預定地及關渡平原等二處，擇一興建體育館；並分別比較兩者之優劣後，於1980年7月4日，報行政院核定。結果行政院裁示「緩辦」，致使體育館興建案，胎死腹中。[17]

　　1984年9月4日，行政院舊案重提，以交辦案件通知單，交由臺北市政府，將前「緩辦」案件重新研議後，再送行政院核辦。行政院於1986年1月4日，核定臺北市於七號公園預定地興建體育館計畫，並同意補助半數建館經費（不含土地徵收及地上物補償費）。[18]

　　在行政院核定之後，臺北市政府即著手進行相關程序。其中，

---

[14]許義雄，《近代奧林匹克的挑戰》（臺北：國立臺灣師範大學體育學會，1981），1-43。

[15]蔣經國，〈對臺北市建設工作指示〉，《蔣總統經國先生言論著述彙編》（臺北：黎明文化初版社，1981），391。

[16]許義雄，《開創我國21世紀的體育新格局——臺灣體育的轉型與發展》（第一次全國體育會議實錄，1999.11），11-12。

[17]臺北市議會，《臺北市議會公報》，33（臺北，1986）：20。

[18]臺北市議會，《臺北市議會公報》，1986，20。

議會議員、市民或相關環境保護團體及大眾媒體，針對七號公園興建體育館的立場，或就環境問題，或以交通觀點，以不同方式，作不同的意見表達，顯然不同的對象，各有不同的態度，也就有了不同的主張，可說是不同的立場者之間，進行不同的角力。茲分別以不同對象，擇要略述如下：

(一)不同政黨議員的立場

表11-1　臺北市不同政黨議員對七號公園興建體育館之態度[19]

意見 黨籍	贊成	反對	不知道	無意見	合計
國民黨（執政黨）	19	7	1	5	32
民進黨（在野黨）	3	5	2		10
無黨籍		1			1
合計	51.16%	30.23%	6.97%	11.63%	43

　　根據表11-1整理結果，除拒絕受訪或出國無法表示意見共五名議員外，全部受訪的四十三名議員中，接近半數的議員二十二位（51.16%），贊成在七號公園興建體育館，其中多數為國民黨員的態度。意即三十二名國民黨受訪議員，有十九名持贊成興建體育館。換句話說，約近六成（59.38%）的執政黨議員，認同政府的政策。而在野黨（民進黨＋無黨籍）共十一名中，有六名（54.55%）持反對意見，亦即在野黨超過半數以上的議員，反對在七號公園興建體育館。相對而言，執政黨員對政府政策的支持強度，並不強烈。具體而言，執政黨員有十三名黨員持反對立場或不表態（含不知道或無意見），

---

[19]根據1988年1月29日《新經濟週刊》的調查資料整理。

表示雖是執政黨議員，但有接近四成以上的比率反對或不積極支持政府在七號公園興建體育館。可見此項政策，連執政黨員，或因個別因素，仍採取與政府不同的立場。

至於不同政黨議員，在贊成與反對的意見，彙整如**表11-2**。

表11-2　不同政黨市議員對七號公園興建體育館之意見彙整表

意見 黨籍	贊成	反對
國民黨（執政黨）	1.七號公園預定占地25公頃，是臺北市最大保留地，臺北尚未有可容納三、四萬人的體育館，當然希望興建。 2.可以解決臺北市體育‧運動場地不足的問題。 3.七號公園交通便利，環境幽美，可作為國際大型賽會場地。 4.地點適中，以經國先生之名紀念，意義非凡，林口體育場地點太遠。 5.最好配合捷運系統，以離捷運站一、二百公尺之內為佳，最好可容納兩萬人左右。 6.地點好，適合建大型體育館。 7.建中型體育館較適當。 8.臺北需要這樣的體育館。 9.推廣市民休閒娛樂，增加市民活動場所。 10.找不到更好的地方。	1.建在市中心，一定影響交通，國外大型體育館，都建在郊外，表示建在郊外比建在市中心恰當。 2.七號公園建了體育館，破壞「臺北市之肺」的功能。 3.蓋在此地，使臺北市交通更癱瘓，應蓋在關渡較合適。 4.要多保留綠地。 5.七號公園是最後一塊綠地，淨化空氣，不需要那麼多水泥建築。 6.小型而露天的體育館就夠了。

（續）表11-2　不同政黨市議員對七號公園興建體育館之意見彙整表

意見 黨籍	贊成	反對
民進黨（在野黨）	1.臺北市很難找到土地蓋體育館，中華體育館使用率少，是浪費。 2.全民需要運動空間，更需提供大型停車場。	1.臺北市交通太複雜，每次中華體育館有活動都會造成交通阻塞，還有攤販問題，體育館位於市中心不適合。 2.公園與體育館應分開興建。 3.臺北市綠地太少，蓋體育館會影響交通。 4.市區蓋體育館，浪費土地，阻礙交通。且引來人潮，影響公園綠地、四周寧靜的環境、草木的維持。
無黨籍		此地應多元化，臺北要綠化。

　　大致而言，不論執政黨或在野黨的議員，力主興建體育館的主要理由在於臺北市需要一個大型體育館，七號公園地點適中，可以補足運動場地的缺乏並有利主辦大型國際賽會。不過，反對者則認為公園是公園，不該與體育館合併興建，尤其公園無異「都市之肺」，興建體育館難免造成交通癱瘓，空氣汙染，嚴重破壞公園內外的生態環境。

(二)市民的意見反應

　　其實，大安森林公園興建體育館的問題，先後有多次民意調查，僅舉民間及官方市民意見調查各一次為例，說明如表11-3。

　　就兩份調查結果而言，無論民間或官方的調查，市民贊成公園興建體育館的比率，約占三成左右，但在反對興建的比例上，民間的調查則有近半數（47%）的比率持反對態度，且約為官方調查的兩倍以上，顯見官方的政策，並未受市民的肯定。相對而言，如加上未清楚表態的受試對象，則無論官方或民間的調查，則有60%以上的受試者並不樂見七號公園內興建體育館。

表11-3　臺北市民對七號公園興建體育館的意見反應

調查時間	1988年3月	1988年7月
調查單位	聯合報[20]	臺北市政府[21]
有效樣本	1,151	4,902
住民調查對象	臺北市民抽樣	臺北市民抽樣
贊成興建	33%	37.1%
反對興建	47%	23.1%
其他	20%	39.8%

(三)環保團體的強勢作為

　　七號公園興建體育館的爭議，除學界代表，主張兩全其美的作法外，[22]建與不建兩派之間，形成強烈的對立。其間，臺北市政府舉辦過協調會、公聽會、座談會等策略，設法解決彼此的尖銳立場，找出足以和平共處的方案。不過，權力的爭奪，總有強弱之分。其中，反對興建體育館者認為，贊成興建體育館者，皆屬體育界代表，無法代表多數市民的意見，即使贊成興建體育館的議員代表，率眾發動請願，[23]催促市政府及早完成體育館的興建計畫，卻遭反對者強烈反撲，引發新環境基金會、環境保護文教基金會、臺灣環境保護聯盟、婦女新知基金會、綠色和平工作室、美化環境基金會、環境品質文教基金會、綠色小組及進步婦女聯盟等團體反撲，指出內政部的法令解

---

[20]《聯合報》對「七號公園興建體育館」的議題，分別於1988年3月及1988年6月，進行民意調查，因1988年6月之調查，樣本僅725份，本文不擬納入討論。何旭初，〈七號公園預定地，適合見大型體育館嗎？〉，《聯合報》，1988.03.28。

[21]臺北市政府，因應七號公園興建館問題，曾於1985年初及1988年6月，實施民意調查，因1985年初之調查，係以各行政區之里長、公園預定地附近區民及相關專家學者為對象，因樣本僅712份，且未以正反意見為目的，本文不擬納入討論。

[22]張春興，〈七號公園‧建體育館，不偏之見〉，《聯合報》，1988.05.06。

[23]編輯部，〈洪濬哲發動請願，七團體聯合反撲〉，《聯合報》，1988.05.29。

釋，公園與體育館兩種用地，其使用性質截然不同，徵收公園用地以興建體育館，於法不符，不宜興建體育館。甚至發表聲明指責，臺北市多處公園已被移作兒童育樂中心、足球場、美術館及其他機關辦公廳舍使用，誠然是一部「公園淪陷史」，所以，七號公園應確實作為公園使用，絕不讓步。[24]

最後，於1991年3月28日，黃大洲市長任內，一舉推翻前任兩位市長所作的規劃，確立大安森林公園內不建體育館的決策。換句話說，大安森林公園興建大型體育館的計畫，從1987年11月6日成案之後，歷經許水德市長召集規劃小組，吳伯雄市長的積極推動，從大型體育館的美景，到預留空間，權變為伺機興建中型或小型體育館，結果，由出身農學的黃大洲市長結束了多年的體育館興建計畫，平息了長久以來的紛爭。重要原因固然是環保意識抬頭，主政者順應時勢所趨，留下純然的森林公園，給市民喘息的空間。另外一方面，則是體育界的相應勢力，略顯薄弱，無法扭轉市民的意向，以及媒體輿論趨向保留綠地。最後，具農學背景的市長，認為土地有限，綠地難覓，公園興建體育館的喧擾，終於塵埃落定。充分顯示，權力糾葛，恆受政治實力左右的不變法則。

根據當時黃大洲市長的訪談稿，認為在吳伯雄市長任內，已轉向認同環保團體意見，至黃大洲市長時，更進一步，作出不建體育館的決策，主要是考慮到興建體育館時，附屬建築的房舍、辦公室、廁所等太多，不只增加建築費、工程費及設計費等。尤其，不少公務員心術不正，喜歡搞很多建設，搞很多經費，使公園不像公園，綠地變成鋼筋水泥，所以，只好拿掉體育館的興建。[25]

---

[24]編輯部，〈洪濬哲發動請願，七團體聯合反撲〉，《聯合報》，1988.05.29。
[25]廖淑婷，〈權力與空間形塑之研究——以臺北市都市公園為例〉（臺北：政治大學碩士論文，2003），88。

撫今追昔，臺北市「遠雄巨蛋」之興建，爭議不斷，是非對錯，仍有待歷史的考驗。[26]

二、札幌冬季奧運會場地的糾葛

1972年的日本札幌冬季奧運，可說是奧林匹克活動第一次真正面臨奧運會與環境的糾葛問題。原來，札幌曾取得1940年的冬季奧運主辦權，因適逢第二次世界大戰，被迫取消。事隔四分之一世紀之後，於1966年4月26日，在羅馬的第六十四屆國際奧會，札幌以三十二票領先加拿大班夫（Banff）的十六票、德國巴登巴登（Baden Baden）的九票，而取得1972年冬運主辦權。[27]

事實上，國際奧委會自1970年代起，已逐步參與國際環境維護的因應活動，甚至，1972年，國際聯合環境會議，於瑞典斯德哥爾摩召開國際會議，發表「人類環境宣言」，作為維護與提升人類環境品質的共同瞭解與原則，並設立「聯合國環境規劃署」（UNEP），推動此項目的。[28]

不過，日本早於1960年代，基於國民保健與維護生物多樣性而制訂了「自然公園法」，並先後於1968公布「大氣汙染防止法」及1971年的「公害防止事業費事業負擔法」，同時，設置了「環境廳」作為主管環境維護的權責機關。[29]

---

[26] 許義雄，〈世大運要為臺灣留下什麼？〉，《自由時報》，2015.01.12。

[27] 札幌市教育委員会，〈戦火に消えた—幻の札幌オリンピック〉，《歴史の散歩道 第7章スポーツ編》（北海道：札幌市教育委員会，2000），139-140。

[28] 石塚創也，〈1972年第11回オリンピック冬季競技大会（札幌大会）の開催準備期における恵庭岳滑降競技場の建設と自然保護をめぐる議論：大会組織委員会議事録および北海道自然保護協会会報の検討を中心に〉，《体育史研究》，31（神戸，2014.03）：21-36。

[29] 飯島伸子編，〈環境問題関連年表〉，《環境社会学》（東京：有斐閣，1993），233-248。

因此，1972年札幌的冬季奧運，在籌備期間，為了闢建比賽場地，即面臨了亟待解決的棘手問題。亦即，依國際滑雪聯盟的規定，滑降項目必須在至少海拔800公尺以上才能進行比賽，而札幌的千歲市滑雪場，只有支笏洞爺國立公園內的惠庭岳海拔1,320公尺，才能合乎標準。不過，為配合滑降道的需要，必須砍伐惠庭岳的大片森林，引起環保團體的激烈反彈。其中，有關惠庭岳滑降道[30]與周邊交通道路的配合工程，以及自然環境的保護等議題，大會籌備會、相關委員會及自然保護協會等機關團體，各有不同看法，[31]綜整略記如**表11-4**，藉供參考。

要而言之，1972年札幌冬季奧運會的比賽場地與環境的糾纏，可說是絕無僅有的奧運會案例。換句話說，為了高山滑雪的需要，選擇海拔1,320公尺的支笏洞爺國立公園內的惠庭岳興建滑降道，卻遭環境保護團體以破壞自然環境為由，堅決反對在公園內興建運動設施，迫使大會籌備委員會不得不與環保團體妥協，改採興建臨時性競賽設施，並依事先約定，在比賽結束後，隨即拆除包含滑降道、纜索、纜車等所有附屬設施，並植林恢復原野風貌。

就此案例而言，札幌冬奧雖帶來進步的基礎建設，改善交通設施，以及因主辦冬季奧運，而使札幌揚名國際，但面臨生態環境意識高漲的現階段，自然環境保護不易，肆意破壞自然環境，不只不為承辦國家的人民所接受，且無法留下承辦賽會的可貴資產，提醒奧委會必須正視運動場地開發與自然環境保護的嚴肅問題，經由本次札幌冬奧，凸顯更深層的意義，值得大家深入省思。

---

[30]1972札幌冬奧大會紀錄片，導演篠田正浩在正式放映時，旁白說出：「惠庭岳在正式賽後2小時關閉」。篠田正浩，〈札幌オリンピック惠庭岳の伐採と植林〉，《日本オリンピック委員会100年史》（東京：日本体育協会，2012），553。

[31]札幌オリンピック冬季大会組織委員会編，《組織委員会議事録第1-31回》（札幌：札幌オリンピック冬季大会組織委員会，1972），250。

表11-4　1972年札幌冬奧的惠庭岳滑降道與環境之折衝[32]

	設施委員會	籌備委員會	自然保護協會	具體策略
惠庭岳滑降道	1.盡可能不使用，若使用，不開發觀光，且須經自然公園審議會。 2.因係公園，開伐範圍及附屬設施等，宜有詳細計畫提送國立公園局、營林局等機關許可確認。 3.國際奧委會視察小組，可作滑降道等臨時設施，賽後拆除。	1.因係國立公園，必須獲得相關單位之許可。 2.厚生省自然公園審議後，就自然保護立場，不同意興建永久性設施。 3.提出報告書，遵照政策指示，惠庭岳滑降競技場賽後拆除，復原到天然狀態。	提出周邊特別地區自然保護請願書。	1.周邊大藏省及厚生省，提出兩項決定：(1)惠庭岳；(2)滑降道等設施，只能興建臨時設施。 2.賽後原跡植林復原。
賽場周邊道路	支笏湖畔丸駒Okotanpe湖之間希望增建交通工程。	新設道路，支笏湖畔丸駒Okotanpe湖之間約7公里，可採收費通行。	周邊道路之興建，難以同意。	北海道當局，再度表示反對興建周邊道路。

三、2020環境優先的東京奧運會

　　奧運競賽場地與環境的糾葛，除1972年札幌冬運之外，1976年第十二屆丹佛冬奧，也頻生波折。原來，第十二屆冬運本由美國丹佛市取得主辦權，不過，籌備期間，美國環保團體深怕因主辦冬奧破壞自然環境，造成無法挽回的傷害，堅決反對在丹佛舉行冬奧。國際

---

[32]許義雄，《近代奧林匹克的挑戰》，1981，1-43；筆者重新歸納整理。

奧委會，幾經與環保團體斡旋協調，都不得其門而入，在無法取得環保團體的諒解後，國際奧委會不得不轉移陣地，將賽會地點由美國丹佛市移到奧地利因斯布魯克舉行。[33]當時的趨勢已充分顯示，奧運競技賽會的舉行，不只不能有害於環境的維護，尤其，賽會結束後，除考慮促進主辦國家與社會的和諧、繁榮與進步外，更要留下高品質的環境遺產，似已成共識。這也成為近年以來，奧委會主導國際賽會的最高準則，更促使國際奧會積極配合聯合國環境開發會議，作為實現奧運永續發展的奠基工程。最近幾屆奧運會，陸續標榜「善待環境奧運」、[34]「綠色奧運」[35]及「永續發展之奧運」，[36]可說是事出有因，其來有自。

即以2020年的東京奧運為例，打出「環境優先的奧運」為主軸，凸顯對環境的重視，並與1964年的東京奧運作區隔。具體的說，1964年東京奧運，是展現二戰以後的日本，經濟的快速成長，以及成熟進步的社會。2020年的東京奧運，特別提出保護自然環境，克服環境的汙染，達成永續發展，環境優先的競技賽會。其具體的策略為：[37]

---

[33]日本オリンピック委員会，〈「スポーツと環境」これまでの歩み〉，http://www.joc.or.jp/eco/history.html，2015.08.20檢索。

[34]1990年國際奧會主席薩瑪蘭奇，特別在原有的「運動」、「文化」之外，加入「環境」乙項，作為推展奧林匹克活動的三大主軸，並於1994年將「環境」列入奧林匹克憲章，同年的挪威利勒哈默爾（Lillehammer）冬季奧運，更以「善待環境」為大會主軸。

[35]2008年中國北京奧運，以「綠色奧運·科技奧運與人文奧運」為主軸，但因大會期間，空氣汙染嚴重，國際奧會特別實施定時檢測。斉藤照夫，〈オリンピックパラリンピックと環境ロクスの管理〉，〈オリンピックパラリンピックと環境ロクスの管理〉，《損保ジャパン日本興亜RMレポート》，126（東京，2014.11）：4-5。

[36]2012年倫敦奧運，首次以「永續發展之奧運」為主軸，進行大會的有效管理，備受好評。

[37]東京都環境局編，《2020年東京オリンピック・パラリンピック環境アセスメント指針》（東京：東京環境局，2014）。

都市過度開發護樹團體喚醒擁抱綠地

(一)集中比賽場地，環境影響最少化

　　三十七種競賽項目，除足球場外，85%的比賽場地，集中在離選手村8公里的中央區，並以可容納八萬人的國立競技場為主場館（2019年完成），[38]加上活化1964年東京奧運所遺留下來的代代木競技場及日本武道館等資產，並以東京灣鄰近地區的運動設施為中心，可說是前所未有的緊密場地分布，讓環境的負荷最小，影響最少。[39]

---

[38]2020東京主場館「新國立競技場」，因施工困難，建築費暴增2,520億日圓（約臺幣632億元）約原來的兩倍，輿論譁然，首相安倍晉三下令原計畫作廢，砍掉重新核審。後續演變，尚待觀察。陳浩誼，〈安倍宣布：東京奧運主場館　砍掉重練〉，《蘋果日報》，2015.07.17。

[39]場地集中，至少減少各地的基礎建設及複雜的交通運輸，減少環境破壞，更有利場館營運。

(二)利用世界上最具效率的公共運輸系統，發揮最大效能

　　大會期間，持票觀眾搭乘公共交通工具，一律免費，並建造快速輸送系統（BRT），連結都市中心及臨海地區之比賽場地。為強化快速運送，觀眾百分百搭乘公共交通工具或徒步進場。同時，完全利用電氣電動車或電池電動車等之低公害車輛。

(三)因應大氣汙染，總體作戰

　　面對廣泛的大氣汙染，由東京奧運籌委會，整合東京都及鄰近地區的自治團體或公家機關，共同協力合作，採取適當對策。在大氣汙染之管控，除依據法定基準外，相關法令、條例嚴格要求達到國家的基本基準。至於光化學氧化劑[40]所形成的大氣汙染，則採取嚴密監測，並將其所得資訊，提供國家及鄰近自治團體等相關機關，共同應用，藉能採取妥適的減少或降低對策。

(四)創發奧林匹克的環境資產

　　國際奧會憲章明訂，國際奧林匹克運動會之舉辦，重在鼓勵承辦國家及其承辦都市能因承辦賽會而留下珍貴遺產。[41]以1964年東京

---

[40]主要是大氣光化學反應的產物，如臭氧（O_3）、二氧化氮（NO_2）、過氧化氫（H_2O_2）等。臺灣Wiki，〈光化學氧化劑〉，http://www.twwiki.com/wiki/%E5%85%89%E5%8C%96%E5%AD%B8%E6%B0%A7%E5%8C%96%E5%8A%91，2016.12.12檢索。

[41]一般所謂遺產可歸納為：(1)正面或負面；(2)有形或無形；(3)計畫性或偶發性等三主軸，相交構成的六面向。如2012年倫敦奧運所留下的遺產，計有：(1)運動的健康生活；(2)東倫敦的重建；(3)經濟成長；(4)社區活化；(5)殘障支援之增加等。間野義之，《「2020年東京オリンピック・パラリンピック競技大会レガシー」に関する提言（中間報告）》（東京：株式会社三菱総合研究所，2014）。

奧運為例，象徵戰後日本的復甦及其高度的經濟成長，藉東京奧運向
國際社會展示日本的存在。特別是，當時新建的東海道新幹線、首都
高速道路等所代表的重大基礎建設，新產業的興起，國民自信心的
恢復，以及展現出國民富庶的生活，可說是因奧運的舉辦，而留下
了彌足珍貴的遺產。至於2020年的東京奧運，則以開發東京都為契
機，擴大新綠地與水的面積為目標。本次奧運，以東京都的長期發展
為戰略，以水與生物多樣性的普及與開發為重點，計劃重新創造東京
臨海地區的綠化與自然空間的復原，並以圍繞附近四大競技場，塑造
成為綠色迴廊，串連大規模的公園綠地，且連接周遭幹線道路的路
樹的整備與更新，使整個空間不只適合於生物的棲息，更期待海風
吹向內陸，形成「風道」，調和了都心的「熱島現象」（Urban Heat
Island）。**42**

四、運動與環境問題不再單純

就上述案例而言，不論中外，運動與環境所牽扯的問題已不再單
純。其中，有屬自然生態環境的維護，以保障人類的基本生存權利，
更以永續發展的理念，為後代子孫留存可長可久的生存空間。同時，
為生態環境的永續發展，不惜動用社會資本，以不達目的永不休止的
決心，發動政治抗爭。

一方面更看到，主政者不只以人民權益為依歸，更能考慮生態的
永續經營，而與住民充分協調溝通，站在多數人的共同利益，選擇最

42「熱島效應」（Urban Heat Island, UHI）是1960年代開始，世界各地大都市的地
區性氣候現象。意指都市化後，因大樓林立、空調、交通等排出熱空氣，加以
樹木少、熱氣調整功能低，促使都心氣溫比周邊郊外溫度高，且高溫區域大。
榊原保志、北原祐一，〈日本の諸都市における人口とヒートアイランド強度
の関係〉，《天気》，50（東京，2003.08）：625-633。

好的環境政策。

　　尤其，以負責推動國際奧林匹克活動的國際奧委會，在盱衡國際生態環境的發展上，爲避免因舉辦賽會活動造成不能挽救的生態浩劫，不得不積極研擬因應對策。一方面，在奧會憲章裡，確立環境保護的理念，訂定環境保護的策略。同時，積極鼓勵活動的舉辦，除追求承辦地區的基礎建設外，更呼籲不忘重要遺產的保留，以能永續發展，厚植人類文化的基礎建設。

　　具體而言，根據2013年英國政府與倫敦市的報告書，在倫敦奧運之後，留下了前所未有的豐富資產，較特別的遺產，如**表11-5**所示。[43]

表11-5　2012年倫敦奧運會的珍貴遺產

運動・健康生活	1.增加對選手的資助（增加13%） 2.增加運動人口（每週一次）（140萬人以上） 3.資助學校運動每年1.5億英鎊（2013年以後） 4.促進國際運動交流（20國1,500萬人）
東倫敦的再生	1.運動公園・設施整備 2.交通設施的投資（65億英鎊） 3.整修住宅11,000戶，創造10,000個新人就業。
經濟成長	1.獲得280-410億英鎊的經濟效果，創造62-90萬人的就業機會（2020年為止） 2.創造失業者的僱用機會（7萬人） 3.取得2014年世界盃、2016年里約奧運新契約（1.2億英鎊） 4.增加觀光客（增加1%），增加觀光消費（增加4%）
強化社區	1.提升志工意願、志工人數增加 2.10萬人新志工（2013年） 3.積極參加文化性活動（4,300萬人） 4.協助環境清理（奧林匹克公園清理、ISO20121等）
帕拉林匹克	1.提升殘障者參與運動 2.增加帕拉林匹克的支援 3.提升交通、社會的基礎建設

---

[43]三菱総合研究所，〈レガシーとは何か〉，http://www.mri.co.jp/opinion/legacy/olympic-legacy/index.html，2015.08.25。

🚴 第三節　奧林匹克活動與環境

　　1970年代之後，隨著環境對人類活動的深刻影響，國際奧委會（IOC）對奧林匹克活動的推廣，以及冬季或夏季奧運會的舉辦，不得不採取有效的因應。特別是，聯合國對環境重要政策的陸續推出，促使國際奧委會在面對環境問題的處理上，也從消極被動的體制，轉變為積極主動的作為。其中，不只在國際奧林匹克憲章加列「環境」乙項，與「運動」、「文化」並列為奧林匹克活動三大支柱，並以永續發展作為奧林匹克活動的重要策略。同時，在具體作法上，分別舉行「運動與環境」分科會議，以及召開「國際奧委會運動與環境世界會議」，且成立「運動環境委員會」，先後發表《國際奧委會運動與環境手冊》，以及《奧林匹克活動永續發展指南》，落實奧林匹克活動善待環境、維護生態的決心與策略。

　　本節即基此背景，擬分：(1)環境是奧運會活動重要支柱；(2)國際奧委會的環境教育與國際合作；(3)奧林匹克活動與永續發展；(4)奧林匹克活動永續發展策略之落實等，略加陳述。

一、環境是奧運會活動重要支柱

　　奧林匹克活動需要美好的環境，使身體活動得以順暢進行；也只有適切的環境，才能使豐富的營養食物，源源不斷，補充身體的能量，展現身體技能。不過，從1970初期，奧林匹克賽會會場的開發，即屢遭環保團體不同形式的杯葛與抗議，使得國際奧會不得不採取「善待環境」的策略，維護奧林匹克的終極理想。其具體作為，約有下列數項，值得重視：

萬金石馬拉松前呼後擁

資料來源：中華民國田徑協會提供。

(一)綠色奧運會的興起

人類環境的問題，不只影響人類生活的品質，更左右人類生存的機會。尤其，所牽涉的範圍，不只是區域性的個別問題，更是舉世面臨的全面性課題，需要全世界有關機關及團體，共同謀求因應的對策。聯合國於1972年6月5日至16日在瑞典斯德哥爾摩召開的第一次大規模的政府間聯合的人類環境會議，發表「人類環境宣言」，並設立「聯合國環境規劃署」（UNEP），[44]試圖緩和先進國家對環境的過度開發，造成

---

[44]「聯合國環境規劃署」（United Nations Environment Program, UNEP）於1972年成立，總部設於肯亞奈洛比。其宗旨在促進環境保護事業的健康發展。主要活動包含：大氣和陸地生態系統、環境科學和資訊的提高到解決環境災害和緊急事件的預警能力等廣泛問題。涉及到：(1)環境評估；(2)環境管理；(3)支持性措施等。聯合國環境規劃署，http://www.unep.org/chinese，2015.08.15檢索。

的環境破壞，並協助發展中國家善用環境，以利其國家的發展。

其實，1972年的第十一屆札幌冬季奧運，因滑雪滑降道破壞惠庭岳的生態環境，經由環保團體的反彈，迫使籌委會與當地政府採取權宜措施，賽後重建會場，恢復原貌。1976年原訂美國丹佛市的第十二屆冬季奧運，也因環境因素受到激烈抗爭，臨時轉移陣地，改在奧地利因斯布魯克舉行，都是奧運賽會在環境衝突的狀態中，解決賽會的場地問題。

嚴格的說，從1987年國際永續發展概念，首次在布萊頓委員會報告書中出現之後，守護「地球的未來」聲浪，已甚囂塵上。[45]國際奧會主席薩馬蘭奇，對環境與運動的態度，也一改過去被動體制，而積極提倡奧林匹克活動中環境保護的意義，並於1990年，在奧會憲章的使命與任務中，加入「環境」乙項，與「運動」、「文化」並列為奧會三大支柱，作為推展奧林匹克活動的重要基礎。[46]之後，國際奧會並於1992年，巴塞隆納奧運會時，率同所有參賽之國家奧委會，簽署「地球的承諾」書，強調環境保護之重要，可說是世界運動界認真響應保護環境的具體作為，開啟了奧林匹克活動不忘保護環境的先聲。[47]

同年（1992年），聯合國於巴西里約召開聯合國環境發展會議，採行「21世紀議程」（Agenda 21），[48]並發表「環境與發展」里約宣

---

[45]国連環境計画署（UNEP），〈持続可能な開発とオリンピック〉，《TUNZA》，3（東京，2012）：6-8。

[46]憲章條文訂定之後，曾多次修改，根據2014年版的文字，在第一章，奧會的使命與任務中，明確顯示，「鼓勵且支持環境議題之責任，促進運動之永續發展，並以此觀點要求主辦奧運賽會。」同時指出：「主辦國家及其城市，宜推廣奧運賽會之正面遺產。」日本オリンピック委員会，《オリンピック憲章》（東京：日本オリンピック委員会，2015），13-14。

[47]インターリスク総研，〈スポーツと環境〉，《新エターナル》，19（東京，2008.10）：2-4。

[48]Agenda 21，一般華文均直譯為「21世紀議程」，其實，Agenda有議程、議題

言及「森林原則」宣言。1994年第十七屆利勒哈默爾冬運，以「善待環境奧運」為口號，被稱是「綠色奧運」，而備受讚賞。1995年國際奧會設立「運動與環境委員會」，並召開第一屆世界「運動與環境」會議後，旋即每隔兩年，舉行類似會議一次，掌握國際運動與環境的發展。1996年在奧運憲章的環境項目中，加入「永續發展」概念，展開積極的保護環境策略。1999年，國際奧會第一〇九屆總會（首爾），更引用聯合國「21世紀議程」之理念，公布「奧林匹克活動21世紀議程」，[49]具體推出奧林匹克與保護環境的整體規劃，並於2000年的雪梨奧運，實現史上最綠化的競賽大會。大會籌委會更打出「提升環境意識」、「改善方針與實踐」、「展現典範與教育」、「再生與建設」等四大領域，並於賽前種樹兩百萬棵，樹立了綠色奧運的楷模。[50]

可以說，2000年雪梨奧運之後，國際奧會除致力於奧運賽會環境綠化外，更開始重視於區域性的環境與運動的推廣。就前者言，如2002年美國鹽湖城冬運，揭櫫「零廢氣排放」、「零廢棄物」、「清新空氣」、「能源再利用」及「都市綠化」等重要措施。[51]2004年希臘雅典奧運，聯合國環境規劃署（UNEP）及雅典奧運籌委會（ATHOC）簽署備忘錄，共同合作促進雅典奧運環保工作，確保環保政策。大會並分發《運動與環境》手冊及《環境的挑戰與功績》等刊

及行動計畫之涵意，或譯為「行動計畫21」，亦未嘗不可。席塔茲（Daniel Sitarz），《綠色希望：地球高峰會議藍圖》（林文政譯）（臺北：天下，1994）。

[49]IOC Sport and Environment Commission, "Olympic Movement's Agenda 21," http://www.olympic.org, 2015.08.15.

[50]日本オリンッピク委員会，〈「スポーツと環境」これまでの歩み〉，http://www.joc.or.jp/eco/history.html，2015.08.20檢索。

[51]日本オリンッピク委員会，〈「スポーツと環境」これまでの歩み〉，http://www.joc.or.jp/eco/history.html，2015.08.20檢索。

物。2006年托里諾冬運，係「京都議定書」生效後的首次奧運，大會
採取植樹及能源有效運用與再生能源之「碳中和」（Carbon Neutral）
計畫。2008年中國北京打出「綠色奧運」，競技會場使用綠色建材，
部分使用太陽能系統，以減少溫室廢氣排放量。2010年加拿大溫哥華
冬運，籌委會將「永續發展」從計畫階段邁向實際執行。大會場地，
儘量利用再生能源，並保護生物棲息地，維持青蛙與蝌蚪之繁殖。
2012年倫敦奧運，被認為是史上最注意環保的運動賽會。利用最先進
科技，將18世紀工業革命以來備受重金屬汙染的土地，改善為競賽場
地，不只讓土地重生，且解決了當地居民的生活困擾。[52]

(二)奧運會承辦城市之承諾

國際奧會對賽會環境保護之重視，最具體的作法是，在1997年
發行的《運動與環境》手冊中，[53]特別要求奧運主辦城市在申辦奧運
時，要滿足國際奧會對環境的一些標準與規定，如：

1.提交簡要資料圖示說明、相關環境機關單位、對環境與天然資
　源管理體制及其與奧運籌委會之責任關係。
2.提交有關環境衛生、保護區域、文化紀念建物（遺址）及當地
　環境資訊之圖示或地圖。
3.由主政官署提出保證書，確認奧運會主辦之必要作業，符合環
　境保護相關法令、國際協定及議定書。
4.主政官署對奧運會全面之設施，實施環境評估。
5.提交大會目的、目標及其優先順序之環境保護行動計畫。

---

[52]日本オリンピック委員会，〈オリンピック大会組織委員会の環境保全活
　動〉，http://www.joc.or.jp/eco/olympicgames.html，2015.08.15.
[53]International Olympic Committee, *Manual on Sport and the Environment* (Lausanne:
　International Olympic Committee, 1997), 47-48.

6.說明申辦委員會及大會籌委會提升環境意識之計畫。

7.說明奧運會籌備期間，努力保護自然環境與文化遺產。

8.說明所諮詢的相關環境組織，其規模、特點、代表性及其對申辦的意見與態度。

9.說明因道路闢建等基礎工程設施，所引起對環境影響的控制計畫。

10.說明廢物處理、下水道及能源的管理計畫，及其對該城市與地區的影響。

11.說明對環境改善的實驗計畫及其研發內容，與所適用於環境的先進技術之應用。

12.說明上述問題之外，申辦委員會擬追加的特殊問題。

事實上，國際奧會，在承辦都市選定之後，會派調查委員，實施追蹤調查。舉例而言，日本東京都於2013年1月，依國際奧會所定環境的要求，提出申辦程序，2013年3月國際奧會評鑑委員實際訪查所提承辦計畫，並於2013年9月國際奧會議決通過日本東京都為2020年夏季與冬季奧運主辦城市。東京都即於2014年2月，由東京都環境局，依計畫提出2020年東京夏季及冬季奧運舉行期間之環境評估方針（即大會階段之環境評估及其後續行動），以作為奧運會舉辦之依據。[54]具體而言，該評估方針，除補充資料外，計分五章：一、基本構想；二、計畫概要與實施階段環境評估；三、實施順序等；四、調查預測及評價方法；五、後續行動。其中，在第四章的項目，則再分：1.環境項目，計含：(1)大氣；(2)水質；(3)土壤；(4)生物的生育、棲息基礎；(5)水循環；(6)生物、生態系；(7)綠色；(8)噪音、震動；(9)日影；(10)景觀；(11)自然及其活動場域；(12)步行者空間的舒適度；(13)史蹟‧

---

[54]東京都環境局編，《2020年東京オリンピック‧パラリンピック環境アセスメント指針》。

文化財；(14)水利用；(15)廢棄物；(16)環保材料；(17)溫室效應；(18)
能源；2.社會經濟項目，則有：(1)土地利用；(2)區域區分；(3)移轉；
(4)身體運動；(5)文化活動；(6)志工；(7)社區；(8)環境意識；(9)安
全；(10)衛生；(11)消防‧防災；(12)交通阻塞；(13)公共交通評估；
(14)交通安全；(15)經濟影響；(16)僱用；(17)事業盈利能力等，可謂鉅
細靡遺，顯見奧運會之舉辦，對環境保護的考量，不只要切合人類現
實生活，更要滿足環境之永續發展。[55]

二、國際奧委會的環境教育與國際合作

國際奧委會為推展環境保護運動，除了賽會活動對防止環境破壞
嚴加規範外，對一般的運動環境也相當關注。其中，先後公布了《運
動與環境》手冊（1997年）、奧林匹克活動永續發展的「21世紀議
程」（1999年）以及《運動與環境‧不同運動競技項目指南》（2006
年）[56]等基礎資料，從奧運會與環境保護概念的介紹，到主辦奧運會
城市的環境要求，以及競技項目發展與環境的關係，都提出具體的建
議與實施策略，值得重視與肯定。不過，綜觀國際奧會的作法，則
不難看出國際奧委會在環境保護工作的先後順序與輕重緩急。比如先
修改奧委會憲章，加入「環境」乙項，使「環境」與「運動」及「文
化」，並列為奧運會活動三大支柱之一，確立奧林匹克活動發展的基
礎。接著配合聯合國環境規劃署，推廣環保意識教育，以及展開「運
動與環境」國際會議及區域性環保研討會，進行環保經驗的國際交流

---

[55]東京都環境局編，《2020年東京オリンピック‧パラリンピック環境アセスメ
　ント指針》，2014，18-111。
[56]日本オリンピック委員会，《IOCスポーツと環境‧競技別ガイドブック》
　（東京：スポーツ環境專門委員会，2008）。英文版為國際奧會於2006年所發
　行。

與合作，構建運動與環境的行動方案。甚至從日常環境保護到永續發展，從個別國家，到區域整合，都有其一貫的脈絡可循，略述如下，藉供參考。

(一)運動與環保意識

就運動與環境保護的意識而言，早在1972年慕尼黑奧運時，國際奧委會即籲請各國家奧委會，參加奧運時，攜帶各該國家小灌木一棵，栽種於鄰近運動設施的奧林匹克公園，象徵在健康環境中競賽。[57]其後的1992年巴塞隆納大會，國際奧會率同國際單項協會與各國奧委會，共同簽署了「地球承諾」，以維護地球不再遭受破壞。1994年利勒哈默爾冬運，適逢奧委會成立一百週年紀念，國際奧委會與聯合國環境規劃署，簽訂合作計畫，以運動與文化，加強世界年輕人之相互理解與合作。[58]進一步說，國際奧委會在推廣環保意識的策略，約可分三個主要層次：

◆資訊提供

主要由國際奧委會提供各國奧委會相關「運動與環境」信息，包含經常性的奧會聲明或建議、出版品和主要活動。以提醒奧林匹克大家庭的成員，隨時關注「運動與環境」之最新動態與發展趨勢，共同守護人類賴以生存的地球。

◆世界會議

國際奧委會於1995年設立「運動與環境委員會」，用以統籌辦理國際「運動與環境」的推廣業務，同年，並於瑞典洛桑召開第一屆

---

[57]国連環境計画署（UNEP），〈持続可能な開発とオリンピック〉，2012，6。

[58]J. A. Samaranch, 'Foreword,' *Olympic Movement's Agenda 21* (Lausanne: IOC Sport and Environment Commission, 1999).

爭先恐後完成責任交付

世界規模的「運動與環境」會議，廣邀各國奧委會、政府及非政府機關、企業界、研究機構及媒體參加，目的在匯集來自不同社會各個領域的專家學者，提供專業知識，分享相關環保經驗，交換環保新知；並鼓勵合作，以有利於運動與環境政策的擬定及奧林匹克活動的永續發展。

◆區域性研討會

區域研討會，旨在提供各國奧委會，喚醒國內社區運動，保護環境，提供基礎指導綱領，以及需要的專業知識，發掘解決社區實際問題的最好方法，同時，於中長期的時程內，在各該國發展自己的環境發展計畫。

至於國際奧會，在區域性「運動與環境」的推展，則除自1995年之後，每隔兩年舉行一次「運動與環境」國際會議之外，先後於2002

年在北京舉辦「遠東及東南亞國際運動與環境・地區研討會」，2006年在馬來西亞吉隆坡舉辦「運動與環境・地區研討會」及2007年於韓國應城舉行「運動與環境・亞洲地區研討會」，探討區域間的環保議題，瞭解區域間環境之差異，並整合區域資源，解決區域的環保問題，藉以落實區域運動與環境之推動績效。

(二)國際交流與合作

環境保護的問題，已不再是單一國家或組織，所能竟全功的嚴肅問題。對內而言，國際奧委會所屬國際單項協會及國家奧會，不只透過不同管道，強調交流與合作的重要，以有助於運動與環境的互惠互利，有效發展。對外方面，國際奧委會與聯合國環境規劃署，以及相關國家的政府與非政府之間，或簽訂合作計畫，或成立工作小組，定期或不定期的進行研討，提供政策協調、諮詢與指導。

具體來說，1992年，國際奧會參與了聯合國里約環境與發展會議後，諸多環境保護的因應策略，無不依循聯合國的環境保護政策，積極配合，並實際落實。如1999年的「21世紀議程」以及2006年的「運動與環境・不同運動競技項目指南」，無不都是國際奧委會與聯合國環境規劃署密切合作的重要成果。即以每隔兩年舉行一次的「運動與環境」世界會議，與會成員之多，涵蓋層面之廣，眾所皆知。顯見國際間因應「運動與環境」問題交流之頻繁，合作關係之緊密，無庸贅述。

三、奧林匹克活動與永續發展

國際奧委會運動與環境委員會，於1999年所推出的「21世紀議程」，可說是國際奧委會推動奧林匹克活動永續發展的「行動計

畫」。其中，約含：(1)一般原則；(2)目標；(3)永續發展的活動計畫及
(4)運動與永續發展等，約略介紹如下：[59]

(一)一般原則

聯合國環境發展委員會的「21世紀議程」，是永續發展的理論與
實用的重要取徑。國際奧委會根據憲章第3條及第6條的基本原則，推
展奧林匹克活動的目標與聯合國環境發展委員會所作的分析相一致，
係以打造和平世界，並以活動促進永續發展。由於運動之普遍性，奧
林匹克活動藉運動以促進其永續發展，理所當然。因此，國際奧委會
決定，有必要獨自制訂運動與環境的「21世紀議程」。

(二)目標

1.奧林匹克活動「21世紀議程」，旨在鼓勵所有成員積極參加地
   球永續發展活動。
2.奧林匹克活動「21世紀議程」，作爲奧林匹克活動之所有成
   員、一般男女運動員、國際奧委會、國際單項協會、國家奧委
   會、奧會組織委員會、選手、俱樂部、教練、運動相關人員及
   企業等對象之理論性的實用手冊。
3.奧林匹克活動「21世紀議程」，提請永續發展的可能性的組織
   團體參考。同時，提示在個人運動或一般生活上，永續發展的
   可能方法。
4.奧林匹克活動「21世紀議程」，依奧林匹克活動成員的特性，
   考慮各不同的社會、經濟、地理、氣候及區域之狀況。

---

[59]International Olympic Committee, *Manual on Sport and the Environment*, 1997.

(三)環境永續發展的活動計畫

　　爲達成「21世紀議程」的一般方針，奧林匹克活動爲促進更好的社會經濟狀況及自然資源的保護，更制訂重要任務之活動計畫，藉以達成以下三個目標：

◆改善社會經濟狀況

　　強調所有個人的尊嚴生活，滿足其積極參與社會的文化與物質的需求，特別是社會少數弱勢族群更需關注。

　　力主奧會憲章，在重視運動的意義，增進個人的平衡發展，守護人類的尊嚴與建設和平的社會；並加強國際合作，克服彼此之間的差異，建構新世界的夥伴關係。一方面改變消費習慣，避免不當的消費行爲，造成環境的負擔。同時，奧林匹克成員需多運用無公害或再生材料，運用節約原料或能源的方法，生產運動用品。至少，政府與競技組織及選手應共同關心下列事項：

　　1.保障無損於健康的大氣品質基準。
　　2.保障無損於健康的飲水、游泳、釣魚及划船之河川與湖泊的基本水質的基準。
　　3.保障人人可取得之適當且健康的基本食物及營養物品之基準。
　　4.人口稠密地區及快速成長之都市街道，保有充分的運動及遊憩活動的綠地與設施。

◆永續發展的資源保護與管理

　　環境已列爲奧會第三支柱，隨時積極配合聯合國環境規劃署「守護地球」的承諾，「綠化奧運」，召開運動與環境會議，展開環境的保護措施。

1.運動設施之籌建或改建，大型賽會之舉辦，要充分配合文化、社會與自然環境，實施環境影響評估。

2.競賽規則之修訂，要考慮規則改變對環境之影響。

3.賽會之舉辦，對整體環境、地方、文化遺產與天然資源，必須整體保護。

4.基礎建設相關之住宅、幹線道路、通信、電力供給、水、食物及廢棄物處理等，應考慮對環境的最小影響。

5.善用既有設施，鼓勵研發再生與節約能源之新技術、用具、設施與業務之利用。

6.注意生活周遭資源及其多樣性之保護，及有害製品、廢棄物、汙染之有效管理。

◆強化主導團體之任務

1.聯合國環境規劃署，特別期待奧林匹克活動的所屬團體，積極支援環境永續發展的策略，尊重主導權的支持者，更不可或缺。

2.民主的推展，要求資訊的透明化。奧林匹克活動的管理母體，要加強取得這些資訊，特別是環境永續發展概念的相關資訊，尤應鼓勵。

3.強調有效領導團隊，善用女性族群及青年團隊，發揮社會平權互助美德，達成環境的永續發展。

四、奧林匹克活動永續發展策略之落實

概略而言，國際奧委會對環境永續發展的推展，約可分為兩個階段：第一階段，從消極態度到積極投入，時間可從1970年代起，到1992年開始參與聯合國環境規劃署活動，以1999年發表奧林匹克活動

「21世紀議程」為最具代表性；第二階段應該是從2006年國際奧委會發表「不同競技項目的環境與永續發展」為代表，展現國際奧委會對環境永續發展的實踐策略。前一階段，可說是奧林匹克永續發展概念的宣導，以及推廣內容的工作計畫，屬於一般原則性的描述與介紹。後一階段，則屬實踐落實階段，不但理論加深加廣，並且實踐操作具體明確。奧林匹克活動的永續發展，已從環境保護，進化到資產的保存。換句話說，不僅止於保護當代的有形的物質環境，更需要為後代子孫保存無形的文化資產，環境永續發展的價值與意義，不難想見。

2006年國際奧委會之「不同競技項目的環境與永續發展」內容計分五章：第一章「環境保護與永續發展」、第二章「環境永續發展與運動的一般條件」、第三章「運動賽會環境與永續發展」、第四章「奧運不同項目之環境與永續發展」、第五章「全球思考，在地行動」；因篇幅甚多，僅就具體落實概念略作說明如下：[60]

(一)從腳站的地方出發

環境與永續發展，沒有不重要的行動。即使再小的作為，也可能是未來重要的行動，都有益於環境的永續發展，也都攸關孩童的未來。一如奧林匹克的意義一樣，參加就有意義。

從腳站的地方行動，從簡單的事做起。就如同參與競賽一樣，先遵照簡單的作法開始。先進國家的人，明天開始，不自行開車，就搭公共交通工具。開發中國家的選手們，在競賽場地餘裕的時間裡，撿起礙眼的塑膠袋。競技團體的領導者，用再生紙兩面複印等，從現狀出發，邁出簡單的一步，都是環境保護最好的開始。

---

[60]日本オリンピック委員会，《IOCスポーツと環境・競技別ガイドブック》，2008。

(二)全球化的思考

從自己做起，自己的行動可以傳達給別人，引起一些反映，再擴及到廣大的範圍。

首先，從所屬俱樂部的友人、家人、鄰居，談談對運動的熱愛，結合環境保護的話題，一起對環境的友善態度，就是最好的環境保護。瞭解汽車的廢氣不只對空氣汙染，還造成地球暖化現象。從競技場礙眼的垃圾，對健康的不利影響，到簡單複印機的使用，以及不能再生的資源保護，都是很好的生活態度。

運動時，隨時想到環境的永續發展，樂意關心環境，保護環境。與其認為環保是人人的義務，不如瞭解環保是我們的責任。再嚴格的規則，都有說明不足的地方，常無法確實執行。熱心與信念，就是保護地球環境的不二法門。

(三)更進一步攜手並進

就環境永續發展而言，地球的資源，是我們所共有。無論是俱樂部友伴、團隊成員及競爭對手，都是生於斯，長於斯的夥伴，共享地球有限的資源。無論種樹、掘井、闢設廁所、荒廢土地的再生、淨海行動、收集垃圾等，都需要齊心合力，共同為人類的進步與社會的和諧，攜手並進。

運動時，邀約行動不方便者，參與自己喜歡的運動。開放大門，吸納鄰居年輕朋友、女性參加社會不同的組織，加入環境保護的團體，共同為生長的地方，盡 分心力，環境就得到 分保護。

相關單位要承擔環境永續發展的職責，藉助媒體，宣傳環境永續發展活動信息。讓我們塑造下一代更容易居住的世界，乾淨的地球，平安的社會，陽光的歲月，歡樂的生活。

第四節　運動環境的省思

一、身體運動與自然

20世紀以來，隨著科學技術的進步，以及產業的發展，形成大量生產，大量消費的生活方式，造成世界各地的自然破壞加劇，環境汙染更深。國際上，莫不基於人類生存尊嚴，以及生活福祉之需要，或從自然環境著手，推動節能減碳，緩和地球暖化，建構低碳社會；或體察地球資源的有限性，積極導入廢棄物再利用，以形塑再生能源循環型社會的建立；或推進環境安全管理機制，打造人與環境之共榮社會，達成環境永續發展之理想。

事實上，如上節所述，環境可以啓迪智慧、形塑社會行為，並影響身體健康，所謂環境可以載舟，也可以覆舟，圍繞在我們四周的環境，相處得宜，則同生共榮，互蒙其利，反之，不只影響當前生活條件，更將遺禍後代子孫，甚至綿延數代，永絕不復。

運動環境中，向來孕育著豐富的身體文化寶藏，卻常在有意無意間流失，如身體對自然的同體感受，人與人的連帶感動，以及人與自我的珍惜感覺，不只逐漸減弱，甚至逐步消失。在追求環境永續發展的同時，反省作為環境主體的人而言，似不能不有較深入的省思。

(一)消失的自然

一般所謂自然環境，常與天然環境相混用。不過，天然常指未有人工作為的環境而言，而人類生活的空間裡，很少不是人為加工的

運動不分時空展現美妙動作

資料來源：許淳良提供。

環境。[61]換句話說，人的食衣住行育樂，無一不是面向自然，利用自然，改變自然，以取得生活資源，充實生活的必需品，維繫生命的可長可久。這樣的發展形式，從太古到現代，自蠻荒到文明，可說是人類社會發展的具體樣貌。即便是當前還處於原始狀態的未開發社會，甚至高度產業化的社會，也都可作如是觀。簡單的說，人類社會，從移山填海，到畜牧農耕；從控制自然，到產業開發，可說是一連串以人工造物的方式，替代自然的歷史，更直接的說，人類的歷史，就是自然環境的改變歷史。

---

[61]養老孟司，《いちばん大事なこと－養老教授の環境論》（東京：集英社，2003）：25-38。

　　無可諱言的是，這樣改變的原動力，來自於持續躍進的科學知識與技術，產業化的結果，是更高的生產力，提高了個人所得，滿足了基本的營養需求，改善了教育水準。不過，這樣的結果，在人類社會中改變自然的人為自然，已不再是天然的自然。這樣的變化，就鉅觀的歷史看，禍福之間，人類正承受大小不同的考驗。

　　具體來說，相較於過去，當前日常生活空間中所顯現的社會，即是改變自然後的人工自然環境，是失去自然的人為環境，也是自然不在場的自然環境。換句話說，消失自然的自然環境，較少呼吸到沁入心坎的清涼空氣，聞不到野草的芬芳，看不到清澈小溪魚兒鮮活生命的躍動，更體會不到「越是成熟的稻穗，頭垂得越低」的深層意涵。還有，可能難得看到，田埂上，烏鴉停在水牛背脊上的悠閒景象，以及在稻田裡追逐青蛙的歡呼尖叫。這些畫面，都在人工的自然環境中消失，在車水馬龍中湮沒，在熙來攘往的人群中匿跡。

　　進一步說，人本是自然的一部分，人工即是依人的意識所建造的事物。都市社會即是典型的人工都會。本來，身體的形狀，不論美醜，常不隨個人意願左右，因為那是一種極其自然的顯露。不過，在都會裡，藉著改變的技術，不少人，頭髮染出不同的顏色、刺青、彩繪指甲、接睫毛、奇裝異服、袒胸露背、秀玉腿、誇示身體，都是意圖改變身體的自然相貌，凸顯改變的優越感。更極端的是，美容整形、削臉隆鼻、豐胸美臀，以假亂真的變造，用更文明的手段，改變自然的身體，滿足都會文明人的不同需要。

　　其實，教育有時也會創造人為的環境，比如，為滿足國家意識形態的需要，人為的刻意加工，滲入於唯利是圖的環境，使得天真活潑的個人，像工廠製造，生產規格化的產品，滿足於既定意識形態的想像。有些產品，有著標準化的行為規範，而無視於自然環境的薰陶，冰冷的顯現，樣版化的出場，在既定的框架中唯我獨尊，在標準行為模式裡，失去了作為自然人的溫暖。

相對於此，自然環境中的小孩，在自然環境中成長，不知天高地厚，保有更多的感動經驗，更豐富的身體驚奇，更真誠的相互對待。他們天真無邪，在田野中嘻笑玩鬧，挖土烤番薯，鬥蟋蟀；三不五時，像猴子爬樹摘果子、提釣竿釣青蛙、拿畚箕撈溪魚，沒有裝腔作勢，沒有口是心非，在快樂中成長，在捉狹中經驗交流，自得其樂。

(二)生命身體的運動

身體運動環境，也隨著文明化的進程而改變。社會的進步，使身體運動的趨勢，從寬廣的自然環境，走入室內設計好的空間，進行標準化的身體改造。藉助科技文明，以身體為對象，從生理學、生物力學的科學分析，將身體運動視同機械原理的物體運動，根據法則，探求其因果關係，開立運動處方，逐一操作，達到預期的既定目標。明顯的現象是，健康體適能班，在都會城市裡此起彼落，吸引不同族群，熱烈投入。這些族群，以單純的身體訓練，增進了心肺耐力，提升了循環機能，抵抗肥胖，防止文明疾病，不過，機械化的操作，即使少了感性與心靈的感動，仍然趨之若鶩。只是，以局部的運動處方，個別的身體療法，能否達成身體全面的健康，身心靈的均衡發展，似仍有進一步論辯的必要。[62]

事實上，自然環境中的身體運動，是自己生命身體的運動，不是他者的運動，[63]有自我汗水鹹味的感覺，氣喘如牛的坦然承擔，有體驗撞牆的苦痛，也品嚐自我與自然結合的舒暢與愉悅的感受，這些都是自我獨一無二的自然感動。面臨這樣自我身體的折磨，不只沒有退

---

[62]過去的觀念認為，人類身體的功能就像一部機器，可以受科學理性的控制，不過，新的觀念則認為，人的健康恆受肉體與心智、情緒、社會因素及醫療環境之間的相互關連性所影響。黃俊傑，《21世紀醫療革命：自然醫學》（臺北：生命潛能，2004），3-5。
[63]金子明友，《身体知の形成（上）》（東京：明和出版，2005），1-10。

縮，而是更積極的迎戰。是自我主體的選擇，不受制於外在條件的牽制與壓迫，更是在自我與自己能力的挑戰過程中，試煉自己與身體共享的能耐，相互之間，體現跨越自我身體限制的快感，是整體無法分割的悸動，更是身體運動的自然。自然身體運動的人，可以感受到，無論上山下海，不計泥濘小徑，無視溪澗峽谷，無畏生命的極限，只在意自己與環境的渾然合一。沒有意識上的牽掛，更無目的性的掣肘，只有身體自由自在的解放，自我完完整整的放手一搏。這就是生命的身體運動，活生生的身體，無拘無束，身心一如的運動。

(三)從自然中學習

在當前臺灣的身體運動空間裡，需要加入更多自然環境的體驗，一者增加接近自然的機會，提升物我共生的環保觀念，一者拓展學習空間，促進體驗學習，補足書本上學不到的身體經驗，豐富手腦並用的技能。

具體來說，每逢寒暑假期，許多活動體驗營隊陸續召開，號召青年學生，深入不同的環境，學習克服環境的困境，找出解決問題的方法，甚至企業界，設營區，訓練員工突破限制，謀求突圍的方案，都是環境體驗教育的良好典範。[64]

舉例而言，在自然環境中，訓練小孩，攀爬懸掛在兩端晃動的繩索，不只需要有足夠的膽量，更要有穩定的情緒，還要身體的技巧，

---

[64]臺灣大學EMBA班，自2006年起，參加「玄奘之路商學院戈壁挑戰賽」，師法一千三百年前玄奘法師走過的路段——甘肅與新疆交界的莫賀延磧戈壁。四天三夜的賽程，途經戈壁、沙漠、鹽鹼地、灌木叢、小雅丹等地貌，以艱苦賽程與強調團隊凝聚著稱，效果奇佳，備受好評。目前政治大學、東海大學等商學院，也陸續跟進。與賽者不乏科技業、建築業、生技業、金融業、教育界、醫界等領域的企業負責人與高階主管。2015年5月13日下午2時30分與臺大EMBA班代表隊教練簡坤鐘教授訪談紀錄。

讓身體平穩移位前進，不致鬆手下墜湍急的河流，這些都是身體的實踐教育，所得的效果，足以深深銘刻身上，終生難忘。即以小孩的爬樹而言，都比室內固定的肋木攀爬要有意義得多。

進一步說，鄉下孩子，爬樹是日常生活中的重要經驗。玩捉迷藏時，選擇隱密的地方，躲藏而不被發現，不只要選擇攀爬的位置，還要能抓握樹枝，手腳並用，快速側身鑽進枝葉繁茂的間隙隱藏身體而不被發現，一次又一次，累積一些靈巧與智慧，成功達成任務。[65]這樣的經驗，總比校園裡設計好的溜滑梯、攀高架，有更好的冒險，更多手腦技巧的創發，體驗更豐富的新奇與刺激，學得更實際的生存技能。[66]人作為動物的本能，希望在自然環境裡，有更多解決難題的情境，找回生存的野性能力，這些都是生活中必須經由體驗、認識與行動，才能留下深刻的身體經驗。這也就是鼓勵親子利用假日，走向自然環境的重要理由。這不只是讓親子在自然環境中，同享小孩奔放的笑聲，欣賞小孩與他人協力合作的表現，觀察小孩與自然天真的對話，更重要的是，從中體會到小孩成長的喜悅。

二、家庭是運動的重要環境

俗話說，「人不是天生如此，而是靠養育形成」，意指人不能離群索居，必須靠與人的接觸交流，而成為有教養的人。家庭的重要，即扮演撫育與教養的重要空間，是幼童最初始的社會，更是基本生活習慣、身體技術的養成與人際互動規範的學習環境。

---

[65]須賀由紀子，〈子どもの身体・運動・遊び－健やかな身体を育む生活文化の探求〉，《生活科学部紀要》，43（東京，2006.04）：92-103。

[66]小田利勝，〈「子どもの発達環境」再考：人間科学研究センターが主催した2つのシンポジウムを手がかりに〉，《人間科学研究》，7.1（神戸，1999）：1-21。

問題是，社會結構改變，經濟環境變差，居住條件低劣，小家庭頓成主流，不只少子化形成的人口壓力，尤其夫婦同時進出職場，家庭教育功能頓時無法完全發揮，都需要作有效的補足。

(一)家事袖手旁觀，身體操作機會銳減

夫婦同時工作，因求其方便，以外食居多，即使連早餐，也由便利商店解決。垃圾食物增多，體重無法控制，體能狀況，自然每況愈下。同時，日常用品趨向電氣化，煮飯、洗衣，幾不費吹灰之力。孩童從小衣來伸手，飯來張口，簡單的灑掃應對習慣，都覺厭煩，遑論身體的基本操作。尤其，家庭居住環境狹小，活動空間受限，影視、電動玩具取得方便，家人相聚，各取所需，浸淫在影視、電動玩具裡，親子互動相對變少，關係變淡，誠屬難免。

遠山眺望心曠神怡

　　其實，家庭環境的重要，不在經濟條件的優裕，不在家長學歷的高低，更不論居住空間的大小，而在日常生活中親情的交融，相親相愛，體貼信賴。在餐桌上分享快樂，在互動中感受到彼此的貼心與包容。再說，再小的空間，都可以比手畫腳，甩臂彎腰，雖不一定拳打腳踢，手舞足蹈，至少，在起床疊被、拖地板、整理衣物、書桌、掃廁所等勞動，都是極其簡單的身體操作，不只有利於生活勞動習慣，更有益於身體技術能力的養成。

(二)親子活動，老少咸宜

　　社會的進步，導致人口都市集中化，土地寸土寸金，居住問題日趨嚴重。其中，過去的道路或空間被壓縮了，綠地減少了，垃圾增加了，空氣被汙染了。

　　早期，有兒童歌謠吟唱：「我家門前有小河，後面有山坡，山坡上面野花多，野花紅似火。小河裡，有白鵝，鵝兒戲綠波。戲弄綠波，鵝兒快樂，昂頭唱清歌。」[67]兒歌場景，就像在你我面前，親眼目睹，倍覺溫馨，深受感動。如今，環境改變，只能依循著兒歌的旋律，心領意會，憑空想像，不覺感觸良多。

　　不過，雖則時移勢轉，景物已非。家庭的親子活動，仍是一家老少生活不可或缺的重要部分。只有在親子忘情的活動裡，可以看到孩童的狂野奔放，聽到欣喜若狂的尖叫，感受到人的野性呼聲，欣賞到扶老攜幼至愛的流露。家庭聚會，不只增加活動的興趣，培養運動的習慣，累積活動能量，更可藉活動，老少心手相連，歡樂與共，同享天倫，人間樂園，捨此無他。

---

[67]魔鏡歌詞網，〈我的家〉，http://mojim.com/twy100614x3x6.htm，2015.08.29檢索。

三、學校運動環境宜更柔性

(一)課程需要創意空間

學校雖設有具體的體育課程，且學習目標、內容與方法，均有明確規範，惟社會環境不同，各地基礎條件不一，其所學得之知識、情意與技能，難有一致的標準。

同時，時代的進步，網路傳播不只無遠弗屆，更是瞬息萬變，快速流傳。以身體運動的演變看，不只形式變化多端，運動的內容更是五花八門，應接不暇。比如街頭巷尾，屋簷牆角，無一不是展示新興美妙動作的環境。再說，新興運動項目，所在多有，不限空間，不在意場所，個個花招百出，樣樣新奇逗趣，不僅引人入勝，還能廣為招徠。一成不變的學校課程，難以招架，不難想見。

事實上，學校課程本較呆板被動，一方面要承受社會或家長壓力，訂定起碼的合格標準及其實施程序，獎優汰劣；一方面又要學習者在環境支配下學習，鼓勵同儕競爭，藉考試甄別好壞，師生的緊張關係，無時或息。這些狀態，都需要更彈性化的課程，滿足不同的能力與興趣，解決學習上的疑惑與困難，更需要以潛在課程，發展學校特色，以呼應地方及社會需求，讓學生不虛此行，也讓教育不至徒具形式。

(二)柔性環境功能更多

觀察中西學校運動環境的規劃，大致可以清楚看到，西方運動環境的開放、寬敞與自由的特性。其中，西方校園的運動空間，廣場夠大，人為設置較少，同時，使用多元，彈性較大。反觀臺灣校園的運

動環境，規格化的操場、固定的設置，單槓架或球門柱、沙坑、畫好的場地以及單調的司令臺。

　　具體的說，臺灣校園為了維護安全，多數設置圍牆，藉以區分內外，阻絕不當的干擾，充分顯示學校與社會的堅壁清野，輕忽聲息相連的互通管道。進入校園時，常有政治人物矗立的銅像，彰顯偶像崇拜的規訓；同時，在顯著的走廊或通道上，貼滿立志的格言，或嚴謹的道德口號。表面上，強調寓環境教育於無形，實質上是重形式的說教，而輕實質的自我實踐。

　　操場上，整齊的跑道，清楚的畫線，PU或達坦等化學材質，只求外在的整齊美觀，不在意於太陽照射後的副作用，更遑論生態環境的保護。專作為升降旗用的司令臺，為了全校師生的集合與指揮，永遠座落在學校顯著的位置，冷峻的臺面上，常掛著青天白日滿地紅的國旗，隨時提醒教育的目的，在培養正正當當的做人，規規矩矩的做事。

　　司令臺也常作為團體操的領操臺，透過麥克風，宏亮的口令，做起團體操，仍然保留二次世界大戰以前的氣勢，壯觀、整齊畫一，形塑集體意志，凝聚民族情操。

　　其實，校園的運動環境，可以更柔性，更開放，更輕鬆。到底身體活動，只要有寬敞的空間，書包可以架出球門，也可以權充壘包；球鞋可以作據點，更可連成線，不必硬性規定單一用途，就有更多的創意，開發出不同的遊戲項目，增添更多的運動樂趣。

四、貼近生活的運動環境

(一)找回遊戲特質

　　人類的演進，除改變自然環境外，社會環境的變化，同樣不能

倖免。特別是身體運動與社會環境的關係，也因社會的變遷，致使身體運動環境，出現前所未有的改變。比如，電視與電腦遊戲幾已填滿青少年的生活時間，宅男宅女隱然成形，個個人手一機，沉迷於手滑的遊戲世界，欠缺身體實踐力行的遊戲機會，以致創意思考的遊戲特質，[68]逐漸從個人生活中流失，在社會中遺忘，終至無法世代相傳。加以社會改變，個人缺乏團體生活的洗禮，減少人際的熱絡互動，難以建立綿密的人際關係，更難融入關係複雜的現實社會。「鄭捷」事件，可說是與社會關係的斷裂，震驚社會的典型案例，值得省思。[69]

(二)在地的身體技術

在地運動文化，可說是在地環境的身體運動技術。所謂身體運動技術，是在地環境經長久時間累積的歷史產物，都具有一定的歷史意義，更富在地的文化價值，如宋江陣、跳鼓、舞龍、舞獅、三太子等的身體動作形式與內容，率皆在地身體技術的具體表現。換句話說，身體活動的實踐力行，歷經不同的社會化過程，所呈現的身體技術，不只是形式上獨具特色，五彩繽紛，更具有豐富的內在意涵。

具體來說，臺灣地方節慶活動之所以廣受歡迎，除了迎神賽會的宗教信仰外，更顯現純樸族群崇敬自然，敬畏天地的虔誠，親情凝聚

---

[68]所謂遊戲特質，可以從學理解釋，也可以從人生智慧說明。如「人生如戲，戲如人生」，是一種豁達的人生，海海的人生。遊戲即是盡力而為的自在，看得開，想得遠，「創而不有，為而不恃」，即是遊戲。遊戲的世界，需要更開放、更利他，才能有更多的包容，共生共榮才有可能。

[69]2014年5月21日下午4時22分至26分，大學生鄭捷在臺北捷運板南線，持刀隨機殺人，造成4死24傷，舉國震驚。事後輿論各有不同論述，不過，作家黃春明說，「我也是社會結構的一部分，鄭捷殺人，我也有罪過。」他很難過，認為不是把鄭捷判處死刑之後，社會就不會再有殺人事件。他說，要培養出讓年輕人健全成長的環境，才重要；並指出，社會宛如一台機器，會賺錢，也會排出汙染，一定要增加成本，才能遏止汙染。沈如峰，〈黃春明：我也有罪〉，《中央社》，2014.06.09。

的象徵，以及世代相傳，犧牲奉獻，利他社會的具體展現。以媽祖八天七夜的遶境活動為例，從筊筶、豎旗、祈安、上轎、起駕、駐駕、祈福、祝壽、回駕、安座等莊嚴儀式的感受，到事前潔身、茹素，走入群眾，參與步行遶境，毋寧是一種苦行僧的「修行」。主動加入漫漫長征的肉身折磨，忍受鞋破趾踵，皮破滲血的疼痛，甘之如飴的承擔，所體驗的應該不只是「天將降大任於斯人也，必先苦其心智，勞其筋骨，餓其體膚，空乏其身……」的表面教化。尤其，信眾們，不論識或不識，所到之處，領受到親切的關懷，遞濕巾，送茶水，給餐點，打地舖的盛情，有比家人更貼心的照拂，溢於言表的真心誠意，是一種都市生活難得一見的人際關係，更是人性關懷的身體技術。

(三)路跑成為時尚

臺灣社會正盛行自行車和路跑運動。自行車運動人口倍增，主要是環保意識抬頭，都會區專設「微笑單車，歡迎騎乘」（Ubike），隨手可得，方便使用。加以政府大力布建自行車道，鼓勵以自行車代步，不只健身，降低交通事故，減少空氣汙染；且臺灣素有自行車王國之稱，自行車原有「國民車」的雅號，人人愛用，增產報國，一舉數得，頗受國人喜愛。路跑則更風靡，從短程路跑，到半馬全馬超馬；從健康到競技；從國際賽事到地方文化季；從企業主辦到個人參與，路跑人口之多，場次之密集，活動分布之廣泛，令人瞠目結舌。

事實上，路跑是一種自我奮鬥型的運動，不受體型、年齡及性別的限制，也不需太多專門的訓練及昂貴的裝備，就能隨心所欲，投入不同距離的路跑行列，共享路跑樂趣，可說是一項最經濟、最方便的運動。

臺灣路跑起源甚早，日治時期，即有公路接力賽，稱之為「驛傳」。日本人與臺灣人，常因種族意識，在賽事過程中，競爭激

烈。[70]其後，臺灣路跑俱樂部或同好會陸續成立，相當普遍，大都以休閒、健身及聯誼性質，利用晨間或假日，在固定場所練習，並各自成為自發性的路跑團體。

同時，隨著路跑風氣漸開，政府政策提倡，觀光產業興起，藉臺灣好山好水的重要景點為舞臺，逐步展開組織化的大型路跑活動，並邀請國際名將參加，推出國內‧國際正式賽會，不分東西南北，風雨無阻，一夕爆紅，人口俱增。2000年之後，運動休閒產業初露端倪，路跑商機湧現，開始引進商業競爭機制，運動行銷公司，紛紛成立，企業掛名路跑賽會快速增加，商業利益競爭激烈，媒體大量報導，業者各出奇招，廣為招徠，或提供精緻贈品，加碼吸引跑者，或連結超商，便於報名，尤其藉助科技，開拓網路，晶片計時，以利跑者掌握實力，甚至導入不同路程、不同花樣，增加路跑樂趣，人人興致勃勃，穿起路跑紀念衫，炫酷、炫美，以參與路跑為傲，報名秒殺情況，時有所聞，男女老少，動輒成千上萬，熱鬧滾滾，路跑頓時成為社會時尚。

具體而言，根據所得資料，近十年來，臺灣所辦路跑活動，2005年約四十二場，2008年即突破一百場賽事。之後，逐年攀升，至2011年，則成長至一百五十場次。到了2014年更達到四百四十八場，[71]成長之快速，令人嘆為觀止。至於參與人口，依業者推估，臺灣路跑人口約在四十萬人，為臺灣最普遍的運動項目。

其實，若深入探討臺灣路跑的瘋狂原因，雖然論者所在多有，不過，社會環境之影響，應值得深入思考。

2010年前後，是臺灣經歷全球金融風暴的衝擊時期，失業率飆高

---

[70]楊基榮，〈臺灣體育之特徵〉，《中央日報》，1950.04.24。
[71]張烽益，〈「路跑」的資本主義：臺灣本地的初步觀察〉，http://twstreetcorner. org/2014/12/30/changfengyi/，2015.05.20檢索。

至6.13%以上，關廠歇業頻傳，非自願性失業人數大幅增加，社會所得分配不均，貧富差距加大，物價指數居高不下，低薪低成就，相對剝奪感加深，社會公義付之闕如，致使青年處於「就業、購屋、成家」的多重困境，頓成所謂「崩世代」的苦悶青年，[72]面對未來失去信心，更感焦慮。以身體運動作為抒解鬱卒的出口，尋求自我的定位，找到回家的路徑，才有社會的歸屬處所，應是路跑所能給年輕人的撫慰與安定力量。誠如，歐陽靖，一個罹患憂鬱症的人，藉助路跑，走出陰霾，恢復信心，邁向健康陽光的人生。她將路跑過程寫成勵志專書，她說：「連我都能跑了，妳一定也可以！」，[73]更如一位肝病癒後的跑者，正努力挺進百場馬拉松，他說：「路跑並沒有盡頭，就像人生，只是持續不斷的努力，超越自己的限制。」更有一位醫療工作者，以「人生半百五十馬」為題，敘述50歲為止，參加國內外五十場馬拉松的心路歷程，並以「觀自在」的人生體驗，暢談「腳在那裡，道路就在那裡，人在那裡，景就在那裡」的存在美學，闡釋路跑是「動態禪修」的意義。[74]

總而言之，路跑的目的千百種，健康、經濟、政治、休閒等，都有其適切的詮釋，不過，就臺灣社會現象而言，路跑不只是苦悶青年的心靈療癒，更是沉悶社會活力的泉源。

---

[72]林宗宏等，《崩世代：財團化、貧窮化與少子女化的危機》（臺北：臺灣勞工陣線，2011）。

[73]歐陽靖，《歐陽靖寫給女生的跑步者：連我都能跑了，妳一定也可以！》（臺北：大塊文化，2013），1-10。

[74]韋海浪，〈人生半五十馬〉，跑者廣場，http://www.taipeimarathon.org.tw/story98/980111wh.htm，2015.05.18檢索。

本章問題討論

1. 何謂環境？環境對身體有何影響？如何提供友善的運動環境？

2. 大型賽會與環境保護，常難兩全其美，試舉例說明賽會與環境保護之對立及其解決之道。

3. 何謂綠色奧林匹克？奧林匹克之永續發展究係何所指？有何具體落實永續發展之策略。

4. 環境是身體運動的重要平臺，試論在家庭、學校、社會與自然環境中，如何落實身體運動習慣。

參考文獻

"Olympic Movement's Agenda 21," *IOC Sport and Environment Commission*, http://www.olympic.org, 2015.08.15.

International Olympic Committee, *Manual on Sport and the Environment* (Lausanne: International Olympic Committee, 1997), 47-48.

J. A. Samaranch, 'Foreword,' *Olympic Movement's Agenda 21* (Lausanne: IOC Sport and Environment Commission, 1999).

YouTube，〈霧霾調查－穹頂之下〉，https://www.youtube.com/watch?v=ZqS_66XJmF，2017.01.31檢索。

インターリスク総研，〈スポーツと環境〉，《新エターナル》，19（東京，2008.10）：2-4。

三菱総合研究所，〈レガシーとは何か〉，http://www.mri.co.jp/opinion/legacy/olympic-legacy/index.html，2015.08.25。

大津克哉，〈「スポーツ」と「地球環境問題」の位置づけに関する研究－子ども・青少年へのスポーツを通じた地球環境問題の啓発と新たな取り組みについて－〉，《笹川スポーツ財団スポーツ政策研究》，1.1（東京，2012.04）：183-185。

小田利勝，〈「子どもの発達環境」再考：人間科学研究センターが主催した2つのシンポジウムを手がかりに〉，《人間科学研究》，7.1（神戸，1999）：1-21。

小林隆弘，〈環境と健康の問題につて思うこと〉，《国立環境研究所ニュース》，14.1（筑波，1995）：3-4。

日本オリンッピク委員会，〈「スポーツと環境」これまでの歩み〉，http://www.joc.or.jp/eco/history.html，2015.08.20検索。

日本オリンピック委員会，〈オリンピック大会組織委員会の環境保全活動〉，http://www.joc.or.jp/eco/olympicgames.html，2015.08.15。

日本オリンピック委員会，《IOCスポーツと環境・競技別ガイドブック》

（東京：スポーツ環境専門委員会，2008）。

日本オリンピック委員会，《オリンピック憲章》（東京：日本オリンピック委員会，2015）

札幌オリンピック冬季大会組織委員会編，《組織委員会議事録第1-31回》（札幌：札幌オリンピック冬季大会組織委員会，1972）。

札幌市教育委員会，〈戦火に消えた－幻の札幌オリンピック〉，《歴史の散歩道 第7章スポーツ編》（北海道：札幌市教育委員会，2000），139-140。

石塚創也，〈1972年第11回オリンピック冬季競技大会（札幌大会）の開催準備期における恵庭岳滑降競技場の建設と自然保護をめぐる議論：大会組織委員会議事録および北海道自然保護協会会報の検討を中心に〉，《体育史研究》，31（神戸，2014.03）：21-36。

何旭初，〈七號公園預定地，適合見大型體育館嗎？〉，《聯合報》，1988.03.28。

沈如峰，〈黃春明：我也有罪〉，《中央社》，2014.06.09。

国連環境計画署（UNEP），〈持続可能な開発とオリンピック〉，《TUNZA》，3（東京，2012）：6-8。

斉藤照夫，〈オリンピックパラリンピックと環境ロクスの管理〉，〈オリンピックパラリンピックと環境ロクスの管理〉，《損保ジャパン日本興亜RMレポート》，126（東京，2014.11）：4-5。

東京都環境局編，《2020年東京オリンピック・パラリンピック環境アセスメント指針》（東京：東京環境局，2014）。

林宗宏等，《崩世代：財團化、貧窮化與少子女化的危機》（臺北：臺灣勞工陣線，2011）。

林郁真，〈論環境中之新興汙染物〉，《環境工程會刊》，18.1（臺北，2007.06）：3-55。

金子明友，《身体知の形成（上）》（東京：明和出版，2005）。

韋海浪，〈人生半五十馬〉，跑者廣場，http://www.taipeimarathon.org.tw/story98/980111wh.htm，2015.05.18檢索。

席塔茲（Daniel Sitarz），《綠色希望：地球高峰會議藍圖》（林文政譯）
　　（臺北：天下，1994）。

袁紹英，〈毒性化學物質災害應變體系現況與未來規劃〉，《環境工程會
　　刊》，19.2（臺北，2008.06）：1-8。

張春興，〈七號公園‧建體育館，不偏之見〉，《聯合報》，1988.05.06。

張烽益，〈「路跑」的資本主義：臺灣本地的初步觀察〉，http://
　　twstreetcorner.org/2014/12/30/changfengyi/，2015.05.20檢索。

許義雄，〈世大運要為臺灣留下什麼？〉，《自由時報》，2015.01.12。

許義雄，《近代奧林匹克的挑戰》（臺北：國立臺灣師範大學體育學會，
　　1981）。

許義雄，《開創我國21世紀的體育新格局——臺灣體育的轉型與發展》，
　　（第一次全國體育會議實錄，1999.11）。

陳浩誼，〈安倍宣布：東京奧運主場館 砍掉重練〉，《蘋果日報》，
　　2015.07.17。

間野義之，《「2020年東京オリンピック‧パラリンピック競技大会レガシ
　　ー」に関する提言（中間報告）》（東京：株式会社三菱総合研究所，
　　2014）。

須賀由紀子，〈子どもの身体‧運動‧遊び－健やかな身体を育む生活文化
　　の探求〉，《生活科学部紀要》，43（東京，2006.04）：92-103。

飯島伸子編，〈環境問題関連年表〉，《環境社会学》（東京：有斐閣，
　　1993），233-248。

黃俊傑，《21世紀醫療革命：自然醫學》（臺北：生命潛能，2004）。

楊基榮，〈臺灣體育之特徵〉，《中央日報》，1950.04.24。

榊原保志、北原祐一，〈日本の諸都市における人口とヒートアイランド強
　　度の関係〉，《天気》，50（東京，2003.08）：625-633。

廖淑婷，〈權力與空間形塑之研究——以臺北市都市公園為例〉（臺北：政
　　治大學碩士論文，2003）。

維基百科，〈低頭族〉，https://zh.wikipedia.org/wiki/%E4%BD%8E%E9%A0
　　%AD%E6%97%8F，2015.08.15檢索。

臺北市議會，《臺北市議會公報》，33（臺北，1986）：20。

臺灣Wiki，〈光化學氧化劑〉，http://www.twwiki.com/wiki/%E5%85%89%
　　E5%8C%96%E5%AD%B8%E6%B0%A7%E5%8C%96%E5%8A%91，
　　2016.12.12檢索。

歐陽靖，《歐陽靖寫給女生的跑步者：連我都能跑了，妳一定也可以！》
　　（臺北：大塊文化，2013）。

編輯部，〈洪濬哲發動請願，七團體聯合反撲〉，《聯合報》，1988.05.29。

蔡厚男、劉淑英，〈都市公園設計評析——以大安森林公園、中山美術公
　　園及萬華民俗公園為例〉，《中國園藝》，48.1（臺北，2002.03）：67-
　　84。

蔣經國，〈對臺北市建設工作指示〉，《蔣總統經國先生言論著述彙編》
　　（臺北：黎明文化出版社，1981）。

養老孟司，《いちばん大事なこと－養老教授の環境論》（東京：集英社，
　　2003）。

篠田正浩，〈札幌オリンピック恵庭岳の伐採と植林〉，《日本オリンピッ
　　ク委員会100年史》（東京：日本体育協会，2012）。

聯合國環境規劃署，http://www.unep.org/chinese，2015.08.15檢索。

魔鏡歌詞網，〈我的家〉，http://mojim.com/twy100614x3x6.htm，2015.08.29
　　檢索。

Chapter 12

運動權利與社區運動發展

　　二次戰後，國民政府遷臺，隨著時間、空間條件的改變，臺灣體育的發展，可說是披荊斬棘、崎嶇難行。比如，一方面致力於滌除日本式教育體制，另一方面，則因國共內戰慘敗，痛定思痛，積極從教育入手，建構民國體制的教育系統。因此，一切施政措施，無不遵循「反共抗俄，復國建國」政策為最高指導原則。同時，受國家處境影響，無法擺脫軍操訓練、尚武救國的框架。再者，主政者迫於政治現實，不得不採取急功近利的策略，使得臺灣體育以工具價值居多，展現其本質價值的機會較少。體育無法正常發展，自是不言可喻。再加上當時社會動盪不安，政治紛亂，經濟蕭條，推展體育，莫不受制於外在環境的壓力，陷入捉襟見肘的窘境。因此，對近代體育的吸納過程，不只不能仔細過濾篩選，甚而幾至囫圇吞棗，以致消化不良，使體育迷失於自己應走的方向。

　　具體而言，1950年代的臺灣，迫於內、外在環境的影響，或推行黨化（三民主義）教育，或強調軍事教育，或主張民族精神教育，均依復國建國政策，力求國家意識的形成與民族精神的培養為依歸。[1]是以，身體運動作為鍛鍊國力的手段，培養民族情操的工具，已至為明顯。及至1971年，聯合國席次更易之後，外交困境有增無減，體育外交之運用，以及運動實力之提升，率皆基於國家形象之塑造、民族意識之凝聚與民族精神之昂揚為主要訴求。[2]1981年海峽兩岸雖簽訂所謂「奧會模式」，臺灣進出國際競賽空間，仍然多所拘束，而無法稱心如意的揮灑自如。[3]

---

[1] 李園會，《臺灣光復時期與政府遷臺初期教育政策之研究》（臺北：復文，1983）。

[2] 1971年10月25日聯合國第26屆大會第1976次大會，通過第2758（XXVI）號決議案，排除中華民國，席位由中華人民共和國取代，自此，中華民國在臺灣，發憤圖強，無時或已。陸以正，〈不再是機密的外交秘辛〉，《聯合報》，2002.07.24。

[3] 國際奧會利用第6屆冬運在挪威奧斯陸舉行期間（1952年2月12-13日），於2月11

　　換句話說，國民政府執政時代，身體運動教育的發展，始終無法免於國家機器意識形態的主導，雖歷經五、六十年的勵精圖治，獲得經濟起飛，社會改革以及主權在民的成績，不過，囿於外交困境、國家認同和統獨的紛擾，以及國際的現實環境，使得臺灣身體運動的國際活動空間，仍多所限制。

　　惟自1987年廢止動員戡亂時期的戒嚴法，開放黨禁、報禁，允許大陸同胞，返回故鄉探望親人之後，臺灣社會呈現了前所未有的蓬勃朝氣，鬆綁不合時宜的法律，教育改革、翻轉僵固制度等，革新聲浪，風起雲湧，振奮人心。1994年，新大學法及師資培育法相繼公布，大學自主與學術自由，甚囂塵上，課程改革，爭先恐後，師範體系的優勢不再，競相調整設校屬性，或轉型改稱綜合大學，求新求變，自求生路。體育校院，更乘勢崛起，開疆闢土，擴大經營領域，拓展設校範圍，從體育到休閒，從經營管理到運動行銷，從運動產業到健康促進，身體運動不再只是教育的一環，舉凡經濟、文化與政治，都可以扣連體育，扮演應有的角色，發揮起碼的功能。體育已走出校園，涉入生活，風靡社會，從全民參與到競技爭峰，無所不包，展現前所未有的榮景。

　　不過，在2000年代，臺灣教育改革的背後，正慶幸大學體育繼續存留大學校園的同時，卻面臨國家提升競爭力，大學追求卓越的氛圍中，體育課程被邊緣化的困境，不只修習年限減少，師資地位的挑戰，無時或息。[4]同時，以研究取向的大學校院，體育課程的存活環

日的執行會議中，討論中國的參賽問題。自此之後，兩岸即常為國名、旗、歌問題爭議不斷，直至1981年3月21日簽署所謂「奧會模式」之後，兩岸之間的紛爭，始告平息。惟其所衍生的臺灣政治、經濟等國際處境，常比照辦理。得失對錯，耐人尋味。湯銘新，《我國參加奧運滄桑史（下）》（臺北：中華臺北奧林匹克委員會，2000），8-10。

[4]目前臺灣的大專校院裡，部分體育師資被稱為技術教師，不得升等，甚至體育課鐘點費，折扣計算，都是前所未有的警訊，值得省思。

境，有如石罅小花，備受考驗。

另一方面，自1978年代之後，聯合國教科文組織（UNESO）發表
「國際體育・運動憲章」，強調體育・運動的實踐，是人人的基本權
利，呼籲世界各國，鄭重面對。之後，於1999年，由國際體育運動科
學協會（ICSSPE）實施全世界的學校體育調查，發現學校體育正面臨
一些危機，不只課程時數減少，物質條件欠缺，甚至人力資源限制，
以及未能與學校認知課程等量齊觀，都造成學校體育價值，未受到應
有重視的困境。[5]

本章即基此背景，盱衡國際體育發展趨勢，擬就運動權利的觀
點，探討運動基本法的重要性；並以我國國民體育法的侷限，論述研
訂運動基本法的必要性，以及全民社區運動產業的發展。全章分為：
(1)運動是一種基本權利；(2)國民體育法的侷限性；(3)體育運動基本法
研訂之必要性；(4)全民運動與社區運動產業發展等，略作說明。

第一節　運動是一種基本權利

國際體育的改革，歷經不同的階段，呈現不同的面貌。從歷史的
演進看，從經濟先進國家率先提倡體育・運動，到普羅大眾的群起效
尤，趨之若鶩，及至運動健身融入個人生活習慣，運動權利的觀念，
也逐步在日常生活中萌芽。

---

[5]本報告書係由ICSSPE所完成，係提給世界烏拉圭體育高峰會議（1999年11月
3-5日）的報告及建議書，並作為第三屆體育・運動部長級國際會議（1999年11
月30日-12月3日）之會議資料。ICSSPE（International Council of Sport Science
and Physical Education）為聯合國教科文組織（UNESCO）非政府機構（NGO）
的正式協力單位。日本体育学会学校体育問題検討特別委員会（2002），《世
界学校体育サミット－優れた教科体育の創造をめざして－》（東京：杏林書
院），181-196。

事實上，就國際體育‧運動發展趨勢觀察，自1965年以後，隨著學校體育‧運動學科名稱的改變，以及全民運動風氣的興起，政府主政者對人民運動權利的保障，已逐步重視。加以社會主義國家對資本主義有閒階級長期主導奧林匹克的業餘精神，藐視勞動階級參與的機會，提出了批判與反省，[6]強調身體運動是任何存在的個人都應享有的機會，也是人的生存權利，不應輕易加以剝奪。因此，政府相關機關或單位，或普及運動設施，滿足人民的運動需求，如西德的「黃金計畫」，或著書立說，反對運動為少數人所壟斷，倡議運動是全民的權利，如日本的「新體育聯盟」。[7]運動權利的觀念逐步蔓延，具體的作法，琳瑯滿目，如立法保障，權責嚴明；或訂定明確制度，具體落實；或由國際組織率先倡導，建立典範，各國群起效尤，掀起一片新景象。

本節即基此背景，擬分：(1)基本權利的意涵；(2)作為基本權利的運動；(3)國際組織對運動權利的主張；(4)我國運動權利的願景等四部分，略述如下。

一、基本權利的意涵

所謂基本權利，華文的用語，並不一致，有用基本人權，或稱

---

[6]小林一久，〈身体文化論におけるスポ-ツの理論〉，《体育原理2：スポ-ツの概念》（東京：体育原理專門分科会，1986），120-129。

[7]新日本體育聯盟，創立於1965年11月12日，創立初期，即極力主張，體育運動為少數人所獨占的時代，已成過去，應為萬人（全民）的權利。該會批判，長久以來，日本人享受這種權利，備受阻礙，特別更需要體育‧運動的勞動青年尤然。更指責近年來，利用體育‧運動作為推動軍國主義的工具，對抗民主運動，誠屬不妥。其後，配合1975年歐洲「全民運動憲章」的公布，更強化運動權利的主張，加以日本社會的變遷，遂於1995年10月8日新日本聯盟第21屆臨時全國總會決議，改名為「日本運動聯盟」。

人權，係指維護作為人的尊嚴與價值，以憲法規定國家不可侵犯之事項，以及人民可以向國家請求給予利益之權利者，稱之為基本權利。[8] 一般就其功能體系，區分主觀公權利及客觀價值秩序功能。

在主觀公權利方面，則有防禦功能與給付功能之區分。所謂防禦功能，係指禁止國家對人民基本權利的干預，即要求國家「不作為」的功能。若國家干預人民基本權利，人民得請求法院宣告國家侵害其基本權利的行為違憲。如中華民國憲法第11條規定：「人民有言論、講學、著作及出版之自由。」如國家不當干預，人民得援引基本權利之規定，請求法院宣告國家的干預行為違憲。

而給付功能，[9]是請求國家「作為」的功能，亦即請求國家積極給付的功能。如中華民國憲法第21條規定：「人民有受國民教育之權利與義務。」則國家為滿足人民之受教權益，必須提供相關制度、資訊及設備或公共設施，否則即有違憲之虞。

至於客觀價值秩序，係指基本權利本身，含有特定的客觀價值決定，而這種客觀價值決定，是國家和人民所應該一同追尋與達成的目標。如中華民國憲法「保障人民有言論自由」，一旦人民的言論受到侵害，人民得主張該基本權利規定，向法院請求宣告國家的侵害行為違憲，藉此彰顯言論自由基本權利有保護言論自由不受侵害的客觀價值，

---

[8] 有關「基本權利」之用語，華文並不一致，其中，用基本人權者，有釋字40餘號解釋；用基本權利者，有90餘號解釋；用基本人權與基本權利者，有20餘號解釋；用基本權者，有100號解釋；僅提及人權者，亦不在少數等，不一而足。本文統稱為基本權利。
李震山，〈論憲政改革與基本權利保障〉，《中正法學集刊》，18（民雄：中正大學，2005）：10-11。

[9] 一般認為基本權利之給付功能，可分：(1)程序性給付或服務，如訴願權及訴訟權、請願權、程序權等；(2)物質性之給付或服務，如場地設備、圖書館或請求補助等；(3)資訊性之給付或服務，如信息公開、資料取得開放等。李建良，〈基本權利理論體系之構成及其思考層次〉，《人文及社會科學集刊》9.1（臺北：中央研究院，1997）：45-46。

束裝準備舉漿出發

資料來源：李昱毅提供。

進而將此價值投射其他的法領域，不論國家或一般人民均須遵守。[10]

　　不過，隨著資訊科技的進步，以及生活形態的改變，在開放的民主社會中，得以成為人民權利者，固然皆應受保障，但並非每項人民的權利之保障，皆可或皆必須提升到憲法保障的層次，亦即，必須視該項權利主張之普遍性、不可侵犯性之程度及法益保護之重要性等諸多面向，去衡酌該權利是否值得以憲法保障之必要。換句話說，值得由憲法保障之人民權利，在權利本質上，需與國民主權、人性尊嚴或一般人格權之保障息息相關。從權利的保障需求，應具備普遍性，從憲政角度言，若不予保障，則有違自由民主憲政秩序與價值。[11]進一步

---

[10]李建良，〈基本權利理論體系之構成及其思考層次〉，《人文及社會科學集刊》，9.1（臺北：中央研究院，1997）：48-49。

[11]李震山，〈論憲政改革與基本權利保障〉，《中正法學集刊》，18.10-11（民雄：中正大學，2005）：10。

說，憲法保障之權利，自不能無相當的標準與詳細之論證。誠如日本憲法學者芦部信喜提出，納入憲法保障之新人權，基礎因素有：(1)特定行為為個人人格生存所不可或缺；(2)該等行為可視為社會傳統裡國民的自律決定；(3)該等行為為多數國民想行使就能行使；(4)行為行使後，無侵害其他人的基本人權等。[12]

事實上，基本權利的發展，可說是一部持續不斷要求將人權入憲的努力過程。雖然人權入憲與否，並不影響該人權之本質，但象徵意義值得重視。尤其，就現實面而言，人權的發展，已由第一代植基於個人主義原則的公民、政治權利，極力爭取個人的自由與限制政府的干預；發展到二次戰後，透過政府的適度干預，而使個人得到經濟、社會、文化的利益；以及70年代後所謂的第三代人權，即和平權、環境權、發展權、資源共享權等團體或群體享有的權利。[13]惟臺灣人權發展，無論理論或實際，均略感遲緩，對晚近新興的第三代人權，亟待急起直追。尤其，諸如「世界人權宣言」、「公民與政治權利國際公約」及「經濟、社會和文化權利國際公約」等國際法所形成的國際人權價值體系，均在我國憲法制定之後，陸續公布，並逐步展開，唯有期待日後，透過修改或制訂憲法的方式予以彌補；或伺機將此等國際法所形成的國際人權體系視為憲法法源，透過解釋憲法的方式，將之填補入憲法所明確列舉的人權規定或於相關條款重新定位，使憲法的人權條款能適應潮流，與時俱進。[14]

就此概念而言，在體育‧運動領域，自1978年「國際體育‧運

---

[12]芦部信喜著，《憲法（新版‧補訂版）》，（東京：岩波書店，2001），116-117。

[13]李震山，〈論憲政改革與基本權利保障〉，《中正法學集刊》，18.10-11（民雄：中正大學，2005）：68。另見：陳怡如，我國憲法基本權利與國際人權接軌之探討（一），16。mypaper.pchome.com.tw/jyfd/post/1283337054，2015/10/17檢索。

[14]同上註。

動憲章」公布之後，運動是基本權利的浪潮，風起雲湧，各先進國家，群起響應，先後著手將運動權利納入憲法或法律的國家，所在多有。[15]如日本，1961年訂定「運動振興法」，歷經五十年之後，於2011年公布「運動基本法」；法國則於1984年訂定的「運動基本法」，於2000年改為「運動法典」，藉以落實體育‧運動的新人權，都值得借鏡與省思。[16]

二、作為基本權利的運動

(一)運動是基本權利

運動原本是個人生活中稀鬆平常的私人行為。閒來無事，跑跑步，打打球，三五好友，上山下海，怡情遣性，自娛娛人，都是極其自由快樂的身體活動。不過，隨著時代的演進，社會的進步，運動已成為眾所關注的公共活動，不只賽事更多、規則更嚴謹，形式更公開，公部門介入更積極，不只籌設專職單位協助運動，更培育專業人員指導運動。尤其，運動產業興起，運動觀光展現亮麗的經濟效益，使得運動原是少數的私事，成為群眾趨之若鶩的全民運動，更是政府機關不能等閒視之的公益事業。這樣的演進，至少顯現了運動的發展過程有下列幾項意義：

1.從無目的性的遊戲出發，體驗到運動的樂趣，使人樂而忘返。

2.運動常在日常生活中實踐，感受非日常性的愉悅，為生活所不

---

[15]斉藤健司，〈スポーツ法とスポーツ政策の課題〉，《体育の科学》，61.1（東京：杏林書院，2001）：34-39。

[16]尹龍澤，〈スポーツ権とスポーツ基本法についての試論的考察〉，《創価法学》，34.3（東京：創価大学，2005）：17-29。

可或缺。

3.運動不論是否爲競賽形式，遵守放之四海而皆準的規則，成爲跨越語言與疆界的共同舞臺，具備人際溝通的功能。

4.運動成爲潮流，更是大衆文化的組成部分，不只是善用閒暇、歡樂與共，更激發社會效益及經濟價值。

5.運動競技的蓬勃發展，運動水準的提升，頓時成爲衡量國家間競爭力的重要指標。

6.老人社會隱然成形，運動有益健康的醫學介入，更使運動成就了維護身體健康的重要領域。

基於上述的背景，國家及相關政府單位，不得不扮演更積極的角色，利用公權力，除鼓勵人民多運動外，更應研訂典章制度，保障或獎勵人民多實踐運動的機會，藉以落實運動作爲一種基本權利的基礎。

(二)運動是權利的論證

運動權利的論述，在日本學界及法律界，曾先後有不同的主張。[17]日本學者丹下保夫，於1963年提出「運動實踐是國民的權利」，他認爲，運動是隨著資本主義的發達，所形成的支配階級文化，但生活在機械化的生活環境裡，作爲人的生存意義而言，運動是任何人所不可或缺的文化活動，所以，運動不論是否爲休閒活動或上

---

[17]日本對運動權利的論述，始自1965年丹下保夫的倡議，其後，從1970年代到1980年代初期，陸續有不同立場的不同論辯，至1980年代後期，略爲沉寂。1990年代開始，運動權利議題受到法律學界關注，1997年，日本運動法學會發表「運動基本法綱要」，2011年國會認同運動權利的主張，制訂「運動基本法」，該法第2條明訂：「透過運動，營造幸福生活，是全體所有人的權利。」松宮智生，〈スポーツ権の人権性に関する考察〉，《国士舘体育研究所報》32（東京：国士舘大学，2013）：1-12。

流階級的活動，應是任何國民所必要的國民運動文化，運動實踐，更應該是國民的權利。[18]

　　1965年，新日本體育聯盟，在創會宣言中宣示：「體育‧運動為少數人所獨占的時代已成過去，運動應為人人所共有。」[19]另外，學者永井憲一於1972年發表論文指出，學校教育不應只是知識、技術的獲得，有助於健康身體的成長與發展的體育‧運動，也應視同憲法所定的教育權利。理由在於接受教育是每一個人的人權，是社會所保障的學習權利，係一種「健康權」與「人格權」，體育‧運動自有其權利的依據。[20]永井指出，在日本憲法裡，「第26條：接受教育的權利」、「第25條：國民有健康文化生活的權利」、「第13條：國民有追求幸福的權利」、與「第27條：勤勞權‧勞動權」等，可導出人民得以依據憲法保障的社會權利，要求國家提供運動需求的整備環境，滿足人民的運動權利。

　　準此以論我國的運動權利，當然可以就中華民國憲法，演繹出同樣的主張。具體而言，中華民國憲法第二章相關人民權利之規定，如「第8條：人民身體之自由應予保障」、「第21條：人民有受國民教育之權利與義務」等條文外，尚有列於基本國策第157條「增進民族健康」及第「158條：教育文化，應發展健全體格」「第159條：國民受教育之機會，一律平等」及「第160條：基本教育之權利」等，都可作為國民要求國家，依法保障國民實踐體育‧運動的基本權利。

　　進一步說，若比照憲法學者芦部信喜所指憲法新人權之衡量基準，則體育‧運動的實踐行為，作為新人權的條件，自是迎刃有餘，

---

[18]丹下保夫，《体育技術と運動文化》（東京：大修館書店，1987），79。

[19]辻田宏，〈体育スポ-ツの学習権に関する研究(1)〉，《高知大学学術研究報告》（高知：高知大学，1989），69-79。

[20]永井憲一，〈権利としての体育スポ-ツ─学校教育の健康教育のために〉，《体育科教育》，（東京：大修館，1972），12，

無庸置喙。其理由可在下列論述中，得到證實：

第一，就「特定行為為個人人格生存所不可或缺」之觀點言。近代運動興起以來，不論是自我奮鬥型的健身運動，抑或是與他人競爭的競技活動，不只有益於抒解精神壓力，增進生理健康，更有助於社會的和諧發展，尤其，身體運動技術的發展，日新月異，除累積個人有形身體資本，體現自我實現外，更擴展了人類無形的文化資產，形塑了人類身體文化的新境界。所以說，運動的實踐行為，應為個人人格所不可或缺，當非過言。

第二，以「該等行為可視為社會傳統裡國民的自律決定」看。衡諸近代運動演進以及人類的種族運動史，攀、爬、跑、跳，無一不是從自然的遊戲出發，歷經不斷的切磋琢磨，在無序中，建立規範，在緊張裡獲得歡樂。在遊戲裡共商規則；在競爭中，嚴守分際，共同搭建運動世界的舞臺，和樂演出，歡笑收場。顯而易見的是，運動本身即是傳統的自律行為，更是典型的社會規範。

第三，從「該等行為為多數國民想行使就能行使」說。運動項目種類繁多，從個人到團體，不分男女老少，常因個人生理狀態或興趣傾向，自由選擇，自動來去。所謂興之則來，興盡則返，一無拘絆，了無罣礙。即使運動技術有難易，運動水準有高低，只要盡其在我，無不樂在其中。所以，基本上說，運動是一種人人只要想運動，自然就能運動的行為。

第四，就「行為行使後，無侵害其他人的基本人權」的觀察。平實而論，縱使過度競技，難免發生藥物濫用或暴力與欺騙行為，造成運動規範受損，汙染運動世界的公平，或因大型賽會的舉辦，大量的基礎建設，破壞生態環境，形成住民的抗爭。不過，大體而言，運動本身極其單純，若無不當的誤用，不致侵害到他人的基本權利，昭然若揭，無庸爭辯。

當然，將運動實踐列為基本人權，雖條件具足，仍必須思考用語

大會吉祥物熊讚討喜

資料來源：2017臺北世大運執委會提供。

及指涉對象的精確，以求立法的周延。比如：

1. 運動概念的用語問題。以我國「國民體育法」為例，條文中有「學校體育」、「競技體育」及「體育休閒活動」等不同用語，不只語意含混不清，指涉對象及其內容，未能清楚界定，自宜有所釐清。

2. 運動種類繁多，陸、海、空等運動項目，無所不包，難以周延。若無明確範圍，權利與義務自難規範。

3. 體育專業或運動實踐行為之對象，範圍甚廣，舉凡觀賞運動、參與運動及支援運動之啦啦隊、運動員、教師、教練、裁判及運動行銷、行政者、經營者等，角色不同，權責互異，均應未雨綢繆，設想周到。

4.就運動實踐之水準而言，從一般運動民眾，到頂尖競技運動員，可說是跨越運動實踐的兩端，兩者即使同樣喜歡運動，卻因身分不同，表現的實踐行為，可能大相逕庭。比如，一者是嘻笑玩鬧的業餘精神，一者是勞苦型的職業運動員，運動權利的訂定，自不能沒有深入的思考。

三、國際組織對運動權利的主張

國際組織最先提出運動是個人權利的概念，應該是1975年，歐洲運動部長級會議發表「歐洲全民運動憲章」之後的事。[21]當時，之所以提倡全民運動（sport for all），係因1960年代以後，先進國家的工業化，帶動整體經濟成長，閒暇時間擴大，人際間的疏離，發現運動再也不是侷限於少數人所專有，甚至認為，運動應該跨越性別、年齡與階層，而為人人可共享的基本權利。[22]所以，「歐洲全民運動憲章」第1條明確指陳：「所有運動的個人，享有參加運動的權利。」其後，1978年11月21日，聯教組織（UNESCO）第二十屆總會，進一步發表「國際體育‧運動憲章」，更強調運動權利的深層意涵。在憲章第1條指出：「運動實踐，是人人的基本權利。」[23]並在條文下，附帶說明：

1.體育‧運動為發展人格所不可或缺，人人擁有實踐的權利。必須保障教育體系與社會生活等各層面，經由體育‧運動，發展身體、知識及道德能力的自由。

---

[21]「歐洲全民運動憲章」（Draft Recommendation on the European Sport for All），於1975年3月20-21日，由歐洲評議會第一屆歐洲運動閣僚會所採行。
[22]內海和雄，《スポーツの公共性と主体形成》（東京：不昧堂，1989），117。
[23]小野清子，〈ユネスコ「体育‧スポーツに関する国際憲章」（仮訳），《スポーツ白書－2001年のスポーツフォアオール》（東京：SSF笹川スポーツ財団，1998），204-205。

2.人人擁有充分的機會，參加各該國運動傳統的體育‧運動，增進其身體適能，達成其能力水準。

3.對學齡前的幼童、青少年、高齡者及身體障礙者，要提供特別的機會，透過適合該等對象之體育‧運動內容，提高其最高尚的人格。

憲章全部共十條，依序強調，體育‧運動在全人教育體系中，爲生涯教育的必要組成要素（第2條）；體育‧運動的內容必須滿足個人‧社會的需要（第3條）；體育‧運動的教學、教練、行政需由具資格的人執行（第4條）；體育‧運動必須有充分的設施與設備（第5條）；體育‧運動的發展端賴研究與評價（第6條）；資訊及文獻有益體育‧運動之推展（第7條）；媒體對體育‧運動應有積極的影響（第8條）；國家組織要達成體育‧運動的主要任務（第9條）；體育‧運動的平衡發展，有賴國際合作（第10條）等主條文外，各條文並附帶二到三點深入的解釋文字，強化各該主條文的含意。[24]

進一步說，體育‧運動不只是國民教育的必要內容，更是終生教育的重要環節。誠如「國際體育‧運動憲章」所指陳：[25]

1.體育‧運動爲教育及文化不可或缺的要素，爲孕育崇高德行的社會成員，人人需要開發自己的能力與意志力。體育‧運動的持續實踐，透過世界性的民主教育，必須終生保障。

2.就個人的層次言，體育‧運動有益持續增進健康、提供健康的休閒時間、克服現代生活的缺失。就共同的層次言，體育‧運

---

[24]小野清子，〈ユネスコ「体育‧スポ-ツに関する国際憲章」（仮訳），《スポ-ツ白書－2001年のスポーツフォアオール》（東京：SSF笹川スポ-ツ財団，1998），204-205。

[25]SSF笹川スポーツ財団，《スポーツ白書－2001年のスポーツフォアオールに向けて－》（東京：SSF笹川スポーツ財団，1998），204-205。

動豐實社會生活，促進公平競爭。公平競爭不僅止於運動世界
本身，更是社會生活所不可或缺。

3.在總體教育系統，要維持平衡，爲加強身體活動與其他教育活
動的連結，體育・運動的必要地位與重要性，必須占有一定的
比率。

基此背景，不難看出，人民在運動實踐裡，其社會權利的內容，
約含下列幾項：[26]

1.人民有平等的權利，參加國家及地方公共團體所舉辦或協助企
畫的體育・運動。

2.人民有權利使用國家或地方公共團體所擁有或管理的運動設
施。

3.人民有權利收受有關運動資訊，接受運動技術的指導。

4.人民有權利參加審議機關對運動設備、設施之整備、設置、運
動企畫、實施及其推展之行政審議的權利。

四、我國運動權利的願景

從我國憲法人民權利相關條文看，可從第8條「人民身體之自由應
予保障」及第21條「人民有受國民教育之權利與義務」等條文，演繹
出我國運動權利的願景如下：

(一)自由權

運動的主體是人民，而非國家，國家或任何他人，不能任意以任

---

[26]SSF笹川スポーツ財団，《スポーツ白書－2001年のスポーツフォアオールに
向けて－》，1998，205。

何態度、方法，禁止、限制、干涉或阻絕國民的運動實踐，此即為個人運動自由的意義。具體來說，運動種類選擇的自由、運動技術表現的自由、運動實踐方法的自由、運動制度建置的自由、運動團體組織的自由、運動賽會參加的自由等，均屬我國憲法第8條「人民身體之自由應予保障」之範圍，國民應有基本的人身自由，享受個人的運動權利。

不過，就憲法上所指「身體之自由應予保障」，在文義上，應可包含兩層意涵：

1.是對身體實質的保障，說明人的身體、健康乃至生命的確保，亦即身體不受到傷害。

2.是程序上的保障身體，指剝奪身體的自由或生命，須經正當的法律程序。

事實上，身體本屬完整的有機體，誠如世界衛生組織所定義，「身體的健康，係指身體生理、心理及精神靈性上的理想狀態，並不只是沒有疾病而已。」[27]所以，身體之不受侵害，旨在確保身心靈三者的完整性，重在強調人對自己身體的主體地位，不論外在的形體，或內在的心理及精神靈性上，對身體完整性有不受外在操控之自主性。此種身體不受到剝奪或限制的自主，屬人格權中自我形塑表現形式，其應不受傷害。[28]一旦受到侵害，不論肉體或心理及精神靈性，即屬剝奪或限制人對自己身體之主體地位，所以，應以憲法保障之，而提升至憲法的位階與層次。相對而言，若自己身體自主權喪失或遭

---

[27]國際衛生組織對健康的定義。

[28]身體不受傷害權，並不侷限於身體所顯現的方式，其他如疲勞審訊、過度噪音干擾，威脅、恫嚇，造成身心靈俱疲，均有損身體健康。

李震山，〈論憲政改革與基本權利保障〉，《中正法學集刊》，18（民雄：中正大學，2005）：36-37。

受傷害，無異傷害人性尊嚴之生物基礎以及限制人之本質發展中人格的外在形象，此除涉及人的存在意義外，進而涉及自決及自我負責的自治內涵。[29]所以，身體自由之必須受到保障，自是不辯自明。

再說，運動素以增進個人健康、提升社會和諧，以及改善生活品質爲鵠的，個人運動權利之保障，無不以身體自由爲起點，即由運動技術、運動方法或運動形式，提升身體適應能力，達成身心靈的理想狀態。

進一步說，運動本身素具文化特質，不論是何種運動項目，或是運動成績紀錄的突破創新，從身體運動實踐，到支援運動實踐的條件，無一不是人類日常生活中日積月累的經驗堆疊，而形成綿延不絕的運動文化，這種文化，基本上是身體的創意活動，是身體文化的一部分，與藝術的創意，並無二致，均屬身體自主與自由活動的具體展現。是以，國家必須盡其所能，保障人民的身體自由，使身體運動風氣更普及，運動技術的揮灑空間更寬廣，運動文化的內容更豐富，水準更精緻，身體更健康。

(二)社會權

在我國憲法第二章「人民之權利義務」中，第15條所保障之「生存權、工作權」，以及第21條規定之「人民有受國民教育之權利與義務」，一般認爲具有社會權的意涵。具體而言，我國憲法的意旨，生存權不僅止於保障個人於社會中發展的自由，同時包含國家對於個人所提供之最起碼生活水準的保障；而工作權也不只在意保障人民的職業自由，更及於對人民工作機會的賦予。至於第21條所保障之「受國

---

[29]我國憲法第8條，有關「人民身體自由之保障」，僅限於犯罪或犯罪嫌疑人，有其侷限性，應予破除。李震山，《人性尊嚴與人權保障》（臺北：元照，2011），143-178。

民教育之權利與義務」，則因本質上，以國家提供國民教育的機制為前提，當更直接屬於社會權的範圍。[30]進一步說，人民基於社會權，除可向國家要求其生存、工作、受教育消極不受侵害之外，更可要求國家積極作為，使生存、工作及受教育的權利得到保障。本文以人民身體運動之社會權為論述重點，有關生存權及工作權，不在本文討論範圍，不擬贅述。

　　根據上述的權利，可引申出下列的具體原則，以落實人民運動權利之實踐。

◆人人平等運動原則

　　我國憲法第5條：「中華民國各民族一律平等。」及第159條：「國民受教育之機會，一律平等。」因此，人民無分性別、年齡、能力、地域、族群、宗教信仰、社經地位及其他條件，均應保障其運動實踐之權利。尤其身心障礙及其他弱勢族群，應考慮其自主及特殊性，依相關措施特別保障，並扶助其適性發展。

◆保障終生運動原則

　　運動實踐是權利，更是教育，不只保障個人因運動而自我成長，同時藉運動立足於社會，追求幸福的人生。就體育‧運動教育而言，除了透過運動實踐，獲得身心靈的全人健康外，高善品德的養成，以及文化素養的提升，都是重要的教育內容。因此，提供優質的實踐條件，如創新的科技資訊、優質師資、良好設備、公正評鑑等，滿足運動實踐者的需求，落實運動實踐者的權利。

　　進一步說，「人人運動、時時運動、處處運動」已是時勢所趨，活到老，動到老，更要學到老，不再是遙不可及。特別是終生運動，

---

[30]黃舒芃，〈社會權在我國憲法中的保障〉，《中原財經法學》，16（中壢：中原大學，2006）：2-7。

終生學習，不只是政策的呼籲，更是人人日常生活所必需。因此，為滿足各不同階層人民的運動需求，人民有權請求國家充實國內普遍不足的體育‧運動設施。尤其，臺灣四面環海，素有海島國家之稱，自然環境，風光明媚，無論陸上、海上或空中，都是運動實踐的空間，也是學習的場域，比如，臨海的水上活動，陸上的運動觀光，以及空中翱翔，都值得大力推展，相關地方或都市開發，都宜配合環境及體育‧運動的需要，作長期的規劃與推展。

一言以蔽之，運動作為一種基本權利，不只是國際體育‧運動組織，積極呼籲，諸多先進國家，更先後立法保障，藉免有違基本人權的落實。臺灣自由風氣漸興，民主素養有目共睹，基於生命的本質在運動，自宜及早訂定運動權利的相應政策，建構運動權利的典章制度，開創運動作為一種基本權利的新境界。

第二節　國民體育法的侷限性

人民運動權利需要政府的法律保障，其中，上焉者，直接由國家憲法保障；或基礎上，政府明訂法律保障；或在憲法與法律中間，訂定基本法保障。就我國體育現狀言，「國民體育法」是我國體育政策及施政方針的根本大法，是體育措施的重要依據基礎。不過，一方面是人民對運動權利的觀念，尚未成形，一方面是「國民體育法」，訂定有年，法律屬性相當寬鬆，人民與政府之間的權利與義務，並不明確。再者，國民體育法訂定的時空背景，已今非昔比，立法精神及其內容，或與時宜扞格不入，或與現實社會脫節悖離，凸顯國民體育法之侷限，似宜有所救濟，以有利於國民體育之推展。試舉其犖犖大者，略述如下，藉供參考。

一、立法目的悖離時空背景

　　「國民體育法」於1929年（民國18年）由國民政府制訂，歷經多次修訂，最近版本是2015年的第十次修正。查考歷次修訂，有形式上的調整，也有內容上的增減，大體上，尚能維持全國體育政策的法制運作，不過，早期立法以憲法所規定中的教育宗旨及其實施方針為準則，至今，基本理念，仍未脫離當時的思想框架，不無商榷餘地。

　　具體來說，現行「國民體育法」（2015年版）第1條：立法目的，明訂「國民體育之實施，以鍛鍊國民健全體格，培養國民道德，發揚民族精神及充實國民生活為宗旨。」[31]此條文的來源，係引自1941年（民國30年）[32]及1982年（民國71年）[33]兩次「國民體育法」的第1條條文。如：

　　1.1941年（民國30年）國民體育法第1條：「國民體育之實施，應依中華民國教育宗旨及其實施方針，以鍛鍊國民強健體格，培養民族正氣，達到全國國民具有自衛衛國之能力為目的。」[34]

　　2.1982年（民國71年）國民體育法第1條：「國民體育之實施，以

---

[31] 「國民體育法」，民國102年12月11日修正公布。總統華總一義字第10200225251號令。

[32] 「國民體育法」，民國30年9月9日公布。國民政府修正公布全文11條。國民政府公報渝字第395號。

[33] 「國民體育法」，民國71年11月19日公布。總統（71）台統（一）義字6835號令修正公布全文十五條。總統府公報第4062號令。

[34] 「中華民國教育宗旨及其實施方針」，係國民政府成立後，中國國民黨於民國18年3月，召開第三次全國代表大會，通過「確定教育宗旨及其實施方針案」，同年4月以國民政府名義，明令公布。教育部，《第七屆中華民國教育年鑑（電子書）》（臺北：教育部，2014），3。http://datal.naer.edu.tw/edu_yearbook/，2015/11/09檢索。

宋江陣刀槍棍棒齊發氣勢磅礴

資料來源：蔡宗信提供。

鍛鍊國民健全體格，培養國民道德，發揚民族精神及充實國民
生活爲宗旨。」

1941年（民國30年）的條文，顯然將體育視爲教育的一環，所以
國民體育之實施，應依據「中華民國教育宗旨及其實施方針」，自是
其來有自。當時的教育宗旨與實施方針是：「中華民國之教育，根據
三民主義，以充實人民生活，扶植社會生存，延續民族生命爲目的；
務其民族獨立，民權普遍，民生發展，以促進世界大同」。[35]黨國體
制時期，以三民主義爲教育中心思想，不難想見。

至於1982年（民國71年）以後的「國民體育法」第1條：「國民

---

[35]同註34。

體育之實施，以鍛鍊國民健全體格，培養國民道德，發揚民族精神及充實國民生活爲宗旨。」一眼可看出，條文意旨，是沿襲中華民國憲法第158條：「教育文化，應發展國民之民族精神、自治精神、國民道德、健全體格、科學及生活智能」。[36]顯而易見的是，本條文係以三民主義爲依歸。其中，民族精神、國民道德，即屬民族主義；自治精神爲民權主義；科學及生活智能則是民生主義。所謂，發展國民健全體格，就在培養實行三民主義之健全國民。[37]

具體而言，國家基於三民主義理念，主導全國教育文化，以人民爲對象，培養國家想像中的理想國民，民族至上、國家至上的理路，至爲清楚。換句話說，國家的體育目的，是以國家立場，人民是體育活動中被「鍛鍊」、被「培養」、被「發揚」的客體，最後則被期待成爲一個具健全體魄、富國民道德與民族精神的國民。

事實上，國民政府遷臺後，已逾半世紀，歷經經濟奇蹟、教育改革及政黨輪替等各不同階段的嚴格洗禮，諸多典章制度，或鬆綁，或改頭換面，以回應日益升高的社會需求及適應不同價值體系的變革。尤其，自1987年起，臺灣政治改革開放之後，臺灣主體意識興起，教育主體性甚囂塵上，學習權利的觀念，此起彼落，保障人民教育權利的呼聲，水漲船高，加以國際變換教育主導權的先進國家，俯拾皆是，所在多有。[38]我國「教育基本法」，幾經努力之後，遂於1999年適時公布。

「教育基本法」，被形容爲臺灣的「教育憲法」，可說是翻轉

---

[36] 《中華民國憲法》，有關教育文化之條文，第二章「人民之權利義務」有一條，第十三章（基本國策），第五節「教育文化」專節十條，計十一條。
　　同註34，4。
[37] 同註34，5。
[38] 陳木金，〈談教育基本法的立法對我國教育行政的啓示〉，《教育行政論壇第五次研討會學術論文集》（臺北：臺北市立師範學院，1999），333-355。

了臺灣教育的關鍵重點，強調以學習權為核心的教育人權，彌補憲法有關教育條款的不足，容納國際先進教育理念的共識，作為仲裁爭議的準則，落實民間教育改革的意願，提供進行立法的依據。其立法基礎，不只樹立了臺灣教育的重要里程碑，更體現教育福利國、教育社區化、教育民主化的精神。[39]

準此以論國民體育之推展，長久以來，雖為國家建設重要政策之一，或因基本理念未能與時俱進，獲因時空條件不足，始終未能大破大立，開創新局，實有賴斧底抽薪，重新審酌國民體育法立法目的之妥適性，藉能因應變局。

二、內容繁雜

現行國民體育法，共二十二條，是累積多次修正的結果。在結構上分為：立法目的（第1條）、國民主動參與體育活動（第2條）、固有優良體育活動之倡導與推廣）（第3條）、主管機關（第4條）、公共運動設施之設置（第5條）、各機關及各級學校體育活動之訂定（第6條）、學校運動設施之開放（第7條）、體育團體之成立（第8條）、中華奧會之登記及辦理事項（第9條）、員工體育休閒活動之推動（第10條）、體育專業人員之培養（第11條）、體育經費之編列預算（第12條）、運動選手之培養（第13條）、參加國內外運動賽會成績優良選手之獎勵及協助就業（第14條）、運動科學人才之培養（第15條）、國際體育交流活動之推動（第16條）、運動禁藥管制（第17條）、國家代表隊培訓選手保險之辦理（第18條）、運動賽會之舉辦（第19條）、體能檢測（第20條）、施行細則（第21條）、施行日

---

[39]同註38。

從小培養樂水智慧

資料來源：李昱叡提供。

（第22條）等。[40]

　　就整體條文觀察而言，國民體育法內容，因訂定之後，歷經不同時空背景，為適應事實需要，先後多次修正或增訂，條文書寫形式，略有差異，且條文屬性未經統合歸類，結構性及法律之嚴謹性，不無受損。如：

---

[40] 最新國民體育法修正草案，計分九章四十七條。含第一章總則（13條）、第二章學校體育（3條）、第三章全民運動（3條）、第四章競技運動（6條）、第五章中華奧林匹克委員會（3條）、第六章體育團體（9條）、第七章運動設施（5條）、第八章罰則（3條）、第九章附則（2條）。已於2017年5月3日在立法院教育文化委員會初審通過，惟至2017年8月25日為止，尚待立法院正式三讀通過後，由總統公布實施。

本章基於新訂國民體育法草案尚未完成法定程序，暫以102年12月11日修正公布之國民體育法為分析對象，俟最新國民體育法修訂公布實施後，擬再另立專文討論。

1.宣示性條文，未言明權責單位（第1、2、3條）。

2.主管機關之層級，三級或四級，未明確訂定（第4、5條）。

3.學校體育活動、設施開放、人才培訓、科學研究等，未作整合（第6、7、11、12、13、14、15、18、19條等）。學校體育較屬封閉系統，宜比照「學校衛生法」，另立專法，力求法律位階之一致性。

4.社會體育活動，性質龐雜，宜另立「社會體育團體法」規範，以因應一般全民運動與競技運動之事實，並藉以區隔休閒活動（第8、9、10條）。宜確立業務權責單位，劃分主管業務內容（第12、13、14、15、16、17、18、19條等）。

要而言之，國民體育法所涉對象，並不單純，有學校課程、有社會全民運動、競技賽會、固有體育活動及員工體育休閒活動等，雖均屬身體活動性質，但屬性互異，定義千差萬別，統稱「體育」，似有不妥。再者，因內容繁雜，不分青紅皂白，籠統含混其中，不只條理不清，體系不明，徒增困擾。何妨依據「中央法規標準法」，劃分編、章、節、目之規定，理出順序，構建體系，應都有益於「國民體育法」之施行。

三、新興議題未納入規範

國民體育法之侷限性，除上述立法目的及內容外，有關各用語之定義、各專業人力之界定、新興議題、殘障及弱勢族群運動權益之保障，以及經費籌措之稅制優惠等，均宜納入，以求周延。同時，「國民體育法」，勢必為所屬各相關子法（如「學校體育法」、「社會體育團體法」、「殘障及弱勢族群法」等）之立法基礎，自宜訂定國家體育發展藍圖，如政策方針、目標及其計畫等，供為全國所屬相關主

管機關參照，藉以貫徹國家體育政策，其中，各計畫提出前之審議及
其監督等機制，均宜妥爲設計，藉收政策之落實。

第三節 體育運動基本法研訂之必要性

國民體育法訂定以來，不只立法目的悖離時空背景，有待調整，
內容可茲商榷的地方不在少數，諸多相關體育事務（如社會體育團體
等業務）有待融入規範，衡酌實際需要，參照國際先進國家，以運動
實踐視同人民權利爲核心，研訂「體育‧運動基本法」，在所必要。

一、基本法之屬性

基本法是法的一種形式，一般從屬性及其特色論述基本法者較
多，從未有就法令上定義基本法的論述。[41]具體而言，基本法，約可
歸納爲兩類，其一，是透過制訂基本法，規範國家或地區組織或特性
者，如德國聯邦共和國基本法、香港特別行政區基本法，等同於國家
憲法；其二，是針對特定領域事項，制訂基本原則、準繩與方針者，
如我國教育基本法。[42]

進一步說，專業領域之基本法，其意義在：(1)補充憲法之不足；
(2)作爲政策統合的宣示；(3)可將各機關專業領域之基本原理原則，共
通措施納入規範，作爲該領域之個別法律之總則性規範；(4)足以拘束

---

[41]塩野宏，〈基本法について〉，《日本学士院紀要》，（東京：日本学士院，
　2008），63：1-33，
[42]川崎政司，〈基本法再考（一）基本法の意義‧機能‧問題性〉，《自治研
　究》，81.8（東京：第一法規，2005）：49-51。

社區運動設施是兒童快樂天堂

立法機關及行政機關。[43]

二、基本法的特徵

我國自20世紀末期，為適應社會新興議題及國家發展需要，開始訂定基本法，以為因應。如：科學技術基本法（1999）、教育基本法（1999）、環境基本法（2002）、通訊傳播基本法（2004）、原住民族基本法（2005）、客家基本法（2010）等陸續公布，施行情形尚稱

---

[43]行政院法規委員會，曾於2003年4月17日，就基本法制訂的必要性、優先適用性及其法律的位階等議題，召開諮詢會議，會中的結論或共識，仁智互見，法規委員會的立場，傾向不鼓勵制訂基本法，但並不阻止在一定條件下，訂定基本法。行政院法規委員會諮詢會議92、93年度有關法制事項之結論與共識一、（結論）http:www.edu.tw/pages/detail. aspx？Node=357987。

穩定。顯見，基本法對專業領域政策之推展與落實，應有其立法的意義與價值。

　　一般認為，相較於其他一般法律，基本法具有下列特徵：[44]

1.揭示特定政策領域之基本法意旨。

2.將法律前言也視為基本法規範本身。

3.明定基本理念、原則與方針。

4.明定國家、地方公共團體、關係人、一般國民之責任與角色。

5.明定政府採取法制、財政、金融措施義務。

6.明定相關程序保障規定。

7.明定政府應擬定該領域或政策措施基本計畫。

8.明定專業委員會或特殊會議之設立。

9.明定行政組織、相關團體之整備。

10.有授權實施法令制訂之規定。

三、研訂「體育·運動基本法」之重要性

　　「體育·運動」，屬身體活動專業領域，為舶來品，自清末民初納入為學校課程以來，始終沒有清晰的概念。從學校體育課程、社會競技運動到一般休閒活動，都混雜的統稱為「體育活動」。雖然1929年訂有「國民體育法」，並未加以界定，以含混使用，至今體育·運動概念仍然混淆不清。直到2013年「國民體育法」修訂了七次，形式上，條文增多了，實質上，諸多專業的問題，並未克服，允宜正視。藉此訂定國家「體育·運動」基本法，除止本清源外，更有利於國家體育·運動之推展：

---

[44]蔡秀卿，〈基本法之意義與課題〉，《當代公法新論（中）——翁岳生教授七秩誕辰祝壽論文集》（臺北：元照，2002），235-258。

(一)補充憲法對「體育‧運動」規定之不足

民國36年1月1日國民政府公布的中華民國憲法中，除有十一條條文涉及教育之規定外，幾無相關條文規定國家體育‧運動之發展；且近年來國內外社會和體育‧運動環境變化甚大，不只休閒運動產業興起，體育‧運動領域擴大，專業人力市場湧現，原有「國民體育法」之缺失已如上述，與其大刀闊斧修訂，尚不足以解決現實需要，不如新訂「體育‧運動基本法」予以規定新興議題，以補足憲法規範之不足。

(二)順應國際潮流

盱衡現階段國際體育‧運動思潮，不只全民運動風起雲湧，人人當家作主，各顯運動才華，甚至，運動權利呼聲，震天價響，個個爭先恐後，展現自我身體技術。體育‧運動基本法之訂定，重在契合國際體育‧運動現實，回應國際體育‧運動的主流脈動。

進一步說，體育‧運動的主體是人民，而不在國家。國際全民運動憲章，再三闡明，任人皆知。人民的運動實踐，不是外在工具價值的實現，而是運動樂趣本質的體驗。體育‧運動的功能，早已超越了狹隘的學校教育範圍，擴及於廣大的社會，普及於經濟與政治，更臻於無遠弗屆的文化場域。體育‧運動不再只是孤芳自賞，獨善其身，更能兼善天下，共生共榮。苟能以這樣的視野訂定「體育‧運動基本法」，則體育‧運動的前景，應該會有不一樣的圖像，也才能經由體育‧運動的實踐，得到個人幸福的人生，體現尊嚴與價值的生命。

(三)滿足社會需求

傳統以來，我國體育政策，不出競技運動與全民運動的發展，前者

對著目標向前行

資料來源：2017臺北世大運執委會提供。

講求頂尖選手之培訓，後者以全民普及運動風氣爲導向。多年來，因國家政治現實考量，競技運動投資之資源，常倍數於全民運動之支出。

事實上，全民運動，不只是社區總體營造的基礎，更是打造健康都市的重要指標。尤其，老人社會隱然成形，健康意識抬頭及青少年問題層出不窮的現階段，更需要透過社區全民運動，連接社區人脈網絡，使青少年有所歸屬，活潑成長；老人得以延緩老化，維持穩定的健康狀態。體育‧運動基本法的訂定，重在厚植社區全民運動的基礎，落實社區全民運動的保障措施，自可水到渠成。

(四)符應國家政策需要

從整體國家發展言，人力素質的提升，是國家建設的重要支柱，而人力素質之優劣，常以健康的國民爲重要的衡量指標。健康的國民，除取決於食衣住行等物質層面的改善外，尤有賴於休閒育樂等精

神生活的提升。

　　具體來說，國人在基本生活條件獲得滿足之餘，藉助休閒娛樂設施、內容及指導人力的提供，藉以抒解壓力，得到放鬆身心的機會，儲備更多的能量，投注於國家的整體建設，應是人人所盼望，更是主政者所期許。「體育‧運動基本法」，符應國家政策需要，授權制訂相關實施法令，貫徹執行，績效當可預期。

四、「體育‧運動基本法」之結構試擬

　　我國體育‧運動基本法，參照基本法之結構及先進國家體育‧運動基本法、體育法及我國國民體育法之形式，試擬其結構如**表12-1**（實際內容可另詳細研擬，原則上將聯合國教科文組織之體育憲章精神納入，修正現行國民體育法之缺失，並參酌其他國家運動基本法或體育法內容擬訂）：

表12-1　「體育‧運動基本法」結構試擬

體育運動基本法草案	
條文	說明
第一章　總則 第1條　為保障人民學習及參與體育運動之權利，確立體育運動基本方針，健全體育運動發展體制，促進我國體育運動永續發展，特制定本法。	現行國民體育法第1條 國際憲章第1條 立法目的
第2條　人民為體育運動權之主體。 　　　　體育運動之目的為人人擁有充分參與體育運動的機會，以增進其身體適能，並培養及發展健全人格，保障教育體系與社會生活等各層面，經由體育運動，發展身體、知識及道德能力的自由，進而促進社會發展。 　　　　為實現前項體育運動目的，國家、教育及體育機關（構）、教師、教練、父母應負協助之責任。	國際憲章第3條；現行國民體育法第4條 國際憲章第10條；現行國民體育法第12條 現行國民體育法第10條；現行國民體育法第14條

（續）表12-1　「體育‧運動基本法」結構試擬

體育運動基本法草案	
條文	說明
第3條　體育運動之發展，不得因族群、性別、年齡、宗教信仰、社會經濟地位、地域及其他條件而有所差異。	國際憲章第3條；現行國民體育法第8條（另訂體育團體法）
對學齡前的幼童、青少年、高齡者及身體障礙者，要優先提供適合之體育運動內容與機會。	國際憲章第9條；現行國民體育法第18條
第4條　各級政府應寬列體育運動經費，保障專款專用，並合理分配及運用教育資源。	訂定體育運動紛爭的仲裁方法
對偏遠及特殊地區之體育運動發展，應優先予以補助。	國際憲章第9條；現行國民體育法第15條
體育運動經費之編列應予以保障；其編列與保障之方式，另以法律定之。	訂定體育運動發展基金管理運用
政府應設立體育運動發展基金，以協助體育運動發展。	國際憲章第6條；現行國民體育法第10條
第5條　行政院為審議、協調本法相關事務，必要時得召開跨部會首長會議。	
第6條　政府應定期召開全國體育運動發展會議，研議、協調及推展全國性體育運動事務，明定國家體育運動政策、方針、計畫。	
政府應輔導地方自治團體落實前項國家體育運動政策、方針、計畫；並鼓勵私人及企業興辦體育事業。	
政府應制定優惠、獎勵、輔導、減免稅、補償、保險或仲裁等措施，以積極促進體育運動發展。	
第7條　本法用詞，定義如下： 一、體育。 二、運動。 三、學校體育。 四、傳統體育。 五、原住民族運動。 六、全民運動。 七、競技運動。 八、國際體育運動。 九、運動設施。 十、運動產業。 十一、運動專業證照。 十二、體育運動團體。 十三、運動仲裁。	名詞定義

（續）表12-1 「體育・運動基本法」結構試擬

體育運動基本法草案	
條文	說明
第三章　體育教育（學校體育） 第8條　為推動學校體育發展，政府應擬訂學校體育政策，採取整體性計畫措施，建立學校體育發展體系，及發展國內外交流合作機制，並應培育學校體育相關處理人才，以利學校體育發展之充實及有效運用。 第9條　為促進學校體育之研究、發展及應用，政府應就下列事項，採取必要措施，以健全學校體育發展之環境： 　　　一、學校體育政策、制度之規劃、執行與考核及相關法規之研修。 　　　二、學校體育優秀運動人才與體育專業人員之培育及輔導。 　　　三、學校體育教學、教材研發創新、活動與場地之規劃及考核。 　　　四、學校運動賽會之推動、執行及輔導。 　　　五、學校體育班之規劃及推動。 　　　六、學校專任運動教練之聘任、管理及輔導。 　　　七、學生普及運動與體能之推動及考核。 　　　八、學校體育評鑑之規劃及推動。 　　　九、學校體育學術、文化與資訊之彙整及運用。 　　　十、身心障礙學生體育教育之發展 　　　十一、其他有關學校體育事項。 第10條　政府應依學校體育發展趨勢，保障各級學校實施學校體育之平等地位及自主發展；其相關事項，另以法律定之。	國際憲章第6條；現行國民體育法第6條（另訂學校體育法） 現行國民體育法第6條 訂定學校體育課程規範 訂定學校體育教材規範 現行國民體育法第6條 訂定學校體育社團規範 訂定學校運動代表隊規範 現行國民體育法第6條 現行國民體育法第6條 訂定學生體能提升規範 現行國民體育法第7條 現行國民體育法第7條 訂定身心障礙學生體育教育規範
第四章　全民運動 第11條　為發展全民運動，政府應協助公（私）立學校、公（私）立研究機關（構）、公（私）營事業、法人或團體，充實人才、設備及技術，以促進全民運動之發展。 第12條　為促進全民運動之研究、發展及應用，政府應就下列事項，採取必要措施，以健全全民運動發展之環境：	國際憲章第1條 現行國民體育法第20條 現行國民體育法第3條 現行國民體育法第2條、第10條 現行國民體育法第2條 訂定推展海洋運動方針

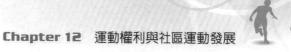

（續）表12-1 「體育‧運動基本法」結構試擬

體育運動基本法草案	
條文	說明
一、全民運動政策、制度之規劃、執行與考核及相關法規之研修。 二、國民體能、體格鍛鍊標準之調查、統計、分析及考核。 三、幼兒、青少年、中高齡運動休閒活動之規劃、推廣及促進。 四、輔導協調機關（含地方政府）、團體、社區與企業機構辦理運動休閒活動之規劃及推廣。 五、固有體育活動與特殊體育活動之規劃、推廣及協調。 六、運動休閒團體業務之輔導、考核及獎助。 七、運動觀念、運動方法與運動資訊之宣導及提供。 八、運動休閒專業人員與志工制度之進修及檢定制度規劃。 九、非亞奧運單項運動協會選手培訓、參賽、運動競賽之規劃、執行及輔導。 十、其他有關全民運動事項。	訂定推展農漁牧場休閒運動方針 現行國民體育法第3條
第13條 政府應保障兒童、中、高齡者、職工、婦女、原住民、身心障礙者參與全民運動之平等地位及自主發展；其相關事項，另以法律定之。	
第五章 競技運動 第14條 為發展競技運動，政府應對競技運動發展成果優異之公（私）立學校、公（私）立研究機關（構）給予競技運動發展所需之經費、設施、設備、人才進用必要支援，以促進競技運動之發展。 第15條 為促進競技運動之研究、發展及應用，政府應就下列事項，採取必要措施，以健全競技運動發展之環境： 一、競技運動政策、制度之規劃、執行與考核及相關法規之研修。 二、各級優秀競技運動教練選手之選才、培育規劃、執行、輔導及考核。	國際憲章第5條；現行國民體育法第19條 現行國民體育法第16條 現行國民體育法第16條 現行國民體育法第14條 訂定績優運動選手生涯照顧方針 國際憲章第10條；現行國民體育法第17條 訂定訓練環境改善方針

（續）表12-1　「體育‧運動基本法」結構試擬

體育運動基本法草案	
條文	說明
三、績優競技運動教練選手獎勵制度、就業措施之規劃、執行及輔導。	訂定運動訓練營辦理方針
四、運動科學研究、運動禁藥管制、運動傷害防護與醫療照護業務之規劃、執行、培育、獎勵及輔導。	訂定國訓中心營運方針
五、亞奧運競技種類之國際綜合性運動賽會選手培訓、組團、參賽之規劃、執行及輔導。	
六、亞奧運競技種類之全國性運動會業務之規劃、執行及輔導。	
七、亞奧運單項運動協會選手培訓、參賽、運動競賽業務之規劃、執行及輔導。	
八、亞奧運競技種類之運動規則、紀錄審查及職業運動團體之輔導。	
九、國家運動訓練中心之輔導及監督。	
十、其他有關競技運動事項。	
第16條　為提升競技運動水準，政府應致力推動國際競技運動技術合作，促進人才、技術、設施及資訊之國際交流與利用，並參與國際競技運動共同開發與研究。其支援對象、範圍、條件等相關規定由主管機關另以法律定之。	
第六章　國際體育運動交流與合作 第17條　為發展國際體育運動交流與合作，政府應協助公（私）立學校、公（私）立研究機關（構）、公（私）營事業、法人或團體，充實人才、經費及技術，以促進國際體育運動交流與合作之發展。 第18條　為促進國際體育運動交流與合作之發展，政府應就下列事項，採取必要措施，以健全國際體育運動交流與合作發展之環境： 　一、國際及兩岸運動交流政策、制度之規劃、執行與考核及相關法規之研修。 　二、國際綜合性運動賽會與單項運動賽會之申辦、舉辦及組團相關儀軌之規劃、執行、輔導。 　三、全國性體育團體國際及兩岸運動事務合作之規劃、聯繫及輔導。	國際憲章第12條 現行國民體育法第16條 現行國民體育法第16條 訂定爭辦國際賽會方針 訂定國際地位權益爭取方針 訂定國際體育運動組織主要負責人爭取方針 訂定僑社體育運動推展方針 現行國民體育法第9條

（續）表12-1 「體育・運動基本法」結構試擬

體育運動基本法草案	
條文	說明
四、學者專家出席國際及兩岸體育運動會議之聯繫及輔導。 五、海外僑社體育活動之聯繫及輔導。 六、旅外優秀體育運動人才與外籍運動員、教練、裁判之聯繫、輔導及管理。 七、國際及兩岸運動選手、教練或其他體育專業人員交流之聯繫、輔導及兩岸體育運動專業人員交流之審核。 八、奧會模式及兩岸運動交流規範之教育宣導。 九、大型國際體育運動會議之規劃、申辦、執行及輔導。 十、其他有關國際及兩岸運動事項。 第19條 為推動國際體育運動交流與合作發展，政府應擬訂國際體育運動交流與合作政策，採取整體性計畫措施，建立國內國際體育運動交流與合作發展之相關合作網路及體系，並應培育相關國際交流人才，以利國際體育運動交流發展。	
第七章　運動設施 第20條　為建構我國優質運動環境，政府應協助新建或整建相關運動設施，以促進體育運動之發展。 第21條　為健全運動環境之發展，政府應就下列事項，採取必要措施，以健全運動環境： 一、運動設施發展政策、制度之規劃、執行與考核，及相關法規之研修。 二、公民營運動設施之營運輔導管理。 三、公營運動設施工程興（整）建施工品質查核、管理之推動及輔導。 四、運動場館營運之消費保護及爭議處理。 五、國家運動園區規劃、推動及輔導。 六、運動場館、運動公園、簡易休閒運動設施與競技運動訓練場地興（整）建之規劃、推動及輔導。 七、運動場地、設備之規範、管理及輔導。 八、促進民間參與大型運動設施投資興建營運之規劃、推動及輔導。 九、高爾夫球場之管理及輔導。 十、其他有關運動設施事項。	國際憲章第5條、第8條 現行國民體育法第5條 現行國民體育法第7條 訂定競技運動設施充實方針 訂定休閒運動設施充實方針 訂定訓練運動設施充實方針 訂定都市計畫運動場地保留面積原則 訂定運動場館興建營運方針

（續）表12-1　「體育‧運動基本法」結構試擬

體育運動基本法草案	
條文	說明
第22條　為發展優質運動環境，政府應擬訂運動環境發展政策，採取整體性計畫措施，就普設公共運動設施；充實競技運動、休閒運動、訓練運動設施；都市計畫運動場地保留面積及運動場館興建營運等進行規劃與落實，以保障人民運動參與權利。	
第八章　運動產業 第23條　為發展運動產業，政府應協助公（私）立學校、公（私）立研究機構（構）、公（私）營事業、法人或團體，充實人才、設備及技術，以促進運動產業之發展。 第24條　為促進運動產業發展，政府應提供租稅、金融等財政優惠措施，並擬訂運動產業政策以協助職業運動、體育博物館、運動器材產銷、運動觀光、運動傳播、運動彩券等產業發展。	國際憲章第5條、第10條 訂定職業運動輔導方針 訂定體育博物館興設營運方針 訂定運動器材產銷輔導方針 訂定運動觀光輔導方針 訂定運動休閒產業輔助方針 國際憲章第11條 國際憲章第10條
第九章　體育專業證照 第25條　政府對符合國家體育運動發展計畫目標之相關人才培育證照，得給予必要之支助。 第26條　為健全體育運動專業人員之進用管道，得訂定公開、公平之資格審查方式，由政府機關或政府研究機構，依其需要進用，並應制定法律適度放寬公務人員任用之限制。 第27條　為充分運用體育運動專業人力，對於公務員、大專校院教師與研究機構及企業之專業人員，得採取必要措施，以加強人才交流。 第28條　為延攬境外優秀體育運動專業人才，應採取必要措施，並於相當期間內保障其生活與工作條件。	國際憲章第7條 訂定體育專業人員執業證照認證原則 訂定體育專業人員資格認證原則 現行國民體育法第13條 現行國民體育法第11條 訂定體育人才培育與延攬原則
第十章　公布與施行 第29條　本法自公布日施行。	

附記：

1.有關體育‧運動基本法，於105年9月22日，由行政院體育運動發展委員會第二次會議臨時動議決議，請教育部體育署組成專案小組，由許委員義雄主持，研議制定該法之可行性。

2. 教育部體育署於105年11月7日召開組成專案小組會前會，就專案小組之組成原則及未來擬研議議題等進行意見交換。

3. 105年12月6日由許義雄委員邀請國內相關單位代表組成專案小組（出席者如會議紀錄），召開第一次會議，討論制定該法之可行性或規劃辦理方式等，會議結論：大部分出席委員支持訂定體育‧運動基本法，至於體育運動基本法與國民體育法之關係及法條名稱等，建請體育署委託相關單位單位進行專案研究。

4. 因正處國民體育法修正草案，送立法院審查期間，教育部體育署綜規組於106年5月5日在行政院體育運動發展委員會歷次會議決議事項辦理情形追蹤表，建請將研訂「體育‧運動基本法」（本案）解除列管。

5. 為尊重行政院體育運動發展委員會之決議，特別邀請相關研究人員，草擬「體育‧運動基本法」乙種（如上），特此說明。

第四節　全民運動與社區運動產業發展

　　國際上，全民運動（sport for all）的概念，興起於1965年挪威發表「全民運動」的新體育政策。其後，1975年公布「歐洲全民運動憲章」，及1978年聯教組織發表「國際體育‧運動憲章」，使得全民運動，風起雲湧，蔚為風氣。

　　我國有關全民運動政策的擬定，則是教育部體育司於1973年成立之後，1979年推出「積極推展全民體育運動計畫」的事。當時以「人人運動」、「時時運動」與「處處運動」為目標，改變傳統以來「學校體育與社會體育」並立的二分法。[45]1987年行政院成立體育委員會，揭櫫「競技與全民」雙主軸運動政策，除提倡競技運動外，先後

---

[45]傳統以來，我國將學校體育以外的體育活動，概稱為「社會體育」。1950年代，臺灣師範學院（臺灣師範大學前身）體育學系並將「社會體育」列為正式課程。直至教育部公布「社區全民運動推展計畫」之後，競技運動與全民運動的概念，慢慢為國人所接受。1987年國立體育學院設校，並設運動競技系，2002年起，為擴大設校規模，並將運動競技系分設陸上運動技術系、球類運動技術系、技擊運動技術系等，開風氣之先。

有運動人口倍增計畫、陽光健身計畫及打造運動島計畫等，率皆以增加運動人口，促進身體健康為訴求。

不過，從國際體育‧運動發展的趨勢看，1959年西德提出「黃金計畫」，力倡「第二條路」，[46]已引來國際側目，並競相仿效。具體而言，全民運動的功能，逐步由普及基礎運動設施，到社區市民的健康促進；更由市民健康體適能，發展為社會和諧的塑造，再到旅遊觀光的結合，甚至社區創意產業的發展。[47]具體來說，自1960年以來的全民運動，已因社會變遷與經濟、文化、政治的發展，而有逐漸擴大功能的現象。這現象的形成，主要是全民運動的角色扮演，更趨多元，全民運動的價值，更備受關注。比如，社區全民運動的推展，除運動人口倍增外，更重要的是，透過住民的覺醒，一者以運動促進居民健康，二者以運動凝聚住民意識，三者以運動打造社區特色，四者以運動促進社區運動產業發展。

本節即基此背景，擬分：(1)社區全民運動的友善環境；(2)以全民運動創造社區活力；(3)以全民運動營造社區認同；(4)以全民運動開發社區產業等四部分，略作說明。

一、社區全民運動的友善環境

社區全民運動的友善環境，包含同伴、空間條件（場地、設備）、經濟條件及社會支持等缺一不可。如志同道合的夥伴、適當的誘致距離及適當的經費支援，妥適的人事制度（如運動指導員、裁判

---

[46]「第二條路」（全民運動），係指有別於競技運動（第一條路）而言。
許義雄，〈西德體育強化對策〉，《體育的理念》（臺北：現代體育出版社，1983），151-181。
[47]堀繁、木田悟、薄井充裕，《スポ-ツで地域をつくる》（東京：東京大学出版会，2007）。

自由車賽人口成長驚人

資料來源：中華民國自由車協會提供。

員、體能檢測員、健康諮詢師等），以及社會的支援體系等，都是友善環境，需有周詳的考慮。

　　進一步說，社區全民運動環境為普及全民運動的基礎條件，為滿足人人運動、時時運動及處處運動所必要，提供或活用高品質的運動環境，應是推展全民運動的重要工作。而一般友善運動環境的範圍，可包含硬體環境與軟體環境兩部分：

(一)硬體環境的整備

◆社區硬體運動環境

　　社區硬體運動環境，可含公、私立運動場館、公園綠地、兒童遊戲場、運動設備等，以簡單方便使用為原則，以鄰近社區居民生活

空間為首選。配合社區居民日常作息，提供友善運動場域，都是藉運動營造社區發展的可行方法。目前，臺北市各區雖設有運動中心，有利社區居民運動風氣的推動，以及運動習慣的建立，惟以委外經營居多，以營利取向為目的，且運動項目受限，運動對象尚待開發，若能統整開發更多運動空間，方便社區居民就近使用，則運動生活化，生活運動化的理想，自是指日可待。

◆社區居民運動據點的規劃

從幼童到老人的運動據點，都宜有所規劃。如社區學校運動場地的開放，以及開闢社區活動據點，從簡單可行的自我鍛鍊場所，到老少咸宜的活動場地，都有益於養成社區居民的運動習慣，並落實社區全民運動的積極開展。

據點的選擇，不只是學校草皮綠地，或是公共運動場館，即連閒置教室、社區中心或廣場，休閒公園等，只要可以自由實施簡易運動的空間，都有益於聚集人氣，舒展筋骨，放鬆身心，同享運動樂趣。

◆成立社區運動健康促進諮詢站

社區全民運動的普及，有賴社區運動健康諮詢站的成立。運動健康諮詢站的功能，一方面，隨時提供運動健康促進資訊，為社區居民解決有關運動健康促進疑難問題；一方面，定期實施運動健康促進（健康體適能）檢測，協助社區居民瞭解自己的體能狀況，做好日常生活的運動健康管理。諮詢站的設置，可配合社區運動中心或社區衛生所，服務對象除一般社區居民外，更不可忽略社區殘障及老弱婦孺，以達成健康和樂的長壽社區為理想。

(二)軟體環境的統整

◆社區運動人力之儲備

運動的軟體環境，當以社區內運動人力資源的開發與運用為重點，如：社區內特設運動項目、運動表演、運動員、運動指導、教練、裁判、志工等，都可自行設法儲備或與在地大學校院相關科系合作，協調組織與統整相關人力資源，以作為推展社區全民運動的後盾。如社區運動指導員及社區高齡者運動健康促進指導師等制度，都宜及早研訂，以因應社區全民運動發展的需要。

◆提供鄰里居民的交流機會

現代生活形態，競爭激烈，生活緊張，壓力倍增，人際關係疏離，需要藉身體活動，舒緩身心，活絡彼此關係。不論大、小型的運動對抗或聯誼活動，都有促進交誼機會，並凝聚團隊意識。定期設計或安排社區鄰里體育‧運動交流活動，不只有益健康，尤有助社區居民人際關係之增進。

◆運動同好會（俱樂部）的組成

運動同好會或稱運動俱樂部，可因運動興趣、項目、性別、程度或年齡，而有不同的組合，一在透過共同的運動喜好，共聚一堂，切磋運動技術，提升運動水準，或共享運動樂趣，一在藉由身體活動機會，聯絡情誼，增進彼此瞭解，厚實社區意識，凝聚團體精神。

二、以全民運動創造社區活力

創造社區活力的方法很多，其中以全民運動形式，號召社區居民

踴躍參加，應是最具體簡單可行的方法。

(一)籌辦社區運動會或表演會

社區運動會或表演會，一方面作爲社區的年度例行活動，一方面也可以是社區全民運動推展的成果展演。運動會內容，可以是多項運動聯合舉行的綜合型或單一內容的簡單型。表演會，則可配合一般社區常有的武術、健身操或土風舞，也可以是傳統技藝的演出，甚至是慶生聯誼活動等，都是增加社區活絡的身體活動。至於活動形態，除簡易運動競技外，幼小兒童的遊戲，中高年齡的趣味競賽，更能提高居民踴躍參與的熱忱。

(二)落實社區運動健康促進活動

運動健康促進爲政府重要體育‧運動政策之一，從健康城市之推動，到健康學校之加強，已有一定成效，今後則應以落實社區運動健康促進爲導向，落實人人運動，人人健康。

社區本爲學校教育與家庭生活的中介，一方面可以延續學校運動健康促進之效果，一方面則是補充家庭運動健康促進之不足。同時，社區作爲居民共同生活空間，朝夕相處，耳濡目染之餘，形塑社區居民運動習慣，自是順理成章，水到渠成。

全民運動健康促進的對象，自幼童到老人，其中有不同的性別、興趣、需求、能力、職業、族群與信仰等，條件不同，必須有不同的策略。尤其，我國推展全民運動，少說已近四十年，所發經費，不在少數，惟累積的經驗不多，留存的系統資料更少，以致實質效益，難以查考。今後，當以社區爲主體，建立特色，並累積資料，一者爲歷史作見證，一者爲社區全民運動健康促進厚植基礎。

(三)社區高齡者健康老化

　　臺灣老人社會已隱然成形，一方面藉社區全民運動，協助老人活動筋骨，增強體力，預防跌倒，避免意外受傷，一方面，安排老少咸宜活動機會，聯誼社區居民歡樂與共，充實高齡者休閒生活內容。甚至舉辦老人運動健康講座、規劃老人健康運動處方、指導老人健康運動等，維持老人身體動能，增進身體健康，不只消極的延緩老化，更積極的增進活力，使社區老人能藉社區全民運動，健康老化，安享天年。

(四)社區婦女身體運動的推展

　　我國女性平權教育已次第展開，惟女性運動人口，仍無法與男性人口等量齊觀。其中，重要影響因素，一方面是女性個性使然，不喜歡在大庭廣眾前，拋頭露面，或因考慮過度曝露，有礙美姿美容，以致裹足不前，一方面是，現代女性，進出職場，擔負家計，甚至承擔養兒育女重擔，操勞家事之餘，無暇參與運動健身。

　　因此，為維護及增進婦女運動健康機會，社區宜提供適當的托兒設施或盥洗設備，以方便家庭婦女健身活動，甚至開設婦女運動教室、健身班、瑜伽班、韻律班等，一方面啟迪婦女運動健康意識，增強運動的動機，一方面積極鼓勵婦女參與運動，體驗運動樂趣，享受運動的益處。甚至鼓勵社區住民，開發不分性別的活動機會，使人人機會相等，時時公平對待，處處平起平坐，落實社區居民的平權觀念，發揮敦親睦鄰，相互扶持，健康活潑的快樂社區。

(五)社區運動志工的推廣

　　人不能離群索居，人類社會本是相互分工合作的社會。從日常生

活的飲食起居，到行住坐臥，無一不是藉由不同的他人，扮演不同的角色，提供不同的協助，使得社會逐步發展，文明得以不斷進步。

社區是社會的縮影，社區居民形形色色，能力稟賦，各有千秋。行有餘力，不計酬勞，不求名分，自願提供時間、勞力服務社區，發揮人溺己溺的利他精神，共創社區的繁榮，已成國際社會趨勢。[48]如社區學校志工，協助維護學童上下學的安全、圖書整理等。醫療志工，照護社區老弱婦孺，帶路、看診、取藥等。災害‧安全志工，支援社區災害救助、犯罪防制等。環保志工，參與社區綠化運動，野生保育等不勝枚舉。[49]

社區運動志工，係指社區內具運動專長居民，秉持奉獻精神，無償提供服務，指導社區居民實踐運動生活，促進居民健康，諸如社區體育‧運動賽會活動之協助、運動團隊‧俱樂部之營運以及社區運動場地、器材之管理等，都能增進社區活力，有利社區全民運動之落實。

三、以全民運動營造社區認同

社區認同係指社區居民認定自己為自己社區的一份子，不只區分自己的社區與別的社區不同，更與自己的社區榮辱與共的一種歸屬感，這種歸屬感，常來自社區居民的共同記憶、共同情誼、共同意識以及共同的價值體系。[50]社區營造的目的，即在透過各種活動，以激發社區的認同意識，凝聚社區團結力量，作為社區發展的基礎。

社區全民運動之所以有利於社區認同感的營造，固在於身體運

---

[48]瀨沼克明，《21世紀余暇の創造－利他的活動の増大－》（東京：遊戲社，2000），7-63。

[49]川村匡由，《ボランテイア》（東京：ミネルヴァ書房，2006），78-156。

[50]林振春，〈凝聚社區意識建構社區文化〉，《社區發展季刊》，96（臺北：內政部，1995）：25-29。

身體文化講座創發社區運動產業

資料來源：臺灣身體文化學會提供。

動的實際參與，認識自己在社區團隊中的責任，更重要的是，在實踐
力行中展現自己應盡的義務。比如將推展社區體育・運動，視為自己
責任的一部分，除主動參與外，並義務從旁協助宣傳、布置場地、支
援節目順利進行等，都是社區認同的具體表現。進一步說，下列的活
動，更有助於社區認同。

(一)設計社區全民運動旗幟

旗幟是一種標誌物，用以識別或傳達訊息，象徵特殊意義。通常
國家有國旗，學校有校旗，無不象徵立國精神或設校的意義。如奧林
匹克的五環會旗，象徵全世界五大洲運動員，以公平、公正、坦率與
友好的精神，公開進行比賽。至於以會旗的白底加上藍、黃、黑、綠
及紅旗的五色，象徵可涵蓋各國的國旗顏色。[51]

---

[51]真浦良純，《オリンピック事典》（東京：プレス　ギムナステカ，1981），55。

社區全民運動，作爲社區的重要活動，製作符合社區居民需要，足以展現社區居民精神的旗幟，不只是社區居民精神象徵，更可作爲社區居民的認同符碼。對外代表社區，旗幟顯明，引人注目。對內，在社區旗幟下，團結一致，努力爲社區爭取光榮，都可增進社區的認同。

(二)編寫社區全民運動人物誌

人的生命有限，經驗需要傳承。前人的經驗，經由後人的紀錄，歷史才能綿延不斷，永留人間，文化也才有持續發展，永垂不朽的機會。

社區全民運動推展過程中，不乏感動的人、事、物，只要細心留存，都是社區發展的重要資產。

具體而言，社區居民裡，各行各業對全民運動推展著有貢獻者，所在多有，或體育專業人員，不論是曾經征戰南北，爲國家立下汗馬功勞的運動菁英，或作育無數英才的體育教師、嘔心瀝血的運動教練，或主導體育業務的行政人員等，一生奉獻體育‧運動，不論出錢、出力，竭盡所能，以體育‧運動爲志業，爲嘉惠鄉土的體育‧運動，都值得詳實記載，留下爲體育‧運動奮鬥的歷史痕跡，一者表彰其盡其在我，立下社區典範，一者存其光榮史誌，作爲啓迪後進，按圖索驥，精進向前的南針。

(三)架設社區全民運動文化櫥窗

新媒體興起之後，信息傳播已由傳統的報刊、廣播、電視等媒體，逐步爲電腦、手機、網路等數位化媒體所取代。不過，科技技術再發展，媒體形態再改變，人際間的互動以及人性的關懷，終究需要一些溫暖，而不僅僅是既隔閡又冷冰的網路數位報導。

　　全民運動既是社區居民日常生活的重要組成部分，鄰里間的身體運動健康議題，不只社區居民人人關心，甚至彼此的身體健康狀況，常成為貼身相處、茶餘飯後的交談內容。

　　身體運動本屬文化的重要範疇，櫥窗的設置，重在提供社區居民的直接溝通平臺，隨時披露社區居民所關心的運動健康信息，張貼社區全民運動健康課程，公布運動健康的實證資料或運動保健新知，甚至表彰社區全民運動有功人員之優良事蹟，或社區意見信箱，交換社區興革意見，藉以構築社區全民運動的特色，激發社區居民的榮譽感，提升對社區的認同。

(四)全民運動融入鄉土民俗節慶

　　臺灣民俗節慶，相當多，大致可分傳統慶典、民俗廟會、原住民祭典及新興節慶等形態，[52]不過，不論何種形態，大多含敬神、祭祀、文化薪傳的精神，或富祈福、消災、演藝及休閒娛樂的意義，常以喧鬧的氣氛帶動類似嘉年華的形式表現。諸如神佛遶境、放天燈、蜂炮、燒王船、炸寒單、搶孤或藝陣等，有配合天地節氣的慶典，有宗教信仰及生命禮俗的儀式，更不乏結合社區創發的新節慶，可謂五彩繽紛，美不勝收。

　　全民運動類別繁多，如舞龍、舞獅、跳鼓、跑旱船、踩高蹺等，以融入民俗節慶居多，既可作為文化傳承，又可加入更多元素，注入社區活力，促進社區認同，發展運動觀光產業。

---

[52]李秀桃，《圖解臺灣民俗節慶》（臺北：晨星，2015）。

四、以全民運動開發社區產業

所謂「社區產業」，目前爲止，並無明確定義，不過，就其精神而言，常指社區居民運用在地資源，透過居民參與，在地認同及集體經營，共同創造新的社區共存共榮的產業模式。[53]1989年，經濟部中小企業處，輔導具有歷史性、獨特性、消費性，可發展爲鄉、鎮、區地方特色的產業，並在臺灣319鄉鎮中，挖掘深具當地特色的產業及產品，以「一鄉鎮一特色」爲發展目標，算是最早啓動臺灣推展地方特色產業的任務，帶動其他部會陸續投入。[54]1994年文化部前身行政院文化建設委員會提出「社區總體營造計畫」，以文化活動爲主，從「文化保存與建設」切入，激發社區意識，促成社區文化史料的整理保存與環境全面改造的動力，開啓地方文化節慶與產業發展。同時，配合行政院「挑戰2008：國家發展重點計畫」，推出「新故鄉社區營造計畫」，結合特有文化傳統、空間環境與地方特性，鼓勵社區民眾參與，凝聚社區的情感，激起對家園的關懷，增進參與公共事務之能量。[55]

近幾年來，在中央及地方通力合作下，「社區營造」已蔚爲風潮，加以觀光產業隱然形成，發展地方特色，活化地方社區產業，提升地方居民尊榮感，增加當地就業機會，繁榮地方經濟，促進社會安定，殆爲眾人所期待。

就此觀點而言，以社區全民運動的特殊屬性，應可在社區產業的

---

[53]盧思屆，〈創造社區產業的新契機〉。http://47go.org.tw/article/489，2015/12/28檢索。

[54]王素彎，〈我國地方特色產業發展政策及國際經驗〉，《國際經濟情勢週報》（電子報），第1598期，1-14。

[55]經濟部中小企業處，《2005中小企業白皮書》（臺北：經濟部，2005），127-134。

發展上，扮演更積極的角色，比如：

(一)運動觀光產業

臺灣地形地貌，豐富多變，山明水秀，風光明媚，景觀怡人，可依社區特色，規劃不同的運動觀光行程，無論陸地、海上或天空，藉以親近自然，沐浴和煦陽光，穿梭花草樹木，呼吸芬芳空氣，體驗鄉土之美，不只休閒健身，敦親睦鄰，更能形成商業活動，轉化為運動觀光產業，成為社區特色。

具體而言，運動觀光產業係指運動與觀光結合的產業，其類型約有三類，即：[56]

1.動態運動觀光：凡由社區主辦，以動態形式結合觀光之產業，即稱為運動觀光產業。如路跑、遊山、玩水、攀岩、自行車之旅、高爾夫、滑翔翼、探險觀光等。

2.賽會運動觀光：不論大賽會或小賽會，直接參與賽會或觀賞賽會，列為觀光行程的一部分者，如參加高爾夫球賽會，或參觀不同層級之運動賽會等，皆屬賽會運動觀光。

3.運動文化觀光：以懷舊之情，走訪體育・運動人物紀念館、文史・古物等運動博物館及運動名人堂等，均屬運動文化觀光產業。

(二)節慶觀光產業

行政院觀光局，自推展全臺十二重要節慶以來，經由政府鼓勵，承辦單位精心設計，配合廣告行銷，國際宣傳，媒體傳播，串聯周邊景點套裝旅程，內容更豐富，吸引遊客的誘因更強，為地方帶來蓬勃商機。

---

[56]黃金柱，《運動觀光產業》（臺北：師大書苑，2006），2-3。

其中，如內門宋江陣、龍舟競賽、國際童玩節、澎湖風帆海鱺節等，多數節慶與體育‧運動密切相關，且產值有目共睹，值得重視。[57]

事實上，受「全球在地化」潮流的影響，許多國家都運用民俗技藝的文化資產，展現其所屬最美、最具代表性的文化特色，使民俗技藝再現風彩。臺灣藉助各地的節慶活動，吸引觀光客，促進國際文化交流，並以民俗技藝呈現多元文化，彼此互相學習。一者，由民俗節慶活動帶動地方發展，並提升當地民眾對於民俗文化的重視，同時宣揚當地文化及塑造國家的整體形象；[58]二者，將國際文化活動融入地方民眾生活，讓民眾多方參與體驗，擴展其國際視野；三者，趁著國際文化交流的機會，推展屬於本土的地方特色文化，使之躍上國際舞臺。內門宋江陣，即是成功的案例。

(三)運動文化創意產業

臺灣節慶活動，除了是臺灣重要觀光產業外，更是重要的文化創意產業之一。具體而言，內門社區所保存的民俗藝陣共有包括「宋江陣」、「獅陣」、「龍陣」、「跳鼓陣」、「太平陣」、「南管」、「桃花過渡」、「車鼓」、「七里香」等文武陣共五十多個陣頭，其中，光是「宋江陣」就足足有十九個陣頭，[59]堪稱內門地區最具有代表性的民俗藝陣。

目前內門宋江陣，除舉辦大專校院創意宋江展示表演外，更配合內門傳統「總舖師」，發展飲食文化創意產業，早已膾炙人口，遐邇聞

---

[57]楊榮俊、劉文禎，〈2013年高雄內門宋江陣活動遊客參與調查與效益評估〉，《城市發展》，15（高雄：高雄市政府研究發展考核委員會，2013）：47-70。

[58]許義雄、蕭秋祺、林保源、宋明律、潘慧雯、王彩蕎，《2008年高雄內門宋江陣活動效益評估、活動滿意度與重遊意願之研究》（高雄縣：交通觀光局，2008）。

[59]許義雄、王建台，《內門宋江陣史誌》（臺北：行政院體育委員會，2006）。

名。[60]尤其，內門區已成國內民俗技藝重鎮，位居其中的實踐大學高雄校區，對於區內在地文化之深耕工作相當重視，適逢筆者服務該校文化與創意學院院長期間，自覺不能置身度外，乃著手整合校內觀光管理、休閒產業管理、服飾經營及資訊等科系，邀約校內外史學、中國文學、觀光、體育、服飾設計、服飾管理、資訊管理及設計等專家學者，研訂整合型深耕內門宋江文化創意產業計畫，特羅列如下，藉供參考。

◆構想

　　文化深耕或創意產業，非一蹴可成。本計畫採漸進式且多面向開發，是一種螺旋式的發展過程，包括溯源、創新、深耕、推廣及保存等五個核心主軸。各主軸間環環相扣，依此循環，不斷創新、發展、延續及保存，達成文化深耕及產業發展目標。五個核心主軸的概念如下：

1. 溯源：探索宋江文化的歷史源頭，以及記錄宋江文化的發展歷程，作為宋江文化創新的基礎。
2. 創新：以宋江文化的歷史源流為本，發揮文化的創意與技術，開發不同於以往的文化新面貌。
3. 深耕：依播種耕耘的概念，培育各類宋江文化專業人才，深化宋江文化。
4. 推廣：結合宋江文化專業人才，擬訂具體策略，發揚宋江文化。
5. 保存：系統化典藏前四主軸的成果，作為下一個循環的基礎。

　　依照上述文化深耕五個核心主軸的概念，並配合宋江文化深耕的目標，本整合型計畫，共包括：史誌編擬、教具製作、教材研發、服飾設計、人才培育、動畫製作、活動推廣、宋江專刊、數位典藏和童書編擬等十個產業計畫課題。

---

[60]許義雄、蕭秋祺、沈盛圳《宋江陣文化觀光產業之建構》（臺北：行政院觀光局，2006）。

◆宋江文化創意產業之內容

表12-2 宋江文化創意產業內容（例）[61]

計畫課題	發展目標	策略	預期效益（成果或產品）
史誌編擬*	1.編擬內門宋江文物史誌 2.頌揚地方推展宋江有功耆老 3.記錄內門宋江發展大事紀	1.研究（文獻分析、田野調查及訪談等） 2.辦理宋江文化論壇及學術研討會	1.出版內門宋江文物史誌 2.出版宋江文化芬芳錄
教具創作*	1.傳統工藝之傳授（宋江兵器） 2.宋江文化周邊商品創作	1.開辦創意學習工作坊 2.情境式手冊學習流程 3.開辦傳統技藝課程	1.宋江陣兵器商品（紙模型、宋江公仔、手機吊飾等） 2.宋江／宋江獅陣商品（彩繪陶版、砂畫、紙模型、公仔、手機吊飾等）
教材研發	1.編擬宋江陣基本動作教材 2.編擬宋江陣基本陣式教材	1.宋江陣頭展演影像紀錄 2.成立教材編審小組 3.舉行專家學者座談會	1.宋江陣個人基本動作訓練教材 2.宋江陣團隊基本陣式訓練教材 2.宋江陣教學講義 3.宋江陣展演作品
服飾設計	1.保存傳統宋江服飾文化 2.開發宋江服飾新創意	1.宋江服飾設計競賽 2.創意宋江服飾研發	1.創意宋江服飾 2.大專院校創意宋江服飾設計競賽 3.創意宋江服飾秀場展演
人才培育*	1.建立專業人才培育機制 2.培育延續與深耕宋江文化之各項專業人才	1.規劃專業訓練課程 2.辦理產官學界主題論壇 3.舉辦人才訓練成果展	1.陣頭指導專業人才 2.教材編擬專業人才 3.教具製作專業人才 4.活動推廣專業人才 5.童書畫冊編寫專業人才

[61]本專案，由許義雄任總主持人，各子計畫主持人為：王建台（史誌編擬）、郭良印（教具創作）、蔡宗信（教材研發）、王韻（服飾設計）、蕭秋祺（人才培育）、郝光中（動畫製作）、張景堂（活動推廣）、陳佐民（宋江專刊）、吳宗禮（數位典藏）、李宗定（童話編撰）。自2004-2008年間，部分課題（附有＊記號者），分別獲教育部、行政院體育委員會、文建會及觀光局等單位之經費補助，特此致謝。原已計畫以《常民真功夫——宋江陣》為題拍攝電影，並承行政院體委會同意補助專款，已商請臺灣名導演郭南宏先生執導，多次協調後，因學校諸多考量，未再繼續執行，不無遺憾。

（續）表12-2　宋江文化創意產業內容（例）

計畫課題	發展目標	策略	預期效益（成果或產品）
			6.地方史誌編寫專業人才 7.數位典藏資料庫建構專業人才 8.服飾設計專業人才 9.刊物編輯專業人才
動畫製作*	1.宋江陣表演場景數位化 2.宋江陣肢體動作數位化 3.透過遊戲互動模式推廣傳統技藝文化	1.建立兵器數位資料庫 2.利用動作捕捉系統建立動作資料庫 3.與遊戲廠商合作共同研發遊戲教育平臺	1.兵器數位典藏資料庫 2.紫竹寺虛擬導覽 3.宋江陣武打動作與陣頭操演陣法虛擬動畫 4.互動式遊戲教育平臺
活動推廣*	1.促使社會各階層瞭解及欣賞宋江陣 2.輔導各級學校成立宋江陣社團或隊伍 3.培訓宋江陣技藝推廣之種子教師或教練	1.舉辦宋江陣技藝競賽及觀摩會 2.辦理國際宋江文化會議 3.辦理種子教師研習營 4.辦理中小學生宋江文化生活營	1.擴大社會各階層瞭解及欣賞宋江陣 2.國中小學普遍成立宋江陣隊伍或社團 3.培訓宋江陣種子教師或教練 4.協助促成企業單位認養宋江陣團體
宋江專刊	1.宣傳宋江文化意涵 2.行銷宋江文化	1.發行電子報 2.設置網站供觀賞與下載	1.宋江文化網站（電子報、電子刊物、電子廣告、留言板、文化論壇等） 2.發行宋江文化專刊
數位典藏	1.宋江文化文物典藏與展示中心 2.宋江文化資料典藏與搜尋中心	1.建置數位典藏資料庫，架設宋江文化入口網站 2.建置數位典藏資料庫系統 3.成立宋江文物展覽館	1.宋江文化數位典藏資料庫（入口網站） 2.宋江文化文物展示館（兵器、服飾、配件、大型圖相片等） 3.宋江文化資料館（書籍、圖片、影音資料、論文研究、會議資料、活動報導等）
童話編擬*	1.編擬宋江文化童書 2.開發宋江文化畫冊製作 3.校園推廣	1.舉辦創意寫作班 2.公開徵求繪本創作 3.結合出版社銷售、推廣	1.中、英雙語宋江文化童書 2.宋江文化繪本與畫冊 3.宋江民間故事口袋書 4.教師手冊與學習單

　　總而言之，社區全民運動的推廣，不只在促進社區住民的健康，尤在凝聚社區意識，建構社區的認同，更以打造社區特色，促進社區產業的發展。臺灣自1979年推出積極推展全民體育運動計畫以來，不只運動風氣次第展開，運動人口也持續成長，只要能配合社區總體營造，結合社區文化創意產業，必能活化社區，增進社區產業之發展。舉例而言，地方民俗節慶之宋江陣，從史誌編擬、教具創作、教材研發、服飾設計、人才培育、動畫製作、活動推廣、專刊發行、數位典藏、童話創作等，可謂創意十足，商機無限。這不只是社區特色的活動，更是耳熟能詳，垂手可得的產業，何樂不為？

 ## 本章問題討論

1. 何謂基本權利？身體運動為基本權利究係何所指？試就國際體育運動憲章所界定之意義，申論之。

2. 何謂體育運動基本法？與我國國民體育法有何異同？國民體育法有何侷限性？試就立法目的、內容、用語界定及其新興議題等之規範，申論之。

3. 研訂運動基本法之必要性為何？試就基本法之屬性、國際潮流、社會需求及國家政策等面向，申論之。

4. 何謂社區全民運動？運動產業的概念如何？社區運動產業究係何所指？如何發展？試舉實例說明之。

參考文獻

Council of Europe, *Draft recommendation on the European Sport for All Charter, Conference of European Ministers responsible for Sport* (Brussels, 1875.03.21).

ICSSPE，《世界学校体育サミット－優れた教科「体育」の創造をめざして》（日本体育学会学校体育問題検討特別委員会譯）（東京：杏林書院，2002）。

SSF笹川スポーツ財団，《スポーツ白書：2001年のスポーツ・フォア・オールに向けて》，（東京：SSF笹川スポーツ財団，1998）。

小野清子，〈ユネスコ「体育・スポーツに関する国際憲章」〉《スポーツ白書－2001年のスポーツ・フォー・オール》（東京：SSF笹川スポーツ財団，1998），204-205。

川村匡由，《ボランティア論（シリーズ・21世紀の社会福祉）》（東京：ミネルヴァ書房，2006）。

川崎政司，〈基本法再考（一）基本法の意義・機能・問題性〉，《自治研究》，81.8（東京：第一法規，2005.08）：49-71。

丹下保夫，《体育技術と運動文化》（東京：大修館書店，1985）。

内海和雄，《スポーツの公共性と主体形成》（東京：不昧堂，1989）。

尹龍澤，〈スポーツ権とスポーツ基本法についての試論的考察〉，《創価法学》，34.3（東京，2005）：17-29。

日本オリンピック・アカデミー，《オリンピック事典》，（東京：プレスギムナスチカ，1981）。

王素彎，〈我國地方特色產業發展政策及國際經驗〉，《國際經濟情勢週報》，1598（電子報）：1-13。

永井憲一，〈権利としての体育・スポーツ：学校教育の健康教育化のために〉，《体育科教育》，20.12（東京，1972）：55-59。

辻田宏，〈体育・スポーツの学習権に関する研究－1－「生涯スポーツ」

と体育・スポーツの学習権の内容〉，《高知大学学術研究報告》，38
（高知，1989）：69-79。

李秀娥，《圖解臺灣民俗節慶》（臺北：晨星，2015）。

李建良，〈基本權利理論體系之構成及其思考層次〉，《人文及社會科學集
刊》，9.1（臺北，1997.03）：39-83。

李園會，《臺灣光復時期與政府遷臺初期教育政策之研究》（臺北：復文，
1983）。

李震山，〈論憲政改革與基本權利保障〉，《中正法學集刊》，18（嘉義，
2005.04）：182-252。

李震山，《人性尊嚴與人權保障》（臺北：元照，2011）。

松宮智生，〈「スポーツ権」の人権性に関する考察〉，《国士舘大学体育
研究所報》，32（東京，2013）：23-31。

林振春，〈凝聚社區意識建構社區文化〉，《社區發展季刊》，96（臺北，
1995）：25-39。

芦部信喜，《憲法（新版・補訂版）》（東京：岩波書店，2001）。

堀繁、木田悟、薄井充裕編，《スポーツで地域をつくる》，（東京：東京
大学出版会，2007）。

教育部，《第七屆中華民國教育年鑑（電子書）》（臺北：教育部，
2014）。http://datal.naer.edu.tw/edu_yearbook/，2015.11.09檢索。

許義雄，〈西德體育強化對策〉，《體育的理念》（臺北：現代體育出版
社，1983），151-181。

許義雄、王建臺，《內門宋江陣史誌》（臺北：行政院體育委員會，
2006）。

許義雄、蕭秋祺、沈盛圳《宋江陣文化觀光產業之建構》（臺北：行政院觀
光局，2006）。

許義雄等，《2008年高雄內門宋江陣活動效益評估、活動滿意度與重遊意願
之研究》（高雄縣：交通觀光局，2008）。

陳木金，〈談教育基本法的立法對我國教育行政的啓示〉，《教育行政論壇
第五次研討會學術論文集》（臺北：臺北市立師範學院，199910.30），

333-355。

陳怡如，〈我國憲法基本權利與國際人權接軌之探討（一）〉，http://mypaper.pchome.com.tw/jyfd/post/1283337054，2015.10.17檢索。

陸以正，〈不再是機密的外交秘辛〉，（臺北：國家政策研究基金會，2002年7月24日）。

湯銘新，《我國參加奧運滄桑史（下）》（臺北：中華臺北奧林匹克委員會，2000）。

黃金柱，《運動觀光產業》（臺北：師大書苑，2006）。

黃舒芃，〈社會權在我國憲法中的保障〉，《中原財經法學》，16（中壢，2006.06）：1-43。

塩野宏，〈基本法について〉，《日本学士院紀要》，63.1（東京，2008.09）：1-33。

楊榮俊、劉文禎，〈2013年高雄內門宋江陣活動遊客參與調查與效益評估〉，《城市發展》，15（高雄，2013）：47-70。

經濟部中小企業處，《2005中小企業白皮書》（臺北：經濟部，2005）。

蔡秀卿，〈基本法之意義與課題〉，《當代公法新論（中）——翁岳生教授七秩誕辰祝壽論文集》（臺北：元照，2002），235-258。

盧思岳，〈創造社區產業的新契機〉，《臺灣社造聯盟》，http://47go.org.tw/article/489，2015.12.28檢索。

齋藤健司，〈スポーツ法とスポーツ政策の課題〉，《体育の科学》，61.1（東京，2011.01）：34-39。

瀬沼克彰，《21世紀余暇の創造－利他的活動の増大－》（東京：遊戲社，2000）。

國家圖書館出版品預行編目資料

現代體育學原理. 下冊, 基本概念 / 許義雄
　著. -- 初版. -- 新北市 ：揚智文化，
2017.10
　　面；　公分

　　ISBN　978-986-298-271-6（平裝）

　　1.體育　2.運動

528.901　　　　　　　　　　　　　106016023

現代體育學原理（下冊）

作　　　者／許義雄
出 版 者／揚智文化事業股份有限公司
發 行 人／葉忠賢
總 編 輯／閻富萍
特約執編／鄭美珠
地　　　址／新北市深坑區北深路三段 260 號 8 樓
電　　　話／(02)8662-6826
傳　　　真／(02)2664-7633
網　　　址／http://www.ycrc.com.tw
 E-mail ／service@ycrc.com.tw
 I S B N ／978-986-298-271-6
初版一刷／2017 年 10 月
定　　　價／新台幣 500 元